ALBRECHT KOTTMANN · DAS GEHEIMNIS ROMANISCHER BAUTEN

ISBN 3 87346 042 4

Satz, Reproduktion und Druck: G. Bühler, Druckerei, 714 Ludwigsburg
Fotografie des Schutzumschlags: Verlag Karl Alber, Freiburg i.B.
Printed in Germany

Albrecht Kottmann

# Das Geheimnis romanischer Bauten

Maßverhältnisse in vorromanischen
und romanischen Bauwerken

Mit 228 Zeichnungen und 86 Lichtbildern

Julius Hoffmann Verlag Stuttgart

# Inhaltsverzeichnis

# Vorwort

Durch Arbeiten von Prof. Theodor Fischer und Dr. Mössel angeregt, habe ich den Versuch unternommen, die Bemessungsgrundlagen unserer romanischen Bauten zu finden und zu beweisen, daß die gefundenen Regeln ganz allgemein angewendet wurden.
Diese Darstellung muß lückenhaft sein. Je weiter man in den Stoff eindringt, desto klarer wird, daß eine sorgfältige Untersuchung in allen Einzelheiten nur durch langjährige Arbeit einer ganzen Gruppe möglich ist. Ich habe mich deshalb bemüht, aus der Fülle der zur Verfügung stehenden Beispiele das Wesentliche auszuwählen.
Der Nachweis, daß das gleichseitige Dreieck und das Quadrat Entwurfsgrundlagen waren, kann nur anhand einer Vielzahl von Einzeluntersuchungen, die alle zu demselben Ergebnis führen müssen, erbracht werden. Die große Zahl der Beispiele wird, wie ich hoffe, genügen, auch sehr kritische Leser zu überzeugen. Jahrhunderte freier, nicht maßwerkbestimmter Entwurfsarbeit haben zur Folge, daß viele ein maßwerkgebundenes Entwerfen für undenkbar halten. Sobald wir uns der Grenzen unserer eigenen Erkenntnis und der Kurzlebigkeit des Menschen bewußt werden, sind wir auch bereit einzusehen, daß es Jahrhunderte gab, in denen nur der maßwerkgebundene Entwurf „zünftig" war.

Trotzdem Südwestdeutschland nie eine abgeschlossene Kunstlandschaft bildete, wurde der Umfang der Arbeit im wesentlichen auf Württemberg beschränkt. Da das erste Jahrhundert deutschen Bauens, die Zeit der Karolinger, in diesem Raum kaum sichtbare Spuren hinterlassen hat, habe ich, um die Lücke zu schließen, verschiedene karolingische und ottonische Bauten in die Betrachtung einbezogen.

Stuttgart, im Sommer 1971

Albrecht Kottmann

# Maßwerk-maßhaltig-maßgerecht

Es sind drei Worte, die aus unserem Wortschatz fast verschwunden sind, weil in der Umgangssprache für diese Begriffe kein Bedarf mehr besteht.
Als Maßwerk bezeichnen wir heute die oft sehr kunstvollen, meist aus Kreisbogenabschnitten zusammengesetzten Füllungen gotischer Fenster und ein Netz steinerner Rippen, das die großen Mauerflächen mancher gotischer Kirchen überzieht. „Maßwerk" ist heute, im Gegensatz zu früheren Zeiten, nur ein genau umschriebener kunstgeschichtlicher Begriff.
Das Wort „maßhaltig" wird ausschließlich vom Handwerker gebraucht. Ein Werkstück, beispielsweise ein behauener oder geformter Stein, ist maßhaltig, wenn seine Abmessungen mit denen der Zeichnung oder der Norm übereinstimmen.
Für den Ausdruck „maßgerecht" haben wir keine besondere Verwendung. Wenn er benützt wird, dann im selben Sinn wie das Wort maßhaltig.
Begriffe entstehen, wenn sie zur Verständigung gebraucht werden, und vergehen oder machen eine Bedeutungswandlung durch, wenn sie überflüssig geworden sind. Ich möchte hier versuchen, den **ursprünglichen** Sinn dieser drei Wörter anzudeuten.

Das Anwendungsgebiet des Wortes „Maßwerk" ist heute so eng begrenzt, daß ein Bedeutungswandel vorliegen muß. Maßwerk war einst wohl jede mit Zirkel, Schnur und Richtscheit geschaffene Konstruktion. Als Grundfiguren verschiedener Maßwerke dienten gleichseitige Dreiecke, das Sechseck, in seltenen Fällen das Fünfeck und das Quadrat mit den aus der Quadratur abgeleiteten Dreiecken, insbesondere dem Dreieck, dessen Scheitelwinkel 45° mißt.
In manchen Zeitabschnitten benützte man vorwiegend Dreiecke, in anderen Zeiten war das Quadrat die bevorzugte Bemessungsgrundlage. Beinahe alle romanischen Bauten des süddeutschen Raumes sind mit Hilfe von Dreiecks- oder Sechseckskonstruktionen entworfen. Erst gegen Ende des 13. Jahrhunderts dienen Quadrate häufiger als Bemessungsgrundlage. In der Gotik scheint das gleichseitige Dreieck durch die Quadratur und das ihr zugehörige Drachsche Dreieck mit dem Scheitelwinkel von 45° völlig verdrängt.
„Maßhaltig" war ein nach den gebräuchlichen Bemessungsregeln in allen Einzelheiten durchkonstruiertes Bauwerk im Gegensatz zu einem nicht so sorgfältig bemessenen, frei entworfenen, weniger Maßwerk enthaltenden Gebäude.
„Maßgerecht" war ein Gebäude oder ein Werkstück, das nach den üblichen Regeln, also regelgerecht bemessen war.
Unsere Handwerkersprache ist noch reich an derartigen Ausdrücken, die nur bei genauer Kenntnis der alten Arbeitsweisen verständlich sind. Noch heute wird ein Dachstuhl auf dem Schnürboden oder Reißboden aufgeschnürt oder aufgerissen. Das alte Wort „überzwerch" steckt in dem Begriff Zwerchgiebel. Obwohl unsere Zimmerleute jetzt mit modernen Hilfsmitteln arbeiten, erinnern sie mit diesen Worten tagtäglich an die Zeiten, als auf dem Zimmerplatz mit Schnur und Reißnadel gearbeitet wurde und die Rundhölzer wie vor tausend Jahren mit dem Beil zugerichtet worden sind.

# Der Ursprung des Maßwerks

Ich möchte in diesem Absatz August Winnig zu Worte kommen lassen, der sich als gelernter Maurer während seiner Studienzeit eingehend mit der Geschichte des Bauhandwerks befaßte:

„Ich sah die Menschenwelt so, wie die materialistische Philosophie sie uns gezeigt hat, und als ich im vorigen Jahre begann, die Geschichte der Bauleute zu erforschen und zu beschreiben, gab es für mich keine andere Arbeitsweise als den historischen Materialismus. Gleich im Anfang stutzte ich und fühlte mich etwas gehemmt; es stellte sich nämlich heraus, daß die eigentliche Baukunst nicht von den materiellen Bedürfnissen des Menschen ausgeht, sondern von einem metaphysischen Bedürfnis – vom Totenkult und von der Gottesverehrung. Daran ist gar nicht zu zweifeln, die Baukunst ist aus dem Kultus hervorgegangen. Unser Haus ist der überbaute Herd und soll das Feuer schützen, das dort zu Ehren der Gottheit brennt. Wäre der Herd für die Zwecke entstanden, denen er heute dient, also um Suppe zu kochen und Fleisch zu rösten, so hätte man ihn niemals heilig genannt. Sein ursprünglicher sakraler Sinn wird noch von der Sprache unserer Zeit bezeugt, wenn wir vom ‚heiligen Herde' sprechen, wie die Verbindung ‚Haus und Herd' noch erkennen läßt, daß beide als eine untrennbare Einheit empfunden wurden.

Das hätte vielleicht nichts zu bedeuten, wenn nur allein die Baukunst auf solchen Ursprung zurückginge. Es ist aber ganz anders. Da ist beispielsweise unsere Schrift. Ihre Entwicklung ist größtenteils noch unerforscht, aber über ihren Ursprung besteht kein Zweifel mehr. Die Urzeichen, aus denen später die Schrift als Mitteilung entstand, waren Heilszeichen, in denen der Mensch das Göttliche gleichnishaft darstellen und vielleicht ansprechen wollte. Vielleicht hat der frühe Mensch die Gottheit mit diesen Zeichen anrufen, beschwören und sich geneigt machen wollen; jedenfalls ist aber auch die Schrift nicht aus Nützlichkeitserwägungen, sondern aus einem metaphysischen Bedürfnis entstanden.

Einen ähnlichen Ursprung haben wir auch für die Malerei und wahrscheinlich auch für die Bildhauerkunst anzunehmen. Wo die Forschung auf Völker stößt, die noch in den Formen der Frühzeit leben, findet sie das Bild als Hilfsmittel der Magie. Vielleicht ist es erst dazu herabgewürdigt worden, vielleicht war es ursprünglich ebenfalls ein Heilszeichen im Sinne des Totenkultes.

Hier ist es nur wahrscheinlich, daß wir die Anfänge in der Gottesverehrung zu suchen haben, aber für die Musik, für die Dichtkunst und für den Tanz besteht wieder die volle Gewißheit, daß sie als Gottesdienst entstanden sind. Die frühesten Nachrichten über Musik zeigen sie uns als kultische Handlung. Wir hören von Tempeltänzen und Tempelgesängen. Es ist aber schlechthin undenkbar, daß Tanz und Gesang als profane Übungen auf den Gottesdienst übertragen wären – es kann nur umgekehrt gewesen sein, so daß ihre Herkunft aus dem metaphysischen Bedürfnis des Menschen gesichert ist.

Ein vollständiges Dunkel umgibt den Ursprung der Zahl, und es ist nicht zu hoffen, daß die Forschung jemals wirklich Licht bringen wird. Hier ist nur die Entwicklung, aber nicht der Ursprung erschließbar. Wir müssen uns damit begnügen, daß es heilige Zahlen gibt. Die Zahlen von eins bis zwölf haben ohne Ausnahme symbolischen Wert; noch wir sprechen von der heiligen Drei, von der bösen Sieben, von der heiligen Acht, aber wir wissen nicht, was sie den frühen Menschen heilig machte und können sie nur als einen Hinweis ansehen, daß auch die Zahl aus dem heiligen Bezirk des Lebens stammt.

Es war für mich eine große Überraschung, als ich erfuhr, daß der Mensch das Rind ursprünglich nicht als Nutztier, sondern als Opfertier gezähmt und gehalten hat. Auch hier ging der sakrale Zweck dem profanen voraus. Ich vermute, daß für den Pflug das gleiche gilt. Frobenius hat in Afrika ackerbautreibende Menschen getroffen, bei denen der Häuptling die Feldbestellung eröffnet, indem er mit einem hölzernen Hakenpflug eine einzige Furche zieht; erst wenn er das getan hat, machen sich die andern daran, das Feld mit der Hacke zur Aufnahme des Saatkorns aufzulockern. Der Pflug dient also nur einem kultischen Akt, der vielleicht den Sinn eines Opfers hat. Eine ähnliche Bedeutung mag dem alten chinesischen Brauch zugrunde gelegen haben, daß der Kaiser in eigener Person bei Beginn der Feldbestellung mit einem heiligen Pflug eine Furche pflügte. Unser Schullesebuch enthielt ein Stück über China, in dem dies berichtet wurde. Zur Erklärung hieß es dort, der Kaiser tue das zu Ehren der Feldarbeit, auf der das Leben des Volkes beruhe.

So hat man früher gedacht, man hat alles menschliche Tun auf Nützlichkeitserwägungen zurückgeführt, wohl weil man selber keine andern kannte. Das hat in der Zeit der Aufklärung begonnen, und aus dieser Art der Lebensdeutung ist schließlich die materialistische Philosophie und Geschichtsauffassung entstanden. Im allgemeinen denkt man heute noch nicht anders.

Du siehst, was diese Tatsachen bedeuten: Was wir an Kultur besitzen, ist nicht aus physischen Bedürfnissen entstanden. Man kann es so ausdrücken: Alle Kultur stammt aus dem Kultus, Gottesverehrung und Gottesdienst sind die Grundlagen unserer Gesittung."

(Aus August Winnig, Die Hand Gottes, Martin Warneck Verlag, Berlin.)

Den Worten Winnigs bleibt nicht mehr viel hinzuzufügen. Auch das Maßwerk ist kultischen Ursprungs. Oft waren Priester und Baumeister in einer Person vereint. Noch heute trägt der Papst den Titel „pontifex maximus", was ganz schlicht „oberster Brückenbauer" heißt, ein Titel, den Jahrhunderte vorher schon der oberste Priester Roms geführt hat.

# Die Bedeutung der Zahlen

### Die Zahlen zwölf und sechs

Der König Salomo sandte hin und ließ holen Hiram von Tyrus . . . , der war ein Meister im Erz, voll Weisheit, Verstand und Kunst, zu arbeiten allerlei Erzwerk. Da er zum König Salomo kam, machte er alle seine Werke.

Und er machte ein Meer,
gegossen, von einem Rand zum andern zehn Ellen weit,
rundumher und fünf Ellen hoch,
und eine Schnur dreißig Ellen lang war das Maß ringsum.

Und um das Meer gingen Knoten
an seinem Rande rings ums Meer her,
je zehn auf eine Elle;
der Knoten aber waren zwei Reihen gegossen.

Und es stand auf zwölf Rindern,
deren drei gegen Mitternacht gewandt waren,
drei gegen Abend, drei gegen Mittag und drei gegen Morgen – und das Meer obendrauf –,
daß alle ihre Hinterteile inwendig waren.

Seine Dicke aber war eine Hand breit,
und sein Rand war wie eines Bechers Rand,
wie eine aufgegangene Lilie,
und gingen darein zweitausend Bath.

(Altes Testament – 1. Könige 7, Vers 13, 14, 23–27)

Diese 2000 Jahre alte Schilderung des großen Beckens im Tempel zu Jerusalem erzählt von 12 Rindern, die die kreisförmige Brunnenschale trugen. Es handelt sich um eine der ältesten schriftlichen Nachrichten, die auf die Zwölfteilung des Kreises hinweisen. Ein ganz ähnlicher Brunnen in der Alhambra zu Granada ruht auf zwölf Löwen.

Der Tempel und das Becken zu Jerusalem entstanden während der Regierung König Salomos (972–932 v. Chr.). Salomos Bauleute und Künstler stammten zu einem grossen Teil aus Tyrus, der alten Stadt am Meer, die im Einflußbereich der babylonischen und ägyptischen Kultur lag.

Die Sechsteilung sowie die unmittelbar verwandten Teilungen in drei und zwölf gleiche Kreisabschnitte stellen die einfachsten und ältesten Arten der Kreisteilung dar. Das Sechseck entsteht, indem man auf dem Rund des Kreises den Halbmesser sechsmal als Sehne abträgt. Das Seileck schließt sich, und die Strahlen durch die Schnittpunkte teilen die Figur in sechs gleichseitige Dreiecke.

Die Kreisteilung bildet die Grundlage des Duodezimalsystems, dessen Resten wir heute noch auf Schritt und Tritt begegnen. Der Kreis wird seit Jahrtausenden in 360° geteilt. Fahrräder weisen meist 36, hölzerne Wagenräder in der Regel 12 Speichen auf.

Unser Jahr zählt zwölf Monate, der Tag zweimal zwölf Stunden, die Stunde 60 Minuten oder 3600 Sekunden. Wir kennen zwölf Tierkreiszeichen. Zwölf gute Feen begaben Dornröschen im Märchen. Weil Dornröschens Vater, der König, nur zwölf goldene Teller besaß, wurde die dreizehnte nicht eingeladen. Die gute, teilbare Zwölf liegt zwischen der närrischen, unteilbaren Elf und der unteilbaren Unglückszahl Dreizehn. Eine Braut kauft sich zwölf oder, wenn sie weniger gut betucht ist, sechs Gedecke; und vor 50 Jahren dachte niemand daran, zehn Eier oder zehn Knöpfe zu kaufen, man kaufte ein Dutzend. Noch heute wird der englische Fuß in zwölf Zoll geteilt; und ein Schilling besteht aus 12 Pennies.

Die Zwölf und ihr Quadrat 12 · 12 = 144 drücken die Vollkommenheit, die Ganzheit aus. Vierundzwanzig Älteste sitzen vor dem Stuhl Gottes (Offb. 4,4; Jes. 6,2; Offb. 4,8). Sechs Flügel tragen die Seraphim, die Engel um Gottes Thron. Zwölf Söhne Jakobs, zwölf Stämme Israels und zwölf Jünger Jesu sind uns aus der Bibel bekannt. 144 000 Knechte Gottes werden am Ende der Tage versiegelt (Offb. 7,4), 12 000 aus jedem der zwölf Stämme Israels. Von zwölf Perlen sind die Tore der neuen Stadt Jerusalem (Offb. 21,21), und ihre Mauer mißt 12 · 12 = 144 Ellen (Offb. 21,7). Die Zahl des Antichristen, des Tieres in Offb. 13, 18, ist 666.

Für uns sind die Zahlen 10 und 100 an die Stelle der Zahlen 12 und 144 getreten. Auch die Juden, deren Schriften eine der wichtigsten Quellen für die Bedeutung der Zahl sind, wurden während des Aufenthalts in Ägypten mit dem Dezimalsystem bekannt. Die zehn Gebote weisen darauf hin; auch die Maße der Stiftshütte, die Mose in der Wüste baute, sind meist durch zehn teilbar. In Palästina gerieten die Juden aber wieder in den Einflußbereich der babylonischen Kultur; damit setzte sich das Zwölfersystem durch.

In antiken römischen Bauten finden sich Maße aus dem Dezimalsystem und dem Duodezimalsystem. Die Stadt Split an der jugoslawischen Adria entstand in den Mauern eines römischen Palastes, den Kaiser Diokletian (284–305) dort errichten ließ. Die Mauern bilden nach Art römischer Feldlager ein allerdings nicht ganz genaues Rechteck, Winkel und Seiten weichen geringfügig von den Sollwerten ab. Die Seiten messen 191 m und 154 m oder 18·35 = 630 und 15·35 = 525 römische Fuß von je 29,9 cm Länge. Die Achsen des Kolosseums in Rom sind 187 m und 155 m oder 18·35 = 630 und 15·35 = 525 Fuß zu je 29,6 cm lang.

Das Amphitheater in Verona ist nur geringfügig kleiner. Die Achsen messen 123 m und 152 m oder 12·35 = 420 und 15 · 35 = 525 Fuß zu je 29,1 cm. Die Achsen des Amphitheaters zu Pula messen 106 m und 133 m oder 4 · 90 = 360 Fuß und 5 · 90 = 450 Fuß zu je 29,6 cm, die der Arena zu Arles 107 m und 136 m oder 4 · 90 = 360 Fuß und 5 · 90 = 450 Fuß zu je 30,0 cm.

Unsere germanischen Vorfahren, die Alamannen, benützten im täglichen Leben das Duodezimalsystem und das Dezimalsystem nebeneinander. Der um 600 entstandene Pactus Alamannorum ist die älteste in Deutschland aufgezeichnete Gesetzessammlung. Die dort festgesetzten Bußen geben Aufschluß über den Gebrauch der Zahl im heidnischen Teil Germaniens.

Das Wergeld, mit dem der Totschlag an einem freien Alamannen gesühnt wurde, betrug je nach dem Rang des Erschlagenen 240, 200 oder 160 Goldsolidi. Die Ermordung eines Edlen wurde mit 240 Solidi gebüßt, die einer edlen Frau mit 480, während das Töten eines Priesters 600 Solidi kostete. Noch strenger bestrafte das Gesetz den hinterhältigen Mord an einem Freien in dessen eigenem Haus; der Täter hatte 12 · 120 = 1440 Solidi zu entrichten. Wer in der Schlacht floh, bezahlte an den weiterkämpfenden Nebenmann 160 Solidi. Der Solidus war eine byzantinische Münze, die auch in den verschiedenen Germanenreichen von Goten, Langobarden und Franken nachgeprägt worden ist.

Die Leibeigenen bewertete man wesentlich schlechter. Wer einen Eisenschmied tötete, bezahlte 40 Solidi Buße; ein Goldschmied galt 50 Solidi; das Lähmen eines Schmiedes wurde mit 15 Solidi geahndet. Das Töten eines Jagdhirsches wurde mit 3 Solidi abgegolten; war er auf Wildschweine abgerichtet, kostete er sogar 6 Solidi. Die gleiche Summe hatte zu zahlen, wer einen gezähmten Bären erschlug oder stahl. Ein Zugochse galt 3 Solidi, ein Stier 6; ein hochwertiges Pferd wurde mit 12 Solidi gehandelt. Ein Schwein kostete dagegen nur 1/3 Solidus.

Ein Schlag über den Schädel, der einen Schädelbruch zur Folge hatte, war mit 3 Solidi zu begleichen. Wenn ein Stück Schädeldecke absprang, hatte der Täter sechs Goldstücke zu entrichten. Hinterließ der Hieb über den Schädel ein derartiges Loch, daß das Hirn hervortrat, so kostete das den Übeltäter 12 Solidi, ebensoviel wie ein abgehauener Daumen. Der zweite und der kleine Finger hatte einen Streitwert von je 10 Goldstücken; dritter und vierter standen mit 6 und 5 Solidi im Kurs.

(Nach Rudolf Pörtner: Die Erben Roms, Econ-Verlag GmbH, Düsseldorf / Wien.)

### Die Zahl fünf

Die Fünf ist wie die Sieben unteilbar. Die Fünf unterscheidet sich aber von der Sieben in einem sehr wichtigen Punkt. Die Teilung des Kreises in fünf oder zehn Teile ist möglich, wenn auch nicht gerade einfach. Wir kennen die Fünf als Zahl der bösen Geister, der Hexen, für die früher auch das Wort Druden gebraucht wurde. Den Fünfstern bezeichnete man als Drudenfuß.

Als Goethe seinen Faust schrieb, war das Wissen um die Bedeutung der Zahl noch Allgemeingut:
„Mephistopheles: Gesteh' ich's nur!
Daß ich hinausspaziere,
Verbietet mir ein kleines Hindernis,
Der Drudenfuß auf eurer Schwelle.
Faust: Das Pentagramma macht dir Pein?
Ei, sage mir, du Sohn der Hölle,
Wenn das dich bannt, wie kamst du dann herein?
Wie ward ein solcher Geist betrogen?
Mephistopheles: Beschaut es recht!
Es ist nicht gut gezogen.
Der eine Winkel, der nach außen zu,
Ist, wie du siehst, ein wenig offen.
Faust: Das hat der Zufall gut getroffen!
Und mein Gefangner wärst dann du?
Das ist von ungefähr gelungen!
Mephistopheles: Der Pudel merkte nichts,
Als er hereingesprungen,
Die Sache sieht jetzt anders aus;
Der Teufel kann nicht aus dem Haus."
(Faust I. Teil)

Das Fünfeck als Bemessungsgrundlage kann entsprechend seiner Bedeutung an Türen und Torbauten auftreten. Es soll das Böse aus dem umfriedeten Bereich des Klosters oder der Kirche bannen. Wir finden es aber auch an Chorschranken, ja an einem Taufbecken aus dem 9. Jahrhundert in Split an der dalmatinischen Küste. Auch dort soll das Pentagramm böse Geister vom Ort der heiligen Handlung fernhalten.

### Die Zahl sieben

Die unteilbare Sieben kommt als Grundeinheit im mittelalterlichen Bauwesen höchst selten vor. Sieben ist die Zahl der guten Geister oder auch des göttlichen Geistes. Sieben fette und sieben magere Kühe erschienen Pharao im Traum (1. Mose 41, 1–32). In jeder jüdischen Synagoge steht ein siebenarmiger Leuchter (2. Mose 25, 37). Der siebte Tag der Woche ist der Tag Gottes (1. Mose 2,1). Die Sieben ist die in der Offenbarung meist genannte Zahl: die sieben Gemeinden in Asien (Offb. 1,4), die sieben Geister vor dem Stuhl Gottes (Offb. 4,5), sieben goldene Leuchter (Offb. 1,13), sieben Sterne (Offb. 1,16), das Buch mit sieben Siegeln (Offb. 5,1), die sieben Hörner und sieben Augen des Lamms (Offb. 5,6), das Tier mit sieben Häuptern (Offb. 13,1), die letzten sieben Plagen (Offb. 15,1), sieben Engel mit sieben Posaunen (Offb. 8,2). Jakob dient um seine Frauen Lea und Rahel jeweils sieben Jahre (1. Mose 29, 16–30).

Auch in unsere Märchenwelt ist die Zahl sieben eingegangen: Die sieben Zwerge hinter den Bergen, bei denen Schneewittchen Obdach findet, sind die Verkörperung der guten Geister wie die sieben unschuldigen Geißlein, denen der Wolf nachstellt. Auch die sieben Schwaben sind harmlose, liebenswerte Gestalten. Hans im Glück dient sieben Jahre um seinen Goldklumpen. Sieben gilt allgemein als Glückszahl. Die Sieben wurde im Bauwesen wahrscheinlich aus mehreren Gründen gemieden: Den Kreis in sieben Teile zu teilen, ist äußerst schwierig. Der Mensch empfand eine gewisse Scheu vor dieser unzugänglichen Zahl. Sie wurde das Symbol der unerreichbaren Gottheit. Als Verkörperung des göttlichen Geistes konnte die Sieben aber kaum Bemessungsgrundlage eines irdischen Bauwerks sein.

### Die Zahlen vier und drei

„Und darnach sah ich vier Engel stehen auf den vier Ekken der Erde, die hielten die vier Winde der Erde, auf daß kein Wind über die Erde bliese noch über das Meer noch über einen Baum."
(Offb. 7,1)

Die Vier, die Zahl der Quadratur, ist zugleich die Zahl der erschaffenen Welt: Vier Jahreszeiten, vier Himmelsrichtungen und die vier Elemente sind Teile der irdischen Schöpfung. Die Vier und die Drei, die Zahl der göttlichen Dreieinigkeit, ergeben zusammen sieben, die Zahl des göttlichen Geistes. Das Produkt aus beiden ist die Zwölf, die Zahl der Vollkommenheit.

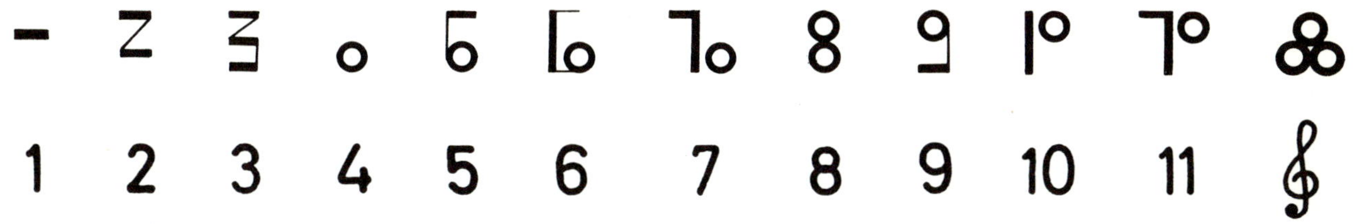


Auch unsere heute allgemein gebrauchten arabischen Ziffern – sie sind im Grunde indischen Ursprungs und nur durch die Araber vermittelt – gehen auf das System der Zahl vier zurück.

In der oberen Reihe der Abbildung sind die Urbilder der Ziffern 1 bis 12 dargestellt. Waagrechte Striche entsprechen dem Wert 1, senkrechte dem Wert 2. Die Ziffern 1, 2 und 3 entstehen durch Aneinanderreihen waagrechter Striche; die sich bei zügigem Schreiben ergebenden Verbindungslinien sind schwächer ausgezogen. Für die Zahl 4 steht der volle Kreis.
Die Ziffern 5 bis 7 werden durch einen Kreis im unteren Teil des Feldes und einen waagrechten Strich, einen senkrechten Strich mit dem Wert 2 und eine Verbindung beider dargestellt. Zwei Kreise entsprechen unserer 8.

Im Bild der Zahlen 9 bis 11 steht der Kreis im oberen Teil des Schriftfeldes. Waagrechte und senkrechte Striche werden wie bei den Ziffern 5 bis 7 zugefügt. Die 12 symbolisieren drei Kreise.

Als gegen 1200 die bis um diese Zeit ausschließlich benützten römischen Zahlen von den arabischen Zahlen verdrängt wurden, konnte sich die alte i als senkrechter Strich halten. Die 4 war noch bis um 1500 eine halbe 8, ein Kreis mit zwei kurzen Schwänzchen. Man findet sie noch in dieser Form an vielen Inschriften. Die 7 verlor ihren Kreis. Auch die nach rechts unten abgebogene 7 war früher häufig. Unsere Zahl 10 ist in dem senkrechten Strich mit angehängtem Kreis bereits vorgebildet; im Violinschlüssel erkennen wir die drei Kreise der 12 wieder, in der 9 den Baßschlüssel, in der 8 das Bundzeichen der Weber und Zimmerleute.

Gesichter und Menschen aus dem Skizzenbuch des Meisters Villard de Honnecourt

# Zeugnisse für die Verwendung des Maßwerks im Mittelalter

Zwischen 1500 und 1600 entstand eine Reihe von Lehrbüchern über das Bauwesen, die in gedruckter Form grosse Verbreitung fanden. Sie enthalten nur spärliche Hinweise auf die Verwendung von Dreiecken und Quadraten als Hilfsmittel beim Entwurf von Bauwerken. Der abgebildete Holzschnitt entstammt einer deutschen Vitruvübersetzung des 16. Jahrhunderts. Diese wenigen Hinweise reichen nicht aus, um aufgrund der schriftlichen Quellen einen Beweis zu führen, sie zeigen im Gegenteil, daß das Wissen um Triangulatur und Quadratur gegen 1550 bereits weitgehend verlorengegangen war.

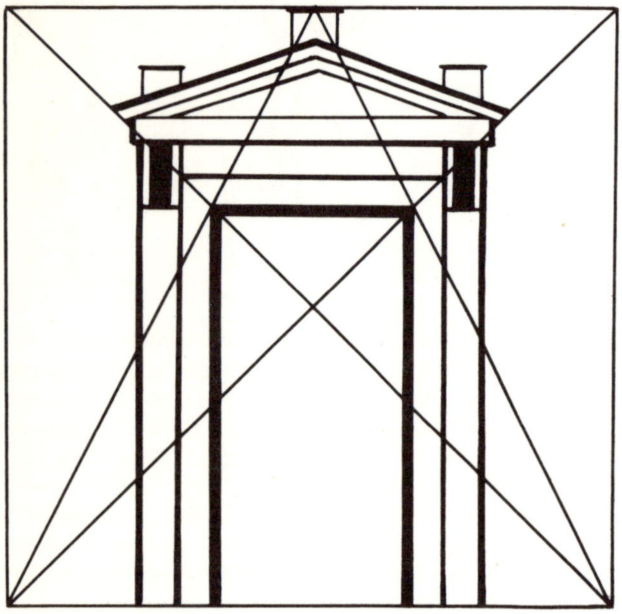

Wir besitzen jedoch zwei ältere Quellen: Ein schriftliches Zeugnis von der Arbeitsweise und dem Ausbildungsgrad eines Baumeisters um die Mitte des 13. Jahrhunderts ist das Skizzenbuch des Meisters Villard de Honnecourt. Es zeigt uns gleichzeitig das umfassende Arbeitsgebiet eines mittelalterlichen Architekten und Ingenieurs. Villard de Honnecourt stammte aus der Picardie und durchzog wandernd einen großen Teil Europas. Sein Skizzenbuch, 33 Pergamentblätter aus der Zeit um 1235, umfaßt architektonische Entwürfe, geometrische Konstruktionen für den Baumeister, Vermessungsaufgaben, Zeichnungen von Apparaten und Maschinen für Krieg und Frieden, den Plan zu einem Perpetuum mobile, Kunstanatomie und Proportionsstudien. Ganz im Sinne Vitruvs, des römischen Architekturtheoretikers, gehört auch hier der Maschinenbau zum Tätigkeitsbereich des Architekten. Neben großen Maschinen, aus Holz gebaut, wie einem Hebezeug und einer Wurfschleuder, stehen kleinere Apparate für priesterliche Zwecke, wie ein Wärmeapfel mit kardanischer Aufhängung des Kohlebeckens und der Engel, der mit seinem Finger immer zur Sonne weist oder der mechanische Adler, der seinen Kopf dem Priester zuwendet.

Für unsere Überlegungen sind die abgebildeten Skizzen von Menschen und Menschenköpfen sehr aufschlußreich. Als Bemessungsgrundlage und Konstruktionshilfe dienten dreieckige Figuren, deren Verwendung zeigt, daß das Dreieck als Hilfsmittel beim Entwurf für die Meister um 1235 selbstverständlich war.

Im Jahr 1391 war der Bau des Mailänder Doms wieder einmal ins Stocken geraten. Eine Versammlung von allgemein anerkannten Bausachverständigen wurde einberufen. Sie sollte entscheiden, bis zu welcher Höhe der zum Teil schon fertige Dom geführt werden könne. Man überlegte, ob sich der Dom „ad quadratum" oder „ad triangulum" erheben solle. Die Bemessung „ad triangulum" wurde 1521 von Cesare Cesariano als „more germanico" (deutsche Art) bezeichnet. Glücklicherweise blieb der schriftliche Sitzungsbericht aus dem Jahre 1392 erhalten. Die Frage, vor die sich die Baumeisterversammlung gestellt sah, lautet nach dem Protokoll: „utrum ecclesia ipsa non competendo in mensura tiburium fiendum debeat ascendere ad quadratum aut ad triangulum" (ob die Kirche zum Quadrat oder zum Triangel aufsteigen müsse), und der Beschluß lautet: "declaraverunt, quod ipsa posset ascendere usque ad triangulum sive usque ad figuram triangularem et non ultra" (sie könne bis zum Triangel oder bis zur Triangel-Figur aufsteigen und nicht darüber). Der Bericht zeigt uns, daß die Bemessung nach dem Dreieck – es kann nur das gleichseitige Dreieck gemeint sein – oder nach dem Quadrat um 1400 allgemein üblich war.

Zu beantworten bleibt noch die Frage, weshalb wir aus der Zeit der Gotik und der Romanik nur diese spärlichen schriftlichen Hinweise besitzen. Mit großer Wahrscheinlichkeit ist anzunehmen, daß die Bemessungsregeln zu den Hüttengeheimnissen gehörten, in die der Geselle während einer feierlichen Zeremonie eingeführt wurde. Jede Generation gab sie der nächsten mündlich weiter. Der Handwerker greift auch heute nur sehr selten zur Feder, das galt noch viel mehr vor 500 Jahren, und keiner der Berufenen fand sich bereit, einem Schreiber die Geheimnisse seiner Bruderschaft anzuvertrauen.

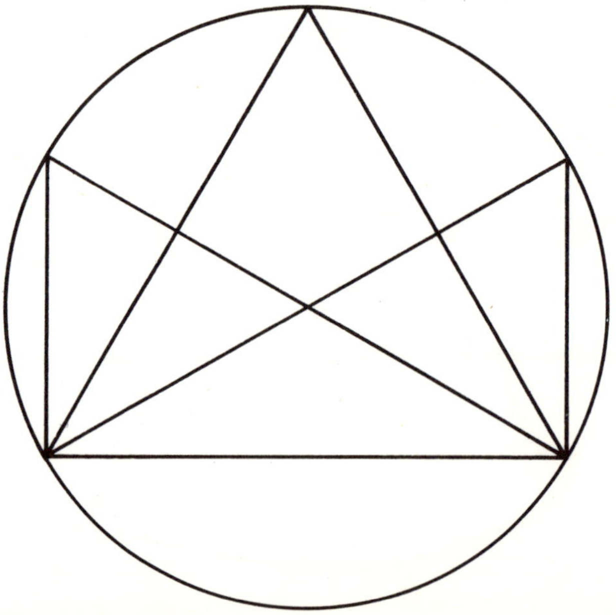

Figur der Triangulatur

# Der Verlust des Maßwerks

Zwischen 1450 und 1550 erlebte Europa eine geistige Umwandlung, die alle Gebiete des Lebens ergriff.

Der mittelalterliche Mensch war ganz eingesponnen in das Weltbild des christlichen Glaubens. Sein Alltagsdasein war eng verbunden mit den Ereignissen im Leben Christi und in den Heiligenlegenden. Gott, die Engel, die Heiligen, die Mutter Gottes und Christus, die Teufel und die Dämonen waren dem mittelalterlichen Menschen Realitäten, die er erlebte und leibhaftig schaute.

Gebet, auf Gott und das ewige Leben gerichtete Gedanken, meditative Schau durchdrangen jedes Tun und jede Absicht. Der Morgen begann mit der Meditation in der Kirche, der Hauskapelle oder vor dem häuslichen Altar. Vor und nach jeder Speisung und vor jedem Handeln stand das Gebet, die Besinnung, das Bitten, der Dank und die Bitte um eine reine und klare Gesinnung. Der Mensch lebte in stets gegenwärtiger Gewißheit, daß Gott alles sah, hörte, wußte und nichts vergaß. Das gab dem gläubigen Menschen die Sicherheit, unter einer lenkenden Hand zu wandeln und, im Falle eines eigenmütigen Abirrens, jederzeit unter den Schutz dieser lenkenden und verzeihenden Hand zurückkehren zu können.

Mögen die sozialen Unterschiede zwischen König, Ritter, Bürger, Bauer, Bettler groß gewesen sein, in ihrer seelischen Struktur, in der Hinwendung auf Gott, seine Engel und Heiligen waren sie alle gleich.

Erst in der Renaissance sehen wir eine weitere Entwicklung des Intellekts mit seiner Suche nach Kausalität. Unbemerkbar noch wenden sich die Sinne und Gedanken von der bisher realen „jenseitigen" Welt dem Diesseits zu.

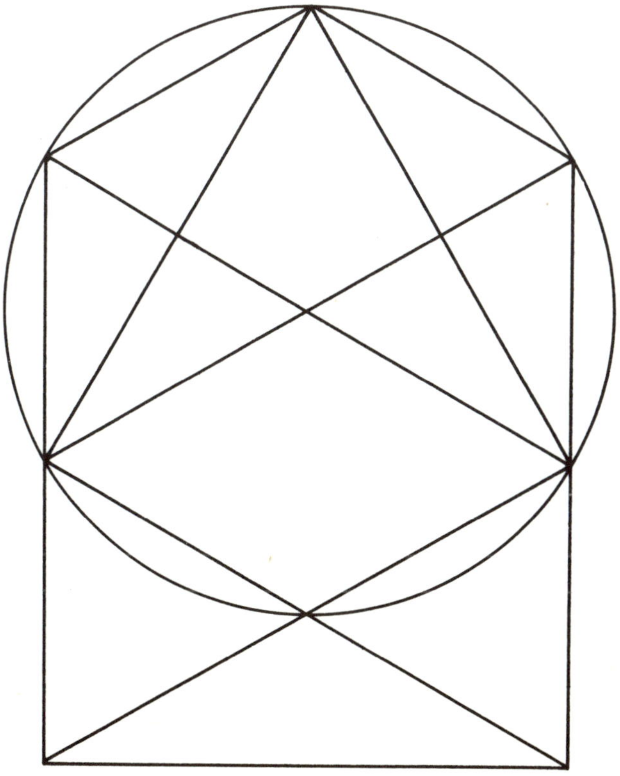

Figur der Triangulatur

Der Mensch beginnt die Welt zu erkennen, sie zu erobern (Marco Polo, Magellan, Vasco da Gama, Columbus, Cortez, Amerigo Vespucci) und sie sich nutzbar zu machen. Der Mensch erhebt sich aus seiner Geborgenheit und Verborgenheit in Gottes Schoß und macht sich groß; das Portrait entsteht, das Genrebild, Familienbilder und verdrängen oder verbürgerlichen die Kunst des Heiligenbildes, die Darstellung der Heiligenlegende, der die Kunst bisher allein diente. Der Raum für Gott wird kleiner, der Raum für die Erfüllung der Sinneslust größer. (Nach Wladimir Lindenberg, Die Menschheit betet, Ernst Reinhardt Verlag, München, Basel.)

Die beschriebene Entwicklung spiegelt sich in der Geschichte des Baumeisterstandes. Vorbilder des mittelalterlichen Menschen waren nicht Eroberer, Herrscher oder Künstler. Vorbild waren die großen Heiligen. Das mönchische Ideal der Demut, der Armut, der Liebe, des Dienstes und des Gehorsams wurde, wenn es auch nur selten verwirklicht werden konnte, jedem von Kindheit an eingeprägt.

Die ersten Bauhütten des Mittelalters entstanden deshalb zwangsläufig im Rahmen einer klösterlichen Gemeinschaft. Lehrer waren zunächst Langobarden und Römer. Es würde nicht in den Geist dieser Zeit passen, wenn die Namen jener ersten Baumeister überliefert worden wären, nur ganz wenige sind bekannt, und manchmal wissen wir nicht, ob sich eine Nachricht auf den Vertreter des Bauherrn oder den Baumeister bezieht. So erbaute die Pfalzkapelle zu Aachen Bischof Odo von Metz für Kaiser Karl den Großen; den Bau des Domes in Speyer leiteten Bischof Benno von Osnabrück und Bischof Otto von Bamberg für die Salierkaiser. Auch die Bauhütten sind nirgends verzeichnet. Die Bauhandwerker mußten schon vom Ende der Welt kommen, wenn sie urkundlich erwähnt werden wollten wie die byzantinischen Handwerker, die um 1017 die Bartholomäuskapelle des Bischofs Meinwerk in Paderborn errichteten.

Dennoch war der entwerfende Ingenieur-Architekt dieser frühen Zeit so geschätzt, daß sogar hohe Geistliche eigenhändig die Entwurfs- und Absteckarbeiten ausführten. Berthold, ein Hirsauer Mönch und späterer Abt von Zwiefalten, erzählt in seiner Schrift: „De constructione zwiefiltensis monasterii" von der im Jahre 1089 erfolgten Gründung durch Abt Wilhelm von Hirsau: „Willehelmus per se adveniens, ac propriis manibus, quia in tali negotio peritissimus erat, coepit Monasterium metiri et caeteras officinas, ut hodie cernuntur, in nomine Domini pulchre prudenterque disponere." (Gleich nach seiner Ankunft begann Wilhelm, weil er in derartigen Arbeiten sehr erfahren war, im Namen des Herrn die Klausur abzustecken und die übrigen Gebäude geschickt anzuordnen, wie wir sie heute noch sehen können.)

Zwischen 1250 und 1300 entstehen die ersten von Klöstern unabhängigen Bauhütten. Neben den Mönch und den Laienbruder tritt der Lohnarbeiter, der sein Werk signiert, indem er das nur ihm eigene Steinmetzzeichen einschlägt. Er tritt als schöpferisch tätige Persönlichkeit in Erscheinung.

Nach 1350 schiebt sich der bauleitende Ingenieur-Architekt immer mehr in den Vordergrund; oft sind es Baumeisterfamilien, in denen die Leitung einer Bauhütte vom Vater auf den Sohn vererbt wird. Die Ensinger und Beblinger waren an allen bedeutenden Bauten Südwestdeutschlands beteiligt, und die Gmünder Parler wirkten bis nach Prag.

Schließlich steigt der Leiter der Bauhütte zum landesherrlichen Beamten auf wie Aberlin Jörg in Stuttgart, Peter von Koblenz in Urach und Hans Spryß von Zaberfeld im badischen Landesteil. Sie sind hochangesehene und vielbeschäftigte Künstler, die ihren Meisterschild im Bauwerk anbringen und sich dadurch als Schöpfer ausweisen.

Der Weg führt aus der Anonymität des Klosterdaseins zum selbstbewußten, allseits geachteten Bürger, Künstler und Erfinder. Der Mensch ist sich seiner schöpferischen Fähigkeiten bewußt geworden. Namen wie Nikolaus Kopernikus († 1543), Albrecht Dürer († 1528), Veit Stoß († 1533), Peter Vischer († 1529), Hans Holbein d.Ä. († 1524) und Hans Holbein d.J. († 1543), Leonardo da Vinci († 1519), Raffael Santi († 1520), Michelangelo Buonarotti († 1564) sind Marksteine an diesem Weg.

Im Mailänder Sitzungsprotokoll vom Jahre 1392 werden die Begriffe „ad quadratum" und „ad triangulum" so selbstverständlich gebraucht, daß sie allgemein bekannt gewesen sein müssen. Das Wissen um diese Bemessungsregeln ging innerhalb weniger Generationen verloren, ja es mußte verlorengehen, wenn wir die geistige Entwicklung betrachten. Der mittelalterliche, in der Hüttengemeinschaft lebende Handwerker hielt sich selbstverständlich an die für alle gültige, von Gott gegebene Regel, die jedem sein Maß setzte und die Bedeutung eines Naturgesetzes hatte. Der frei schaffende Künstler der ausgehenden Gotik und beginnenden Renaissance mußte naturgemäß diese Regel durchbrechen, es konnte gar nicht anders sein.

Wir dürfen uns nicht fragen, weshalb diese Bemessungsregeln heute unbekannt sind. Im Gegenteil, wenn sie bis auf unsere Tage in Gebrauch wären, müßten wir die Frage stellen: „Wieso konnten diese Regeln die allgemeine Umwälzung, die Veränderung des Weltbildes durch Galilei, Kopernikus und Kepler, die grundlegende Wandlung im Verhältnis des Menschen zu Gott, zur Kirche und zur Umwelt, die Veränderung der sozialen Verhältnisse und schließlich die Entartung des gotischen Baustils zur Knüppelgotik und den Übergang zur Renaissance überdauern?" Seit jener tiefgreifenden Umwälzung sind 500 Jahre verflossen. Fünfzehn Architektengenerationen trennen uns von Aberlin Jörg und Peter von Koblenz, den Baumeistern Ulrichs des Vielgeliebten (1426 – 1480) und des Grafen Eberhard im Bart (1457 – 1496). Es besteht kein Grund, sich zu wundern, wenn den Architekten von heute die Anwendung derartiger Bemessungsregeln unmöglich erscheint.

Der Übergang zu der heute üblichen Art, Bauwerke zu bemessen, erfolgte langsam. Das Arbeiten mit geometrischen Figuren hielt sich in manchen Gegenden als handwerkliche Arbeitshilfe bis gegen 1800.
Das Fünfeck erfuhr eine Bedeutungswandlung. Das Sinnbild der bösen Geister wurde zunächst zum die bösen Geister bannenden Zeichen. Dieser Schritt erfolgte sehr früh und ist nicht groß. Schließlich wird es zum glückverheißenden Amulett. Als solches hat der fünfzackige Stern Aufnahme in den Flaggen aller arabischen und auch anderer Staaten gefunden. Im Barock scheint das Fünfeck bei einigen Meistern als Bemessungshilfe gebräuchlich gewesen zu sein. Allgemeine Verwendung fand es sicher nie.

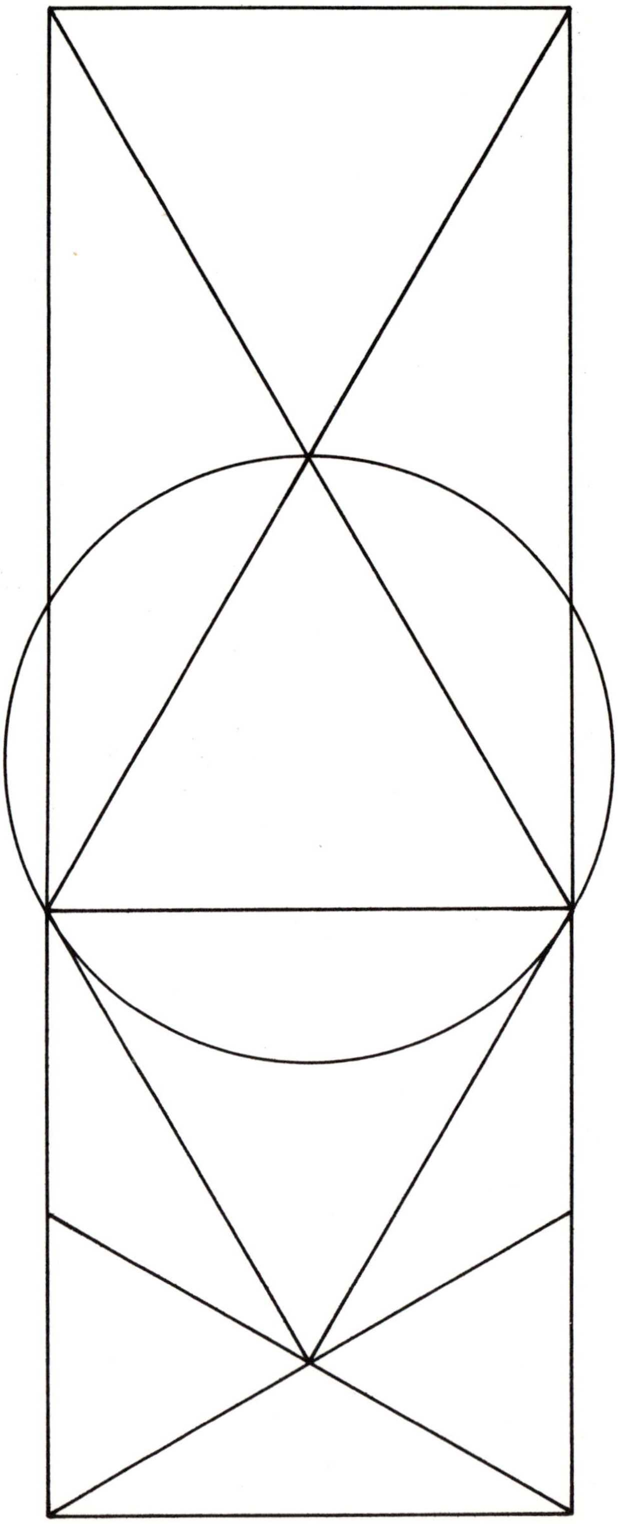

Figur der Triangulatur

# Triangulatur und Quadratur

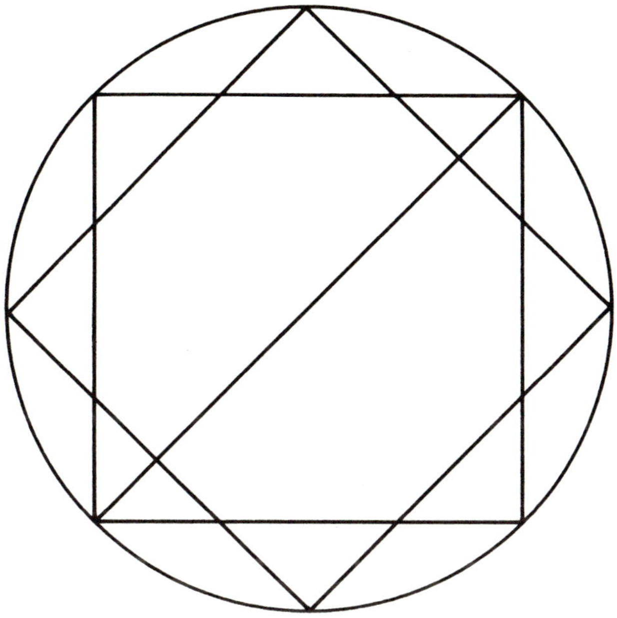

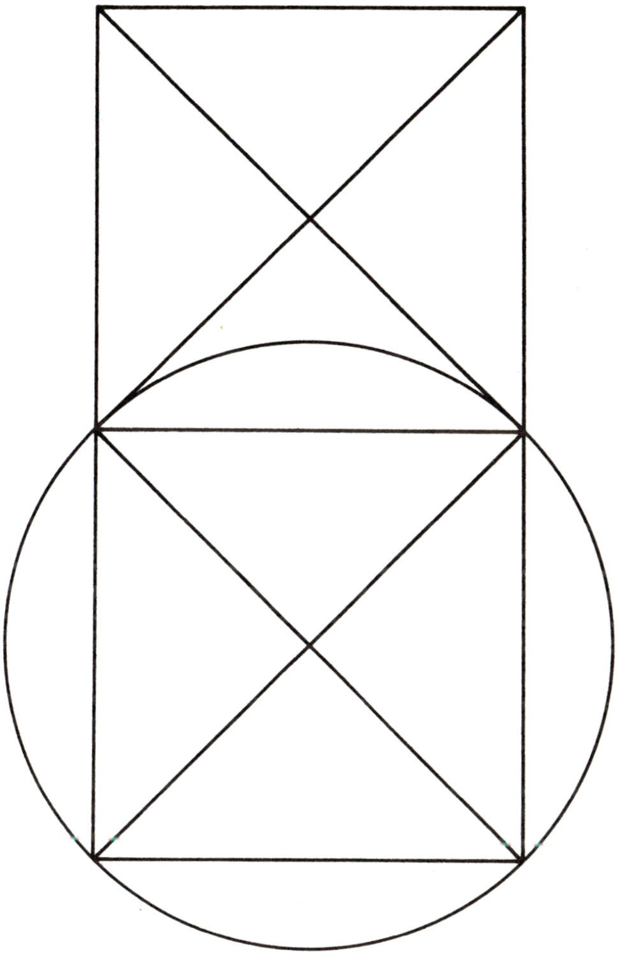

Unter Triangulatur im engeren Sinne versteht man die Arbeit mit dem gleichseitigen Dreieck und dem zugehörigen Sechseck. Die Triangulatur wurde im Mailänder Sitzungsprotokoll als „deutsche Art" bezeichnet! Sie herrscht auch in der deutschen Romanik vor.

Triangulatur im weitesten Sinn ist die Arbeit mit jedem anderen Dreieck. Derartige Triangulaturen finden sich in Wimpfen im Tal, wo 1/12 des Zwölfecks benützt worden ist, und an der Torhalle auf der Comburg, wo eine Näherungslösung für das Fünfeck zur Verwendung kam.

Im Drachschen Dreieck begegnen sich Triangulatur und Quadratur. Das Dreieck wird nach dem Entdecker Alhard von Drach, Mathematikprofessor an der Universität Marburg, Drachsches Dreieck genannt. Die Grundlinie bildet eine Quadratseite, die gegenüberliegende Ecke fällt mit der oberen Ecke des geschwenkten Quadrats zusammen. Obwohl die Quadratur zunächst nur mit Quadraten arbeitete, hat sich aus ihr sehr rasch das Drachsche Dreieck entwickelt, ein gleichschenkliges Dreieck mit einem Scheitelwinkel von 45° und zwei Basiswinkeln von 67,5°. Diese Entwicklung kann in Eßlingen und Lauffen (Neckar) verfolgt werden. Die Quadratur gewinnt erst in der Spätromanik langsam an Boden und setzt sich in der Gotik durch. Oft sind beide Bemessungsarten an einem Bauwerk benützt, wie z.B. in Murrhardt, Brenz, Faurndau und am Wäscherschlößchen. Sie findet zuerst im Grundriß Eingang. In Weinsberg und Schwäb. Gmünd bestimmt die Quadratur schließlich auch den Aufriß. An den gotischen Kirchen von Eßlingen, Lauffen und Weilheim findet sich nur die Quadratur.

Während die Triangulatur mit dem Zahlenverhältnis Dreieckseite: Höhe = $2 : \sqrt{3}$ arbeitet, wird die Quadratur vom Verhältnis $1 : \sqrt{2}$ bestimmt.

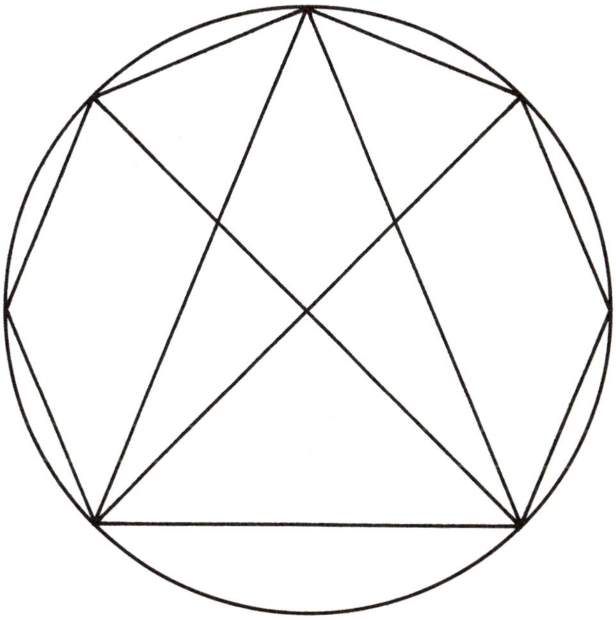

Figuren der Quadratur

# Der Goldene Schnitt

Immer wenn von Maßverhältnissen gesprochen wird, auch wenn es die einfachsten 1 : 2, 1 : 3 oder 2 : 3 sind, fällt sehr rasch der Ausdruck „Goldener Schnitt" oder „Proportio divina". Der Sprecher beweist dadurch nur seine Unkenntnis. Die Bezeichnung „Goldener Schnitt" für eine ganz bestimmte Teilung von Strecken ist verhältnismäßig neu und wurde von den Alten nicht gebraucht. Eine Strecke wird im goldenen Schnitt geteilt, wenn sich die ganze Strecke zur größeren Teilstrecke wie die größere Teilstrecke zur kleineren verhält.

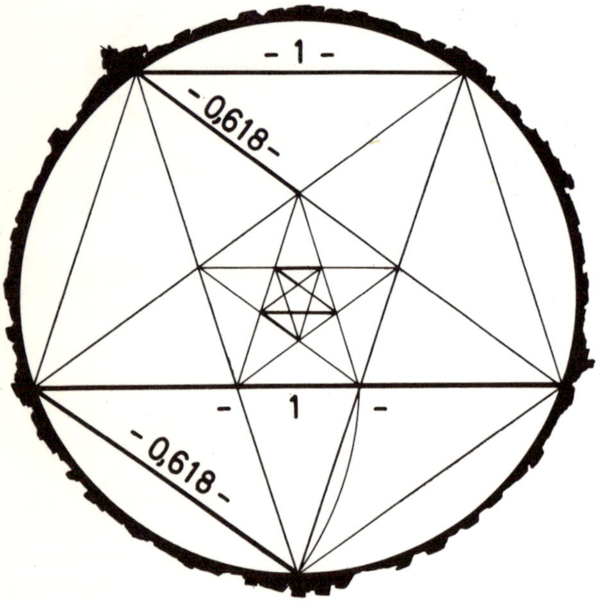


Die Länge der großen Teilstrecke sei x, die der kleineren Teilstrecke y. Dann ist die Länge der ganzen, ungeteilten Strecke x + y. Wir bilden daraus folgende Gleichung:

$$\frac{x+y}{x} = \frac{x}{y}$$

Setzen wir die große Teilstrecke x = 1 und verändern die Gleichung entsprechend, so ergibt sich nach einigen Umformungen (mit dem positiven Wurzelvorzeichen):

$$y^2 + y - 1 = 0;\; y = \frac{\sqrt{5}-1}{2} = 0{,}618\ldots$$

Die Strecke x + y wird also im Verhältnis x : y = 1 : 0,618 . . . geteilt; die Teilung des goldenen Schnitts läßt sich deshalb durch einfache Brüche nicht genau ausdrücken.

Die oft genannten Verhältnisse 2 : 3, 3 : 5, 5 : 8, 8 : 13 sind lediglich Näherungswerte. Diese Näherungswerte lassen sich alle in eine Reihe einordnen, in der zwei aufeinander folgende Glieder ähnlich der bereits erwähnten Gleichung aufgebaut sind. Wenn das erste Glied $\frac{y}{x}$ ist, so lautet das folgende $\frac{x}{y+x}$.

Beginnt man mit 1/2, ergeben sich die Glieder der Reihe: 1/2, 2/3, 3/5, 5/8, 8/13, 13/21, 21/34, 34/55, 55/89, 89/144

oder in Dezimalbrüchen ausgedrückt:
0,5; 0,667; 0,60; 0,625; 0,615; 0,619; 0,618; 0,618; 0,618; 0,618.

Trägt man die Werte dieser Brüche in einem rechtwinkligen Achsenkreuz auf, entsteht eine Kurve, die zunächst um den Wert 0,618 pendelt und sich dann diesem Verhältnis immer mehr nähert. Dennoch wäre es ganz sicher falsch, jedesmal wenn die Verhältnisse 1 : 2, 2 : 3, 3 : 5 oder 5 : 8 auftauchen, vom goldenen Schnitt zu sprechen. Hier handelt es sich um Verhältnisse, die alltäglich sind und immer vorkommen können. Erst von 8 : 13, 13 : 21 oder 21 : 34 an kann von Näherungslösungen gesprochen werden.

Die Teilung des goldenen Schnitts ist auch die Teilung im regelmäßigen Fünfeck. Die Verbindungslinie zwischen zwei nicht benachbarten Ecken wird durch die Geraden zwischen den anderen nicht benachbarten Ecken im Verhältnis des goldenen Schnitts geteilt. Aber nicht nur diese Beziehung gilt im Fünfeck; der goldene Schnitt taucht auch sonst immer wieder auf. Die Verbindungslinie zweier nicht benachbarter Ecken steht auch zur Fünfeckseite im Verhältnis 1 : 0,618 . . . ; dasselbe gilt für diese Seite und die kleinen Abschnitte der sich kreuzenden Diagonalen.

Diese Eigenschaft des Fünfecks sowie die Schwierigkeit, diese Figur überhaupt zu zeichnen, dürften die Ursachen gewesen sein, weshalb der Fünfstern im Mittelalter zum Drudenfuß, dem Zeichen der bösen Geister, geworden ist.

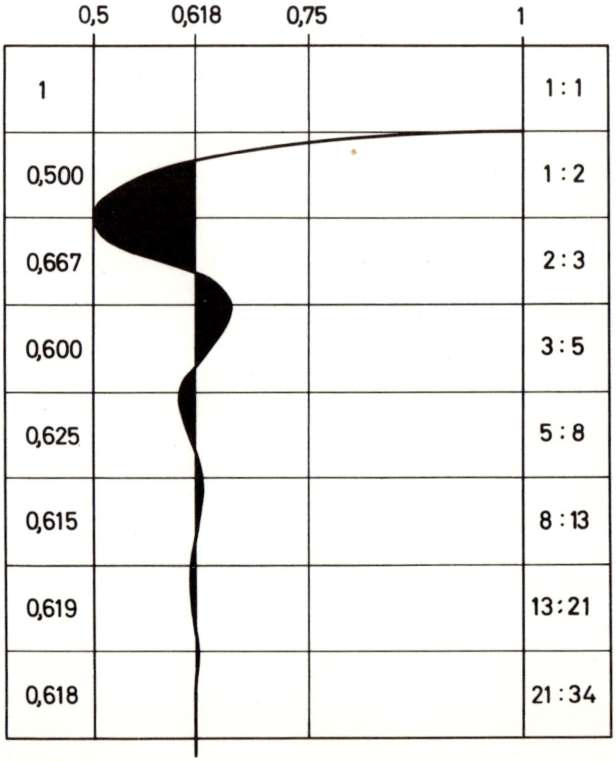

# Die Füße an den besprochenen oder erwähnten Bauten

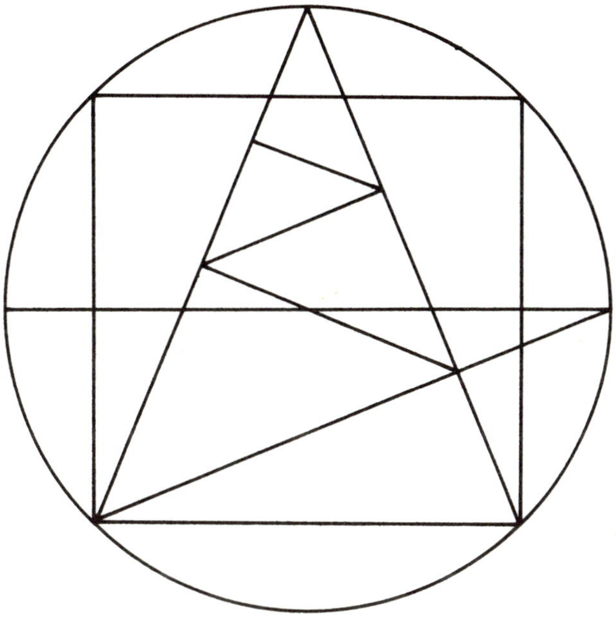

Drachsches Dreieck in Kreis und Quadratur. (Siehe hierzu auch die Hilfszeichnung neben der Ostansicht der Regiswindiskirche in Lauffen)

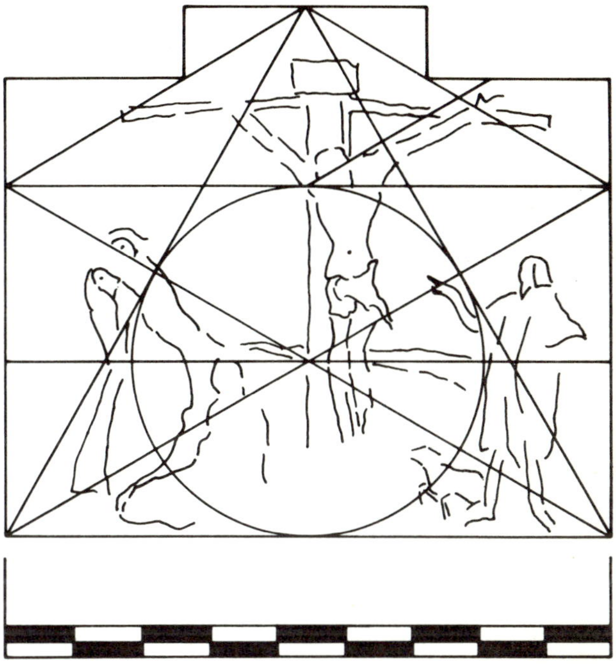

Kreuzigungsszene vom Isenheimer Altar. Eine Einheit des Maßstabs entspricht einem Fuß zu je 33,7 cm (3,03 m).

Die in romanischer Zeit benützten Füße haben zwei Grundlagen: Der römische Fuß, auch „Pes monetalis" genannt, weil der Normalmaßstab im Tempel der Juno moneta auf dem Kapitol zu Rom aufbewahrt wurde, war knapp 30 cm lang. Er findet sich am Sarg Ludwigs des Deutschen in Lorsch, hundert Jahre früher an der Marienkapelle auf dem Burgberg zu Würzburg, den ältesten Teilen von Wimpfen, auf der Reichenau (Niederzell), an der Kirche zu Kleincomburg, an der Stiftskirche in Sindelfingen und dem Paradies zu Herrenalb.
Der langobardische Fuß, ein verkürzter römischer Fuß, maß 28,5–29 cm. Besonders beliebt war bei den Langobarden die 1 1/2 Fuß lange Maßeinheit, die schon die Römer als Cubitus kannten. Der langobardische Fuß kommt in Cividale, Höchst, Augsburg (St. Johannes), als Cubitus in Lorsch, Seligenstadt und Hirsau vor.
Neben diesem römischen Fuß hatten die Germanen, die Slawen zumindest teilweise, eine andere, 32–34 cm lange Maßeinheit, die Drusus kurz vor Christi Geburt in Beziehung zum römischen Fuß brachte und damit nach heutigen Begriffen normte. Dieser Fuß wird deshalb mit Recht als „Pes Drusianus" bezeichnet. Vermutlich entstand die Maßeinheit durch Halbieren eines Schritts. Von der Zeit der Karolinger bis zum Beginn der Gotik ist sie das allgemeine Baumaß.

Erst in der Spätromanik dringt von Frankreich her ein stark verkürzter römischer Fuß (etwa 28 cm) vor. Wir finden ihn beispielsweise in Wimpfen am Berg, Nellingen, Eßlingen, an einer Skulptur in Schwäb. Gmünd und in Lauffen (Neckar).
Alle späteren deutschen Landesfüße sind von diesem verkürzten römischen Fuß abgeleitet.

Dennoch hielt sich der „Pes Drusianus" – wir bezeichnen ihn auch als karolingischen Fuß – besonders im Norden Deutschlands und Frankreichs bis zur Französischen Revolution. Unser Meter ist der in hundert Einheiten geteilte, 3 Fuß zu je 33,3 cm lange Maßstab des mittelalterlichen Bauhandwerkers. Man findet diesen Fuß kurz nach 1500 am Isenheimer Altar. Matthias Grünewald entwarf sein Werk mit Hilfe der Triangulatur. Eine Dreieckseite entspricht 9 Fuß zu je 33,7 cm.

Auch in der beginnenden technischen Entwicklung wurde dieser karolingische Fuß benützt. In der Zeit, als Gutenberg an dem Druck der ersten Bibel arbeitete, ließ Graf Johann IV. für das Schloß Dillenburg eine gußeiserne Wasserleitung anlegen. Die gegossenen Rohre sind 1,005 m lang.

| | |
|---|---|
| Länge der Rohre: | |
| 3 Fuß zu je 33,5 cm | (1,005 m) |
| Äußerer Durchmesser am Muffenende: | |
| 1/4 Fuß zu je 34,0 cm | (0,085 m) |
| Äußerer Durchmesser am entgegengesetzten Ende: | |
| 1/8 Fuß zu je 33,6 cm | (0,042 m). |

# Regeln für das Aufsuchen von Proportionsgesetzen an romanischen Bauten

**Die folgenden Regeln stehen als Ergebnis der Untersuchungen am Ende des Buches. Da ihre Kenntnis das Verständnis der einzelnen Zeichnungen und des zugehörigen Textes fördert, sind sie hier nochmals abgedruckt.**

Diese Regeln bilden das Ergebnis der vorliegenden Untersuchungen und stimmen bis auf wenige Einzelheiten mit den auch heute noch geübten Arbeitsweisen beim Entwurf und beim Einschneiden des Schnurgerüstes überein. Oft sind die Feststellungen äußerst einfach, wie beispielsweise die Erfahrung, daß die äußeren Fluchten der Wände abgesteckt worden sind. Die Schnur hätte in jeder anderen Lage beim Mauern von Ecken ständig behindert. Die zahlreichen verschiedenen Ergebnisse bei Maßuntersuchungen an demselben Bauwerk sind meist auf die Unkenntnis derartiger Gebräuche zurückzuführen. Geometrische Konstruktionen erhalten ihren Wert erst zusammen mit der Ermittlung der verwendeten Maßeinheit oder des Moduls. Unter Mißachtung dieser Regel lassen sich für ein Bauwerk oft mehrere geometrische Lösungen finden. Nur die Lösung kann richtig sein, deren grundlegende Strecken eindeutig in einer dem mittelalterlichen Menschen geläufigen Anzahl Maßeinheiten, seien es Füße oder der Modul Vitruvs, gemessen sind.

Kein Meister hatte die Absicht, das Abstecken des Bauwerks möglichst schwierig zu gestalten. Benützt wurden einfache geometrische Figuren: das gleichseitige Dreieck, das Quadrat, das Sechseck und das Achteck.

Diese Figuren überschneiden sich nur selten; sie wurden aneinandergereiht.

Bemessen wurde, mit nur ganz wenigen Ausnahmen, nach den äußeren Mauerfluchten des aufgehenden Mauerwerks. Der Sockel ist meist ohne Bedeutung.

Grundlage für die Bemessung der Längen am Bauwerk war in der Regel die größte Breite, also die Länge des Querschiffs einschließlich beider Mauern, bei querschifflosen Anlagen die Breite aller drei Schiffe. Diese Breiten dienen als Seiten von gleichseitigen Dreiecken oder Quadraten.

Der benützte Fuß ist nur dann hinreichend genau ermittelt, wenn er sich aus mindestens 2 Maßen (Breiten, Mauerdicken) errechnen läßt. Da die Längen beinahe ohne Ausnahme geometrisch bestimmt worden sind, ist es zwecklos, Füße aus Längenmaßen errechnen zu wollen.

Die errechnete Anzahl von Maßeinheiten für eine Dreieck- oder Quadratseite muß einem für die Bauzeit vernünftigen, runden Wert entsprechen. Die Zahlen 11, 13 und deren Vielfache sind unmöglich; selten ist 7.

In karolingischer Zeit sind Zehnerzahlen und die Zahl 25 neben den Zahlen der Zwölferreihe noch gebräuchlich; sie werden später durch 3, 6, 9, 12, 18, 27 sowie 2, 4, 8 und die höheren Zahlen dieser Reihen verdrängt.

Die Zahl 5 gilt seit dem Ende der karolingischen Zeit als „böse Zahl" oder Zahl der bösen Geister. Das Fünfeck scheidet deshalb als Bemessungshilfe in der Romanik aus; es findet sich nur in besonderen Fällen zur Abwehr der „Bösen" an Toren.

Die Bemessung des Aufrisses erfolgte vorwiegend vom Sockel aufwärts, wenn kein besonderer oder ein sehr hoher Sockel vorhanden war, vom Fundament aus. Auch im Aufriß sind die äußeren Mauerfluchten maßgebend.

Im Grundriß bedeutende geometrische Orte sind im allgemeinen auch für die Aufrißgestaltung von Wichtigkeit.

Erfolgreiche Untersuchungen werden nur möglich, wenn Pläne in großem Maßstab und eigene Aufmaße vorliegen.

Unkenntnis der handwerklichen Arbeitsverfahren führt häufig zu fehlerhaften Annahmen. Der Maßforscher muß deshalb mit diesen Arbeitsweisen vertraut sein.

Dreieck und Quadrat können beim Entwurf und dessen Übertragung in die Natur lediglich Hilfsmittel des künstlerisch schaffenden Menschen sein. Sie sollten dem Baukünstler dienen, seine Arbeit vereinfachen, nicht behindern. Mehrere Beispiele zeigen, wie verschiedene Meister, trotz ähnlicher oder gleicher geometrischer Arbeitsweise, künstlerisch sehr verschiedene Leistungen hervorbrachten.

Diese Regeln gelten für romanische Bauwerke des süddeutschen Raums. Es ist sicher, daß zu anderen Zeiten und in anderen Ländern auch andere Hilfsmittel beim Entwurf und beim Abstecken üblich waren.

Jede der benutzten Figuren besaß wohl eine symbolische Bedeutung, man sollte jedoch den Symbolgehalt der ständig gebrauchten, einfachen geometrischen Figuren nicht überbewerten.

# Lorsch

## Königshalle

In Lorsch an der Bergstraße befindet sich das älteste vollständig erhaltene Bauwerk Deutschlands: die Königshalle Karls des Großen (768–814). Diese Halle ist eines der ersten steinernen Gebäude, die von Germanen nach der Völkerwanderung im Raum nördlich der Alpen erbaut worden sind. Sie verdient deshalb besondere Beachtung.

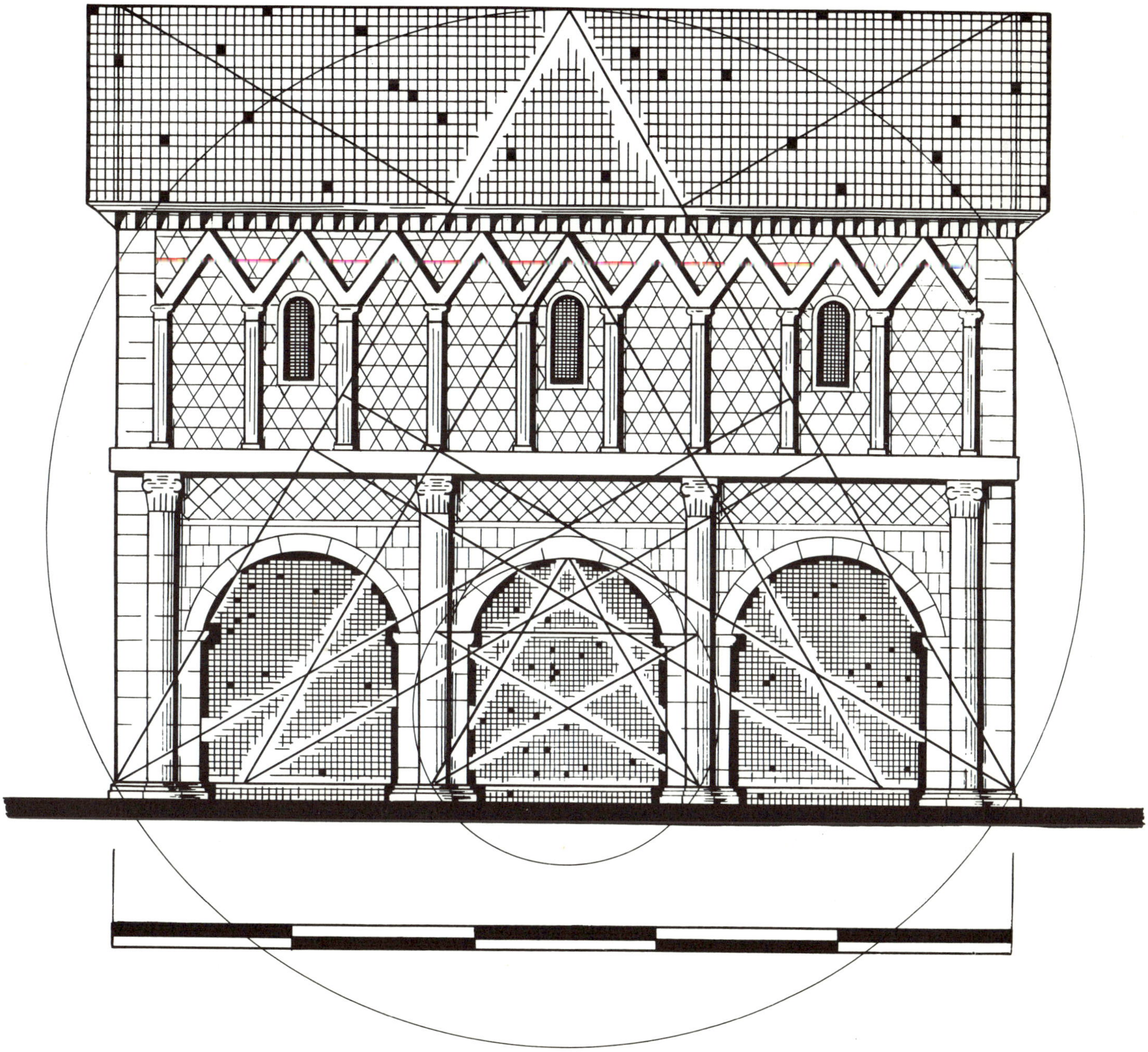

**Geschichte**

Im Jahre 763 gründete Bischof Chrodegang von Metz, ein naher Verwandter Karls des Großen, nur drei Wegstunden von Worms das spätere Reichskloster Lorsch. Seit 765 ruhten dort die Gebeine des hl. Nazarius. Im Herbst 774 wurde die Kirche des Klosters in Anwesenheit Karls des Großen und seiner Söhne geweiht. Lorsch entwickelte sich zur wichtigsten Abtei am Rhein und übertraf schließlich Fulda, die Reichenau und St. Gallen. Im Jahre 876 fand hier Ludwig der Deutsche die letzte Ruhe. Bald streuten die Besitzungen des Klosters von Nijmwegen bis Basel und von Namur bis Ulm.
Die Blüte währte jedoch nur 300 Jahre. Bereits um 1100 begann der rasche Abstieg. Mehrere Brände richteten Zerstörungen an, die nicht mehr beseitigt werden konnten. Heute steht von der großen Basilika nur noch ein kurzer Teil des Mittelschiffs. Aus der Blütezeit der Karolinger blieben Steinsärge und die Königshalle erhalten. Sie diente den Kaisern und Königen während ihres Aufenthalts im Kloster wahrscheinlich als Richtstätte und Audienzsaal. Vorbilder für dieses Bauwerk sind in Italien zu suchen.
Lorscher Urkunden berichten, daß Karl der Große nach seinem Sieg über die Langobarden im Jahr 774 langobardische Baumeister und Steinmetzen nach Lorsch gebracht habe. Der im langobardischen Reich übliche, nach dem langobardischen König Liutprand (712–744) genannte Fuß, der „Pes Liutprandi", war 28,5–29 cm lang. Daneben benützte man ein Gebrauchsmaß, den schon den Römern bekannten Cubitus (1 1/2 Fuß) von 43–43,6 cm Länge. 25 Cubiti (43,6 cm) bilden die Bemessungsgrundlage der Königshalle.
Bei der nun folgenden Betrachtung der Maße stellt sich die Frage, ob nicht anstelle der 25 Cubiti langen Schauseite, die 25 „Pes Liutprandi" lange Schmalseite als Grundmaß gedient haben könnte. Diese Möglichkeit läßt sich nicht ausschließen, da viele Maße der Königshalle durch den „Pes Liutprandi" teilbar sind und bei romanischen Bauten ausschließlich von der Breite ausgehend bemessen worden ist. Andererseits ist jedoch mit einer gewissen Berechtigung anzunehmen, daß bei diesem Tor die Länge der triumphalen Schauseiten und nicht die der untergeordneten, zudem von Treppentürmen verdeckten und dem Blick des Beschauers abgekehrten Seiten zuerst abgemessen worden ist. Auf der Meßlatte der Steinmetze waren sicher die Maßeinheiten Cubitus, Pes und 1/2 Pes eingeschnitten, was das gleichzeitige Vorkommen aller drei Teilungen nebeneinander erklärt.

**Der Grundriß**

Die Königshalle ist 25 Cubiti lang. Die Breite des Gebäudes verhält sich zur Länge wie 2 : 3. Die Halle mißt im Lichten 14 Cubiti. Die Wände sind 1 1/3 Cubiti oder 2 „Pes Liutprandi" dick. Da fränkische Baumeister derselben Zeit einen Fuß von 32–34 cm Länge verwendeten, dürfte kein Zweifel bestehen, daß die Königshalle in Lorsch ein Werk oberitalienischer Bauleute ist.

Drei Teilungen des Maßstabs entsprechen 25 Cubiti.

Länge: 25 Cubiti zu je 43,6 cm (10,89 m)
Breite: 16 2/3 Cubiti zu je 43,3 cm (7,22 m)
= 25 „Pes Liutprandi"
Lichte Breite: 14 Cubiti zu je 43,6 cm (6,11 m)
= 21 „Pes Liutprandi"
Lichte Breite der Wendeltreppen:
2 Cubiti zu je 43,6 cm (0,86–0,90 m)
= 3 „Pes Liutprandi"
Durchmesser der Treppentürme:
25/2 „Pes Liutprandi" zu je 28,9 cm (3,62 m)
Dicke der Wände:
2 „Pes Liutprandi" zu je 29,0 cm (0,58 m).

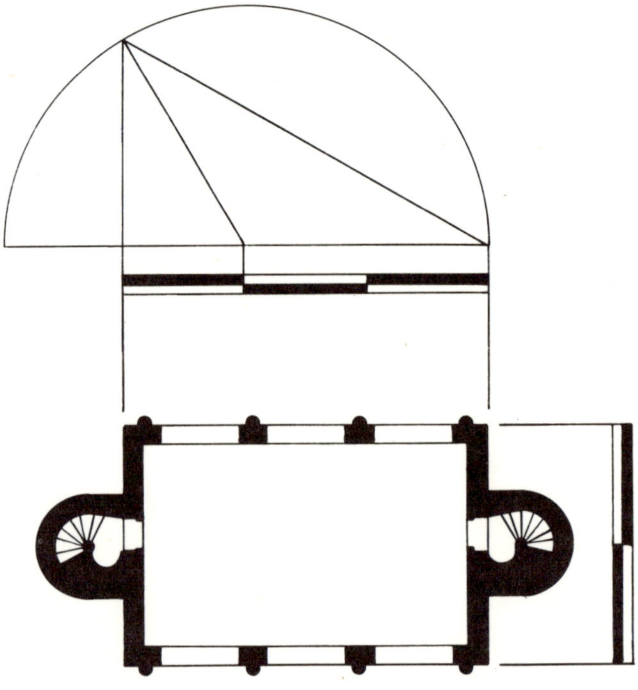

**Der Aufriß**

Das Dach der Königshalle ist in gotischer Zeit so verändert worden, daß man die ehemalige Dachneigung nur an den spärlichen, auf beiden Giebeln noch vorhandenen Ortgangresten sehen kann. Da die Traufgesimse des ursprünglichen Daches noch ganz erhalten sind, läßt sich die alte Firsthöhe leicht ermitteln.
In die so wiederhergestellte Ansicht – die beiden Treppentürme sind nicht dargestellt, weil sie bei der Bemessung keine Rolle spielen – kann ein gleichseitiges Dreieck von 25 Cubiti Seitenlänge eingezeichnet werden. Die Grundlinie liegt auf dem Sockel, die obere Ecke im First. Ein zweites gleichseitiges Dreieck, dessen obere Ecke von unten gegen das Traufgesims stößt, und die zu beiden Dreiecken gehörenden Schwerlinien bilden die Grundlage der Geschoßteilung. Die Schwerlinien schneiden jeweils die Seiten des anderen Dreiecks auf der Höhe des am Bauwerk umlaufenden Frieses. Die Ziergiebel im Ober-

geschoß bilden dagegen keine gleichseitigen Dreiecke. Das Sechseck kehrt in der Plattenverkleidung wieder.

Besondere Bedeutung und Beweiskraft kommt der Form der drei torartigen Durchgänge zu. Der Meister wählte keine halbkreisförmigen Bogen, er drückte das Gewölbe entsprechend der eingezeichneten Dreiecksfigur. Von den Achsen der Halbsäulen und dem Sockel ausgehend, liegen die Kämpfer auf der Höhe der Schnittpunkte beider Schwerlinien mit den Säulenachsen. Der Ort des Bogenscheitels entspricht der Höhe des Dreiecks. Die Breite der Öffnungen wählte der Meister zwischen den Kämpferkragsteinen zu 5 Cubiti.

Eine Teilung des Maßstabs entspricht 5 Cubiti.
Breite der Öffnungen auf der Höhe der Kämpferplatten:
5 Cubiti zu je 43,6 cm (2,18 m)
Lichte Breite der Öffnungen:
8 1/3 „Pes Liutprandi" zu je 29,5 cm (2,46 m)
Achsabstand der Halbsäulen: 3,23 m
Höhe des Dreiecks zwischen Sockel und Bogenscheitel:
$\sqrt{3}/2 \cdot 3{,}23 = 2{,}80$ m, gemessen 2,79 m
Höhe der Kämpfer:
$\sqrt{3}/3 \cdot 3{,}23 = 1{,}86$ m, gemessen 1,79 m.

Anscheinend hat der Meister die Kämpfer etwas tiefer angesetzt, um einen optisch günstigeren Eindruck zu erzielen.

Länge der Schauseite: 25 Cubiti zu je 43,6 cm (10,89 m).
Aus der gemessenen Länge wird die Höhe des Bauwerks errechnet:
$10{,}89 \cdot \sqrt{3}/2 = 9{,}43$ m
Höhe des Dachs:
$10{,}89 \cdot \sqrt{3}/8 = 2{,}36$ m
Oberkante Traufgesims:
$9{,}43 - 2{,}36 = 7{,}07$ m, gemessen 7,05 m
Höhe des Traufgesimses:
1 Cubitus zu 43 cm, gemessen 0,41 m
Unterkante Traufgesims:
$7{,}07 - 0{,}41 = 6{,}66$ m, gemessen 6,66 bis 6,71 m
Seitenlänge des kleineren Dreiecks:
$10{,}89 \cdot 6{,}66/9{,}43 = 7{,}69$ m
Obere Kante Gesimsband:
$\frac{7{,}69 + 10{,}89}{2} \cdot \frac{\sqrt{3}}{4} = 4{,}02$ m,
gemessen 4,02 m
Höhe der jonischen Pilaster im Obergeschoß:
6 „Pes Liutprandi" zu je 28,8 cm (1,73 m).

Der Entwerfende zeichnete zuerst das große Dreieck und das dieser Figur umbeschriebene Rechteck. Seiten dieses Rechtecks sind der First, Oberkante Sockel und die Seitenwände des Gebäudes. Von den oberen Ecken des Rechtecks ausgehende Parallelen zu den Schwerlinien des Dreiecks schneiden die Dreieckseiten auf der Höhe der Traufgesimsoberkante. Diese ist damit eindeutig bestimmt. Das Traufgesims selbst wurde 1 Cubitus hoch gewählt. Auf der Unterkante liegt die obere Ecke des kleinen Dreiecks, dessen Lage und Größe durch Unterkante Traufgesims und Oberkante Sockel gegeben sind. Die Schwerlinien beider Dreiecke schneiden die Seiten des anderen Dreiecks jeweils auf der Oberkante des Frieses. Auf diesem Fries stehen die sechs Fuß hohen jonischen Pilaster. Die neun Giebel sind zwischen Pilasterkapitäle und Unterkante Traufgesims eingefügt.

Auch Kapitäle sind nach dem gleichseitigen Dreieck oder Sechseck bemessen worden. Eine Dreieckseite war 1 Cubitus lang. Die Höhe des Kapitäls entspricht dem Umkreisdurchmesser.

Breite eines Kapitäls oben:
1 Cubitus zu 43,6 cm, gemessen 45–46 cm
Höhe eines Kapitäls:
$43{,}6 \cdot 2\sqrt{3}/3 = 50{,}4$ cm, gemessen 51 cm
Breite eines Kapitäls unten:
1 Fuß zu 28 cm.

**Fenster und Türen in der Königshalle**

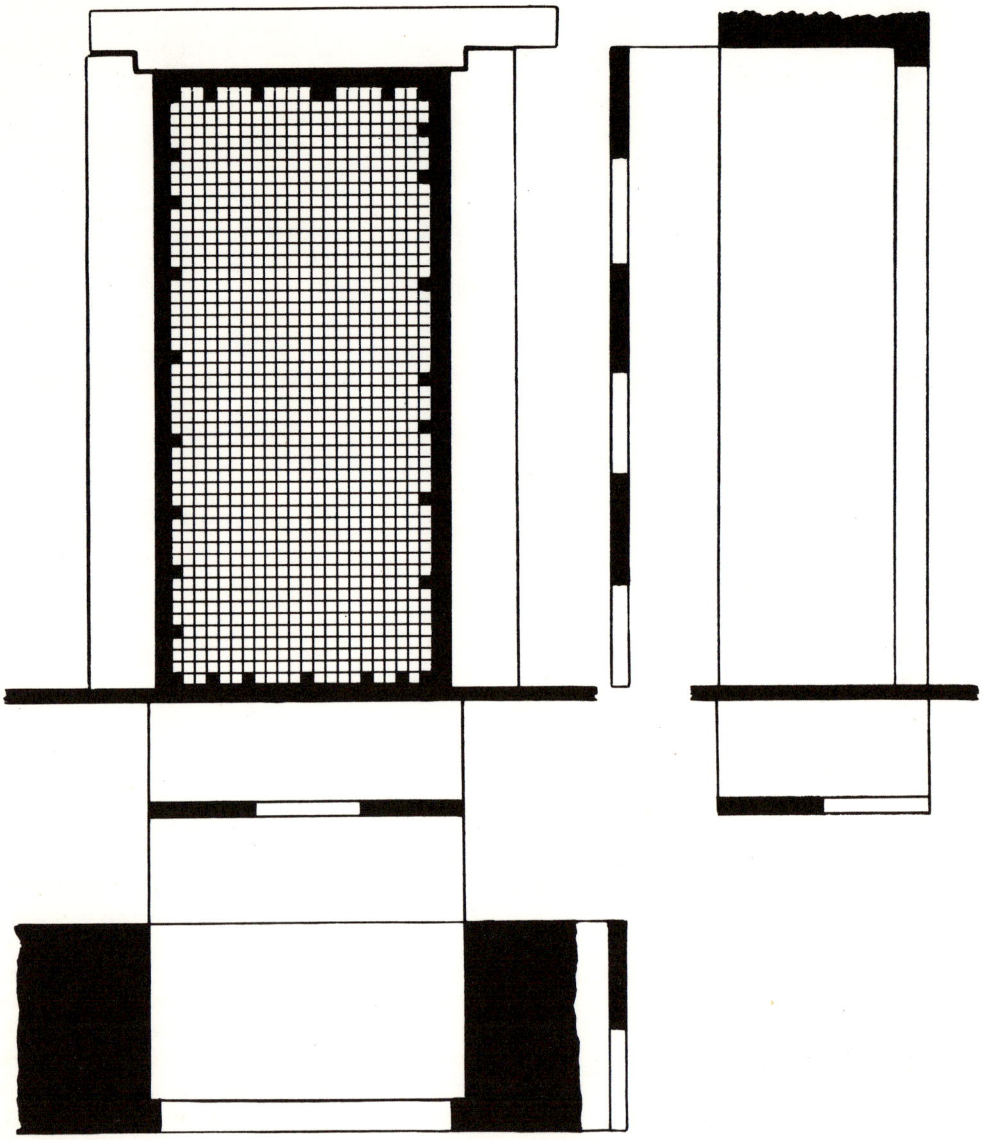

Im Obergeschoß der Königshalle befinden sich fünf Fenster. Sie schließen außen bündig mit dem Mauerwerk ab; innen liegen sie in tiefen Nischen. Breite und Höhe der Nischen verhalten sich wie 3 : 5. Die Fenster selbst wurden während der vergangenen Jahrhunderte mehrmals verändert. Sie waren 43,6 cm breit und 109 cm hoch, Breite zu Höhe verhielten sich demnach wie 1 : 2,5. Eine Einheit des Maßstabs entspricht einem Fuß.

Breite der Nische: 3 „Pes Liutprandi" zu je 29 cm (0,87 m)
Höhe der Nische: 5 „Pes Liutprandi" zu je 29 cm (1.45 m)
Breite des Fensters: 1 Cubitus zu 43,6 cm (0,436 m)
Höhe des Fensters: 2,5 Cubiti zu je 43,6 cm (1,09 m).

Die vier Türen im Erdgeschoß und Obergeschoß wurden ähnlich bemessen. Wie bei den Fenstern legte man nicht die Maße der steinernen Verkleidung, sondern die Rohmaße des Mauerwerks fest. Breite zu Höhe verhalten sich wie 1 : 2. Bemerkenswert ist die vom Holzbau entlehnte Ausbildung der Knotenpunkte an den Türgewänden. Genau dieselben Türrahmen finden sich an einer vermauerten Türe der Kirche San Giorgio di Valpolicella bei Verona aus der Zeit des Langobardenkönigs Liutprand.

Eine Einheit des Maßstabs entspricht einem Fuß.

Südliche Türe im Erdgeschoß:
Breite: 3 „Pes Liutprandi" zu je 29 cm (0,87 m)
Höhe: 6 „Pes Liutprandi" zu je 29,2 cm (1,75 m).

Die Verwendung von Zahlenverhältnissen entspricht den Vorstellungen Vitruvs. An der Königshalle sind die Hauptmaße geometrisch ermittelt. Sie ist ein Zeugnis des Übergangs von der Vitruvschen zur rein geometrischen Bemessungsweise.

# Der Sarg Ludwigs des Deutschen

Ludwig der Deutsche war einer der vier Söhne Ludwigs des Frommen (814–840). Im Vertrag von Verdun (843) teilten die drei lebenden Brüder das Erbe. Ludwig erhielt den Osten. Das Mittelreich und die Kaiserwürde fielen an seinen Bruder Lothar; Karl der Kahle nahm das Westreich in Besitz. Nach dem Tode von Lothars Sohn teilten Karl und Ludwig das Mittelreich im Vertrag von Mersen (870). Ludwig war der erste Karolinger, dessen Wirken keine gesamtfränkischen, sondern ostfränkische, deutsche Züge trug. Er starb 876 in Frankfurt und wurde im Kloster Lorsch beigesetzt. Sein einfacher, rechteckiger Sarg, eine schöne Arbeit der karolingischen Renaissance, blieb erhalten. Die fünf jonischen Pilaster auf den Längsseiten erinnern an die alte Architekturmalerei im Obergeschoß der Königshalle. Der Sarg ist 0,73–0,75 m breit und 2,05 m lang.

In der Lebensbeschreibung Karls des Großen, dem Großvater Ludwigs (Vita C.M.Cap. 22), berichtete Einhart, daß Karls Größe gleich der siebenfachen Länge seines eigenen Fußes gewesen sei. In der Antike waren, wie Vitruv schreibt, normal gebaute Menschen etwa 6 Fuß groß (Vitruv, Buch 3, Cap.I, Abs. 2). Karl der Große soll ein besonders stattlicher und über seine Umgebung auch körperlich hinausragender Mann gewesen sein. Daß er auf diese Eigenschaft stolz war, scheint ein früher im Kloster Lorsch aufbewahrter Eisenstab seiner Körperlänge zu bezeugen (Schlosser, Schrift Qu. Nr. 1014).

Da Ludwig der Deutsche wohl kaum die Maße Karls erreicht hat, ist es berechtigt, die Länge des Sargs mit 7 Fuß anzusetzen.

Eine Einheit des senkrecht stehenden Maßstabs entspricht einem Fuß, eine Einheit des waagrecht liegenden Maßstabs 1/2 Fuß.
Länge: 7 Fuß zu je 29,3 cm (2,05 m)
Breite: 2,5 Fuß zu je 29,6 cm (0,74 m).

Wie Vergleiche mit den Messungen in Split zeigen werden, benützte der Steinmetz am Sarg den römischen Fuß. Vermutlich wurde am Sarg des deutschen Königs mit voller Absicht nicht die karolingische Maßeinheit, sondern der alte, kaiserlich römische Reichsfuß verwendet.
Dieselbe Übung ist aus Aachen bekannt. Während sich an der vor der Kaiserkrönung Karls erbauten Pfalzkapelle der karolingische Fuß findet, wurde der später errichtete Residenzsaal mit dem alten römischen Fuß bemessen.

Schrifttum:

R. Adamy: Die fränkische Torhalle und Klosterkirche zu Lorsch, Darmstadt 1891.
Friedrich Behn: Die karolingische Klosterkirche zu Lorsch, Band 1, Berlin und Leipzig 1934.
Fritz Viktor Arens: Das Werkmaß in der Baukunst des Mittelalters, Diss., Würzburg 1938, S. 74–77.
Franz v. Juraschek: Der Langobardische Fuß und die Vorkarolingische Martinskirche in Linz, Archaelogia Austriaca, H. 4, 1949, S. 132–39.
Franz v. Juraschek: Die Rauten der Königshalle in Lorsch und die Triumphalarchitektur der Spätantike. In: Forschung zur Kunstgeschichte und christlichen Archäologie, Bd. 1, Baden-Baden 1954, S. 115–29.
Albrecht Kottmann: Langobardische Baumeister in Lorsch und Hirsau, München 1965.

# Die Torhalle auf der Fraueninsel im Chiemsee

Im Chiemsee, dem großen See im Herzen Altbayerns, liegen zwei bekannte Inseln: die Fraueninsel und die Herreninsel. Obwohl auf der Herreninsel heute nur noch eines der Königsschlösser steht, deutet der Name auf ein Männerkloster, der Name der Fraueninsel auf ein Nonnenkloster. Manche vermuten, daß sich auf der Fraueninsel bereits um 500 eine Bischofskirche befunden hat, die Bischöfen während der barbarischen Einfälle vorübergehend Zuflucht geboten haben könnte. Ganz von der Hand zu weisen ist dieser Gedanke nicht, besitzen wir doch genügend ähnliche Beispiele vom Lavanter Kirchbichl bei Lienz, der Kirche in Duel und der Kirche in Laubendorf bei Spittal. Beweise könnten nur Grabungen zutage bringen.

Vermutlich hat Herzog Tassilo III. von Bayern beide Klöster gestiftet. Ludwig der Deutsche förderte besonders das Nonnenkloster auf der Fraueninsel.

Die Torhalle dieses Klosters wurde erst vor wenigen Jahren entdeckt und als karolingisch erkannt. Die Erneuerung des stark beschädigten Bauwerks schreitet nur langsam voran. Das umgebende Gelände ist um etwa einen halben Meter gegenüber dem alten Zustand aufgefüllt und das Dach wesentlich erhöht, so daß das Tor heute nicht mehr den Eindruck vermittelt, den der karolingische Besucher hatte.

Die Lorscher Königshalle wurde sicher mehrmals nachgebaut. Eine dieser Hallen, vermutlich aus der Zeit Ludwigs des Deutschen, dessen Tochter Irmingard dem Kloster auf der Fraueninsel als Äbtissin vorstand, blieb in wesentlichen Teilen erhalten. Der Grundriß ist eines der wichtigsten Zeugnisse für die Wirkung Vitruvs auf die karolingische Baukunst. Vitruv erwähnt neben den verschiedenen Zahlenverhältnissen zur Bemessung rechteckiger Räume nur eine einzige geometrische Bemessungsweise: Die kleine Seite verhält sich zur großen wie eine Seite eines Quadrats zu dessen Diagonale. Diese Regel benützte der Meister der Königshalle zu Frauenwörth. Eine Quadratseite mißt 25 Fuß. Alle anderen Breiten und Längen wurden dagegen ohne Geometrie mit einem wohl drei Fuß langen Maßstab aufgemessen.

Eine Einheit des Maßstabs entspricht 25 und 3 Fuß.

Breite der Halle:
25 Fuß zu je 33,1 cm (8,27 m)
Länge der Halle:
$\sqrt{2} \cdot 8{,}27 = 11{,}69$ m, gemessen 11,65 m

Breite der seitlichen Räume:
9 Fuß zu je 33,4 cm (3,01 m)
Dicke der Wände:
2 Fuß zu je 33,5 cm (0,67 m)
Breite der Eckpfeiler
3 Fuß zu je 33 cm (0,99 m).

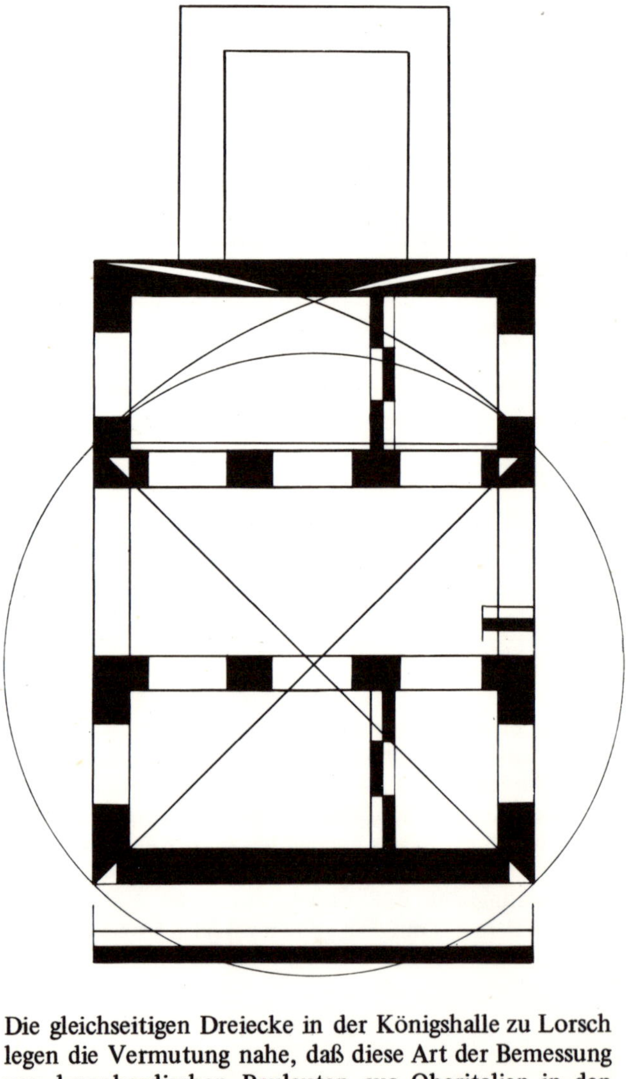

Die gleichseitigen Dreiecke in der Königshalle zu Lorsch legen die Vermutung nahe, daß diese Art der Bemessung von langobardischen Bauleuten aus Oberitalien in den fränkischen Raum übertragen worden ist. Die Untersuchung eines langobardischen Werks soll die Annahme bestätigen.

# Cividale
# Das Kalixtus-Baptisterium

Im Jahr 568, nur 15 Jahre nach der Vernichtung des Ostgotenreichs durch Byzanz, brachen die Langobarden, von Osten kommend, in Oberitalien ein und eroberten in drei Jahren nahezu ganz Nord- und Mittelitalien. Die Gebiete um die festen Städte Rom, Neapel, Genua und Perugia sowie die adriatische Küste zwischen Venedig, Bologna und Ancona mit dem durch Sümpfe geschützten Ravenna widerstanden dem langobardischen Ansturm. Auch die südlichen Teile von Apulien und Kalabrien waren nie für längere Zeit in langobardischem Besitz.

Die arianischen Langobarden standen anfangs in starkem Gegensatz zu den katholischen Römern. Durch scharfe Rassengesetze sollte eine Vermischung verhindert werden. Um 600 begann unter der katholischen Königin Theudelinde (568–628), einer Tochter des Bayernherzogs Garibald I., die langsame Katholisierung und Romanisierung. Nach 670 waren die im Norden des Landes wohnenden Langobarden weitgehend katholisch geworden. Auch eine Vermischung mit den Römern trat ein. König Desiderius (758–774) führte sogar einen lateinischen Namen.

Ständiger Gegner der Langobarden war das Römertum, dessen Vertreter mit dem Rückgang des kaiserlichen Einflusses der Papst wurde. Der gefährlichste Feind war das fränkische Reich im Nordwesten. Auch als sich die Langobarden bereits zum katholischen Glauben bekannten, blieb der politische Gegensatz zum Papst. Er führte schließlich zum Untergang des Staates, als es dem Papst gelang, die Franken zum Zug nach Italien zu veranlassen. 774 wurden die Langobarden endgültig besiegt.

Nach der Eroberung Italiens waren die Langobarden in enge Beziehung zu der Kunst und den Lebensgewohnheiten der Antike getreten. Aus der Verschmelzung von germanischem und römischem Formengut entwickelte sich eine Kunst, deren erste Werke um 600 entstanden, die zwischen 700 und 800 ihren Höhepunkt erreichte und bis in das Mittelalter nachwirkte. Die langobardischen Könige und Herzöge schmückten ihre Residenzen mit Palästen und Kirchen. Nur wenige dieser Bauwerke haben die Jahrhunderte unversehrt überdauert. Einzelne Reste, insbesondere Reliefplatten, sind jedoch in großer Zahl über das ganze Land verstreut.

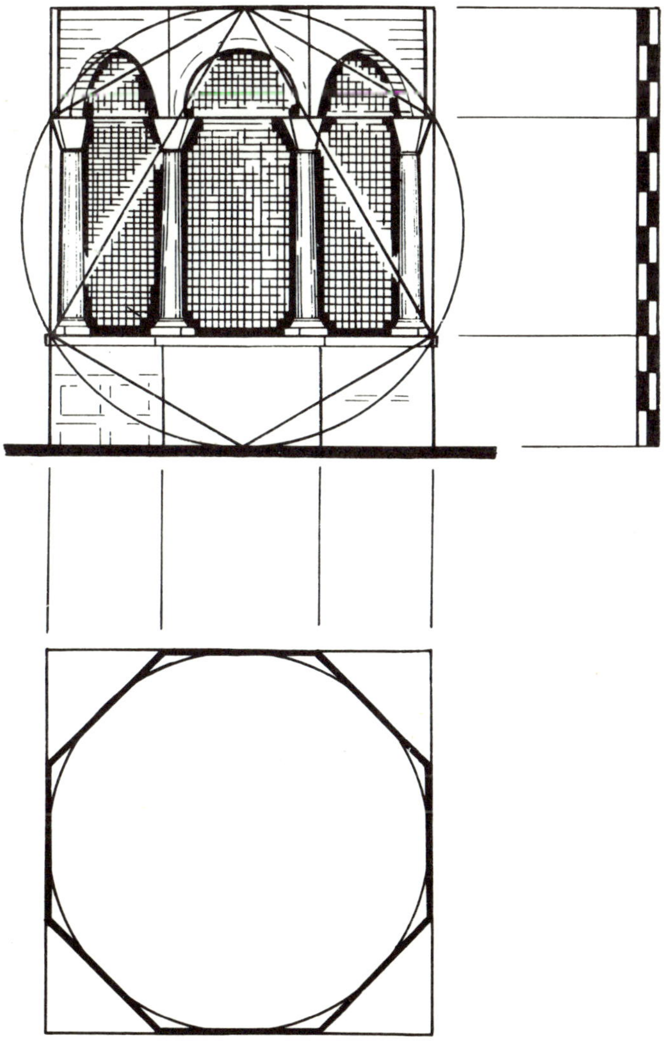

In einer Seitenkapelle des Doms St. Martin zu Cividale, der alten, langobardischen Herzogsstadt, steht ein Baptisterium, das wahrscheinlich in den Jahren zwischen 762 und 776 geschaffen worden ist. Bei der Wiederherstellung wurden Platten verwendet, die ursprünglich nicht zum Baptisterium gehörten; die alten Abmessungen sind jedoch unverändert erhalten.
In den Aufriß läßt sich ein Sechseck einzeichnen. Der Durchmesser des Umkreises mißt 12 „Pes Liutprandi". Der achteckige Grundriß ist aus einem Quadrat entwickelt, dessen Seiten einer Seite der in den Aufriß einbeschriebenen gleichseitigen Dreiecke entsprechen.

Höhe des Bauwerks:
12 Fuß zu je 28,4 cm (3,41 m)
Höhe über dem Becken:
9 Fuß zu je 28,6 cm (2,57 m)
Länge einer Quadratseite:
$2{,}57 \cdot 2\sqrt{3}/3 = 2{,}97$ m

Länge einer Seite des Achtecks:
$\frac{2{,}97}{1 + \sqrt{2}} = 1{,}23$ m, gemessen 1,25 m.

Schrifttum: Emerich Schaffran: Die Geschichte der Langobarden, Leipzig 1938.
Emerich Schaffran: Die Kunst der Langobarden, Leipzig 1941.
Albrecht Kottmann: Langobardische Baumeister in Lorsch und Hirsau, München 1965.

Der Schritt von den Langobarden zu deren Lehrmeistern, den Römern, liegt nahe. Das gleichseitige Dreieck von Cividale und ein Fuß von ähnlicher Länge müssen sich auch in älteren römischen Bauten nachweisen lassen.

# Split

Der Palast des Kaisers Diokletian, in dessen Mauern nach den Avarenstürmen die Stadt Split entstand, hatte drei Landtore und ein schmales Seetor. Es führte direkt zur Schiffsanlände, die an der Südmauer des Palastes lag. Während die Höhe der Landtore nicht mehr genau feststellbar ist, sind Sturz und Schwelle des Hafentors noch zu sehen und für eine Untersuchung der Maßverhältnisse zugänglich.

### Das Nordtor

Das Nordtor, auch Porta aurea genannt, ist noch verhältnismäßig gut erhalten. Es durchbricht eine 9 Fuß dicke Mauer und führt in einen quadratischen, schachtartigen Hof, dessen Seiten 30 Fuß messen. Ein Feind mußte, bevor er in die Stadt eindringen konnte, diesen Hof durchschreiten. Der römische Name Propugnaculum besagt, daß die Verteidiger hier noch einmal Gelegenheit haben sollten, einen Angreifer, der das erste Tor überwunden hatte, in diesem quadratischen Schacht zu vernichten.

Breite des Tors:
12 Fuß zu je 29,7 cm (3,56 m)
Dicke der Mauer:
9 Fuß zu je 29,7 cm (2,67 m)
Länge einer Seite des Propugnaculums:
30 Fuß zu je 29,7 cm (8,91 m).

### Das Südtor

Das nur 7 Fuß breite Hafentor ist in eine ebenfalls 9 Fuß dicke Mauer eingelassen. In das Rechteck des Tors sind zwei gleichseitige Dreiecke von 7 Fuß Seitenlänge gestellt.

Breite des Tors:
7 Fuß zu je 29,3 cm (2,05 m)
Dicke der Mauer:
9 Fuß zu je 29,8 cm (2,68 m)
Höhe des Tors:
$2{,}05 \cdot \sqrt{3} = 3{,}55$ m, gemessen 3,45 m.

Der Unterschied von 0,10 m zwischen der gerechneten und gemessenen Höhe legt den Gedanken nahe, daß beim Aufreißen des Tors nicht geometisch, sondern mit einem der von Vitruv beschriebenen Zahlenverhältnisse gearbeitet worden ist. Als Ersatz für die geometrische Figur, die das Verhältnis 1 : 1,732 beinhaltet, wurde wohl das Zahlenverhältnis 7 : 12 = 1 : 1,714 gewählt. Die gerechnete Höhe ergibt sich dann zu 3,51 m.

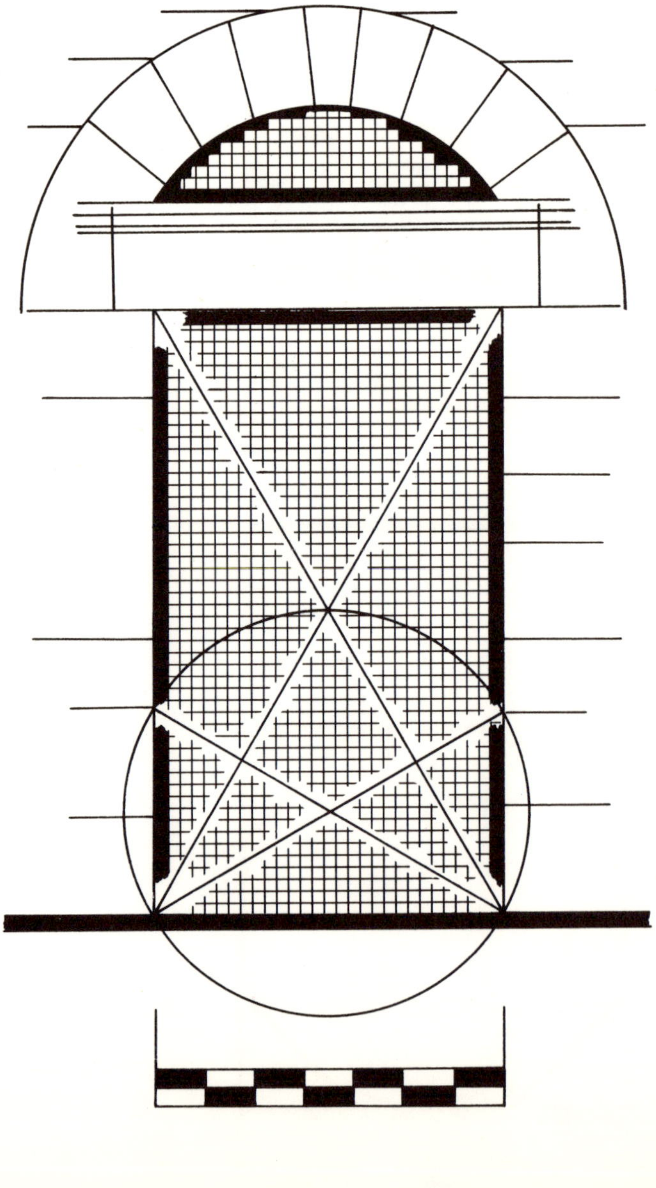

# Atrium und Baptisterium zu Poreč

Ähnliche Zahlenverhältnisse finden sich auch im Grundriß des Atriums der Basilika zu Poreč an der Küste Istriens. Basilika und Atrium stammen aus der ersten Hälfte des 5. Jahrhunderts. Während die Basilika geometrisch mit zwei gleichseitigen Dreiecken bemessen worden ist, mißt der Vorhof einschließlich Baptisterium 7 · 8 Fuß in der Breite. Die Länge entstand durch Aneinanderfügen von 32 + 12 + 32 + 16 Fuß. Eine Einheit des Maßstabs entspricht vier Fuß. Im Aufriß findet sich wieder das gleichseitige Dreieck.

Neben den Bauwerken und Kunstschätzen der nahen Städte Ravenna und Venedig ist man leicht geneigt, die Bauten des viel bescheideneren Städtchens am anderen Ufer der Adria zu übersehen, obwohl sich die Mosaiken und die herrlichen Kapitäle mit anderen Arbeiten jederzeit messen können.

Poreč, einst die römische Stadt Parentium, ist das „Ravenna" der nordöstlichen Adriaküste. Im Osten der Basilika steht eine kleine Grabkapelle, deren drei Apsiden sich um einen quadratischen Zentralraum gruppieren; ein westlicher Narthex ist vorgelagert. Besonders die außen polygon ummantelten Apsiden weisen auf Ravenna hin.

Aber auch die Mosaiken der von Bischof Euphrasius (543–553) errichteten Basilika zeigen ravennatische Elemente; oft sind auch Spuren selbständiger Entwicklung festzustellen. Die Kapitäle der Basilika und des Atriums stammen aus Steinmetzwerkstätten in Konstantinopel. Sie wurden von dort auf Schiffen nicht nur nach Parentium, sondern auch nach Ravenna und in die anderen Teile des spätrömischen Reichs verbracht.

Unter den Fundamenten der Basilika liegen die Reste von Bauwerken aus mehreren Zeitabschnitten. Unmittelbarer Vorgänger war eine Kirchenfamilie aus zwei, durch einen Gang getrennten, langgestreckten Sakralbauten, eine Anordnung, die sich in Oberitalien und im östlichen Alpengebiet häufig findet.

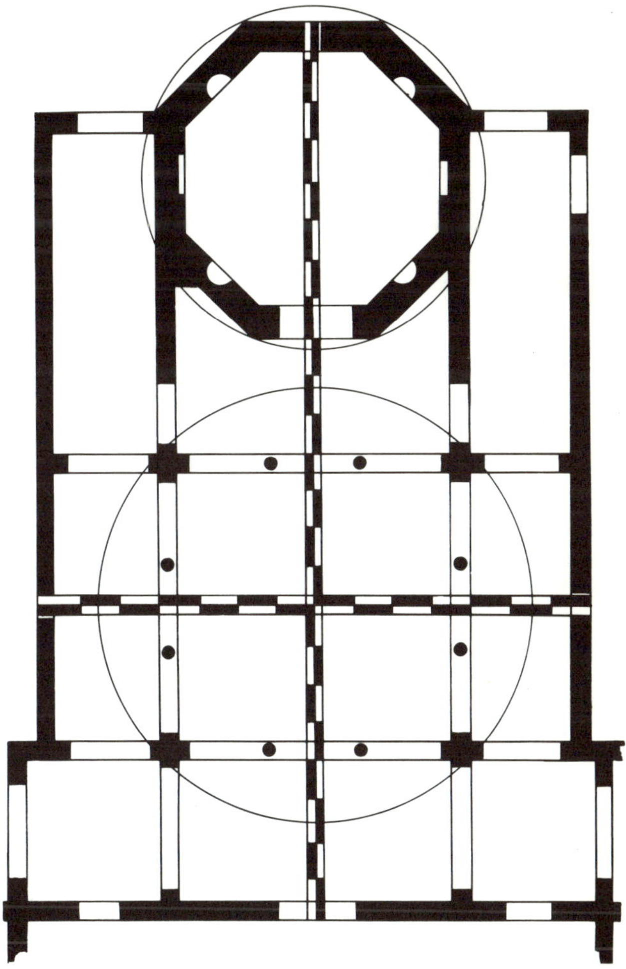

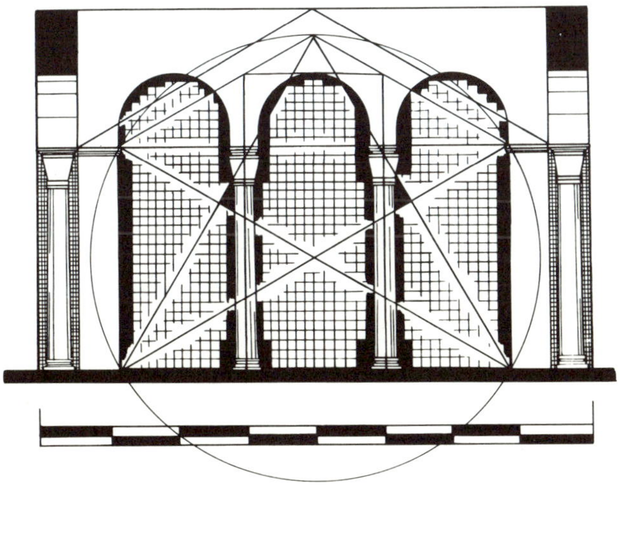

Nur selten blieb die Gebäudegruppe: Kirche, Atrium und Baptisterium, in einer Achse von Osten nach Westen angeordnet, aus annähernd derselben Zeit, in demselben Stil und so prächtig ausgeführt gleich vorzüglich erhalten.

# Die Marienkapelle zu Würzburg

Das älteste Bauwerk des fränkischen Raums dürfte die Marienkapelle auf dem Marienberg zu Würzburg sein.

**Zur Geschichte des Würzburger Raums**

Zu Beginn des sechsten Jahrhunderts nahmen die vom Rhein kommenden Franken das Mainland in Besitz. Sie hatten 496 die Alamannen und 531 die Thüringer, deren Reich bis ans Nordufer des Mains reichte, besiegt. Der Marienberg wurde Mittelpunkt des von den Merowingern gegründeten fränkischen Herzogtums.
Um 630 setzte Dagobert den fränkischen Edlen Radulf als Herzog in Würzburg ein. Auf Radulf folgten die Herzöge Hetan I., Gozbert und Hetan II. Mit Herzog Hedeno erlosch das Geschlecht. Er dürfte 717 auf einem Kriegszug im Gefolge Karl Martells gefallen sein.

Ende des sechsten Jahrhunderts erreichte der heilige Kilian, ein iroschottischer Wandermönch, mit seinen Genossen die Würzburger Gegend und blieb am herzoglichen Hof. Als sittenstrenger Prediger überwarf er sich bald mit der Herzogin Gailana. Gailana ließ Kilian und zwei Gefährten bei einer günstigen Gelegenheit töten und die Körper verscharren.

Bonifatius bestimmte 741 Würzburg zum Bischofssitz. Die Karolinger gewährten dem ersten Bischof Burchard jede Unterstützung, war er doch einer der wichtigsten Mitarbeiter Pippins.
Im Jahre 752 fand Burchard die Gebeine Kilians und seiner Gefährten. Unter dem Patronat dieses Heiligen entwickelte sich Würzburg in kurzer Zeit zu einem geografischen und geistigen Schwerpunkt der fränkischen Ostpolitik. Mönche aus den Maingebieten trugen die christliche Botschaft nach Sachsen und Thüringen.

## Die Marienkapelle

Bereits im Jahre 706 soll Herzog Hetan II. die Rundkirche auf dem Berg zu Ehren Marias erbaut haben. Die Kapelle bestand im Mittelalter aus zwei Teilen, dem Rundbau und einem nach Osten vorgeschobenen Choranbau, der wesentlich höher lag und unter dessen Boden sich eine von Tonnengewölben überdeckte Krypta befand. Ihre Grundmauern wurden durch Grabungen nachgewiesen. Dieser Choranbau wich dem heute sichtbaren zwischen 1600 und 1604 erbauten Chörlein.

Der Streit über das Alter beider Bauteile geht schon lange. Viele Fachleute sind der Meinung, der Choranbau könne nicht aus dem 8. Jahrhundert stammen, eine solche Anlage entspräche nicht den Baugewohnheiten dieser Zeit, beide Bauteile seien im 12. Jahrhundert entstanden. Andere vertreten die Meinung, der Chor müsse im 12. Jahrhundert an die ältere Rundkirche angefügt worden sein.

Der noch stehende Rundbau trägt oberitalienische Züge. Dies war nicht anders zu erwarten, denn Herzog Hetan hatte im Jahr 706 unter seinen Franken sicher keinen Bausachverständigen, der in der Lage gewesen wäre, einen gewölbten Rundbau dieser Größe zu errichten; er mußte auf italienische Meister zurückgreifen. Im 12. Jahrhundert hätte beim damaligen Tiefstand der Baukunst in Italien ein deutscher Meister den Bau errichtet. Für die Untersuchung läßt sich demnach folgendes voraussetzen: Wenn

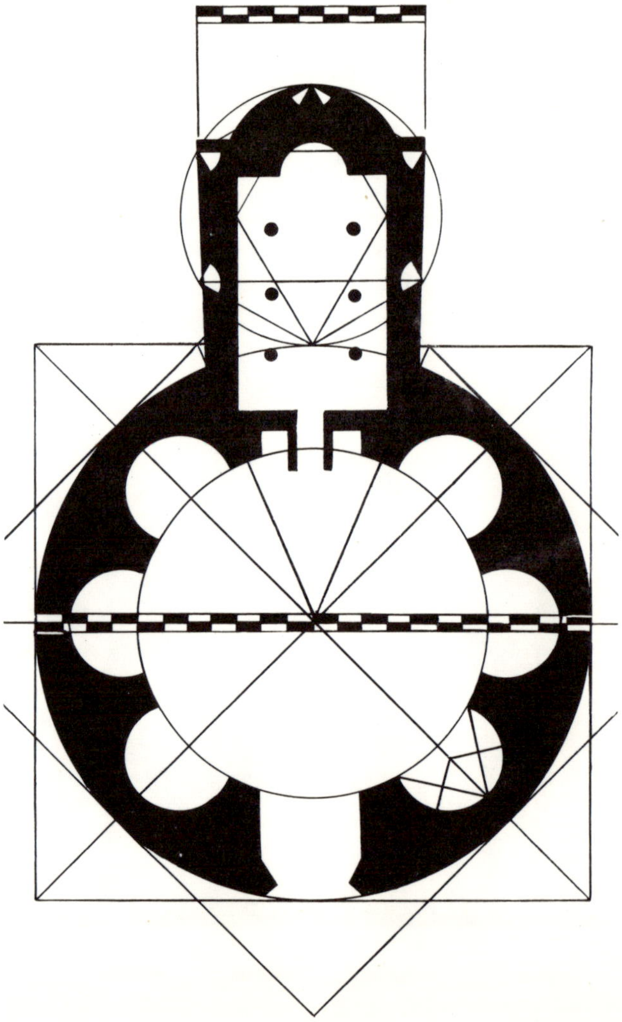

der römische Fuß als Maßeinheit diente, dürfen wir der Überlieferung, die auf das Jahr 706 hinweist, Glauben schenken und annehmen, daß ein italienischer Baumeister den Bau ausgeführt hat.

Sollte am Choranbau und an dem Rundbau derselbe römische Fuß gebraucht worden sein, so ist die gemeinsame Erbauung nachgewiesen. Falls jedoch der im ganzen Mittelalter seit der Karolingerzeit benutzte karolingische Fuß oder „Pes Drusianus" Maßeinheit war, läßt sich in Bezug auf die Bauzeit und die Entstehung beider Bauteile kein Schluß ziehen.

Länge des Choranbaus zwischen Apsisscheitel und Rundbau: 9,41 m
Breite des Choranbaus im Osten bei 1/4 der Länge und Seite des gleichseitigen Dreiecks:
27 Fuß zu je 30,2 cm ($9{,}41 \cdot \sqrt{3}/2 = 8{,}15$ m)
Der Durchmesser der Rotunde in Mauerachse ist doppelt so groß:
54 Fuß zu je 30,0 cm (16,20 m)
Dicke der Wände am Choranbau:
4 Fuß zu je 30,0 cm (1,20 m)
Breite des Choranbaus am Rundbau:
$\sin 22{,}5^\circ \cdot 19{,}85 = 7{,}60$ m, gemessen etwa 7,80 m.

**Der Grundriß**

In einem 12 Fuß dicken Mauerring ordnete der Meister 6 Nischen, den westlichen Eingang und den östlichen Durchgang zum Chor mit gleichen Achsabständen an. Im Gegensatz zu ähnlichen Bauten zeigen die Nischen keine Halbkreisform. Die Kreismittelpunkte liegen innerhalb des Mauerkerns. Der äußere Durchmesser der Rotunde mißt 66 Fuß, der innere $66 - 2 \cdot 12 = 42$ Fuß. Die Wand im Scheitel der Nischen ist vier Fuß dick. Wie wurde der Kreismittelpunkt der Nischen bestimmt? Der Baumeister war bei der Aufteilung des Kreisumfangs für sechs Nischen und zwei Durchgänge auf die Quadratur angewiesen. Zwei unter 45° verschwenkte Quadrate bezeichneten die acht Richtungen. Mittelpunkt und Halbmesser der Nischen wählte der Meister so, daß im Bogenscheitel und zwischen den Nischen jeweils ein Rest Mauerwerk von 4 Fuß Dicke oder 1/3 der Mauerdicke stehenblieb. Kreismittelpunkt und Halbmesser hat man sicher nur einmal bestimmt und dann übertragen. Daraus erklären sich die einige Zentimeter großen Abweichungen in den Pfeilerbreiten.

Als Bemessungsgrundlage des Choranbaus diente die Breite an der Ostwand. Sie mißt 27 Fuß. Die Länge ist gleich dem Durchmesser des Umkreises eines gleichseitigen Dreiecks von 27 Fuß Seitenlänge. Die Breite im Westen wird durch zwei Strahlen mit 45° Mittelpunktswinkel, die den äußeren Kreis der Rotunde schneiden, bestimmt.

Eine Einheit des Maßstabs entspricht 3 Fuß.

Äußerer Durchmesser:
66 Fuß zu je 30,1 cm (19,85 m)
Lichter Durchmesser:
42 Fuß zu je 29,9 cm (12,55 m)
Dicke der Wände:
12 Fuß zu je 30,4 cm (3,65 m)
Dicke der Wände im Scheitel der Nischen:
4 Fuß zu je 30,5 cm (1,22 m)
Dicke der Wandpfeiler:
4 Fuß zu je 30,5 cm (1,22 m)

**Abmessungen der Nischen**

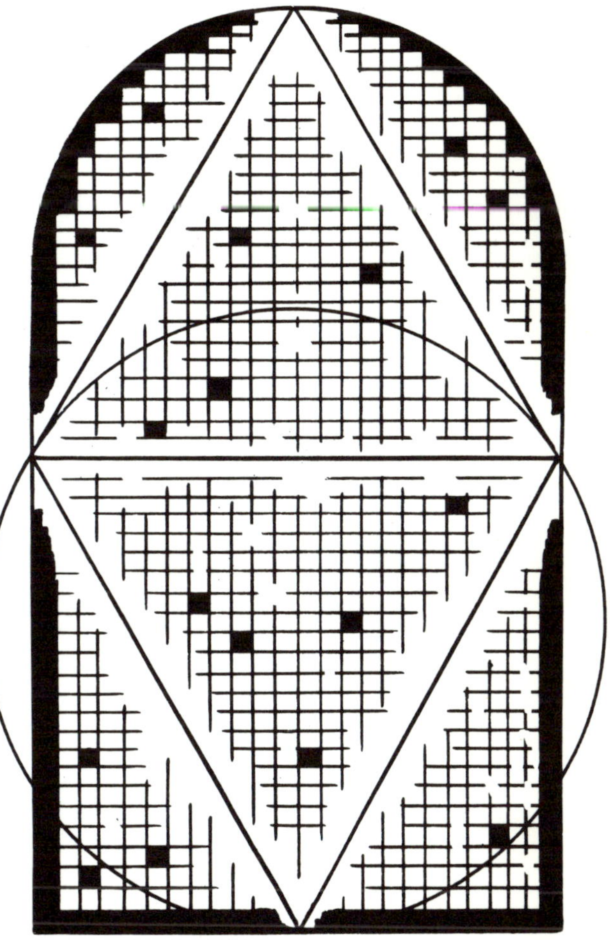

In jede Nische lassen sich mit dem Durchmesser des Grundkreises als Seitenlänge zwei gleichseitige Dreiecke einzeichnen.

Grundkreisdurchmesser: 3,80 m
Höhe einer Nische: $3{,}80 \cdot \sqrt{3} = 6{,}58$ m, gemessen 6,63 m.

## Schnitt und Aufriß

Das Äußere des Rundbaus hat die Romanik stark verändert, so daß die Gesimshöhen rekonstruiert werden mußten. Sie fügen sich zwar gut in die eingezeichnete Triangulatur, eine gewisse Unsicherheit läßt sich jedoch nicht leugnen. Alle Fachleute sind sich dagegen einig, daß die Kuppel nie erneuert wurde. Den Kuppelscheitel bestimmt ein gleichseitiges Dreieck von 66 Fuß Seitenlänge.

Eine Einheit des Maßstabs entspricht 3 Fuß.

Grundlinie des Dreiecks:
66 Fuß zu je 30,1 cm (19,85 m)
Höhe bis zum Kuppelscheitel:
$19{,}85 \cdot \sqrt{3}/2 = 17{,}19$ m, gemessen 17,36 m.

Wenn man berücksichtigt, wie schwierig es ist, Verformungen eines hölzernen Lehrgerüsts für eine so weit gespannte Kuppel zu berechnen, erscheint der Unterschied zwischen beiden Werten klein. Die schräg zur Zeichenebene liegenden Nischen sind im Schnitt nicht eingezeichnet, um die Übersichtlichkeit nicht zu beeinträchtigen.

Der Durchmesser der Rotunde von 66 Fuß fügt sich gut in das sehr häufig benützte Sechsersystem, die Breite des Chors von $3^3$ oder 27 Fuß entspricht einer in der romanischen Zeit beliebten Einheit bei der Bemessung von Gebäuden.

## Der Baumeister

Die Untersuchung zeigte, daß an der Rotunde und am Choranbau derselbe Fuß von 30,2 cm Länge benützt worden ist. Beide Teile entstammen den Händen desselben italienischen Meisters.
Die Maßeinheit ist nur geringfügig länger als der übliche römische Fuß und bestätigt die überlieferte Bauzeit.


Schrifttum:

Bernhard Röttger:
Felix Ordo. Würzburger Beiträge zur Architekturgeschichte des Mittelalters, Würzburger Diözesangeschichtsblätter 11/12, 1949/50, Würzburg 1950.

Bernhard Röttger:
Die Rundkapelle zu Altenfurt und ihr Verhältnis zu Würzburg und Altötting, Mitteilungen d. Ver. f. Geschichte der Stadt Nürnberg, 44, 1953.

Bartholomäus Hanftmann:
Die Entstehungszeit der Rundkirche auf dem Marienberg ob Würzburg, Archiv des Histor. Ver. von Unterfranken und Aschaffenburg, 70. Bd., 2. Heft, S. 340.

L.R. Spitzenpfeil:
(kurze Besprechung der Kapelle im Rahmen einer längeren Abhandlung), Plassenburg-Jahrbuch, 1938, S. 57.

Theodor Fischer:
Zwei Vorträge über Proportionen, S. 36, München – Berlin 1934.

Fritz Victor Arens:
Das Werkmaß in der Baukunst des Mittelalters, 8. bis 11. Jahrhundert, Diss., Würzburg 1938.


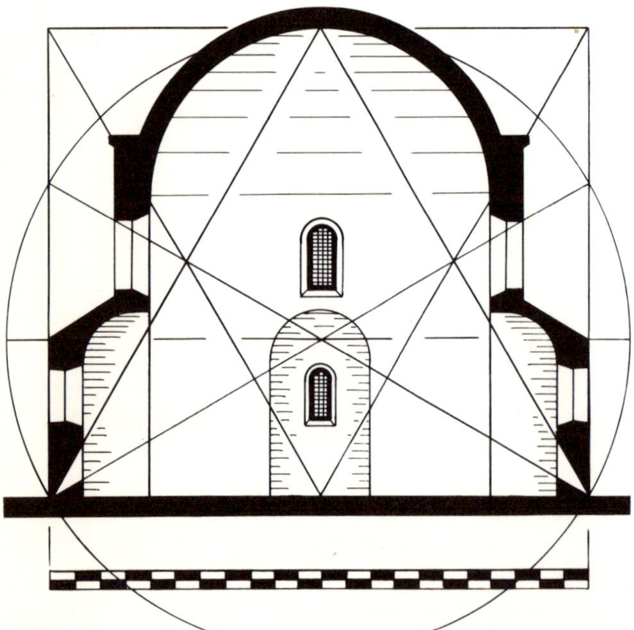

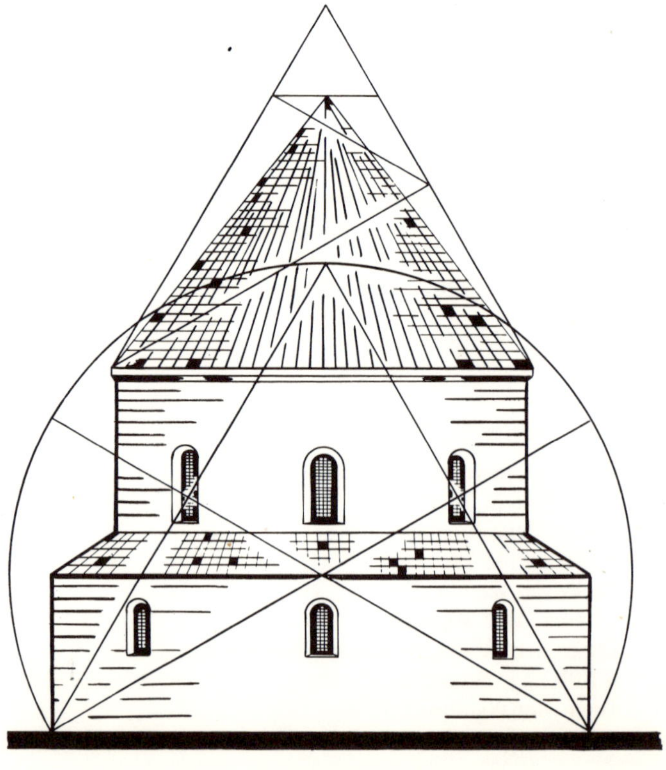

# Altötting

## Aus der bayrischen Geschichte

Kurz nach 500 drangen die Bayern, wahrscheinlich von Osten kommend, in den Siedlungsraum zwischen Donau, Lech, Inn, Aschach und Traun ein. Das Land war nicht unbesiedelt. Jahrhunderte hatten die Römer geherrscht; überall saßen, wenn auch durch die Züge der Völkerwanderung verarmt, romanisierte Bauern und Handwerker. In den Städten gab es noch blühende Christengemeinden. Zumindest Augsburg und Regensburg waren Bischofssitze. An die christliche Zeit vor der bayerischen Landnahme erinnert das Andenken der hl. Afra, die wahrscheinlich während der Diokletianischen Christenverfolgungen auf einer Lechinsel vor den Toren Augsburgs den Feuertod fand.

Die Bayern hatten sich vor ihrer Ansiedlung vermutlich mit langobardischen und illyrischen Elementen vermischt; nun sogen sie nach und nach die alteingesessene keltische und romanische Bevölkerung auf, eine Vermischung, die vielleicht die urwüchsige, besondere Art des bayerischen Stammes erklärt.

Der Adel und das Herzogshaus bekannten sich um 500 bereits zum christlichen Glauben. Das Herzogshaus war katholisch, der Adel vermutlich arianisch. Das Volk muß nach den alten Berichten noch heidnisch gewesen sein.

Das Verhältnis zu den südlich der Alpen wohnenden Langobarden war stets sehr gut. Die Herrscherhäuser verschwägerten sich mehrmals. Theudelinde (589–628), die Tochter des bayerischen Herzogs Garibald I., war die bekannteste Königin der langobardischen Geschichte. Sie leitete die Katholisierung der arianischen Langobarden ein.

Auch der langobardische König Liutprand (712–744), der dem „Pes Liutprandi" seinen Namen gab, war mit einer bayerischen Herzogstochter verheiratet, und Tassilo III., der letzte Bayernherzog, hatte Liutperga, eine Tochter des unglücklichen Langobardenkönigs Desiderius (758–774), zur Frau.

Spätestens nach 600 begannen irische und keltische Mönche in Bayern zu missionieren. Drei Heilige bemühten sich um die Christianisierung des bayerischen Volkes: St. Emmeram, ein romanisierter Franke aus Poitiers, wirkte am herzoglichen Hof in der alten Römerstadt Regensburg. Im Jahre 652 wurde er auf einer Missionsreise erschlagen.

Auch der hl. Rupert weilte zunächst am Regensburger Hof, zog weiter nach Südosten und starb 715 als weißhaariger Patriarch in Salzburg.

Korbinian, der Stadtheilige von Freising, wurde zwischen 670 und 680 bei Paris geboren. 724 kam er an den herzoglichen Hof nach Freising. Seine unnachsichtige Strenge verschaffte ihm zahlreiche Feinde. In Lebensgefahr mußte er nach Südtirol fliehen, kehrte später zurück und starb kaum fünfzigjährig im Jahre 730 zu Freising.

Erst der hl. Bonifatius gab den allerorts entstandenen christlichen Gemeinden und Klöstern eine straffe Ordnung. Damit begann die Entwicklung Freisings zu einer der bedeutenden Kulturstätten des Mittelalters. Ludwig der Deutsche und Ludwig das Kind zählten Freisinger Bischöfe zu ihren Erziehern.

Eine besondere Blütezeit erlebte Bayern unter dem letzten angestammten Herzog aus dem Hause der Agilolfinger, Tassilo III. (757–788). Mit dem Langobardenkönig Desiderius verschwägert, geriet er nach dem Sieg Karls des Großen über die Langobarden im Jahre 774 in eine politisch und militärisch sehr schwierige Lage.

Der Gegensatz zwischen Tassilo und den Franken war alt. Im Jahre 763 hatte Tassilo mit den Bayern das in Südwestfrankreich kämpfende fränkische Heer ohne Erlaubnis Pippins verlassen und sich damit die Feindschaft der Franken zugezogen. Karl dem Großen gelang es, den aufrechten, wohl manchmal aufbrausenden, aber ränkeungewohnten Bayern einzukreisen und den Adel des Landes auf die fränkische Seite zu ziehen. Als sich im Jahre 787 drei fränkische Heere auf dem Lechfeld vereinigten und die bayerischen Edlen samt den Vertretern der Kirche auf die Seite Karls neigten, unterwarf sich Tassilo und erhielt sein Herzogtum als Lehen zurück.

Im Jahre 788 ließ Karl den störrischen Tassilo auf dem Reichstag zu Ingelheim verhaften und in einem Schauprozeß zum Tode verurteilen. Zu lebenslänglicher Haft im Kloster begnadigt, verbrachte Tassilo den letzten Teil seines Lebens in Lorsch an der Bergstraße. Auch die übrigen Glieder des bayerischen Herzogshauses verschwanden in Klöstern.

Auf dem Reichstag zu Frankfurt verzichtete Tassilo 794 schließlich, durch die Haft gebrochen, für sich und seine Kinder auf das Herzogtum Bayern.

Um die Verbreitung des Christentums und die Kultivierung Bayerns hat sich Tassilo III. große Verdienste erworben. Neunundzwanzig Klöster entstanden während seiner Regierungszeit, acht Klöster – neben Innichen und Kremsmünster das Doppelkloster im Chiemsee – waren Gründungen des Herzogs. Er könnte auch als Erbauer der Marienkapelle zu Altötting in Frage kommen.

Unter Ludwig dem Deutschen (827–876) wurde Bayern Mittelpunkt des Ostreiches; Regensburg diente als Ludwigs bevorzugte Residenz.

Ludwigs Sohn Karlmann (876–880) residierte beinahe ausschließlich in Altötting. Bayern war zum Kernland der deutschen Karolinger geworden. Ludwigs Tochter Irmingard (†866) stand als Äbtissin dem Kloster Frauenwörth vor. Das Grabmal der Königin Hemma (†876), Gemahlin Ludwigs des Deutschen, steht in St. Emmeram zu Regensburg. Auch Arnulf von Kärnten (887–899), Karlmanns Sohn, weilte meist in dieser Stadt. Er und sein Sohn Ludwig das Kind (†911) ruhen in St. Emmeram.

## Die Marienkapelle

Über die Entstehung der Gnadenkapelle zu Altötting herrscht keine Einigkeit. Altötting wird als Amtshof des letzten bayerischen Herzogs, Tassilo III., erstmals 748 und später in den Jahren 770 und 772 urkundlich genannt. Die Kapelle selbst findet 877 Erwähnung. König Karlmann schenkte sie dem von ihm errichteten Pfalzstift; sie dürfte demnach schon vorher bestanden haben. Nach einer alten Volkssage hat St. Rupert von Salzburg (†715) die Kapelle erbaut und dort den Herzog Odo getauft. Andere vermuten in dem einfachen Bau die Pfalzkapelle der herzoglichen Pfalz, die unter Mitwirkung von langobardischen Meistern entstanden sein soll. Bei den engen Beziehungen des bayerischen Herzogshauses zum langobardischen Königshaus liegt diese Vermutung nahe; die weitere Untersuchung wird sie jedoch nicht bestätigen. Da die Langobarden einen 28,5 – 29 cm langen Fuß oder den zugehörigen Cubitus (1 1/2 Fuß) von 43 – 43,6 cm Länge benützten, muß der am Bauwerk festgestellte 34,4 cm lange Fuß auf einen Bayern oder auch Franken hinweisen. Das Äußere des Bauwerks zeigt zudem manche Unsicherheiten, die einem mit den italienischen Bauten vertrauten Langobarden nicht zugemutet werden können. Eine dicke Mauer umfängt das innere Oktogon. Sie erhebt sich zwar über kreisförmigem Grundriß, leitet dann aber in sehr unsicherer Weise, leicht zurücktretend, in die oktogonale Form hinüber. Man hat den Eindruck, daß der Meister sowohl die Marienkapelle in Würzburg kannte als auch oktogonale Bauten in Italien und daß er beide Bauarten zu verschmelzen suchte, was jedoch nur unvollkommen gelang.

In einen 4 1/2 Fuß dicken Mauerring, dessen äußerer Durchmesser $3^3 = 27$ karolingische Fuß und dessen innerer Durchmesser 18 Fuß mißt, stellte der Meister ein Achteck und öffnete die Achteckseiten des Erdgeschosses in halbkreisförmigen Nischen von drei Fuß Tiefe. Der Eingang stammt aus romanischer Zeit.

Eine Einheit des Maßstabs entspricht 4,5 Fuß.

Äußerer Durchmesser des Mauerrings:
27 Fuß zu je 34,4 cm (9,30 m)
Innerer Durchmesser des Mauerrings:
18 Fuß zu je 34,4 cm (6,20 m)
Halbmesser einer Nische:
3 Fuß zu je 34,4 cm (1,03 m), gemessen 1,00 m.

### Schnitt und Aufriß

Über dem kreisrunden Unterbau erhebt sich das überwölbte Achteck. Den Übergang zwischen Achteck und Rundbau bilden kurze Dachschrägen. Vom Durchmesser des Rundbaus ausgehend, ermittelte der Meister mit Hilfe eines gleichseitigen Dreiecks von 27 Fuß Seitenlänge das Dachgesims. Die obere Ecke des dazu gehörenden Sechsecks liegt im Scheitel der Kuppelschale. Die Ansätze der zum Rundbau überleitenden Dachschrägen wurden als Schnittpunkte der zum Dreieck gehörenden Schwerlinien mit den Außenseiten des Oktogons bestimmt. Das Dach ist in der Form eines gleichseitigen Dreiecks ergänzt. Die Nischen und Fenster in den schräg zur Zeichenebene liegenden Flächen sind im Schnitt nicht dargestellt, um die Übersichtlichkeit zu erhalten.

### Der Grundriß

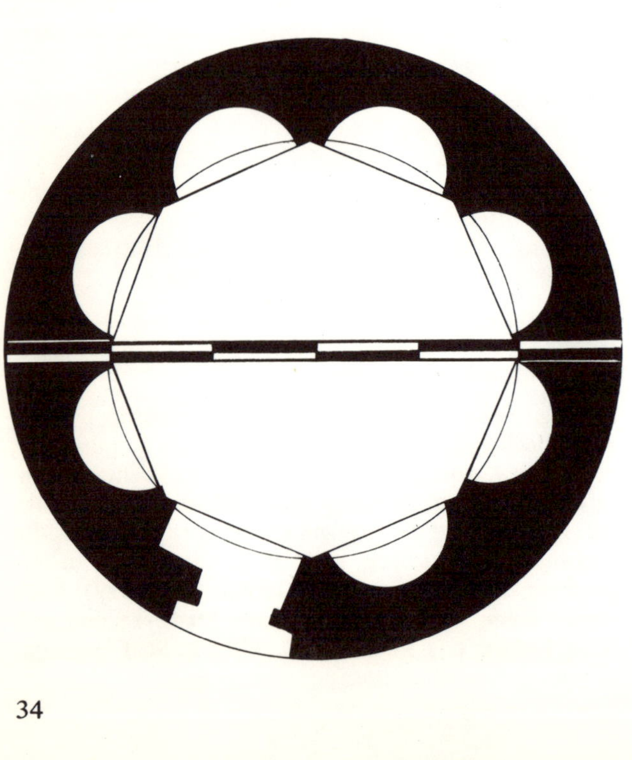

Eine Einheit des Maßstabs entspricht 4,5 Fuß.

Höhe bis zum Dachgesims:
$9{,}30 \cdot \sqrt{3}/2 = 8{,}05$ m, gemessen 8,05 m
Höhe bis zum Scheitel der Kuppelschale:
$2 \cdot 9{,}30 \cdot \sqrt{3}/3 = 10{,}74$ m, gemessen 10,80 m.

Da der gefundene Fuß in romanischer Zeit beinahe ausschließlich benutzt wurde, läßt sich kein eindeutiger Schluß auf die Bauzeit ziehen. Untersuchungen an der Ringkrypta von St. Emmeram aus dem letzten Viertel des achten Jahrhunderts zeigen jedoch, daß dieser Fuß und der Gebrauch des gleichseitigen Dreiecks als Bemessungshilfe in Bayern um die wahrscheinliche Bauzeit der Marienkapelle zu Altötting üblich waren. Langobarden als Baumeister sind mit Sicherheit auszuschließen.

**Abmessungen der Nischen**

In die halbkreisförmigen Nischen läßt sich jeweils ein gleichseitiges Dreieck und ein Sechseck einzeichnen.

Eine Einheit des Maßstabs entspricht einem Fuß.

Durchmesser der Nischen:
6 Fuß zu je 34,4 cm = 2,06 m, gemessen 2,00 m
Höhe der Nischen:
$7 \cdot 2{,}06 \cdot \sqrt{3}/6 = 4{,}16$ m, gemessen 4,20 m.

(Zeichnungen im Maßstab 1 : 50 wurden freundlicherweise von der Administration der Gnadenkapelle zur Verfügung gestellt.)

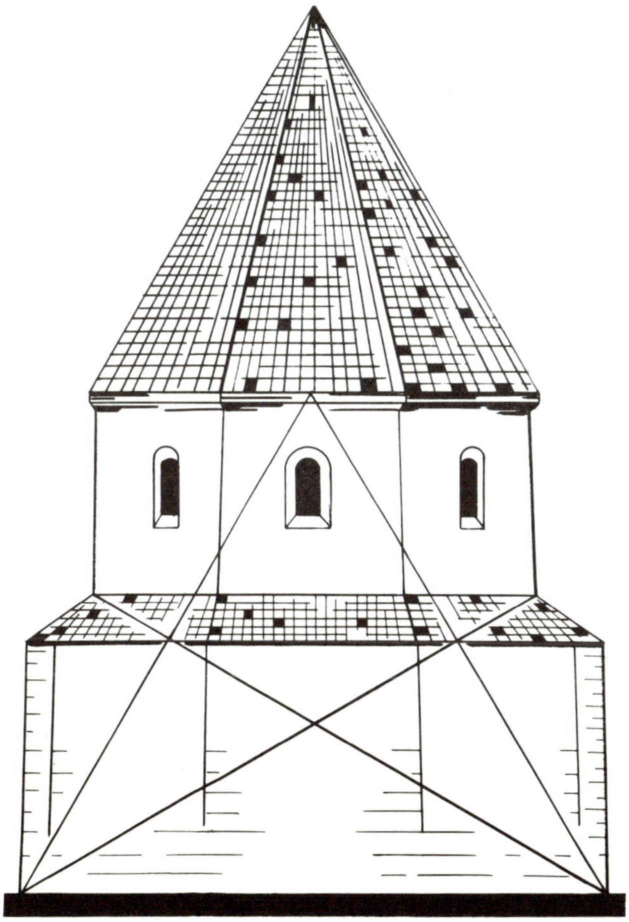

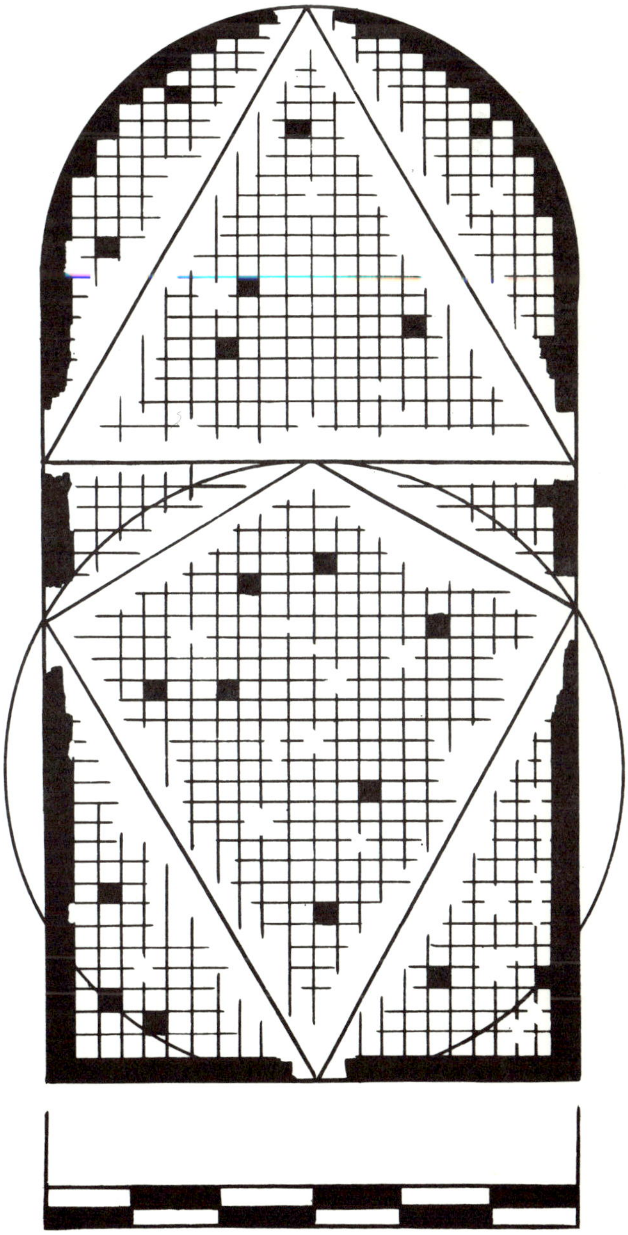

# St. Emmeram zu Regensburg

Die Klosterkirche von St. Emmeram ist eine der ältesten Basiliken Süddeutschlands. Wahrscheinlich stammen Teile des heutigen Baus noch aus der Zeit um 400 n. Chr. Der hl. Emmeram fand 652 den Tod. Um 680 wurde der Körper des Heiligen im Scheitelgrab der Apsis beigesetzt. Nach 783 führte man entsprechend dem Vorbild von St. Peter eine Ringkrypta um die kreisrunde Apsis. Gegen 980 fügte Abt Ramwold im Osten eine dreischiffige Außenkrypta an, die man vom Scheitel der Ringkrypta aus durch einen gewölbten Gang betritt.

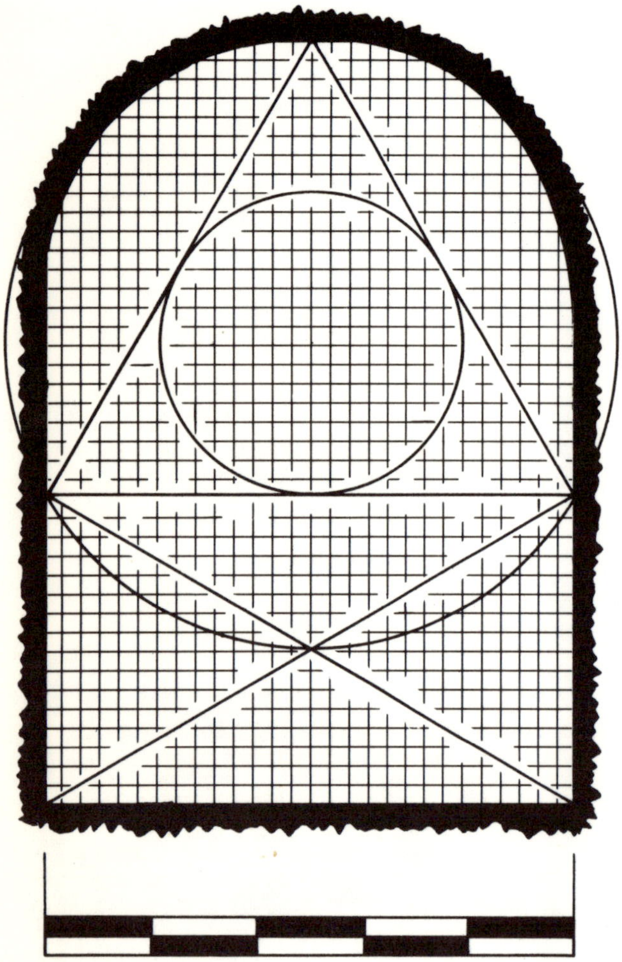

**Querschnitt durch die Ringkrypta**

Der Gang ist fünf Fuß breit. Die Höhe bestimmt die eingezeichnete Figur. Nach demselben Schema wurden die Stollen der Krypta zu Steinbach im Odenwald (832) und der Zugang zur Krypta von St. Georg auf der Insel Reichenau (um 900) bemessen. Eine Einheit des Maßstabs entspricht einem Fuß.

Breite:
5 Fuß zu je 34,2 cm (1,71 m)
Höhe:
$5 \cdot 1{,}71 \cdot \sqrt{3}/6 = 2{,}47$ m, gemessen 2,55 – 2,60 m.

Der Unterschied von 8–13 cm ist verhältnismäßig groß.

**Querschnitt durch den Gang zur Ramwoldskrypta**

Den sieben Fuß breiten Gang begrenzen beiderseits 2 1/2 Fuß dicke Mauern, so daß die Gesamtbreite des Bauwerks 12 Fuß beträgt. Die Abmessungen des Gangs bestimmte der Meister mit Hilfe eines Sechsecks. Eine Seite des zugehörigen Dreiecks ist gleich der lichten Breite des Stollens. Eine Einheit des Maßstabs entspricht einem Fuß.

Breite:
7 Fuß zu je 35,0 cm (2,45 m)
Höhe:
$2 \cdot 2{,}45 \cdot \sqrt{3}/3 = 2{,}83$ m, gemessen 2,91 m.

Die auch hier auftretende gleich große Abweichung von der rechnerischen Höhe läßt vermuten, daß der Fußboden beider ineinander übergehender Stollen nicht auf der ursprünglich vorgesehenen Höhe liegt. Vielleicht hat man ihn bei Umbauarbeiten in der Barockzeit gesenkt.

Schrifttum:
F. Schwäbe, zuletzt:
Neue Fragen zur frühen Baugeschichte der St. Emmeramskirche in Regensburg. – Hist. Ver. f. Oberpfalz und Regensburg, 93, 1952, S. 62 ff.

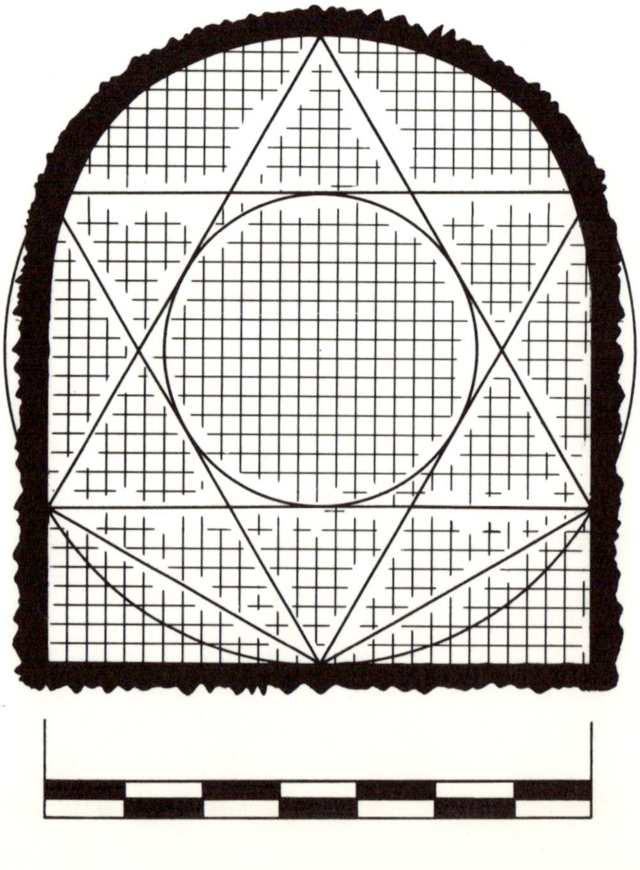

# Die Michaelskapelle zu Fulda

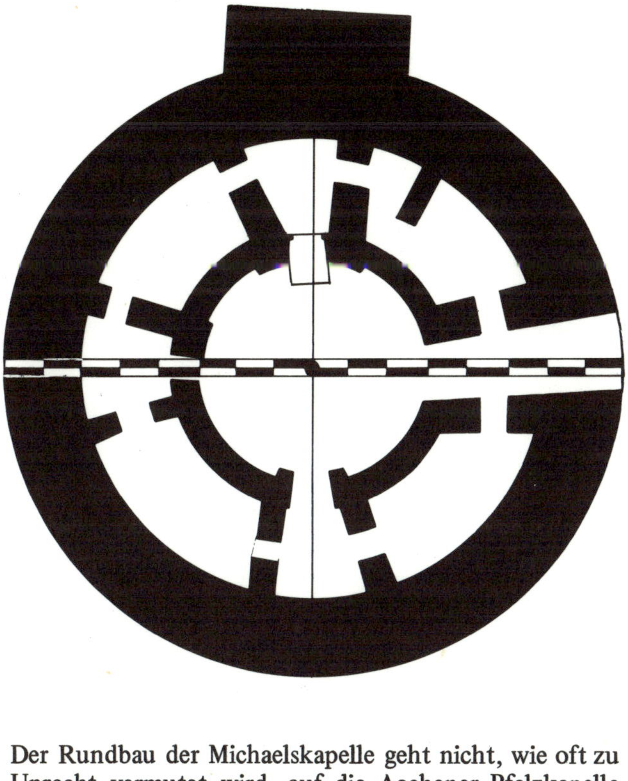

Der Rundbau der Michaelskapelle geht nicht, wie oft zu Unrecht vermutet wird, auf die Aachener Pfalzkapelle zurück; er ist eine stark vereinfachte Nachbildung der von Konstantin dem Großen errichteten Grabeskirche zu Jerusalem. Sicher gab es im Westen mehrere Beschreibungen dieses Bauwerks, die als Anleitung beim Entwurf gedient haben können. Die ehemalige Totenkapelle des Klosters errichtete der Mönch Rachulf in den Jahren 820–822. Eine Zerstörung im 10. Jahrhundert, vielleicht durch die Ungarn, ist nicht einwandfrei überliefert.

Der Neubau in ottonischer Zeit führte zu wesentlichen Änderungen. Im Umgang der Krypta zog man Scheidewände ein, gegen Westen entstand ein Langhaus mit Westturm sowie ein kleiner Südflügel; der geplante Nordflügel blieb in den Fundamenten stecken. Im Jahre 1315 wurde das Langhausdach und der Westturm erhöht, 1618 am Turm der Rotunde gearbeitet, 1715–1716 der Raum barock ausgestaltet. Nach dem zweiten Weltkrieg stellte man die stark beschädigte Kirche in möglichster Anlehnung an den ursprünglichen Charakter des Bauwerks wieder her.

**Der Grundriß der Krypta**

Am Grundriß fällt die sechs Fuß dicke Mauer des äußeren Rings besonders auf. Sie zeigt, daß der Bau einst völlig eingewölbt gewesen sein muß, da die Dicke nur sinnvoll ist, wenn große waagrechte Kräfte ins Fundament zu übertragen waren. Das Mauerwerk des anderen Rings ist dagegen erstaunlich dünn und beweist mit nur zwei Fuß Breite, daß es lediglich zur Aufnahme senkrechter Lasten bestimmt war. Tonnengewölbe im Umgang übertragen den waagrechten Gewölbeschub aus dem Kernraum in den für derartige Beanspruchungen bemessenen äußeren Mauerring.

Wir wissen aus einer Baubeschreibung des Fuldaer Mönchs Candidus Brun um 840, daß auch der Zentralraum über der Krypta gewölbt war. Diesen Raum bedeckte eine steinerne Kuppel, die auf der nur zwei Fuß dicken Wand und acht Säulen ruhte. Falls nicht eiserne Ringanker wie in Aachen an der Pfalzkapelle den Schub aufgenommen haben, können auch die Umgänge dieses Geschosses nur mit Tonnen eingewölbt gewesen sein.

Eine Einheit des Maßstabs entspricht drei Fuß.

| | |
|---|---|
| Durchmesser der Rotunde:<br>3 · 16 = 48 Fuß zu je 32,9 cm | (15,81 m) |
| Durchmesser des Kernraums:<br>18 Fuß zu je 31,9 cm | (5,75 m) |
| Dicke der inneren Ringwand:<br>2 Fuß zu je 34,0 cm | (0,68 m) |
| Dicke der äußeren Ringwand:<br>6 Fuß zu je 34,7 cm | (2,08 m) |
| Breite des Umgangs:<br>7 Fuß zu je 32,4 cm | (2,27 m). |

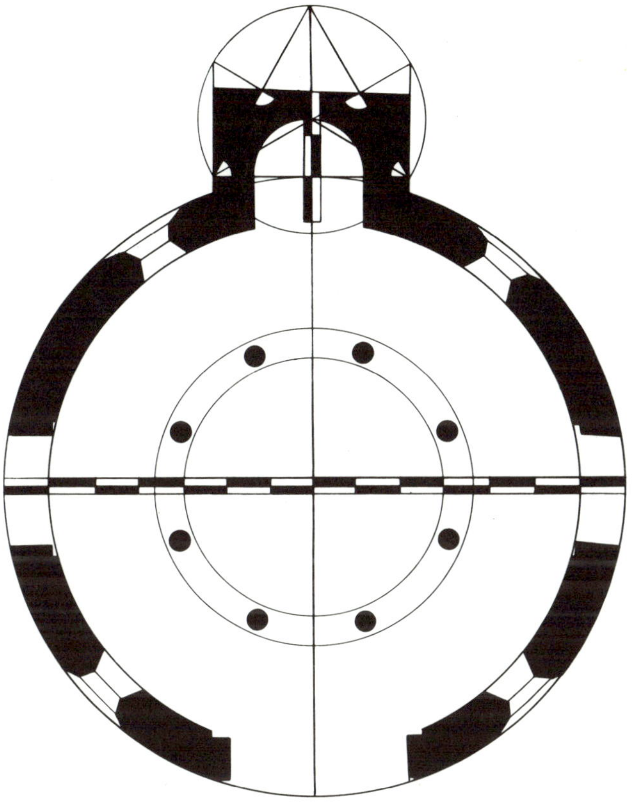

ster ein Quadrat von 42 Fuß Seitenlänge; er bestimmte damit die Höhe des Kernraums und des Umgangs. Durch unter 30° geneigte Geraden ermittelte er den Anschnitt der Umgangsdächer und die Lage der Fensterbänke. Auffällig ist, daß nur Schnittpunkte mit der Außenseite der Mauern benützt worden sind; lediglich die Höhe des Zwischenbodens im Umgang wurde mit Hilfe eines gleichseitigen Dreiecks, dessen Seiten gleich dem lichten Durchmesser des Kernraums sind, festgelegt, da diese Höhe nur im Innern von Bedeutung ist und außen am Bau nicht in Erscheinung tritt. Die Säulen sind 18 Fuß hoch. Das Bemessen der Säulen und Bogen nach einer geometrischen Figur hätte in der Rundung wohl zu große Schwierigkeiten bereitet.

### Die Ostansicht

Die bereits beschriebene Quadratur ist in die Ansicht eingezeichnet. Der Sockel der Apsis liegt geringfügig tiefer. In den Aufriß lassen sich zwei gleichseitige Dreiecke einstellen. Das Dach des Kernraums wurde frei ergänzt.

### Grundriß des Hauptgeschosses

Die äußeren Wände des ottonischen Hauptgeschosses sind im Vergleich mit den karolingischen Resten um drei Fuß eingerückt; der ottonische Meister verzichtete auf jede Wölbung und kam deshalb mit dünneren Außenwänden zurecht. Die karolingischen Mauern wurden nicht bis auf den Sockel oder den Fußboden abgetragen, sie gehen mit einem unregelmäßigen Absatz ins neue Mauerwerk über. Die äußeren Wände sind drei Fuß, die inneren zwei Fuß dick. Der rechteckige Choranbau springt um sechs Fuß nach Osten vor; die Breite bestimmt ein gleichseitiges Dreieck von zwölf Fuß Höhe.

Eine Einheit des Maßstabs entspricht drei Fuß.

Durchmesser der Rotunde:
42 Fuß zu je 33,3 cm (14,00 m)

Durchmesser des Kernraums:
18 Fuß zu je 33,3 cm (6,00 m).

### Der Schnitt durch das Gebäude

Die dicken karolingischen Ringwände sind noch bis über Gelände sichtbar und unregelmäßig abgetreppt. Die Höhe der Umgänge richtet sich, von der gegebenen Breite ausgehend, nach dem gleichseitigen Dreieck. Der ottonische Bau tritt um drei Fuß zurück. Auf dem gegebenen karolingischen Sockel als Waagrechte errichtete der Mei-

### Die Nachbildung der Grabeskirche

In den Jahren 326–334 errichtete Kaiser Konstantin eine Rotunde über dem Grabmal Christi in Jerusalem, an die sich ein Hof und eine fünfschiffige Basilika mit Atrium unmittelbar anschlossen. Die Rundkirche selbst war nach der Beschreibung des Eusebius dreigeschossig, der Mittelraum von einer Kuppel überwölbt und mit einem zweigeschossigen Umgang versehen. Die Michaelskapelle ist sicher eine sehr bescheidene Nachbildung. Nur wer die Krypta von St. Benignus in Dijon gesehen hat, den letzten Rest eines großen, runden Baukörpers, kann etwa ermessen, welchen Eindruck die Rotunde zu Jerusalem dem Pilger geboten haben mag. In St. Benignus umstehen zwei Ringe von 8 und 16 Säulen das Zentrum, während eine weitere Reihe von 24 Halbsäulen in der den Raum begrenzenden Mauer teilweise verschwindet. St. Benignus, kurz nach 1000 errichtet, blieb bis 1792 in baulich gutem Zustand erhalten. Erst in der französischen Revolution wurde diese einzigartige Nachbildung der Grabeskirche völlig sinnlos bis auf das Untergeschoß zerstört.

(Zeichnungen der Michaelskapelle wurden freundlicherweise von Herrn Professor Pralle, Fulda, zur Verfügung gestellt.)

# Höchst, Justinusbasilika (Frankfurt am Main)

## Geschichte

Bereits um die Zeitwende errichteten die Römer im Bereich der späteren Altstadt ein Erdkastell. Es sollte die Schiffahrt auf dem Main und den Landweg vom Taunus in die Wetterau sichern. Viele Fundstücke: Münzen, Tongeschirr, Glasgefäße, Eisenwaren, Kleinplastiken und das Kapitäl einer römischen Gigantensäule erinnern an diesen Zeitabschnitt. Mit dem Einfall der Alamannen gegen 260 n. Chr. ging die römische Herrschaft am Untermain zu Ende; um 500 folgten die Franken. Zahlreiche fränkische Waffen, Schmuck und Hausrat lassen auf eine größere Siedlung im 7. und 8. Jahrhundert schließen.

In karolingischer Zeit kam dem Frankfurter Raum besondere Bedeutung zu. Das 763 gegründete Kloster Lorsch erfreute sich der besonderen Gunst aller Karolinger, in Frankfurt stand eine der wichtigsten Pfalzen – hier starb 876 Ludwig der Deutsche –, und von der Bedeutung Höchsts zeugen die karolingischen Teile der Justinusbasilika.

Der Lage auf dem hohen nördlichen Ufer des Mains verdankt Höchst seinen Namen. Der Ort wird im Jahre 790 in der Thiotmanschen Schenkungsurkunde an das Kloster Lorsch zum erstenmal als die in mainzischem Besitz befindliche „Villa hostat" (Hochstadt) urkundlich bezeugt. Die Justinuskirche, über der Stadtmauer thronend, bietet vom Mainufer (Südseite) her gesehen einen eindrucksvollen Anblick. Die einzelnen Bauteile zeichnen sich deutlich ab: das karolingische Langhaus mit dem später aufgesetzten Dachreiter, das gotisch umgestaltete südliche Seitenschiff, der hohe gotische Chor, der den Gedanken aufkommen läßt, als habe einmal die Absicht bestanden, die ganze Kirche gotisch umzubauen.

Dieses Vorhaben kam glücklicherweise nicht zur Ausführung, sonst wäre Höchst und Deutschland um ein bauliches Kleinod ärmer. Reizvoll präsentiert sich bei Scheinwerferbeleuchtung die Nordseite der Kirche. Hier ragen die drei gotischen Kapellen über das karolingische Querhaus hinaus und lassen die basilikale Anlage kaum mehr erkennen.

Bauherr der Höchster Justinusbasilika war sehr wahrscheinlich Erzbischof Otgar von Mainz (826–847). Er überführte aus Rom Reliquien des hl. Justinus in eine von ihm gebaute Kirche, die zwar namentlich nicht genannt wird, jedoch war Höchst 1090 im Besitz der Heiligenreliquien. 1090 übertrug Erzbischof Ruthard von Mainz (1089–1109) die als verfallen bezeichnete Kirche dem Benediktinerkloster St. Alban zu Mainz, das hier eine Propstei einrichtete und das Bauwerk erneuerte. In gotischer Zeit erfuhr die Kirche einige bauliche Veränderungen, die aber, abgesehen vom Abbruch der drei Apsiden, keine stärkeren Eingriffe in ihre ursprüngliche Bausubstanz darstellten. Erst zu Beginn des 15. Jahrhunderts wurde die Außenwand des südlichen Seitenschiffs mit gotischen Fenstern erneuert; etwa zur gleichen Zeit baute man ins südliche Querhaus die Sakristei mit gotischem Rippengewölbe ein. Im Jahre 1441 übernahmen Antoniter-Chorherren aus Roßdorf bei Hanau die Justinuskirche. Die Wohngebäude der Chorherren sind noch zu einem großen Teil erhalten.

Die Antoniter leiteten gleich nach der Übernahme der Kirche große Bauarbeiten ein. Als Chorherren benötigten sie einen Chor. Nach Beseitigung der Apsiden waren größere Vorarbeiten erforderlich. Die Gründung erfolgte, nachdem eine heute noch fließende Quelle gefaßt und abgeleitet war, auf einem mächtigen Pfahlrost, über dem sich der hohe gotische Chor erhebt. Den Raum bedeckte zunächst ein weit gespanntes Rippengewölbe. Bald zeigte sich jedoch, daß die Gründung den vom Gewölbe erzeugten waagrechten Kräften nicht gewachsen war. Schon nach achtzig Jahren mußte das Sterngewölbe abgetragen werden. Es ist heute durch ein leichtes Gewölbe ersetzt.

Eine andere größere bauliche Veränderung, die im Innern weniger als am Außenbau zu bemerken ist, betraf die Nordseite des Langhauses. An das Seitenschiff wurden drei Seitenkapellen angefügt, der Haupteingang vom Westgiebel an die Nordseite verlegt und das große gotische Fenster ausgebrochen.

### Der Grundriß der karolingischen Basilika

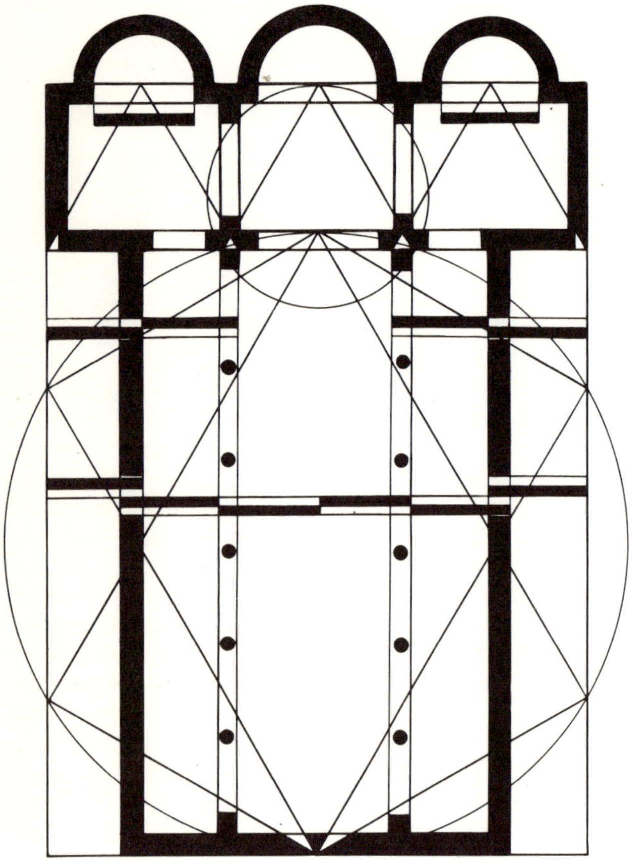

Dem karolingischen Baumeister stand eine große Zahl verschiedener Kirchen-Grundrisse zur Verfügung. Neben dem runden Baukörper (Fulda, St. Michael) war der auf dem Achteck (Aachen) oder Sechseck (Centula) errichtete Zentralbau beliebt. Große Basiliken ähnlich der Peterskirche in Rom standen zu Fulda und Hersfeld, eindrucksvolle Westwerke in Centula, Lorsch und Corvey. Die Einhartsbasilika zu Steinbach und die Kirche St. Cornelius (Cornelimünster) bei Aachen vertreten einen besonderen, fränkischen Typ: Das Querschiff tritt als solches im Innern nicht in Erscheinung; es zerfällt in drei Abschnitte. Die äußeren sind nur durch verhältnismäßig kleine Öffnungen zugänglich, so daß sie wie selbständige Räume wirken. Man spricht deshalb von einem Zellenquerhaus. Die Einhartsbasilika im nahen Seligenstadt nimmt eine Sonderstellung ein; sie ist die von einem italienischen Baumeister errichtete Nachbildung einer römischen Basilika.

Die Justinuskirche kann als Weiterbildung des Steinbacher Plans aufgefaßt werden. Das in Höchst durch einen großen Bogen vom Mittelschiff getrennte Querschiff bildet zwar noch keinen einheitlichen Raum, die Öffnungen in die Nord- und Südteile erreichen jedoch schon monumentale Abmessungen. Auch die großen Durchgänge von den Seitenschiffen in die Querschiffflügel weisen auf gewandelte Vorstellungen vom Kirchenraum hin.

Für die Anordnung der Apsiden, ihre Form und Zahl standen dem karolingischen Baumeister ebenfalls zahlreiche Lösungen zur Auswahl: der rechteckig geschlossene Chor in Aachen und Lorsch, die rechteckig ummantelte Apside in Fulda, St. Michael, die Doppelchoranlage mit zwei halbkreisförmigen Apsiden im Osten und Westen in Fulda und Hersfeld sowie der gerade geschlossene Ostchor mit zwei kleinen Apsiden auf der Reichenau. Unmittelbares Vorbild für die Höchster Justinusbasilika war die Klosterkirche St. Alban in Mainz.

Die gotischen Um- und Anbauten haben den karolingischen Bestand nur wenig beeinträchtigt. Erhalten sind die Mauern des Langhauses, wenn auch durchbrochen, sowie Mitte und Nordteil des Querhauses. Die drei Apsiden sind verschwunden, konnten jedoch 1926 und 1933 ergraben werden.

Die Justinuskirche wurde nach dem langobardischen Fuß bemessen. Das Querhaus besteht aus drei aneinandergereihten Rechtecken. Ihre Länge entspricht der 24 Fuß langen Seite eines gleichseitigen Dreiecks, dessen Höhe die Querhausbreite bestimmt. Die Dreiecke überschneiden sich jeweils um Mauerdicke; diese mißt 2 1/2 Fuß. Die größte Breite der Kirche ergibt sich zu 3 · 24 – 2 · 2 1/2 = 72 – 5 = 67 Fuß. Diese größte Breite dient der Bemessung des Langhauses. Ein Sechseck aus gleichseitigen Dreiecken von 67 Fuß Seitenlänge verhalf dem Meister zur Lage der Westwand. Alle Figuren überschneiden sich in der Querschiffwestwand. Die mittlere Apside hatte 15 Fuß lichten Durchmesser. Der lichte Durchmesser der beiden äußeren Apsiden maß 12 Fuß. Das Mittelschiff ist 24 Fuß breit. Die Breite der Seitenschiffe mißt 12 Fuß.

Eine Einheit des Maßstabs entspricht 12 Fuß.

| | |
|---|---|
| Breite des Mittelschiffs im Osten: | |
| 24 Fuß zu je 29,0 cm | (6,95 m) |
| Breite des Mittelschiffs im Westen: | |
| 24 Fuß zu je 28,5 cm | (6,84 m) |
| Breite der Seitenschiffe: | |
| 12 Fuß zu je 29,0 cm | (3,48 m) |
| Ausladung der Querschiffarme: | |
| (12 – 2 1/2) Fuß zu je 29,0 cm | (2,75 m) |
| Tiefe des Querschiffs: | |
| $6{,}95 \cdot \sqrt{3}/2 = 6{,}02$ m, | gemessen 6,03 m |
| Größte Breite im Querschiff: | (19,30 m) |
| Länge der Schiffe einschließlich Ost- und Westwand: | |
| $2 \cdot 19{,}30 \cdot \sqrt{3}/3 = 22{,}28$ m, | gemessen 22,28 m |
| Dicke der Wände im Mittel: | |
| 2 1/2 Fuß zu je 0,296 m | (0,74 m). |

## Die Bogenreihen

Je sechs auf Säulen mit attischen Basen ruhende Bogen tragen die beiden Hochschiffwände; zwei etwas schmälere Öffnungen führen von den Seitenschiffen ins Querhaus, das wiederum durch zwei Bogen auf Pfeilervorlagen geteilt ist. Hauptschiff und Querhaus verbindet ein großer Triumphbogen. Gezeichnet ist der Blick vom Mittelschiff auf den östlichen Teil dieser Arkadenwand. Das im Grundriß bereits entdeckte, als Bemessungshilfe benützte gleichseitige Dreieck kehrt auch hier wieder. Die Höhe der Durchgänge im Querschiff wird durch zwei gleichseitige Dreiecke gegeben. Der hier nicht gezeichnete Triumphbogen ist genauso bemessen. Auch die übrigen Bogen ordnen sich diesem Grundgedanken unter. Über den Grundplatten erheben sich, von den Säulenachsen ausgehend, die beiden Dreiecke, bestimmen die Unterkante des Halsrings an den Säulen und die Unterkante des über den Bogen liegenden Frieses.

Breite der Durchgänge im Querschiff: 3,25 m

Höhe der Kämpfer:
$3{,}25 \cdot \sqrt{3} = 5{,}63$ m, gemessen 5,69 m

Achsabstand der Säulen: 3,33 m

Höhe der Säulen von der Sockelplatte bis Unterkante Halsring:
$3{,}33 \cdot \sqrt{3}/2 = 2{,}88$ m, gemessen 2,90 m

Höhe der Arkadenreihe bis Unterkante Gesims:
$3{,}33 \cdot \sqrt{3} = 5{,}77$ m, gemessen 5,80 m.

## Die Kapitäle

Als wertvollstes Gut birgt die Justinuskirche zehn schöne, korinthisierende Kapitäle mit Kämpfersteinen aus der Zeit um 825. Vorbilder für karolingische Kapitäle sind ganz allgemein in der oberitalienischen Kapitälplastik der Kaiserzeit und den byzantinischen Arbeiten des 5. Jahrhunderts zu suchen. Man findet Nachbildungen des korinthischen Kapitäls (Höchst), jonisch-korinthische Kompositkapitäle (Lorsch), seltener das jonische Kapitäl (Fulda, St. Michael, Krypta). Figurenkapitäle, Korb- Falt- und Blockkapitäle der byzantinischen Kunst kommen selten und erst spät zur Verwendung. Ein in Ravenna üblicher, aber auch in Rom (Sta. Constanza) aus dem Architrav entwickelter, sorgfältig behauener Kämpferstein, der oft so sehr in den Vordergrund tritt, daß man meinen könnte, es handle sich um zwei übereinandergesetzte Kapitäle, war sehr beliebt. Die schmucklosere Aachener Form (um 800) pflanzte sich über Essen (um 1000) bis St. Michael in Hildesheim (nach 1000) fort und ging erst in Ottmarsheim (um 1030) verloren. In St. Michael ist noch ein Kämpferstein zwischen Würfelkapitäl und Bogenansatz eingefügt worden; die Würfelkapitäle zu Ottmarsheim tragen die Bogen direkt.

Während die meisten Kapitäle der frühen karolingischen Kunst möglichst getreue Nachbildungen antiker Werkstücke sein wollen und die Steinmetzen den Versuch machen, das Akanthusblatt plastisch und möglichst natürlich darzustellen, setzt sich bereits gegen 820 die ornamentale Auffassung durch. Der Akanthus wird stilisiert, bis aus den Blättern die glatten, ledernen Lappen der Höchster Kapitäle geworden sind. Das flache Ornament greift jetzt auch auf den Kämpferstein über, der mit nur die Fläche füllenden Zierformen bedeckt ist.

In ihrer Gesamterscheinung wirken Kapitäle und Kämpfersteine zu glatt und zu sauber mit äußerster handwerklicher Sorgfalt gearbeitet. Die glatte Art der Steinbehandlung kann als Zeitstil angesehen werden. Parallelen sind aus Brescia und Verona bekannt. Besonders auffällig ist die straffe Rahmung der Eckvoluten; sie weist auf Vorbilder in Aquileia, Grado, Triest und Pola.

Die Säulen der Bogenreihen sind aus einzelnen Trommeln zusammengesetzt; an der obersten wurde der Halsring angearbeitet. Er gehört nicht zum Kapitäl, sondern zur Säule. Ganz folgerichtig setzt die Bemessungsfigur des Baumeisters, der die Kapitäle entworfen hat, auf dem Halsring an. Als Bemessungshilfe dienten wieder gleichseitige Dreiecke. Die Seiten messen 2 1/2 Fuß. Die obere Kante der Kämpfersteine entspricht einer Dreieckseite, die Höhe der Kämpfersteine der halben Höhe des zugehörigen gleichseitigen Dreiecks. In das Kapitäl selbst sind zwei gleichseitige Dreiecke und Parallelen zu den Schwerlinien eingezeichnet. Auf diesem Weg bestimmte der Meister die Lage der Blattkränze. Der Kämpferstein ist unten um 1/4 der Gesamtbreite eingerückt, das Kapitäl um 1/12; der Durchmesser des Säulenschafts mißt zwei Fuß.

Eine Einheit des Maßstabs entspricht 1/2 Fuß.

Obere Breite des Kämpfersteins:
2 1/2 Fuß zu je 29,0 cm (0,725 m)

Höhe des Kämpfersteins:
$0{,}725 \cdot \sqrt{3}/4 = 0{,}314$ m, gemessen 0,315 m

Höhe des Kapitäls:
$0{,}725 \cdot \sqrt{3}/2 = 0{,}628$ m, gemessen 0,630 m.

**Die Bauhütte**

Aufgrund des verwendeten Fußes die in Höchst einstmals tätige Bauhütte zu suchen, ist sehr schwer. Der langobardische Fuß findet sich auch an der Königshalle im nahen Lorsch. Die Lorscher Hütte errichtete aber um 827 die Einhartsbasilika zu Steinbach in karolingischen Fuß. Karl der Große brachte jedoch mehrmals Langobarden in den Raum Worms, Frankfurt, Mainz, so daß möglicherweise auch in Mainz eine oberitalienische Hütte bestand, die für Erzbischof Otgar den Kirchenbau ausführte.


K. Becker: Grabungsergebnisse bei der St. Justinuskirche zu Höchst a.Main. In: Zs. f. DKmpfl., 1, 1926, S. 104/7.

W. Scriba: Der karolingisch-romanische Bau der Justinuskirche in Höchst a.M., Frankfurt a.M. 1930.

E. Stiehl: Die karolingische Säulenbasilika (Justinuskirche) in Höchst. In: Die DKmpfl., 1931, S. 52/61.

W. Scriba – E. Stiehl: Die Justinus-Kirche in Höchst a.M. (Kontroverse) In: die DKmpfl., 1932, S. 160/2.

W. Meyer – Barkhausen: Die Kapitäle der Justinuskirche zu Höchst. In: Jb. d. Preuß. Kunstsammlungen, 54, 1933, S. 69/90.

Albrecht Mann: Karolingische Kapitellplastik. In: Karl der Große, Aachen 1965, S. 438/443 und S. 460/61.


Die Kapitäle der Justinuskirche sollen Anlaß sein, andere ähnliche Schöpfungen aus späterer Zeit und aus dem norddeutschen Raum näher zu betrachten.

# Corvey

Die Abtei Corvey an der Weser ist eine Tochtergründung des nordfranzösischen Klosters Corbie. 822 wurde die zunächst an einem nicht weit entfernten, ungünstigeren Platz gegründete Ansiedlung an das Weserufer verlegt. Im Jahre 836 erhielt das Kloster die Gebeine des hl. Vitus als Geschenk aus St. Denis. Die Weihe der Kirche erfolgte 844, schon 870 brannten die Ostteile nieder. Im Jahre 873 wurde der Grundstein zum Westwerk gelegt; 885 konnte der dreitürmige Bau geweiht werden. Bauarbeiten an der Kirche sind aus der Zeit Abt Wibalds (1146–60) überliefert. Der mittlere Turm des Westwerks wurde teilweise abgetragen, die beiden Treppentürme erhöht, 1590 erhielten sie ihre heutigen Helme. Das Westwerk der Abtei Corvey blieb als einziges der bekannten karolingischen Westwerke bis heute erhalten. Es ist in schwerer, kriegerischer Zeit entstanden, als das Reich zerfiel und sich die Karolinger gegenseitig bekämpften – 876 schlug der Sohn Ludwigs des Deutschen Karl den Kahlen bei Andernach –, kein Wunder, daß es im Vergleich mit älteren Bauten grob gearbeitet erscheint. Auch die korinthischen Kapitäle und Kämpfer der vier Säulen im Erdgeschoß sind unvollendet. Die Akanthusblätter erinnern an die glatten Lappen der Höchster Kapitäle. Am südwestlichen Kapitäl ist jedoch ein Blatt und eine Eckvolute sehr sorgfältig durchgearbeitet, und die nicht fertiggestellten Zierleisten an den Kämpfersteinen zeigen, daß die roh versetzten Kapitäle infolge eines unvorhergesehenen Ereignisses nicht fertig gearbeitet worden sind. Die stilistische Übereinstimmung mit den Kapitälen der Justinuskirche ist deshalb als Zufall zu werten.

Das Kapitäl selbst ist mit Hilfe eines gleichseitigen Dreiecks bemessen; die Maße des Kämpfersteins bestimmt die Quadratur. Wieder entspricht die größte Breite dieses Steins einer Quadrat- oder Dreieckseite.

Größte Breite des Kämpfersteins:
2 Fuß zu je 33,5 cm (0,67 m)

Höhe des Kämpfersteins:
1 Fuß zu 33,5 m (0,335 m)

Höhe des Kapitäls:
$0{,}67 \cdot \sqrt{3}/2 = 0{,}58$ m, gemessen 0,58 m.

Die Deckplatte springt auf allen Seiten des Kämpfersteins um 1/4 Fuß vor, das Kapitäl um 1/8 Fuß.

# St. Michael, Hildesheim

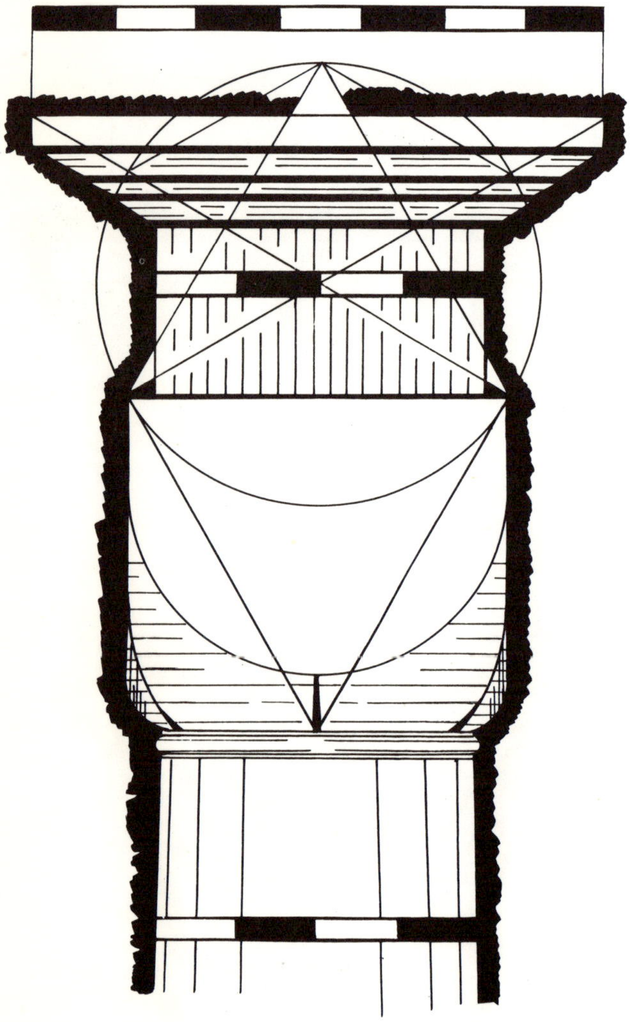

St. Michael, unter Bischof Bernward (993–1022) errichtet, ist eines der bedeutendsten Bauwerke am Beginn der romanischen Zeit.
Ein im Fundament gefundener Grundstein trägt die Jahreszahl 1010. Im Jahre 1022 weihte Bernward die unvollendete Kirche in der Erwartung seines nahenden Todes; 1033 erfolgte die abschließende Gesamtweihe. In St. Michael sind alle Anregungen der vorausgegangenen Entwicklung aufgegriffen und zu einem eindrucksvollen Ganzen zusammengefügt: zwei Chöre, zwei Querschiffe, Türme über den ausgeschiedenen Vierungen, Treppentürme an den Stirnseiten der Querhäuser, doppelter Stützenwechsel im Mittelschiff, Emporen in den Querschiffarmen und zum ersten Mal Würfelkapitäle. Zwischen Kapitäl und Rundbogen ist ein Kämpferstein eingeschoben. Wie der Bernwardbau alles Dagewesene zusammenfaßt, aber zugleich in der Durchgliederung des Baukörpers etwas Neues schafft, so wird auch das Würfelkapitäl und der alte Kämpferstein zu einer Einheit verbunden. Von den alten Kapitälen sind nur noch wenige erhalten, viele wurden nach einem Brand zwischen 1162 und 1186 durch mit reichem plastischem Schmuck gezierte ersetzt. An den ältesten, nicht überarbeiteten Kapitälen sieht man noch Reste von Blattrippen auf den vier Ecken und in der Mitte der Seiten. Trotzdem der Meister die Grundform des Würfelkapitäls wählte, konnte er sich von der Vorstellung des Blattkapitäls nicht restlos lösen.

Bemessungsgrundlage war der zwei Fuß breite Kämpferstein. Das Kapitäl ist zu beiden Seiten um 1/6 Fuß verbreitert. Eine Seite der eingezeichneten gleichseitigen Dreiecke mißt demnach 2 1/3 Fuß. Die Kämpferplatte wurde 1 1/2 mal so breit zu 3 1/2 Fuß gewählt. Gleichseitige Dreiecke bestimmen die Höhe des Würfelkapitäls, des Kämpfersteins und der Kämpferplatte.

Eine Einheit des Maßstabs entspricht 1/2 Fuß.

Breite des Kämpfersteins:
2 Fuß zu je 32,5 cm (0,65 m)

Breite des Kapitäls:
2 1/3 Fuß zu je 32,6 cm (0,76 m)

Breite der Kämpferplatte:
3 1/2 Fuß zu je 32,0 cm (1,12 m)

Höhe des Kapitäls:
$0{,}76 \cdot \sqrt{3}/2 = 0{,}66$ m, gemessen 0,65 m

Höhe des Kämpfersteins:
$0{,}76 \cdot \sqrt{3}/4 = 0{,}33$ m, gemessen 0,33 m.

# Essen

In diesem Zusammenhang wollen wir uns noch mit dem Meister und den Kapitälen des Essener Westchors befassen.

Bischof Altfrid von Hildesheim (851–874) gründete das Damenstift Essen gegen 852 für die Töchter des sächsischen Adels. Um 946 wurde die Kirche durch Brand stark zerstört. Äbtissin Mathilde (971–1011), eine Enkelin Ottos des Großen, begann mit dem Bau des romanischen Westwerks. Sie erneuerte außerdem Langhaus und Querschiff, baute einen Ostchor und den westlichen Teil der Krypta. Äbtissin Theophanu (1039–1056), Enkelin Ottos II., vollendete den Westbau, errichtete das Atrium und den östlichen Teil der Krypta.

Der Meister übernahm entsprechend dem Wunsch seiner Auftraggeber selbst Einzelheiten der Aachener Pfalzkapelle. Und doch unterscheidet sich der Essener Westchor von den Bauten zu Aachen und Ottmarsheim in einem ganz wesentlichen Punkt:

Die Räume zu Aachen und Ottmarsheim sind durch sogenannte Klostergewölbe geschlossen, den Essener Westchor deckt eine Hängekuppel byzantinischer Art, die mit den Gewölben der Bartholomäuskapelle in Paderborn, der Hängekuppel in der Grabkapelle der Galla Placidia zu Ravenna oder der Kuppel in der Chapelle de la Trinité auf der Insel St. Honorat (Lérins) vor Cannes mehr gemeinsam hat als mit allen übrigen Gewölben unseres Raumes. Der Chor erhebt sich zudem über drei Seiten eines Sechsecks und ist nicht mit dem karolingischen Fuß, sondern einem dem römischen verwandten Fuß von etwas mehr als 30 cm Länge bemessen.

Lichte Breite der Bogen im Erdgeschoß:
10 Fuß zu je 30,0 cm (3,00 m)

Länge einer Sechseckseite im Erdgeschoß:
12 Fuß zu je 30,3 cm (3,64 m).

Im Untergeschoß des Westwerks befinden sich vier Kapitäle mit Kämpfersteinen, die in den Abmessungen mit denen der Empore übereinstimmen. Lediglich die Kapitäle sind gegenüber den Werkstücken auf der Empore sehr vereinfacht.

Abgebildet ist ein Kapitäl mit Kämpfer aus dem Untergeschoß. Die Höhe von Kämpfer und Kapitäl bis zur Lagerfuge unterhalb des Halsrings bestimmen ein gleichseitiges Dreieck von 3/2 Fuß Seitenlänge und zwei unter 30° gegen die Waagrechte geneigte Geraden. Der Halsring wurde nach oben abgetragen und mittels zweier gleichseitiger Dreiecke die Breite des Kapitäls festgelegt. Auch alle anderen wichtigen Breiten und Höhen ergeben sich aus diesem Maßwerk.

Eine Einheit des Maßstabs entspricht 1/2 Fuß.

Breite der Kämpferplatte:
3/2 Fuß zu je 31,3 cm (0,47 m)

Breite des Kämpfersteins:
3/4 Fuß zu je 32,0 cm (0,24 m)

Höhe von Kämpferstein und Kapitäl bis zur Lagerfuge unter dem Halsring:
$5 \cdot 0{,}47 \cdot \sqrt{3}/6 = 0{,}68$ m, gemessen 0,67 m

Höhe zwischen Kämpferstein und Halsring: (0,625 m)

Breite des Kapitäls oben:
$0{,}625 \cdot \sqrt{3}/3 = 0{,}36$ m, gemessen 0,36 m.

Gewölbe und Fuß lassen vermuten, daß am Essener Westchor ein im byzantinischen Einflußbereich geschulter Meister tätig war.

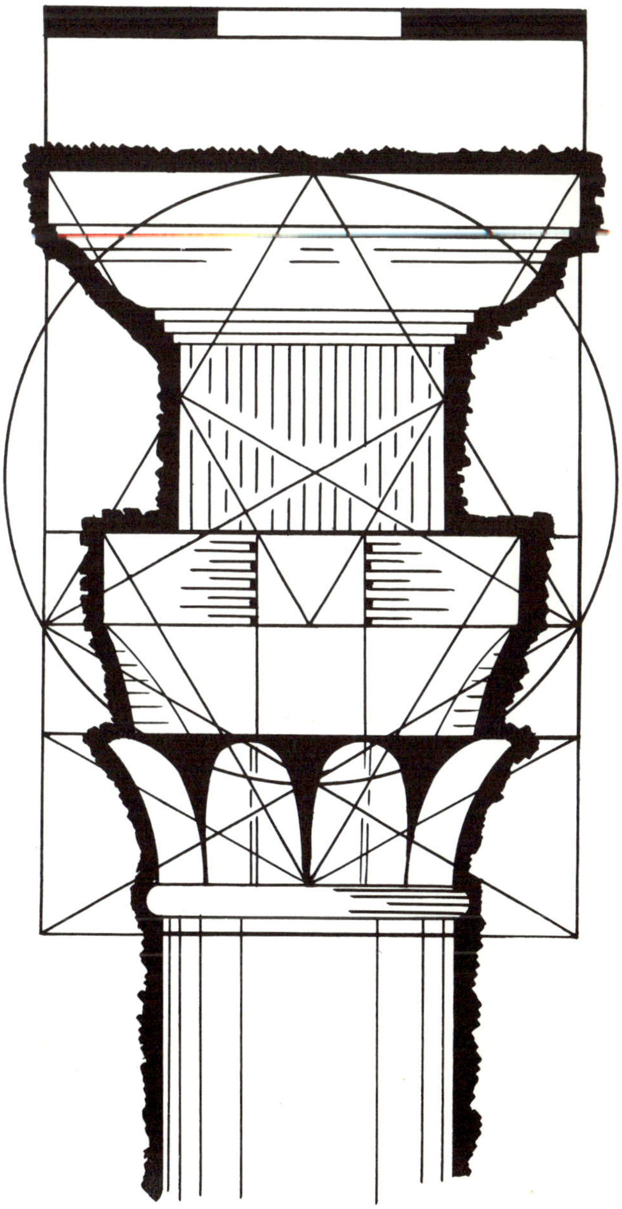

# Die Einhartsbasilika zu Steinbach im Odenwald

**Geschichte**

Einige Stunden von Worms und Lorsch entfernt liegt im Odenwald ein Bauwerk, das nur wenige Jahre jünger ist als die Königshalle in Lorsch: die Einhartsbasilika zu Steinbach bei Michelstadt. Sie ist die älteste erhaltene Basilika nördlich der Alpen.

In den Jahren 825/27 ließ Einhart, der Chronist und Schwiegersohn Karls des Großen, in einem abgelegenen Teil des Odenwaldes die dreischiffige Klosterkirche errichten. Das Mauerwerk ist aus sehr gut behauenen, kleinen Quadern sorgfältig gefügt, nur die Pfeiler der Bogenreihen bestehen aus Backsteinen. Die sorgfältige Arbeit der karolingischen Handwerker sticht sichtbar gegen die viel nachlässigere an späteren Bauten des Klosters ab.

Der größte Schatz des Gotteshauses sollten die Gebeine zweier Märtyrer: des hl. Marcellinus und des hl. Petrus – nicht des Apostelfürsten – werden. Einhart ließ die Reliquien im Jahre 828 aus Rom hierher übertragen. Aus Gründen, die wir später erörtern wollen, gab er jedoch das Kloster zu Steinbach kurz nach der Ankunft der Heiligen auf. Erst um 1050 gründete Lorsch wieder eine Niederlassung, die 1232 in ein Frauenkloster umgewandelt wurde. Im Jahre 1535 ging die Propstei zu Steinbach ein.

Von dem Bau Einharts blieben das Mittelschiff mit der halbrunden Apsis, der nördliche Flügel des Querschiffs mit Nebenapsis und der größte Teil der darunterliegenden Gangkrypta erhalten. Die Seitenschiffe trug man bald nach 1300 ab und vermauerte die Bogenreihen, so daß der heute vorhandene einschiffige Raum entstand. In seiner schmucklosen, großzügigen Einfachheit läßt er die ungepflegte Umgebung vergessen und zwingt zur Sammlung. Den westlichen Abschluß des Gebäudes veränderte man im Mittelalter. Um 1160 mußte die karolingische Westvorhalle einem romanischen Westwerk mit zwei Türmen weichen. Es wurde 1588 abgetragen und die heute vor-

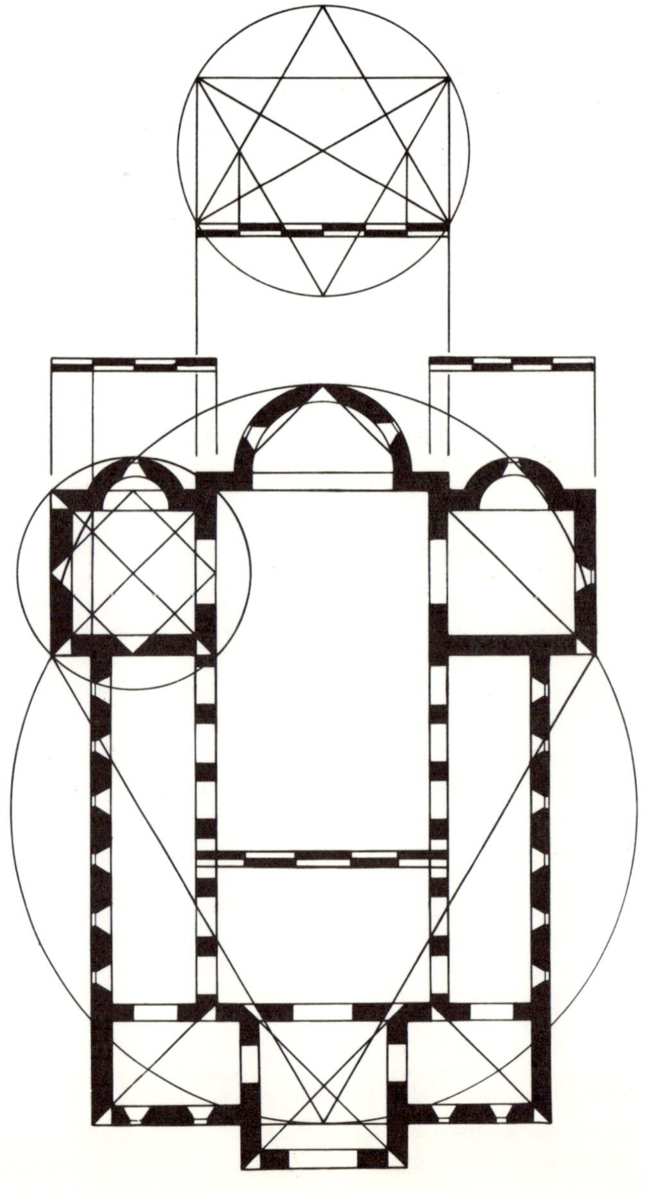

handene Westwand neu aufgeführt. Geringe Reste dieses Westwerks sind noch erhalten. Gut erkennbare Baufugen erlauben eine eindeutige Abgrenzung der einzelnen Bauteile.

Die Schiffe waren flach gedeckt, nur die Apsiden gewölbt. Den Ostteil gliederten drei Apsiden und der vorspringende Giebel des Mittelschiffs für die damalige Zeit ungewohnt stark. Im Innern trat das Querschiff nicht in Erscheinung; nur verhältnismäßig kleine Öffnungen verbanden die beiden Flügel mit dem Mittelschiff.

Die Längen am Bauwerk sind von der westlichen Querschiffwand aus entwickelt. Die Westwand der Anlage liegt in der Spitze eines gleichseitigen Dreiecks, dessen Seitenlänge der größten Breite entspricht, der östlichste Punkt der Kirche wurde von derselben Grundlinie aus mit Hilfe zweier unter 45° geneigter Geraden festgelegt.

6 Einheiten des Maßstabs entsprechen im Osten 25 Fuß; im Westen entspricht eine Einheit 5 Fuß.

Mittelschiffbreite: 25 Fuß zu je 34,2 cm (8,55 m)

Außenabmessungen der quadratischen Querschiffflügel: 16 2/3 Fuß zu je 33,8 cm (5,67 m)

Breite der Seitenschiffe: 12 1/2 Fuß zu je 34,7 cm (4,22 m)

Dicke der Mauern: 2 Fuß zu je 33,5 cm (0,67 m)

Größte Breite: $8{,}55 + 2 \cdot 5{,}00 = 18{,}55$ m

Länge: $\frac{18{,}55}{2} + \frac{18{,}55}{2} \cdot \sqrt{3} = 25{,}33$ m, gemessen 25,35 m.

**Der Grundriß**

Der Grundriß ist aus dem gleichseitigen Dreieck und dem Quadrat entwickelt. Bemessungsgrundlage war die Mittelschiffbreite einschließlich der beiden Schiffwände. Sie maß 25 karolingische Fuß. Diese Strecke wurde in 6 gleiche Teile zerlegt. Vier Teile mißt eine Seite der quadratischen Querschiffflügel, drei Teile die Breite der Seitenschiffe einschließlich der Schiffwände. Die Seitenschiffe sind an der Westseite in den gleichen Abmessungen weitergeführt; das Westquadrat hat die Maße der Querschiffflügel.

Den Absteckvorgang kann man sich folgendermaßen denken: Nachdem sämtliche Breiten festlagen, wurden mit Dreieck und Quadrat die Lage der Westwand und des östlichsten Punkts als Scheitel der Apsis bestimmt. Da die Seitenschiffe auch auf der Westseite durchgehen sollten, war gleichzeitig der westliche Abschluß des Mittelschiffs gegeben. Dann fügte man die Querschiffflügel und die über den Westgiebel vorspringende, quadratische Vorhalle an.

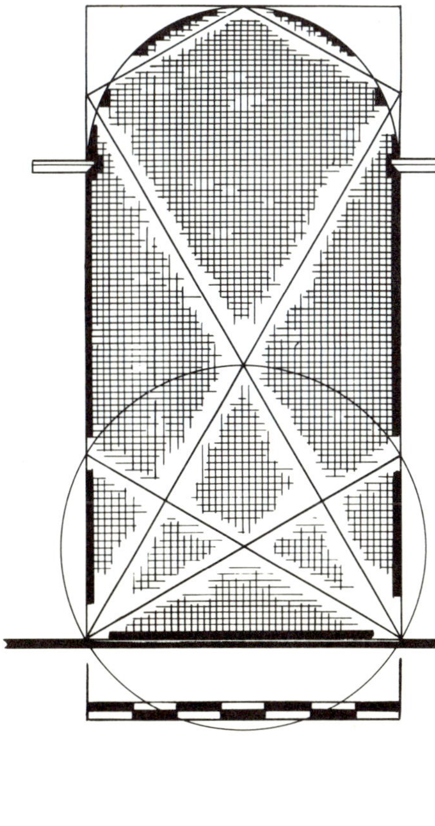

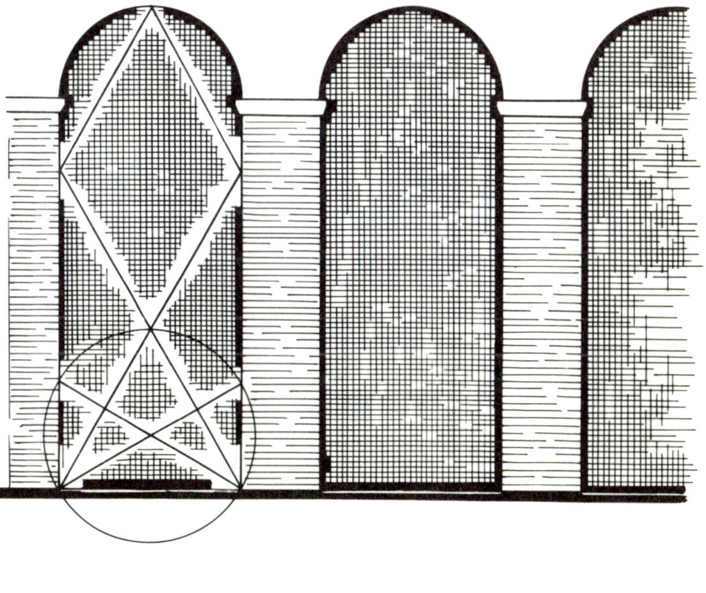

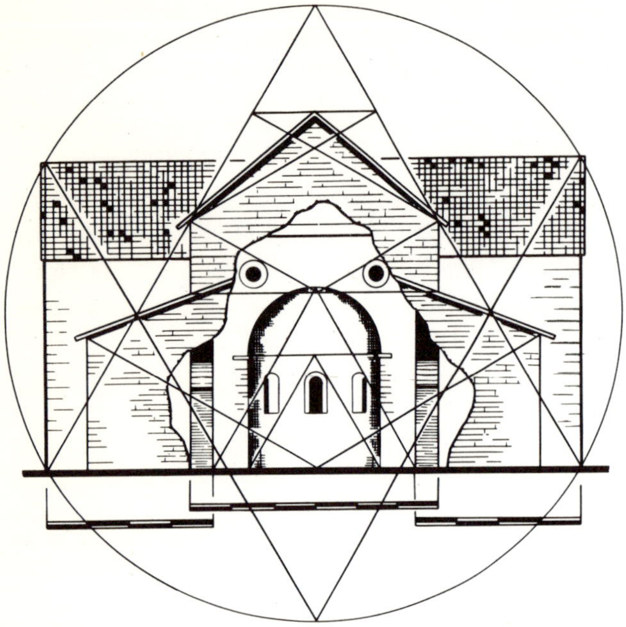

Eine Einheit des Maßstabs entspricht einem Fuß.

Breite des Gangs: 5 Fuß zu je 34,0 cm (1,70 m)

Höhe des Gangs:
$5 \cdot 1{,}70 \cdot \sqrt{3}/6 = 2{,}45$ m, gemessen 2,54 m.

Der Lehmboden der Krypta ist sehr uneben. Die Abweichung von 9 cm kann deshalb als noch zulässig betrachtet werden.

Schrifttum:
R. Adamy: Die Einhartsbasilika zu Steinbach, Hannover und Darmstadt 1885.
Friedrich Behn: Neue Ausgrabungen und Untersuchungen an der Einhartsbasilika zu Steinbach, Mainzer Zeitschrift, Jg. XXVII (1932).
Otto Müller: Die Einhartsbasilika zu Steinbach, Leipzig 1935; Dissertation.
Fritz Viktor Arens: Das Werkmaß in der Baukunst des Mittelalters, Würzburg 1938, S. 77–80.

**Westansicht und Schnitt**

In den Baukörper ist ein Sechseck eingezeichnet, dessen waagrechte Diagonalen den Fußboden der Anlage und den First des Querhauses bestimmen. Unter 30° gegen die Waagrechte geneigte Geraden schneiden die Seitenschiffwände auf der Höhe der Dachtraufen. Die Höhe der Kämpfer am Apsisbogen entspricht der Höhe eines in die Apsis eingezeichneten gleichseitigen Dreiecks.

**Die Bogenreihen im Schiff**

Das Mittelschiff öffnete sich – von Osten nach Westen betrachtet – zunächst in die quadratischen Querräume. Man betrat sie durch einen 7 Fuß breiten Bogen, dessen Scheitel ein Sechseck und ein gleichseitiges Dreieck bestimmen. Die dann folgenden sechs Bogen auf Backsteinpfeilern sind mit Hilfe dreier gleichseitiger Dreiecke bemessen.

Eine Einheit des Maßstabs entspricht einem Fuß.

Breite der großen Öffnung:
7 Fuß zu je 33,4 cm (2,34 m).

**Schnitt durch die Gangkrypta**

Auch der Querschnitt der unter dem Kirchenraum gelegenen Gangkrypta ist trianguliert. Genau dieselbe Art der Bemessung findet sich im Zugang zur Krypta der Kirche St. Georg zu Oberzell auf der Insel Reichenau und im Querschnitt der Ringkrypta von St. Emmeram zu Regensburg wieder. Vermutlich stellte die eingezeichnete Triangulatur eine allgemein übliche Bemessungsregel für derartige Stollen dar.

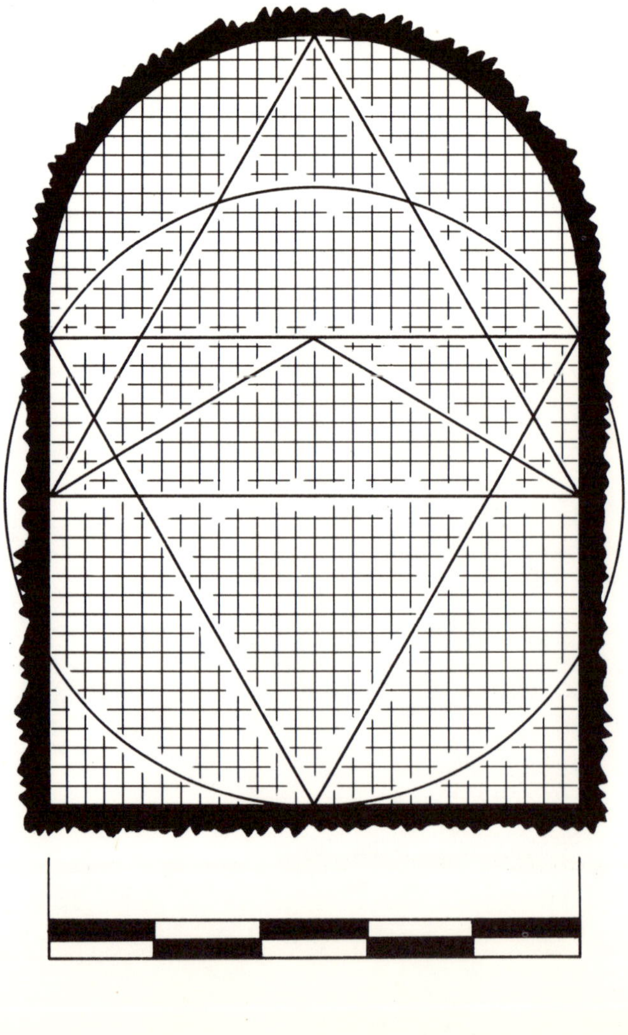

# Die Einhartsbasilika zu Seligenstadt am Main

## Geschichte

Kurze Zeit nachdem die Reliquien des hl. Marcellinus und des hl. Petrus in Steinbach angekommen waren, ereigneten sich dort Dinge, die Einharts Pläne völlig durcheinanderwarfen und ihn derart beeindruckten, daß er sein neues Kloster aufgab und die Heiligen nach Seligenstadt am Main übertragen ließ.

Diese Ereignisse und die Übertragung der Reliquien nach Seligenstadt beschreibt Einhart selbst:
„Drei Tage nach unserer Ankunft war ein Knecht des Ratleik auf dessen Befehl nach dem Absingen der Vesper, während die übrigen hinausgingen, allein in der Kirche zurückgeblieben und hatte sich bei verschlossenen Türen in die kleine Zelle, in der Absicht Wache zu halten, neben die heiligen Leiber niedergesetzt. Plötzlich vom Schlafe befallen, sah er wie zwei Tauben durch das rechte Fenster der Apsis hereinflogen und sich oben auf der Kuppe des Thronhimmels gerade über den Leibern der Heiligen niederließen. Die eine von ihnen schien ihm ganz weiß, die andere grau und weiß gefleckt zu sein. Sie spazierten längere Zeit auf der Kuppe auf und ab und girrten sich nach Taubenart an, als ob sie sich unterhielten, dann flogen sie wieder zum nämlichen Fenster hinaus und verschwanden. Hierauf ertönte über dem Haupte des Knechtes eine Stimme, die sprach: ‚Gehe und sage Ratleik, er möge seinem Herrn melden, die heiligen Märtyrer wollten nicht, daß ihre Leiber hier ruhten, denn sie hätten sich eine andere Stätte auserkoren und wünschten, so rasch als möglich dorthin überzusiedeln.' Den Urheber dieser Rede konnte er nicht erblicken, doch als sie zu Ende war, wachte er aus dem Traume auffahrend auf und teilte, nachdem Ratleik in die Kirche zurückgekehrt war, ihm mit, was er gesehen hatte. Dieser meldete mir mit dem frühesten am Morgen, was ihm sein Knecht erzählt hatte. Wenn ich auch für meinen Teil nicht wagte, das geheimnisvolle dieser Erscheinung gering zu achten, so beschloß ich dennoch, den Beweis eines sicheren Zeichens abzuwarten. Nachdem ich so jenen großen, wunderbaren Schatz, der wertvoller als alles Gold ist, in Augenschein genommen hatte, begann mir der Schrein, worin er enthalten war, wegen der Geringwertigkeit des Materials gar sehr zu mißfallen. Von dem Wunsche beseelt, dem abzuhelfen, trug ich eines Tages nach Schluß der Vesper einem Kirchendiener auf, das Maß des Schreins mit einem Stabe abzunehmen und es mir zu bringen. Als dieser, um den Auftrag auszuführen, eine Wachskerze anzündete und die darüberhängende Hülle, die den Schrein bedeckte, aufhob, da bemerkte er, daß der Schrein merkwürdigerweise allenthalben von einer blutartigen Flüssigkeit troff. Erschrocken über das Neue der Sache, ließ er mir schleunigst melden, was er gesehen. Ich eilte darauf mit den anwesenden Priestern herbei und nahm jenes staunenerregende und aller Bewunderung würdige Wunder in Augenschein. Denn wie Säulen, Prunktische und Marmorbilder bei bevorstehendem Regen schwitzen und anzulaufen pflegen, so wurde der Schrein, der die hochheiligen Leiber umschloß, von wirklichem Blut befeuchtet und von allen Seiten durchnäßt befunden.

Wir beschlossen, die Leiber der Heiligen nach Obermühlheim zu übertragen."

(Nach Merzbach, Basilika und Kloster Seligenstadt/Hessen, Seite 3–5, Seligenstadt 1962)

Zwischen 831 und 834 erfolgte die Grundsteinlegung für die neue Basilika. Sie ist im wesentlichen in dem bestehenden Bauwerk enthalten.

Schon eine oberflächliche Betrachtung des Grundrisses zeigt, daß zwischen der Einhartsbasilika zu Steinbach und der zu Seligenstadt keine Zusammenhänge bestehen. Einhart hat demnach nicht den fränkischen Meister, der in Steinbach für ihn gearbeitet hatte, mit dem Entwurf und der Bauleitung an der neuen Kirche beauftragt, sondern einen anderen zugezogen. Mehrere Forscher haben schon darauf hingewiesen, daß dieser die stadtrömischen Kirchen jener Zeit gut gekannt haben muß. Die in Seligenstadt unter der Ostapsis vorhandene Ringkrypta geht auf römische Vorbilder zurück. Auch der im Gegensatz zu Steinbach wenig gegliederte, großflächige Baukörper weist auf derartige Einflüsse hin.

Aus welchem Grund hat Einhart in Seligenstadt eine andere Bauhütte zugezogen? Er mußte sich natürlich fragen, weshalb die Heiligen wohl an einen anderen Ort wollten, warum es ihnen in der schönen, neuen Kirche zu Steinbach nicht gefiel. Die Gebeine kamen aus Rom, der Stadt am Tiber mit den großen Basiliken. Als Einhart die Reliquien an das Ufer des Mains bringen ließ, wollte er sie sehr wahrscheinlich in eine gewohnte Umgebung übertragen. Er beauftragte deshalb mit dem Neubau der Grabeskirche in Seligenstadt auch nicht die in Steinbach tätige Hütte, sondern ließ von einem Meister, der über die Alpen kam, eine Basilika im Stil der römischen Kirchen errichten. Auch dieser brachte sein Grundmaß (43,1 cm) mit in den Norden. Es ist nur wenig kürzer als die in Lorsch verwendete Maßeinheit.

Schließlich bleibt noch zu überlegen, weshalb die Langobarden von Lorsch nicht als Baumeister in Seligenstadt in Frage kommen können. Lorscher Meister waren aufgrund der räumlichen Nähe, und weil Einhart die Markung Michelstadt schon 819 testamentarisch dem Kloster Lorsch vermacht hatte (Codex Laureshamensis Reg. 3151), bereits in Steinbach tätig. Sie benützten dort den üblichen karolingischen Fuß. Außerdem dürften nur wenige der vor 50 Jahren eingewanderten Langobarden die stadtrömischen Basiliken aus eigener Anschauung gekannt haben.

Die Maßeinheit 43,6 cm hat sich in Lorsch wohl auch nicht allzu lange gehalten. Alle Stilvergleiche weisen darauf hin, daß der Seligenstädter Meister direkt aus Italien kam und die nur unwesentlich kürzere Maßeinheit (43,1 cm) zum zweiten Mal in den Raum nördlich der Alpen übertrug.

Die Seligenstädter Krypta bestand aus einem gewölbten, halbkreisförmigen Gang der dem Rund der Apsis folgte, und einem in der Achse der Kirche nach Westen senkrecht abgehenden Stollen. Dieser enthielt zwei hintereinander liegende Kammern. Die östliche barg die Reliquien der beiden Heiligen, die westliche war die Grabkammer Immas († 837) und Einharts († 840). Schon im 10. Jahrhundert plünderten und beschädigten Normannen, die auf ihren Raubzügen bis an den Main kamen, die Kirche. Im 11. Jahrhundert fügte man an die bisher turmlose Basilika ein zweitürmiges Westwerk. Um 1250 folgte der spätromanische Vierungsturm und der neue Chor. Diesen Arbeiten fiel die Ringkrypta samt dem Grab der Heiligen sowie das gemeinsame Grab Einharts und Immas zum Opfer. Später hinterließen barocke Erneuerungsarbeiten ihre Spuren. 1802 wurde die Abtei aufgehoben. Das heutige Westwerk stammt aus der 2. Hälfte des 19. Jahrhunderts.

**Der Grundriß**

Bemessungsgrundlage für den Bau Einharts war die Breite des Mittelschiffs einschließlich der beiden Hochschiffwände. Sie mißt 25 Cubiti. Da das Querschiff ebenfalls 25 Cubiti breit ist, entstand im Schnitt ein Vierungsquadrat. Die Wände sind 1 2/3 Cubiti = 2 1/2 „Pes Liutprandi" dick. Die Länge des Querschiffs bzw. größte Breite der Kirche ergab sich zu 3·25 – 2·1 2/3 = 71 2/3 Cubiti, indem man an das Vierungsquadrat nach Norden und Süden je ein Quadrat gleicher Größe anfügte. Die lichte Breite der Seitenschiffe ist halb so groß wie die des Mittelschiffs. Grundlage für die Längenentwicklung ist die 71 2/3 Cubiti lange Westwand des Querschiffs. Zwei unter 45° geneigte Geraden liefern den östlichsten Punkt der Apsis, zwei zum Sechseck ergänzte gleichseitige Dreiecke, deren Seiten wieder 71 2/3 Cubiti lang sind, die westliche Wand der Basilika.

Eine Teilung des Maßstabs entspricht 5 Cubiti.

Mittelschiffbreite: 25 Cubiti zu je 43,1 cm (10,77 m)
Wanddicke: 1 2/3 Cubiti zu je 43,3 cm (0,72 m)
Gang der Ringkrypta: 3 1/3 Cubiti zu je 43,2 cm (1,44m)
oder 5 „Pes Liutprandi" zu je 28,8 cm

Breite des Längsstollen der Krypta:
4 Cubiti zu je 43,0 cm (1,72 m)

Länge der Pfeiler im Schiff:
2 Cubiti zu je 43,5 cm (0,87 m).

Im Backsteinmauerwerk finden sich viele 41–42 cm lange Steine; ein Stein und eine Fuge ergaben einen Cubitus.

Schrifttum:
Einhart: Die Übertragung und Wunder der Heiligen Marcellinus und Petrus. Deutsch von Karl Hesselborn, Darmstadt 1925.

August Suchert: Die Gruftanlagen der Märtyrer Marzellinus und Petrus zu Rom und zu Seligenstadt/Hessen, Mainz 1938.

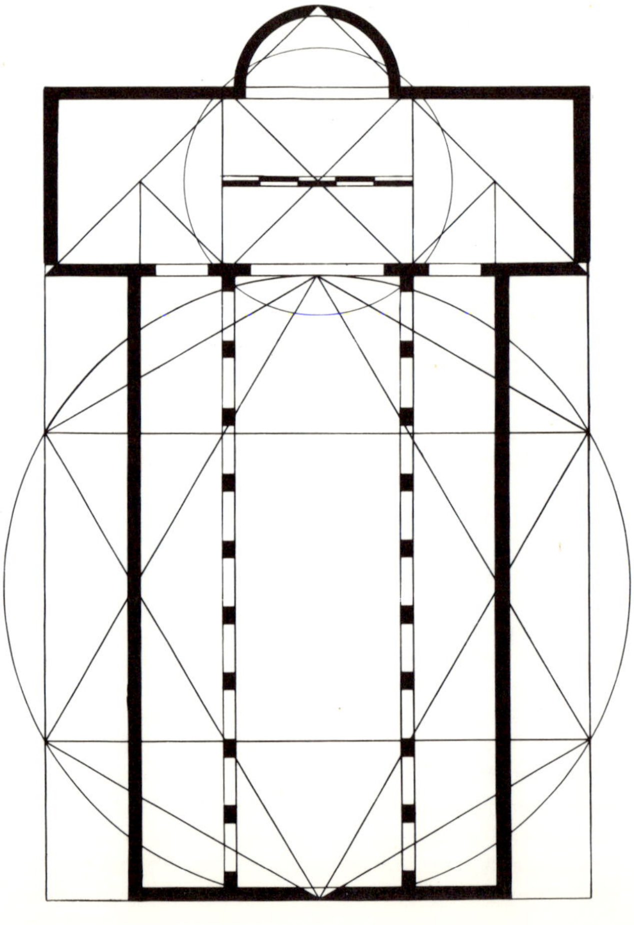

# Der St. Galler Klosterplan

Im Jahre 1717 wurde der St. Galler Klosterplan durch eine Veröffentlichung des französischen Benediktiners Jean Mabillon erstmals bekannt. Seitdem sind die Untersuchungen über die Bedeutung des rot bezeichneten und schwarz beschrifteten Pergaments, dessen Herkunft, Aufriß und Maße nicht mehr zum Abschluß gelangt – ein Zeichen für die Schwierigkeiten, die sich einer einfachen und klaren Lösung vieler Fragen entgegenstellen.

## Die Herkunft

Den einzigen Hinweis auf den Planfertiger gibt eine in die rechte obere Ecke geschriebene Widmung. Sie lautet: Haec tibi dulcissime fili cozberte de positione officinarum paucis exemplata direxi quibus sollertiam exerceas tuam, meamque deuotionem utcumque cognoscas, qua bonae uoluntatj satisfacere me segnem non Inueniri condifo. Ne suspiceris autem me haec ideo elaborasse, quod uos putemus nostris indigere magisteriis, sed potius ob amorem dei tibi soli perscrutinanda pinxisse amicabili fraternitatis intuitu crede. Vale in XPO (Christo) semper memor nostri. Amen. – Dies habe ich Dir, teuerster Sohn Gozbert, als kurzgefaßte Vorlage zugestellt, damit Du Deinen Eifer übest und meine Ergebenheit in allem erkennest. Ich glaube, daß ich damit nicht lässig erfunden werde, Deinem guten Willen zu genügen. Argwöhne nicht, ich hätte dies deshalb ausgearbeitet, weil wir glaubten, daß Ihr unsere Lehren nötig hättet, sondern sei überzeugt, daß ich es vielmehr aus Liebe zu Gott allein, aus Antrieb freundschaftlicher Brüderlichkeit, Dir zur prüfenden Durchsicht habe malen lassen. Lebe wohl in Christus und bleibe unser stets eingedenk. Amen.

Der Abt Gozbert leitete die Abtei St. Gallen von 816 bis 837. Unter ihm ist tatsächlich die Kirche neu erbaut worden. 830 begann man mit den Arbeiten; 837 wurde der Bau in Anwesenheit des Bischofs Wolfleoz von Konstanz, des Bischofs Odalrich von Basel, des Abtes Erlebald der Reichenau, von Mönchen aus dessen Kloster und von vielen Großen aus Schwaben eingeweiht.

Die Anrede „teuerster Sohn" dürfte auf einen Vorgesetzten des Abtes als Absender hinweisen. Aus den folgenden Sätzen spricht jedoch nicht nur ein väterlicher Freund, sondern auch ein Mitbruder, der seine Wertschätzung zeigt und sich beinahe ängstlich bemüht, nicht belehrend zu wirken. Möglicherweise war Bischof Wolfleoz (811–837) von Konstanz der Absender; ihm unterstand St. Gallen. Freundschaftliche Beziehungen zwischen Bischof und Abt sind durchaus denkbar, und die Anrede entspricht den Gepflogenheiten. Abt Hatto I. von der Reichenau (806–822, gest. 837), zugleich Bischof von Basel, Freund und Berater Karls des Großen, ist als Absender nicht auszuschließen. Daß er als Abt der Reichenau den Abt von St. Gallen mit „teuerster Sohn" anredet, ist jedoch nicht sehr wahrscheinlich; ob er als Bischof von Basel – St. Gallen lag im Konstanzer Sprengel – zu dieser Anrede berechtigt war, läßt sich nicht einwandfrei klären.

Der zuständige Erzbischof Otgar von Mainz (826–847) muß wohl als Absender ausscheiden, da er nicht einmal bei der Weihe der St. Galler Klosterkirche anwesend war; zu ihm bestanden demnach keine allzu engen Beziehungen.

Der Schöpfer des Plans dürfte jedoch im Raum Köln, Fulda, Hersfeld gewirkt haben, denn aus diesem Gebiet sind uns große Kirchen mit Ost- und Westchor, wie sie der St. Galler Plan zeigt, bekannt. Auch das freistehende Turmpaar ist für Fulda nachgewiesen. Das Querhaus des St. Galler Plans ist gegenüber den Querhäusern in Fulda und Bad Hersfeld sehr kurz, findet sich jedoch ganz ähnlich in der großen Basilika zu Centula. Mit der Entwicklung des Westwerks rücken die einzelstehenden Türme an den Baukörper. Gegen 1000 erscheinen sie als Treppentürme an St. Pantaleon zu Köln oder St. Michael zu Hildesheim. Erst um 1090 greifen die Hirsauer ganz im Geist der Rückbesinnung und Erneuerung der alten Strenge auch auf die alte Form zurück und errichten im Westen ihrer Hauptkirche St. Peter und Paul zwei freistehende Türme, für die Hirsauer, die weiche, runde Formen meiden, folgerichtig auf quadratischem Grundriß. Unmittelbare Vorbilder waren nicht die italienischen Kampanile; diese, die Minarette islamischer Moscheen, die freistehenden Türme Irlands sowie die Doppeltürme zu St. Gallen, Fulda und Hirsau dürften auf die Triumphsäulen römischer Kaiser zurückgehen. Triumphsäulen waren gleichzeitig Grabdenkmäler und trugen nachts im zylindrischen Aufsatz ein Feuer. Gregor von Tours (573–594) und

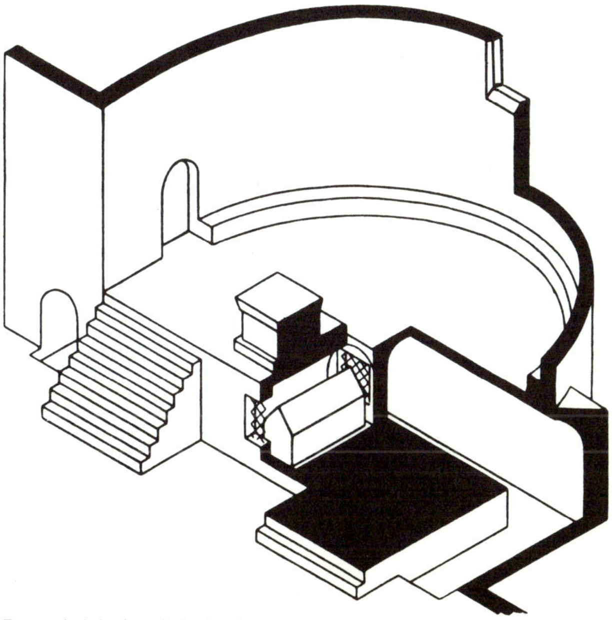

Perspektivischer Schnitt durch die Anlage von Confessio, Grab, Kryptengang und Altar in der Reduktion der Ausführung. (nach Hans Reinhardt)

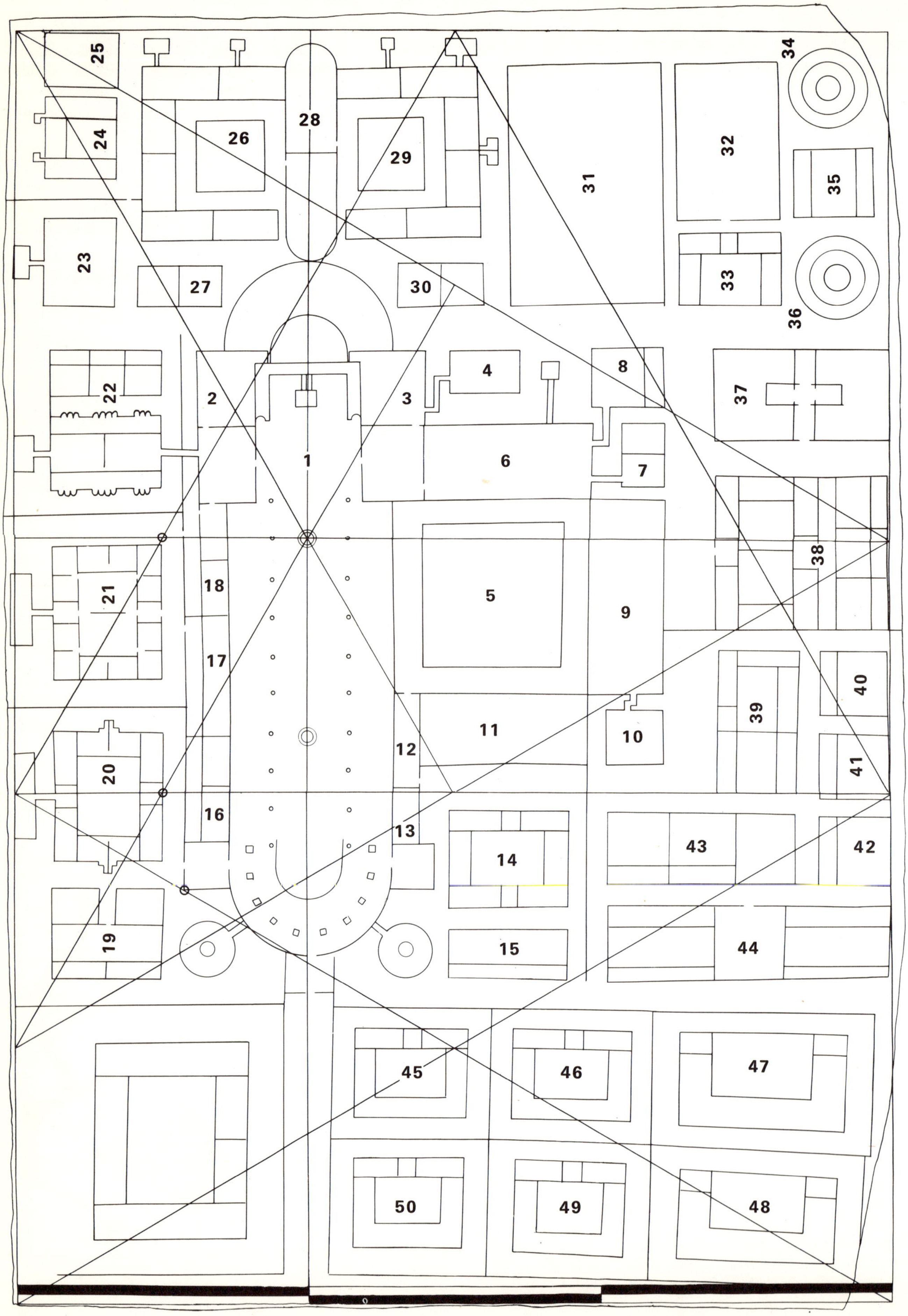
1
2
3
4
5
6
7
8
9
10
11
12
13
14
15
16
17
18
19
20
21
22
23
24
25
26
27
28
29
30
31
32
33
34
35
36
37
38
39
40
41
42
43
44
45
46
47
48
49
50

# Die wichtigsten Gebäude des Klosterplans

## Erklärung zur nebenstehenden Übersicht

1 Kirche mit Ost- und Westapsis
2 Schreibstube, darüber Bibliothek
3 Sakristeien
4 Zubereitungsraum für Hostien und Öl
5 Klausur mit Kreuzgang
6 Wärmestube, darüber Schlafsaal
7 Bad und Waschraum
8 Latrinen
9 Speisesaal, darüber Kleiderkammer
10 Küche für die Mönche
11 Keller, darüber Vorratskammern
12 Sprechzimmer für Besucher
13 Stube des Armenverwalters
14 Herberge für Pilger und Arme
15 Brauerei und Bäckerei der Herberge
16 Wohnung des Pförtners
17 Wohnung des Schulvorstehers
18 Wohnung für fremde Ordensbrüder
19 Küchenhaus mit Bäckerei und Brauerei
20 Haus für vornehme Gäste
21 Äußere Schule
22 Residenz des Abtes mit Diensthaus
23 Haus für Aderlaß
24 Ärztehaus mit Apotheke
25 Kräutergärtlein
26 Hospital mit Kreuzgang
27 Küche und Bad des Hospitals
28 Doppelkapelle für Hospital und Noviziat
29 Noviziat mit Kreuzgang
30 Küche und Bad des Noviziats
31 Obstgarten und Friedhof
32 Gemüsegarten
33 Wohnhaus des Gärtners
34 Gänsestall
35 Wohnhaus der Wärter
36 Hühnerhof
37 Kornspeicher mit Dreschtenne
38 Werkstätten und Haus des Kämmerers
39 Brauerei und Bäckerei für die Mönche
40 Mühle
41 Stampfe
42 Darre
43 Getreidescheune, Drechslerei und Küferei
44 Stier- und Pferdestall mit Heustöcken
45 Schafstall
46 Ziegenstall
47 Kuhstall
48 Stuterei
49 Schweinestall
50 Unterkunftshaus für Diener

Petrus Venerabilis (1122–1155), Abt von Cluny, erwähnen derartige Leuchttürme, die weit vom Meer allein kultischen Zwecken dienten.

Der Plan enthält neben vielen schriftlichen Erklärungen Hinweise auf die Abmessungen. In der Achse des Kirchenraums steht: AB ORIENTE IN OCCIDENTEM LONGIT(UDO) PED(UM) · CC. – Von Ost bis West beträgt die Länge 200 Fuß.

Quer durch das Mittelschiff zwischen Kreuzaltar und Johannesaltar liest man die Angabe: Latitudo interioris templi pedum XL. – Die Breite des inneren Tempels (mißt) 40 Fuß.

Auf gleicher Höhe steht: Latitudo utriusque porticus – pedum XX – Breite beider Seitenschiffe je 20 Fuß.
Ein Distichon, das im Süden und Norden zwischen die Säulen eingeschrieben worden ist, gibt das Maß der einzelnen Bogenfelder: Bis senos metire pedes Interque columnas – ordine quas isto constituisse debet. – Zweimal sechs Fuß soll man jeweils zwischen den Säulen messen, nach dieser Ordnung sollen sie gesetzt sein. Im westlichen Vorhof ist eine weitere Maßangabe zu finden: Has interque pedes denos moderare columnas. – Zwischen diesen Säulen miß jeweils 10 Fuß.

Die durch diese Eintragungen gegebenen Raumverhältnisse weichen von den in der Zeichnung dargestellten völlig ab. Die Kirche wäre nur etwa halb so lang, die Seitenschiffe schmäler und die Säulenstellung enger. Unter diesen Voraussetzungen ist der Plan nicht mehr ausführbar. Falls man annimmt, die Maßangaben hätte der den Plan fertigende Baumeister selbst eingetragen, wird erwartet, daß er seine Arbeit durch völlig falsche Vermaßung selbst zunichte gemacht hat – eine unmögliche Annahme. Der ganze Plan ist, wie die weitere Untersuchung zeigen wird, sehr sorgfältig bemessen; Maßhinweise waren für den Baufachmann völlig unnötig, sie müssen aus der Feder eines nicht sachkundigen Bearbeiters stammen.

Der Plan ist nicht auf ein einziges, großes Stück Pergament gezeichnet, sondern auf fünf Blätter, die von durchgezogenen weißen Darmsaiten zusammengehalten werden. Der Mittelteil mit Kirche, Kloster und den Gebäuden nördlich der Kirche besteht aus zwei Teilen, deren Naht westlich der Klausur quer durch das Schiff der Kirche und das Gästehaus verläuft. Ein Streifen mit den Werkstätten südlich der Klausur wurde unter das Hauptstück geschoben und angenäht, dann im Osten und Westen nochmals je ein Streifen über die Ränder des vergrößerten Mittelstücks geheftet.

Die Ostapsis der Kirche, die in den angefügten Streifen hinausragt, war unter dem zugedeckten Rand des Mittelstücks fertig ausgezogen. In gleicher Weise setzt sich die Einfassung des Zugangs zum Vorhof der Kirche im Westen unter dem aufgenähten Pergament fort. Die Trennmauern, von denen die eine auf der Südseite das Pilgerhaus einschließt, die andere auf der Nordseite das Abtsgebäude von der Kirche scheidet, verschwinden unter den Anstückungen und finden auf diesen keine Fortsetzung.

Der Aufstrich des A der großen, längs durch die Kirche laufenden Maßangabe „AB ORIENTE..." ist zwar auf der Anstückung nachgezogen, war aber auch schon darunter vorhanden. Das Wort „habebit" der Beischrift im Eingang zum Vorhof der Kirche wird vom angesetzten Pergament teilweise zugedeckt.

Aus diesen Feststellungen geht eindeutig hervor, daß der Plan in drei Teilen: Mittelstück, Ostteil und Westteil gefertigt und am Schluß zusammengenäht worden ist. Diese Arbeitsweise ist bezeichnend für die Herstellung einer Kopie. Der entwerfende Baumeister wählt seine Zeichenunterlage immer so groß, daß er seinen Entwurf sicher auf der vorhandenen Fläche unterbringt, und beschneidet das Blatt zum Schluß. Auf später zusammengesetzten Teilstücken einen sorgfältig bemessenen Klostergrundriß zu entwerfen, ist undenkbar. Der Originalplan – möglicherweise auch eine Kopie – wurde sicher von einem Nichtfachmann für St. Gallen gepaust. Dieser legte das durchsichtige Pergament in Einzelstücken, wie sie ihm zur Verfügung standen, auf das Original und zeichnete die dargestellten Gebäude und Einrichtungsgegenstände freihand mit roter Farbe durch. Den Plan hat man anschließend noch mit schwarzer Tinte beschriftet und bearbeitet. Von diesem Bearbeiter stammt der Hinweis auf den hl. Gallus am Hochaltar; von ihm wurden alle Maßangaben, die den gedrungenen Abmessungen vieler karolingischer Klosterkirchen in Süddeutschland entsprechen, eingeschrieben. Zum Schluß nähte man die drei Planteile zusammen und ergänzte Zeichnung und Schrift an den Nahtstellen.

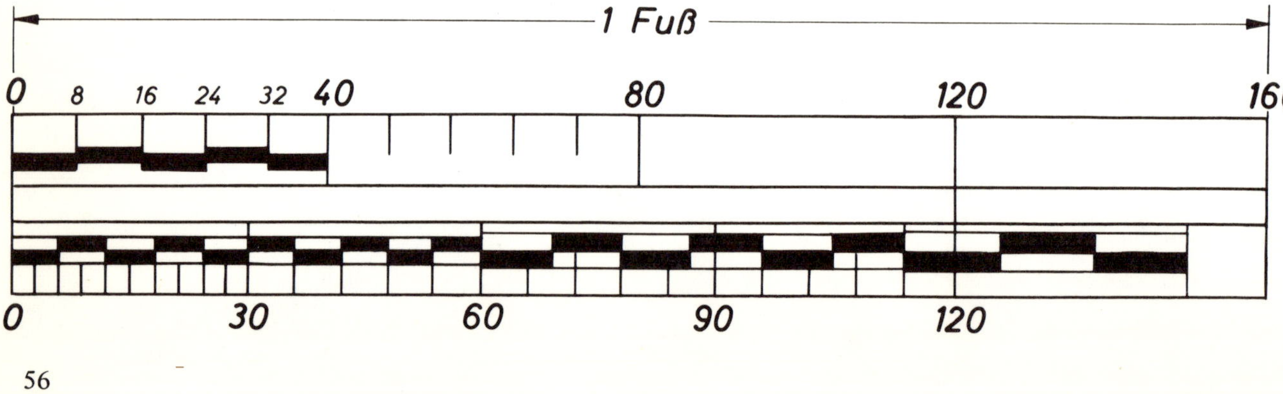

### Maßstab und Abmessungen des Plans

Wenn man versucht, den Maßstab des Plans und die verwendete Maßeinheit zu finden, zeigt sich schnell, daß das Pergament nur wenige Anhaltspunkte bietet. Allein die Länge der Betten im Schlafsaal der Mönche ist bekannt und kann als Grundlage für weitere Überlegungen dienen. Betten sind heutzutage zwei Meter lang. Selbst wenn mit Sicherheit angenommen werden kann, daß die Menschen im Mittelalter kleiner waren als wir, können die Betten nicht wesentlich kürzer gewesen sein. Der karolingische Fuß maß zwischen 32 und 34 cm; zwei Meter entsprechen etwa der Länge von sechs Fuß, einer im mittelalterlichen Bauwesen beliebten Einheit. Sechs Fuß messen dann auch die Zugänge zur Krypta, 2 · 2 Fuß, also 66 · 66 cm die Abortsitze. Die Betten sind mit 2 Fuß zu 66 cm etwas schmal geraten. Daß Betten in jener Zeit so schmal waren, ist jedoch nicht auszuschließen. Die Betten auf dem Plan sind im Mittel 12,6 mm lang. Mit der sehr wahrscheinlichen Länge von 2,00 m läßt sich der Maßstab 12,6 : 2000 = 1 : 160 rechnerisch ermitteln.

Das Pergament ist 77 – 78 cm breit. Wenn man den nicht bezeichneten Rand abzieht und nur die bezeichnete Fläche betrachtet, ergibt sich eine Breite von 76,2 cm. Die sechs Fuß lange Maßeinheit läßt sich auf dieser Breite 60 mal abtragen, 76,2 : 6 = 12,7. Die bezeichnete Breite entspricht damit 6 · 60 = 360 Fuß.

Diese Maße sind auf folgendem Weg zustande gekommen: Beim Anfertigen des Maßstabs teilte man zunächst den karolingischen Fuß in 4 Teile und bezeichnete diese Abschnitte, da man sich zum Maßstab 1 : 160 entschlossen hatte, mit 40, 80, 120 und 160 Fuß. Durch die Teilung der Strecke 0 – 80 in 10 Teile erhielt man die Einheit 8. Sie kommt auf dem Plan mehrmals vor. Die Länge 0 – 120 wurde in 30, 60 und 90 Fuß unterteilt. Durch Teilung des Abschnitts 0 – 60 in 10 Einheiten erhielt man die Länge von 6 Fuß. Die bezeichnete Breite des Plans von 360 Fuß entspricht deshalb 9/4 karolingischen Fuß zu je 76,2 · 4/9 = 33,87 cm. Der Maßstab enthält die Teilungen 8, 6, 9 und 12 Fuß.

Die Länge des Plans bestimmte der entwerfende Meister mit der Triangulatur. Über der Breite von 360 Fuß wurde ein gleichseitiges Dreieck und zwei Geraden, die senkrecht auf den beiden schräg verlaufenden Dreieckseiten stehen, aufgerissen. Dieses Verfahren war in karolingischer Zeit zur Bemessung von Kryptenstollen beliebt und findet sich häufig. Auch der Ringstollen von St. Emmeram in Regensburg (nach 783) ist mit dieser Figur bemessen. Demselben Schema folgt der Stollen der Krypta zu Steinbach im Odenwald (832) und der Zugang zur Krypta von St. Georg auf der Insel Reichenau (um 900). Für den St. Galler Klosterplan ergibt sich eine rechnerische Länge von 5/6 · 76,2 · $\sqrt{3}$ = 110 cm. Das Pergament ist sehr ungenau beschnitten und 112 – 113 cm lang. Wenn man wie bei der Breitenermittlung einen entsprechenden Rand berücksichtigt, stimmt die gerechnete und die am Plan gemessene Länge sehr gut überein. Die Achse der Kirchen verläuft durch den Schwerpunkt eines quer zur Hauptrichtung liegenden gleichseitigen Dreiecks, dessen Höhe gleich der Breite des Plans ist. Diese Achse teilt somit den Plan im Verhältnis 120 : 240. Eine Waagrechte durch den Schwerpunkt teilt die Länge im Verhältnis 2 : 3. Dieser ausgezeichnete Punkt ist Standort der Kanzel (ambo) in der großen Kirche. Die südliche Mauerflucht der im Norden der Kirche liegenden Gebäudereihe sowie die Nord-Südachse des Gästehauses scheinen ebenfalls durch das Gerippe der Triangulatur festgelegt, möglicherweise auch die Nordwestecke der Kirche. Die Zugänge zu den Türmen sind nach der Triangulatur ausgerichtet.

### Die Maße der Klausur (1–13 und 16–18)

Nahezu alle romanischen Kirchen wurden nach demselben Schema bemessen. Zu Anfang bestimmte der Baumeister die größte Breite – meist die Länge des Querschiffs. Sie war dann Seite gleichseitiger Dreiecke, die aneinandergereiht die Länge ergaben. Die größte Breite wird oft mit Hilfe von drei Quadraten bestimmt, aber auch häufig frei gewählt.

Eine Untersuchung des Klosterplans zeigt, daß der nördliche Flügel des Querschiffs nur 5 · 6 = 30 Fuß über das Mittelschiff auslädt, während die Breite des Mittelschiffs und die Ausladung des südlichen Querschiffflügels 4 · 8 = 32 Fuß messen. Die größte Breite der Kirche beläuft sich damit auf 94 Fuß.

Diese Zahl soll näher betrachtet werden. Sie entstand nicht durch Aneinanderreihen von drei Quadraten – der nördliche Querschiffflügel ist auffallend kürzer –, sie wurde aber auch nicht in freier Wahl festgelegt. Die Zahl 94 ist durch keine der Zahlen 3, 6, 8, 9, 10 oder 12 teilbar, sie gehört also in keines der zu Anfang des Mittelalters üblichen Zahlensysteme. Bei freier Wahl hätte man ein gebräuchliches, rundes Maß abgesteckt.

| | |
|---|---|
| Ausladung des nördlichen Querschiffarms:<br>30 Fuß zu je 2,08 mm | (62,5 mm) |
| Breite des Mittelschiffs:<br>32 Fuß zu je 2,08 mm | (66,5 mm) |
| Ausladung des südlichen Querschiffarms:<br>32 Fuß zu je 2,06 mm | (66,0 mm) |
| Gesamtbreite:<br>94 Fuß zu je 2,07 mm | (195,0 mm) |
| Länge der Kirche vom Ostchor bis zum westlichen Atrium:<br>270 Fuß zu je 2,06 mm | (557,0 mm) |

Es fällt auf, daß das Bauwerk 270 Fuß lang ist. Die Zahl 27 = 3 · 3 · 3 war im Mittelalter sehr beliebt, sicher findet sich hier der richtige Schlüssel. Die eingezeichnete Triangulatur ist so angelegt, daß die Länge der Kirche der Höhe von zwei gleichseitigen Dreiecken und einem Sechseck entspricht. Die Höhen der Dreiecke verhalten sich zur Höhe des Sechsecks wie 3 : 4; das ganze Bauwerk ist 3 + 3 + 4 = 10 Teile lang; ein Teil mißt in Wirklichkeit 27 Fuß. Der Umkreis des Sechsecks und beider Dreiecke

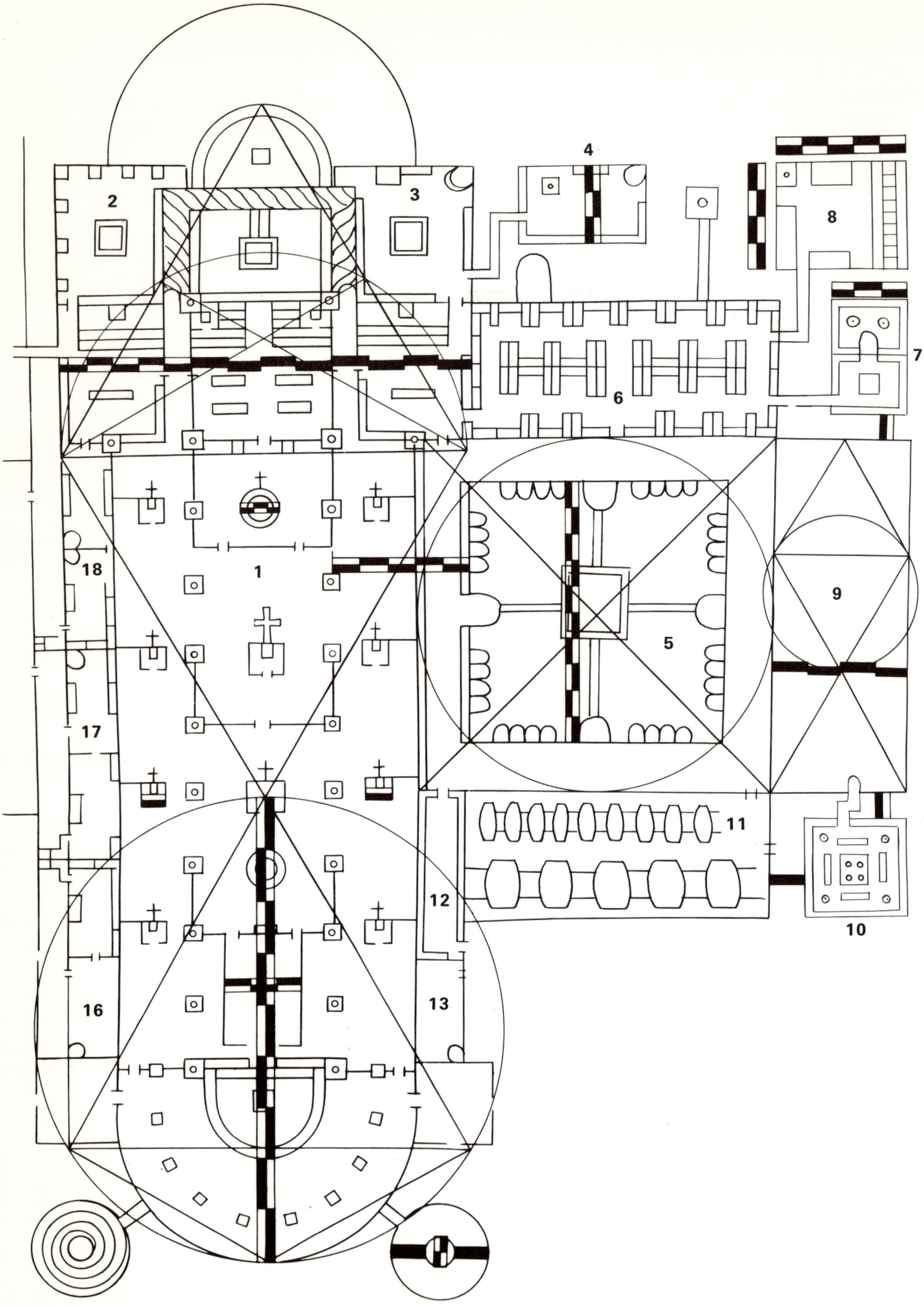

1
2
3
4
5
6
7
8
9
10
11
12
13
16
17
18

hat einen Durchmesser von 4 · 27 = 108 Fuß. Eine Dreieckseite entspricht der Strecke 108 · $\sqrt{3}/2$ = 93,53 Fuß und 93,53 · 2,06 = 192,7 mm im Plan. Der Unterschied zwischen dieser errechneten und der gemessenen Breite von 195 – 192,7 = 2,3 mm liegt im Rahmen der üblichen Ungenauigkeiten. Diese sind an den vier Seiten des quadratischen Kreuzgangs von gleicher Größenordnung.

Längen der Kreuzgangseiten:

| | |
|---|---|
| Nordseite: | 168,0 mm |
| Ostseite: | 171,5 mm |
| Südseite: | 170,5 mm |
| Westseite: | 167,5 mm. |

Wie wurden diese Längen ermittelt?

Die Kreuzgangseiten sind genau so lang wie das Refektorium im Süden. Es ist 4 · 8 = 32 Fuß breit. Seine Länge wurde mit Hilfe der eingezeichneten Triangulatur festgelegt.

Breite des Refektoriums:
32 Fuß zu je 2,03 mm (65 mm)

Länge des Refektoriums:
3 · 65 · $\sqrt{3}/2$ = 169 mm, gemessen 170 mm.

Die Zahl 32 wurde im frühen Mittelalter nicht selten gebraucht, hat doch das Schachspiel 32 Figuren und das Schachbrett 64 Felder. Auch das Querschiff der Kirche und das Dormitorium sind 32 Fuß breit.

Der Ort der Querschiffostwand auf der Längsachse der Kirche ist sehr wahrscheinlich durch die Schnittpunkte der Schwerlinien im östlichen Dreieck mit den Hochschiffwänden gegeben; auch die Lage des Dormitoriums in der Verlängerung des Querschiffs war dadurch bestimmt. Der Achsabstand der Säulen in Längsrichtung mißt 16 Fuß; die Seitenschiffe sind 18 Fuß, der Nordflügel des Kreuzgangs 12 Fuß breit. Die Maßeinheiten sechs und acht finden sich überall im Plan.

Vermutlich ist die Klausur unabhängig von den übrigen Bauten des Plans – zumindest in den wesentlichen Teilen – entworfen worden. Dieser Entwurf wurde dann so unter den großen Plan geschoben, daß die Kanzel von neun Fuß Durchmesser (ambo) in den Schwerpunkt des quer zur Hauptachse des Plans gezeichneten Dreiecks zu liegen kam. Beim Vergleich der im folgenden errechneten, einem Fuß entsprechenden Längen gewinnt man den Eindruck, daß der Zeichner der Wirtschaftsgebäude einen geringfügig größeren Maßstab benützt hat.

**Das Doppelkloster im Osten der Kirche** (26, 28, 29)

Östlich der Hauptkirche befindet sich ein Doppelkloster für die kranken Mönche und die Novizen. Zwei Kreuzgänge lehnen sich an die Kirche, die durch eine Querwand in zwei gleiche Räume geteilt wird.

Die Doppelkirche ist 15 · 6 = 90 Fuß lang und 7 · 3 = 21 Fuß breit. Die Seiten der Klausuren verhalten sich wie 6 : 5; sie sind 12 · 6 = 72 Fuß breit und 10 · 6 = 60 Fuß tief. Bei der Bemessung wurde nicht mehr geometrisch

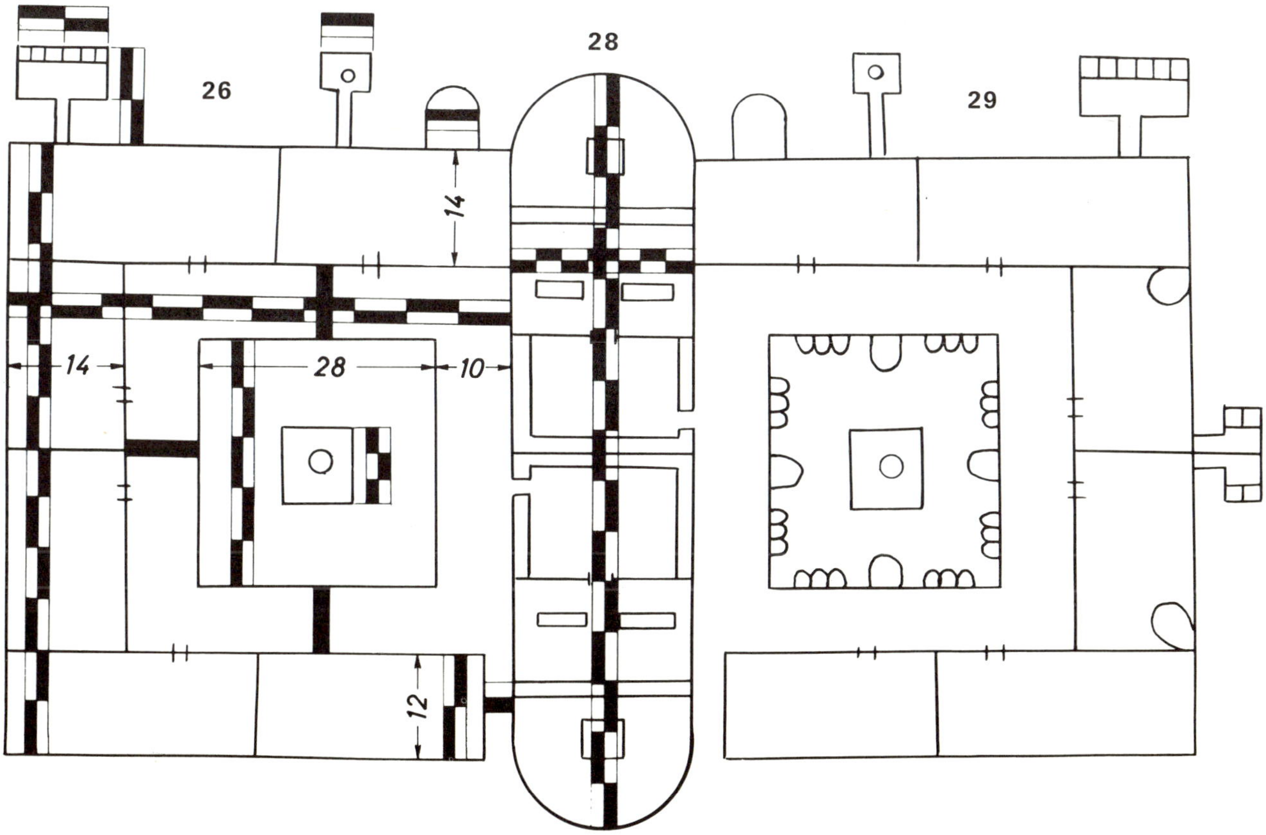

19

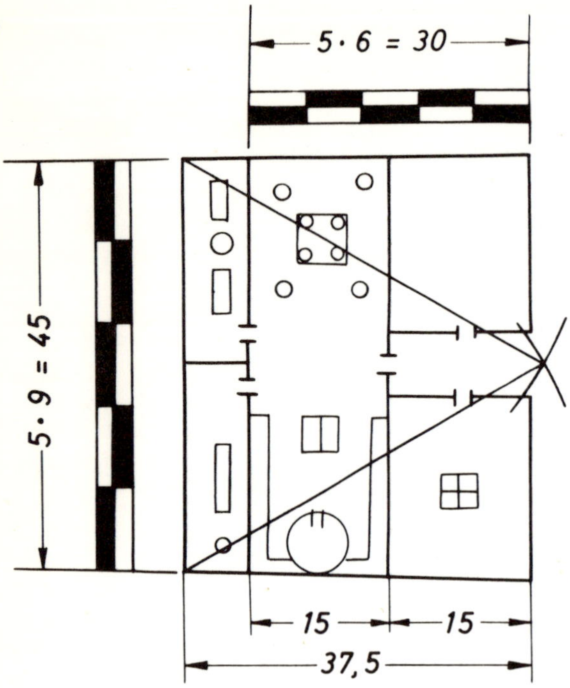


20

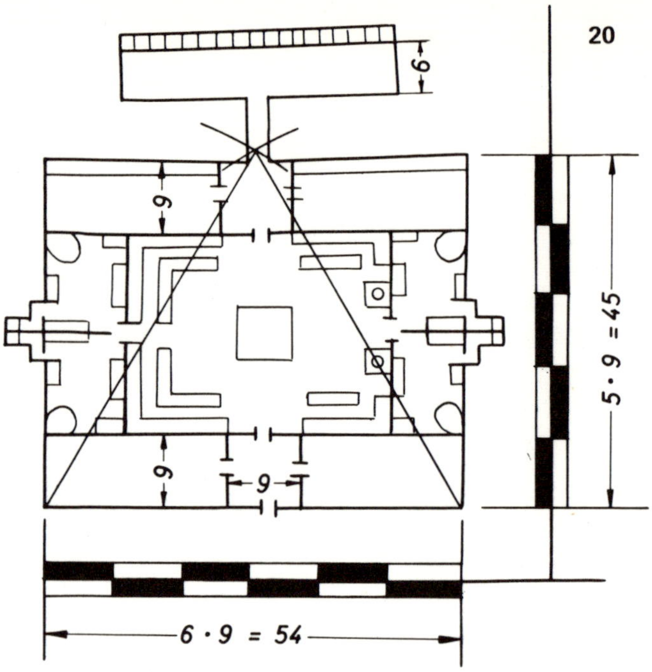


vorgegangen, sondern man benützte einfache Zahlenverhältnisse. Das Verhältnis 6 : 5 entspricht annähernd dem Verhältnis der Grundlinie zur Höhe eines gleichseitigen Dreiecks: 2 : 1,732 = 6 : 5,196 oder 7 : 6,062. Das Zahlenverhältnis 6 : 5 stellt offensichtlich eine Näherungslösung dar.

| | |
|---|---|
| Länge der Kirche: 90 Fuß zu je 2,09 mm | (188,5 mm) |
| Breite der Kirche: 21 Fuß zu je 2,07 mm | (43,5 mm) |
| Breite der Klausur: 72 Fuß zu je 2,10 mm | (151,0 mm) |
| Tiefe der Klausur: 60 Fuß zu je 2,09 mm | (125,5 mm) |
| Breite des Kreuzgartens: 30 Fuß zu je 2,08 mm | (62,5 mm). |

**Die Gebäude nördlich der Kirche** (19–25)

Im Norden der großen Kirche liegen von Westen nach Osten das Haus für vornehme Gäste (20) – Kaiser und König – mit der dazugehörigen Bäckerei (19), die äußere Schule (21), die Residenz des Abtes (22), das Haus für den Aderlaß (23), dann das Ärztehaus mit Apotheke (24) und ein Kräutergärtlein (25).

Die Bäckerei ist 5 · 9 = 45 Fuß breit und 37,5 Fuß tief. Dieses Verhältnis entspricht fast genau dem Maßverhältnis des eingezeichneten gleichseitigen Dreiecks.

Wieder wurde die Näherungslösung 3 · 15 : 2,5 · 15 = 6 : 5 benützt.

Dieses Gebäude enthält neben der Bäckerei –pistrinum– noch eine Brauerei –bracitorium–, daneben einen Kühlraum für das Bier –ad refrigerendam ceruisam– und ein Gelaß zur Teigbereitung –locus conspergendi.

Deutlich erkennbar ist der große, runde Backofen –fornax.

21

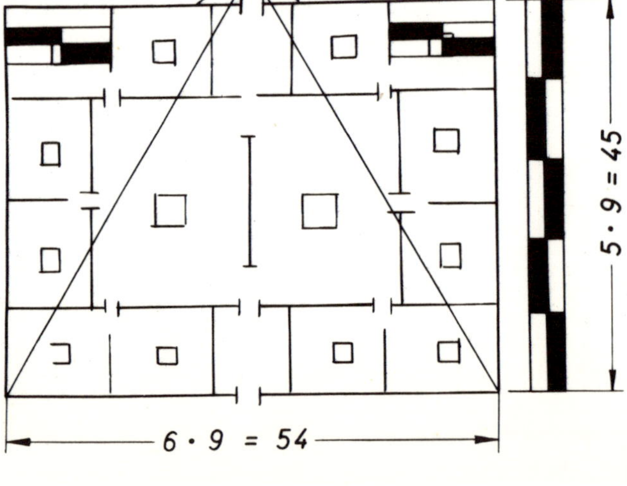

22

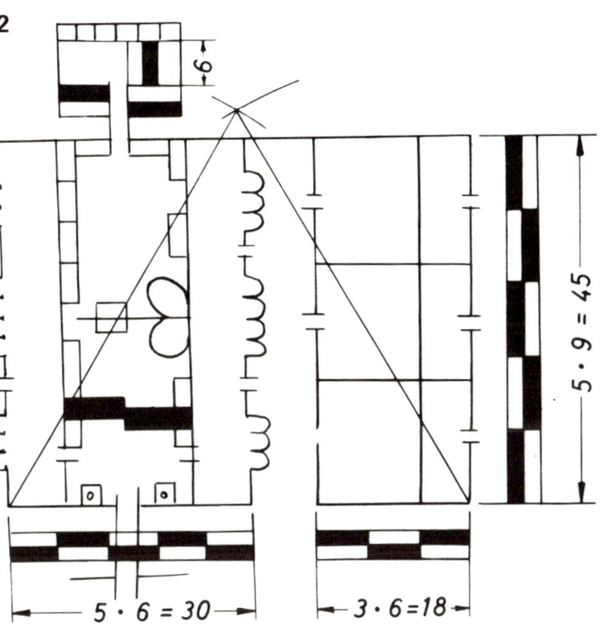


Das Gästehaus mit den Seiten 6 · 9 = 54 Fuß und 5 · 9 = 45 Fuß hat dieselben Abmessungen wie die nun folgende Schule. Ähnlich bemessen sind die Gebäude der Abtsresidenz. Das Haus für den Aderlaß ist 6 · 6 = 36 Fuß lang und 5 · 6 = 30 Fuß tief. Wieder begegnet uns das Zahlenverhältnis 6 : 5.

Ärztehaus und Kräutergärtlein sind zusammen 10 · 6 = 60 Fuß lang und wie das Haus für den Aderlaß 5 · 6 = 30 Fuß breit. Die Maßverhältnisse des Ärztehauses entsprechen genau denen des gleichseitigen Dreiecks.

| | |
|---|---|
| Breite des Gästehauses: | |
| 45 Fuß zu je 2,07 mm | (93 mm) |
| Länge des Gästehauses: | |
| 54 Fuß zu je 2,08 mm | (112 mm). |

23

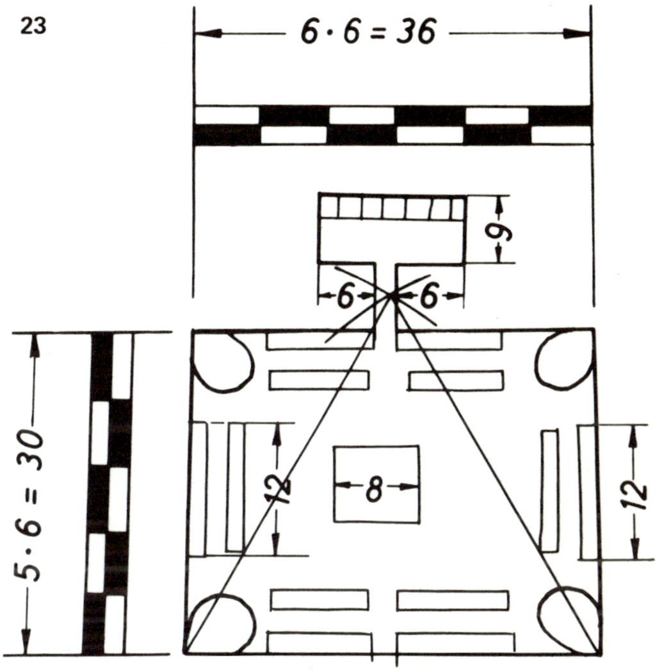


Das Wohnhaus des Gärtners paßt sich mit 7 · 6 = 42 auf 5 · 6 = 30 Fuß in die übrige Planung ein. Für die Durchmesser des Gänsestalls und des Hühnerhofs ist die Breite des Wärterhauses maßgebend. Es ist annähernd nach dem gleichseitigen Dreieck bemessen. Die Höhe mißt 3 · 9 = 27 Fuß. Der Durchmesser der kreisrunden Anlagen entspricht einer Dreieckseite; die kreisförmigen Umgänge sind jeweils sechs Fuß breit.

| | |
|---|---|
| Breite des Friedhofs: | |
| 63 Fuß zu je 2,12 mm | (133,5 mm) |
| Länge des Friedhofs: | |
| 99 Fuß zu je 2,12 mm | (210,0 mm) |
| Breite des Gemüsegartens: | |
| 42 Fuß zu je 2,14 mm | (90,0 mm) |
| Länge des Gemüsegartens: | |
| 66 Fuß zu je 2,08 mm | (137,5 mm). |

**Obstgarten und Friedhof (31), Gemüsegarten (32) mit Wohnhaus des Gärtners (33), Gänsestall (34), Hühnerhof (36) mit Wohnhaus der Wärter (35).**

Am Obstgarten, der zugleich Friedhof ist, und am Gemüsegarten trifft man auf das Maßverhältnis 7 : 11. Der Obstgarten mißt 7 · 9 = 63 Fuß auf 11 · 9 = 99 Fuß, der Gemüsegarten 7 · 6 = 42 Fuß auf 11 · 6 = 66 Fuß. Auch das Verhältnis 7 : 11 wurde von einem geometrischen Bemessungsverfahren abgeleitet und stellt eine Näherungslösung dar. Die Breite zweier mit den Spitzen aufeinandergestellter Dreiecke verhält sich zu deren Höhe wie 1 : 1,732 oder 7 : 12,124. Der Meister des St. Galler Klosterplans wählte 7 : 11.

24, 25

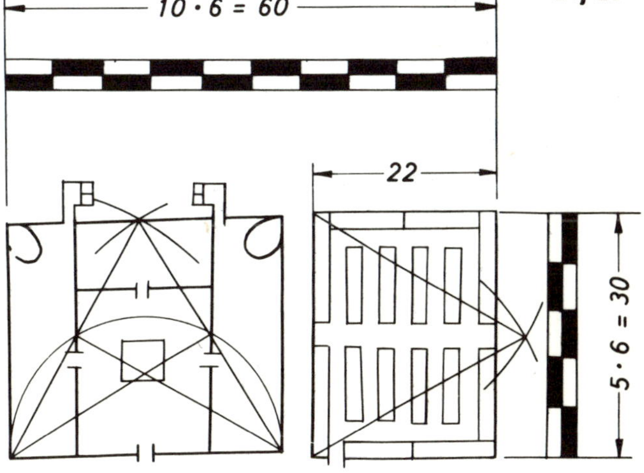

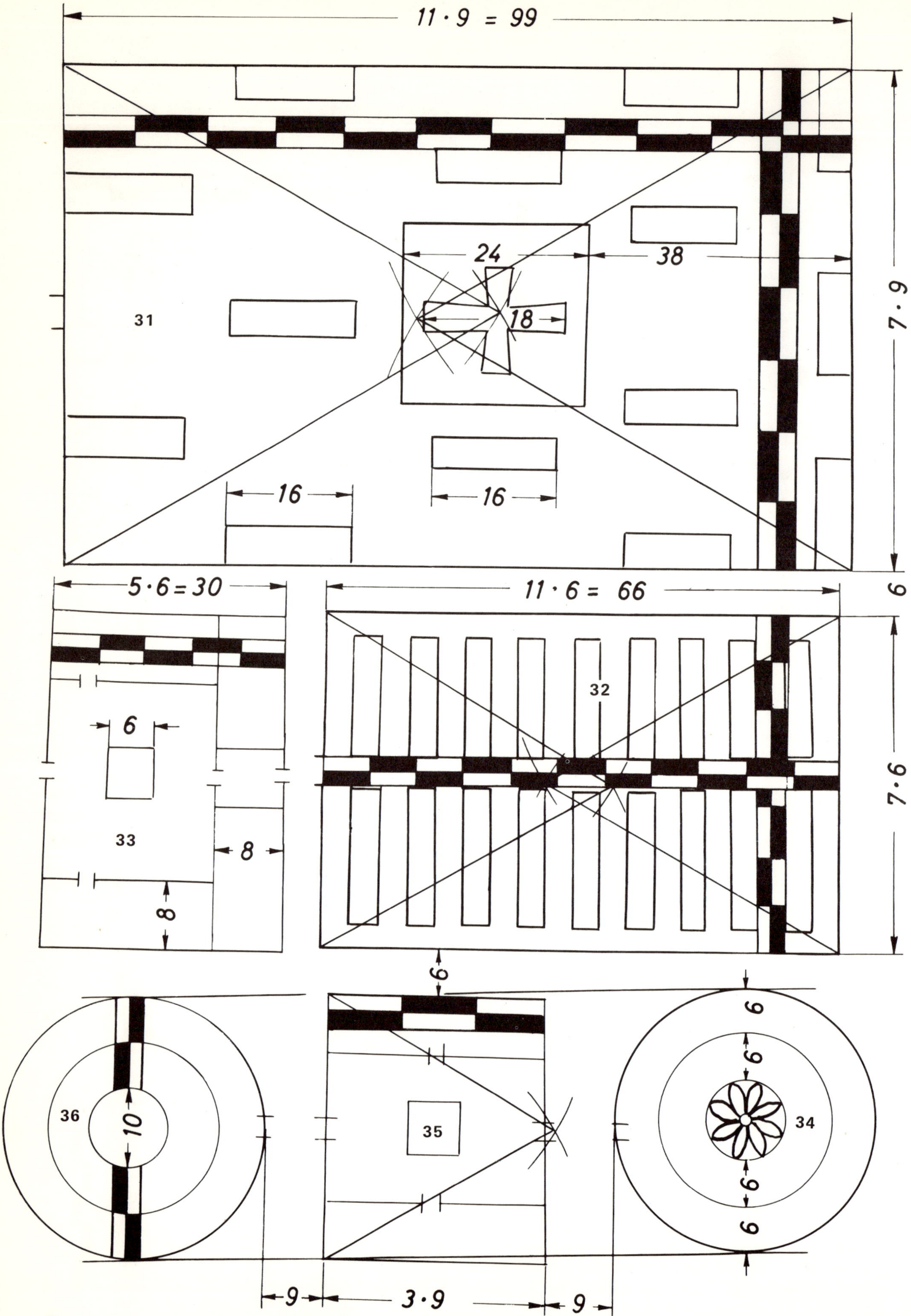
11 · 9 = 99
7 · 9
24
38
18
31
16
16
6
5·6=30
11 · 6 = 66
32
6
33
8
8
7·6
6
36
10
35
34
6
6
6
6
9
3·9
9

**Kornspeicher mit Tenne (37), Werkstätten und Haus des Kämmerers (38), Brauerei und Bäckerei (39), Mühle (40) und Stampfe (41)**

Nach der Regel des heiligen Benedikt von Nursia soll alles zum Leben Nötige im Kloster selbst verfertigt werden, und die Mönche sollen die anfallenden Arbeiten selbst verrichten. So sind auch im Klosterplan von St. Gallen die erforderlichen Werkstätten und Wirtschaftsgebäude verzeichnet. Sie liegen im Süden der Klosteranlage.

Diese Gebäude bilden eine zusammenhängende Gruppe südlich der Klausur. Die Gruppe ist 6 · 12 oder 8 · 9 = 72 Fuß breit, der Speicher 6 · 6 = 36 Fuß, das nach Osten folgende Gebäude 7 · 9 = 63 Fuß und die letzten Häuser 10 · 6 = 60 Fuß lang.

| | |
|---|---|
| Breite der Gruppe:<br>6 · 12 = 72 Fuß zu je 2,12 mm | (152 mm) |
| Schmalseite des Speichers:<br>6 · 6 = 36 Fuß zu je 2,19 mm | (79 mm) |
| Längsseite des Kämmererhauses:<br>7 · 9 = 63 Fuß zu je 2,12 mm | (133 mm) |
| Längsseite von Brauerei und Bäckerei:<br>10 · 6 = 60 Fuß zu je 2,10 mm | (126 mm). |

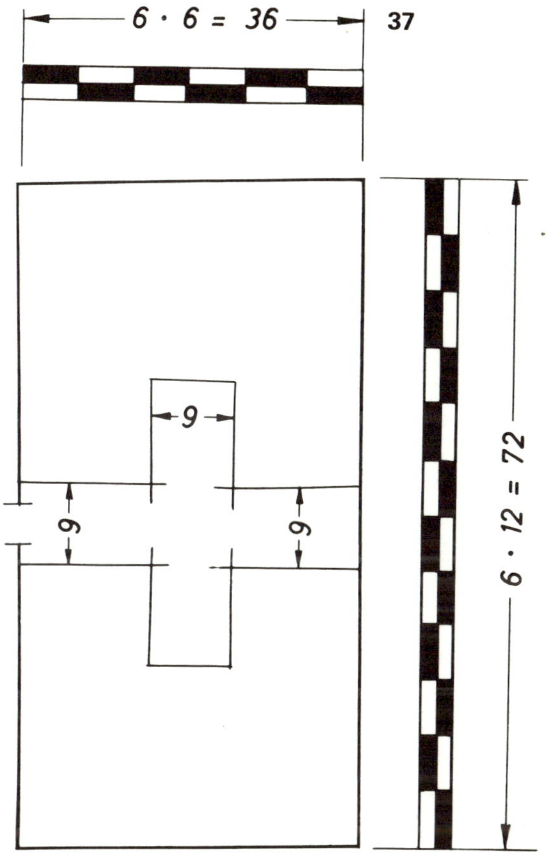


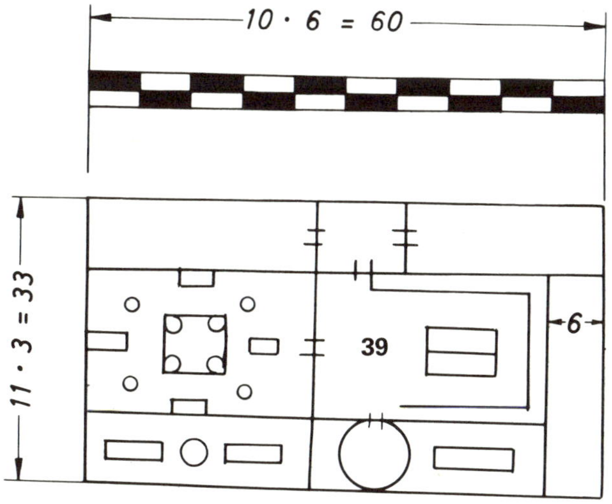


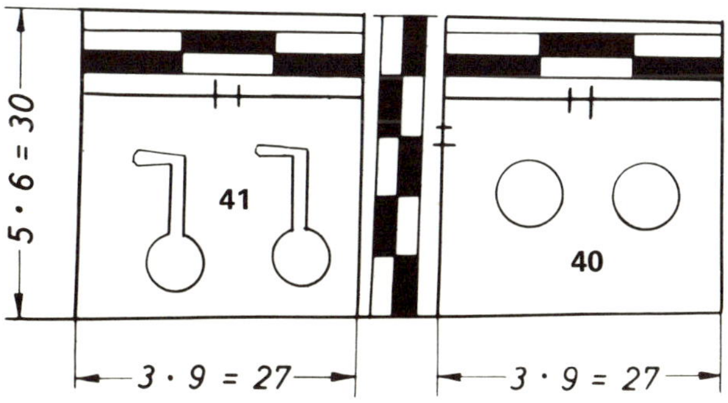


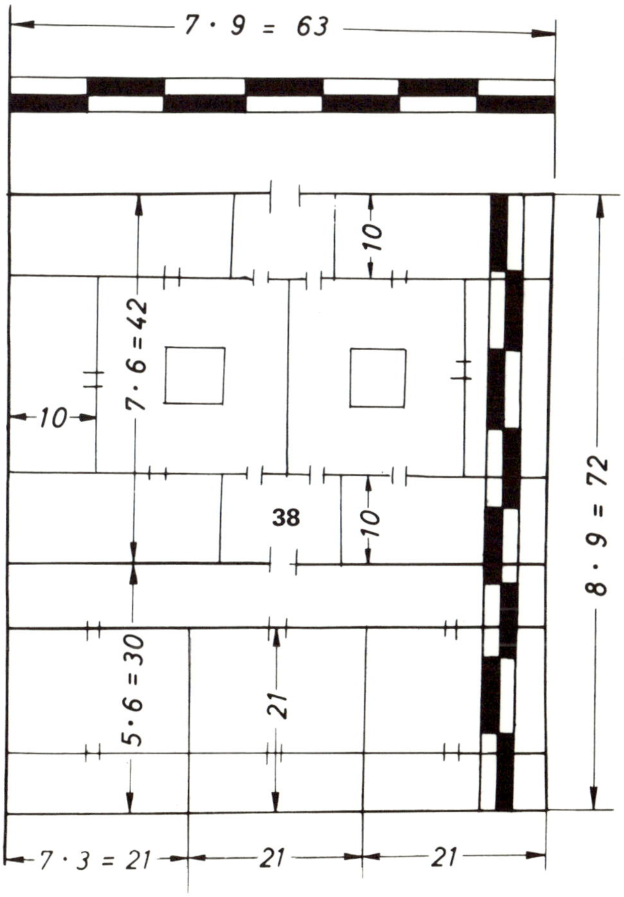

**Darre (42), Getreidehaus, Drechslerei und Küferei (43), Stier- und Pferdestall mit Heustöcken (44), Herberge für Pilger und Arme (14), Brauerei und Bäckerei der Herberge (15)**

Auch diese Gebäude bilden eine Gruppe, die zwar mit der vorher besprochenen unmittelbar zusammenhängt, sich aber von Norden nach Süden erstreckt. Die Pilgerherberge mit der zugehörigen Brauerei und Bäckerei ist durch eine Mauer in Verlängerung der Südwand des Kreuzgangquadrats von den übrigen Wirtschaftsgebäuden getrennt, gehört jedoch eindeutig zu dieser 2 · 30 + 9 = 69 Fuß breiten Gebäudegruppe.

Die Länge der südlich der Mauer liegenden Häuser ist durch den 9 Fuß breiten Gang zwischen dieser und der Gebäudewand einerseits und die Grenze des Klosterbezirks im Süden gegeben. Beide nördlich der Mauer befindlichen Bauten sind zusammen ebenfalls 69 Fuß tief. Die Herberge erreicht mit den Abmessungen 8 · 6 = 48 und 6,5 · 6 = 39 Fuß beinahe die Maßverhältnisse im gleichseitigen Dreieck.

Breite der Gruppe:
69 Fuß zu je 2,09 mm (144 mm)

Langseite der Pilgerherberge:
8 · 6 = 48 Fuß zu je 2,15 mm (103 mm)

Schmalseite der Pilgerherberge:
6,5 · 6 = 39 Fuß zu je 2,15 mm (84 mm).

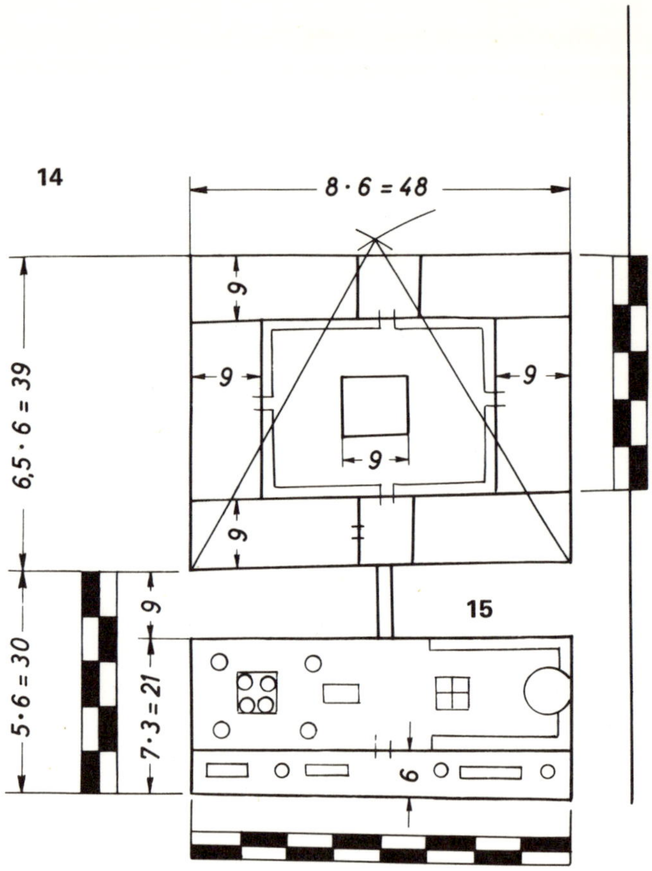


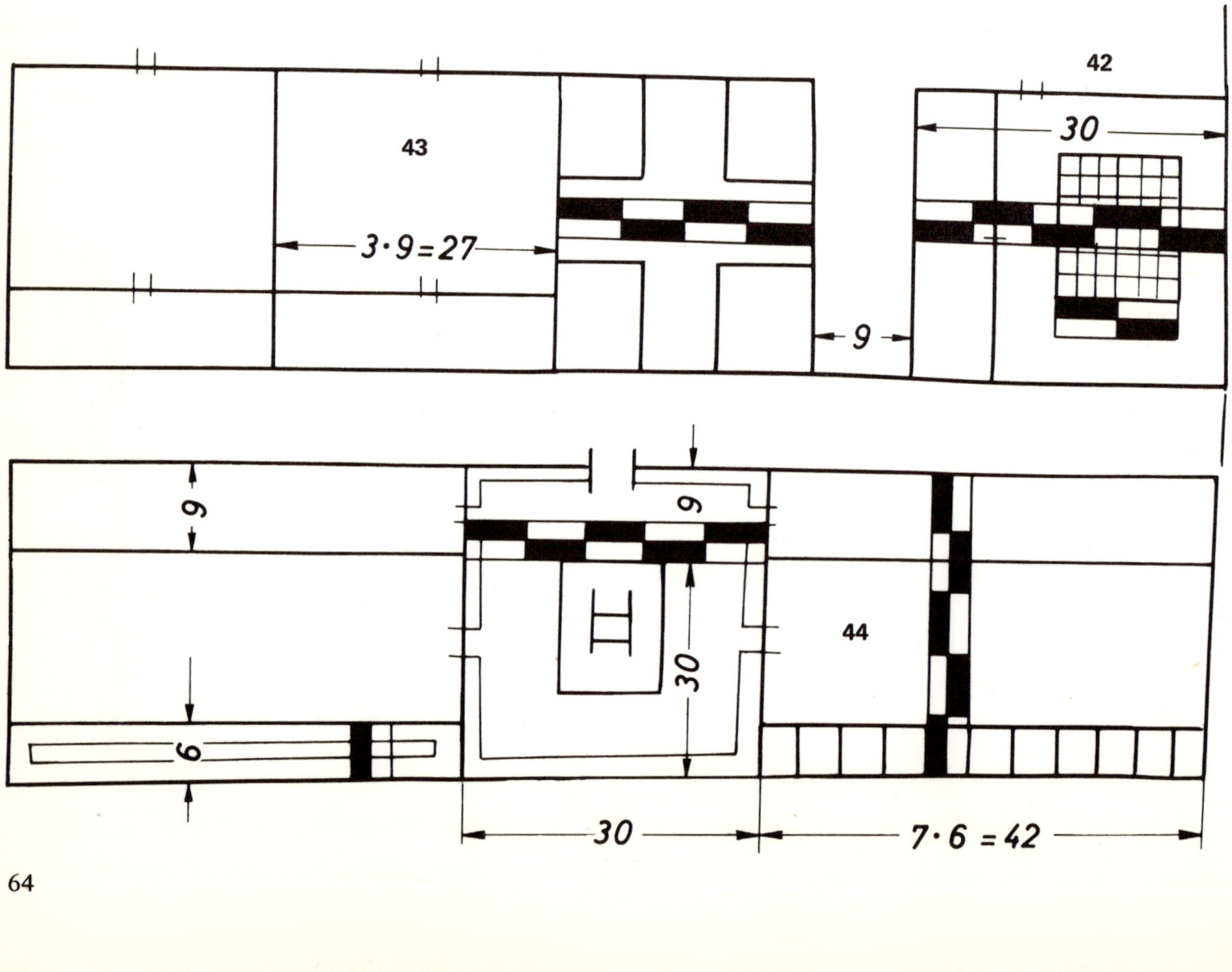

**Die Gebäude westlich der Kirche** (45–50)

Über die Maße des nördlichen, weitgehend ausradierten Gebäudes befriedigende Angaben zu machen, ist nicht möglich, da die vorhandenen Reste für eine genaue Untersuchung kaum ausreichen. Zudem gewinnt man den Eindruck, daß dieser Baukörper den zur Verfügung stehenden leeren Raum zwischen dem Hauptzugang zur Kirche, dem Küchenhaus und den Grenzen des Klosterbereichs zu füllen hatte. Auch die beiden Höfe im Süden sind in ihren Abmessungen der Größe des Pergaments angepaßt, die vier Anlagen in der Mitte wurden dagegen wieder nach einer Näherungsmethode bemessen. Das Seitenverhältnis 11 : 9 = 2 : 1,636 entspricht annähernd dem Verhältnis des gleichseitigen Dreiecks 2 : 1,732.

Breite der Anlage:
11 · 6 = 66 Fuß zu je 2,12 mm (140 mm)

Schmalseite der Anlage:
9 · 6 = 54 Fuß zu je 2,13 mm (115 mm).

**Bedeutung**

Für alle Bereiche der Geschichtswissenschaften vermag der St. Galler Klosterplan Auskunft und Hinweise zu geben. Er zeigt, wie Mönche im 9. Jahrhundert ihre Klöster planten und ihre Wohngebäude einrichteten, wie man sich die Anordnung der Betten im Schlafsaal, die der Bänke und Tische im Speisesaal dachte. Der Plan gibt Einblick in die Ausstattung eines vornehmen Gästehauses, er deutet an, wie Brot gebacken und Bier gebraut worden ist.

Dieser Handriß spiegelt auch die beachtlichen sanitären Verhältnisse jener Zeit wieder: Jedes Gebäude hatte seine sorgfältig getrennte und großzügig bemessene Abortanlage.

45,46, 49,50

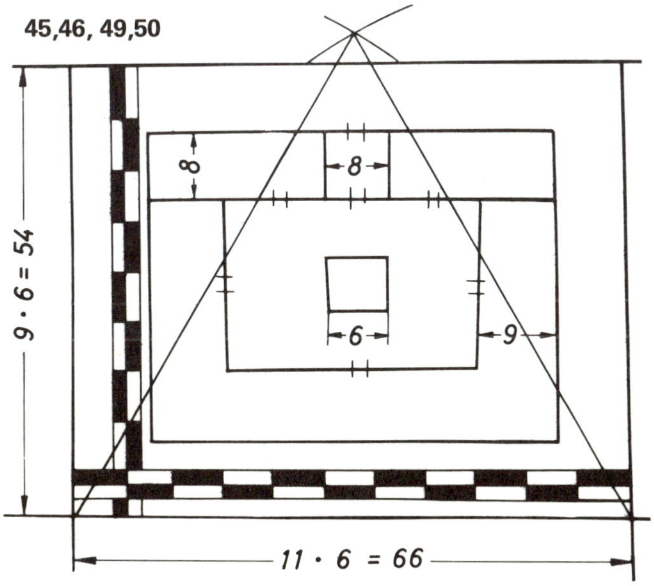


Im Kräutergärtlein lesen wir, welche Kräuter als Heilmittel verabreicht worden sind, und im Klostergarten, welche Gemüse auf dem Tisch der Mönche verspeist werden durften.

Im Friedhof wachsen verschiedene Bäume und Sträucher: Apfel, Birne, Pflaume, Mispel, Lorbeer, Quitte, Pfirsich, Haselnuß, Mandel, Maulbeer und Wahlnuß; im benachbarten Garten grünen Zwiebeln, Lauch, Sellerie, Coriander, Dill, Mohn, Rettiche, Möhren, Mangold, Knoblauch, Schotten, Petersilie, Kerbel, Lattich, Pfefferkraut, Pastinac, Kohl und Kornrade.

In den Werkstätten arbeiten Schuster, Sattler, Schwertfeger und Messerschleifer, Schildner, Drechsler, Gerber, Goldschmiede, Eisenschmiede und Walkner.

In den Ställen stehen Stiere und Pferde, Schafe und Ziegen, Kühe, Kälber und Schweine.

Dem Menschen, der einen solchen Plan zu lesen versteht, vermittelt er ein farbiges Bild vom Leben einer klösterlichen Gemeinschaft des frühen Mittelalters. Wie in einer mittelalterlichen Kleinstadt sind alle Berufe vertreten, die diesem Gemeinwesen erlauben, auch in wilder Umgebung ein weitgehend unabhängiges Leben zu führen. In einer Ordnung, die an römische Feldlager erinnert, ist jedem sein Platz zugeteilt.

Der St. Galler Klosterplan stellt für die Entwicklung der Bemessungsverfahren ein wertvolles Beweisstück dar. Die im frühen Mittelalter übliche Bemessungsweise beruhte auf geometrischen Figuren, vorwiegend dem gleichseitigen Dreieck. Zahlenverhältnisse, wie sie Vitruv, der römische Architekturschriftsteller der Kaiserzeit, beinahe ausschließlich nennt, waren dem frühen Mittelalter nicht geläufig. Der St. Galler Klosterplan bildet ein wichtiges Glied in der Entwicklungsreihe aus der Zeit des Übergangs. Die Gebäude der Klausur sind mit Hilfe der Triangulatur des gleichseitigen Dreiecks bemessen worden, die Maße der übrigen Häuser wurden dagegen vorwiegend nach einfachen Zahlenverhältnissen festgelegt, die annähernd die Verhältnisse im gleichseitigen Dreieck wiedergeben.

Schrifttum:

Faksimile des St. Galler Klosterplans (113 x 78 cm), St. Gallen 1962.

H. Reinhardt, D. Schwarz, J. Duft, H. Bessler: Der St. Galler Klosterplan, St. Gallen 1952.

J. Duft: Studien zum St. Galler Klosterplan mit Beiträgen von B. Bischoff, J. Duft, H. Edelmann, W. Hafner, W. Horn, E. Luginbühl, J. Müller, E. Poeschel, H. Reinhardt und W. Sörrensen; St. Gallen 1962.

Karl der Große, Ausstellungskatalog, S. 402–410, Aachen 1965, mit reichem Literaturverzeichnis.

# Reichenau-Mittelzell
# Münster St. Maria und St. Markus

### Geschichte

In den Jahren 724–726 weilte Pirmin, ein westgotischer Bischof, der Spanien auf der Flucht vor den Arabern, die seit 711 die Pyrenäenhalbinsel besetzten, verlassen hatte, missionierend in Alamannien. Er gründete auf der Insel im Bodensee ein Kloster, das bald zu höchster Blüte aufsteigen sollte.

Abt Hatto I. (806–822) erbaute anstelle einer einschiffigen, wahrscheinlich hölzernen, frühkarolinigischen Kirche bereits ein großes Münster. Die Ostteile der heutigen Anlage stehen auf Resten dieses Baus. Abt Witigowo (985–997) errichtete eine weit größere Basilika, deren wesentliche Teile im heutigen Münster enthalten sind. Ein Brand gab Abt Berno Anlaß, dem Witigowobau ein westliches Querschiff und den 1048 geweihten, westlichen Chorturm anzufügen. Die Bedeutung der Reichenau in karolingischer und ottonischer Zeit kann kaum überschätzt werden. Ihre Äbte waren gleichzeitig Bischöfe in Konstanz, Verona und Pavia. In den Schreibstuben des Klosters wurden Bibelabschriften für Kaiser und Könige gefertigt und mit Miniaturen ausgeschmückt. Auch als Übersetzer, Dichter und Schriftsteller leisteten die Reichenauer Mönche Hervorragendes. Tüchtige Lehrer: Wetti, Erlebald, Walafrid Strabo und Hatto führten die Klosterschule. Strabo, einer der bedeutenden frühmittelalterlichen Dichter, bekleidete längere Zeit das Amt des Prinzenerziehers am kaiserlichen Hof zu Aachen. Abt Hatto III. (883–913) wirkte zugleich als Erzbischof von Mainz und Kanzler des Reichs. Der letzte Große unter den Reichenauern, Hermann der Lahme, wurde als kleines, lahmes Büblein hierhergebracht. Körperlich so behindert, daß er in einem Stuhl gefahren werden mußte und nur mit Mühe schreiben konnte, war er ein hochbegabter Mensch. Hermann wirkte nicht nur als Theologe, sondern gleichzeitig als Mathematiker, Astronom, Geschichtsschreiber, Dichter und Musiker. Seine Zeitgenossen nannten ihn das Mirakel seines Jahrhunderts. Er starb 1054.

Die spätantiken und byzantinischen Quellen der Reichenauer Kunst sind bekannt. Daß byzantinische Vorbilder in Gebrauch waren, wird allein schon durch die Tatsache erhellt, daß Elfenbeinreliefs byzantinischen Ursprungs als Schmuckstücke der Reichenauer Codices Verwendung fanden. Bei der engen Verbindung des byzantinischen Hofes mit dem ottonischen Kaiserhaus, das auf der Reichenau eine Art „Reichskanzlei" eingerichtet hatte, darf uns dies nicht wundern. Mit Sicherheit haben die Reichenauer Mönche byzantinische Buchillustrationen besessen und ausgewertet.

Dennoch hat die Reichenauer Buchmalerei am Ende des 10. Jahrhunderts ihren eigenen Stil gefunden. Die Körper besitzen jetzt keine materielle Wirklichkeit mehr. Sie sind eher Bedeutungsträger mit expressiver Gestik. Die ewig gültige Aussage jenseits von Zeit und Raum benutzt nur menschliche Erscheinungen als Mittel der Darstellung, wie auch die Farben nicht zur Wiedergabe der materiellen Wirklichkeit gebraucht werden, sondern eigenen Gesetzen der Aussagekraft folgen, um das Wesentliche hervorzuheben. Blaue Haare oder Schuhe, die es in „Wirklichkeit" nicht gibt, haben ebenso wie die unwirkliche Folie des Goldgrundes eine tiefere Sinnbedeutung.

Der ganze Abstand zwischen karolingischer und ottonischer Buchmalerei läßt sich am sinnfälligsten an den Evangelistendarstellungen ablesen: Dort eifrig auf perspektivisch wiedergegebenen Pulten schreibende unruhige Gestalten, hier starr in weite Fernen blickende dämonische Seher in strahlender Erleuchtung.

(Nach Hans Koepf, Schwäbische Kunstgeschichte, Stuttgart, 1962.)

Der Niedergang der Reichenau ist mit dem Aufstieg der Clunyazenser eng verbunden. Die alten Reichsklöster: St. Gallen, Fulda, Lorsch, Hersfeld und Reichenau waren von Natur scharfe Gegner der Reform, welche die päpstliche Partei verkörperte. Auch soziale Gesichtspunkte spielten mit. In den Reformklöstern konnte jeder, ohne Rücksicht auf seine Herkunft, leitende Stellungen bekleiden; die alten Klöster nahmen dagegen nur Mitglieder adeliger Familien auf. Sie drohten mit der Zeit auszusterben.

Der Höhepunkt der Reichenauer Geschichte war um 1050 bereits überschritten. Obwohl verschiedene tüchtige Äbte den Zerfall aufzuhalten versuchten, gelang es nicht, den alten Geist wieder zu wecken. Im Jahre 1540 kam das Kloster unter die Herrschaft des Bischofs von Konstanz. Zwölf Mönche und ein Prior durften noch auf der Reichenau bleiben. 1757 wurde der Konvent auf andere Klöster verteilt. Schließlich fiel das Kloster der allgemeinen Säkularisation zum Opfer.

Das Münster in Mittelzell war nur wenige Meter kürzer als die große Basilika Abt Wilhelms zu Hirsau. Die Wirtschaftsgebäude und die Klausur sind beinahe völlig verschwunden, allein die Basilika blieb, wenn auch teilweise verändert, erhalten. Im Innern der Kirche fällt die sogenannte Witigowosäule auf, welche zwei Bogen am südlichen Seitenschiff stützt. Sie stammt wohl aus dem Bau Witigowos um 990, wurde jedoch später überarbeitet. Auch die 3 westlichen Pfeilerpaare veränderte man im 17. Jahrhundert, die östlichen bereits im Jahr 1172. Der alte, romanische Chorschluß mußte zwischen 1447 und 1477 dem spätgotischen Chor weichen.

## Die Kirche Abt Hattos I.

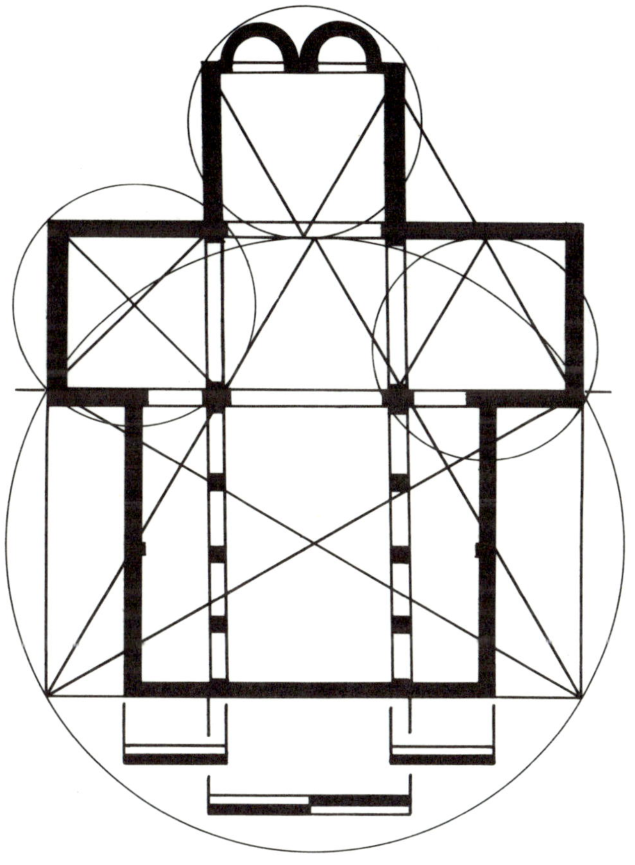

Bei Wiederherstellungsarbeiten (1929–1934) fand man in der nördlichen Hälfte des Langhauses die Fundamente eines karolingischen Oratoriums. Diese dürften die Reste der ersten aus Stein erbauten Kirche auf der Insel sein.

Nach 800 baute Abt Hatto I., der Freund und Berater Karls des Großen, die im Grundriß dargestellte, kreuzförmige Basilika. Sie wurde 816 als Marienkirche geweiht. Der Chor schloß mit zwei runden Apsiden.

Bemessungsgrundlage war das sehr wahrscheinlich 36 Fuß breite Mittelschiff; die Seitenschiffe einschließlich beider Mauern maßen nur 18 Fuß. Die Vierung ist kein Quadrat, ihre Länge wurde wie die des Chors mit Hilfe eines gleichseitigen Dreiecks von 36 Fuß Seitenlänge ermittelt.

Der südliche Querhausarm entstand auf dieselbe Weise. In den nördlichen Querhausarm läßt sich dagegen ein Quadrat einzeichnen. Nachdem so die größte Breite der Kirche festgelegt war, wurde der Ort des Westgiebels, von der Ostwand des Querhauses ausgehend, wieder unter Verwendung eines gleichseitigen Dreiecks und seiner Schwerlinien festgelegt. In dieser Kirche fand 888 Karl III., der unglückliche Urenkel Karls des Großen, die letzte Ruhe.

## Der Witigowobau

Abt Witigowo war ein sehr baufreudiger Mann. Er verlängerte die Kirche nach Westen, schuf ein von zwei Türmen flankiertes Westwerk und verbreiterte die Seitenschiffe. Die östlichen Teile wurden beinahe unverändert in den neuen Bau übernommen. Das Mittelschiff blieb weiterhin 36 Fuß breit, die Seitenschiffe einschließlich beider Mauern maßen dagegen 24 Fuß. Die Länge der Schiffe bestimmte der Meister mit Hilfe eines Quadrats, dessen Seiten einer Seite des bei der Bemessung des Hattobaus verwendeten gleichseitigen Dreiecks entsprechen. Am Westchor benützte man wieder das gleichseitige Dreieck von 36 Fuß Seitenlänge.

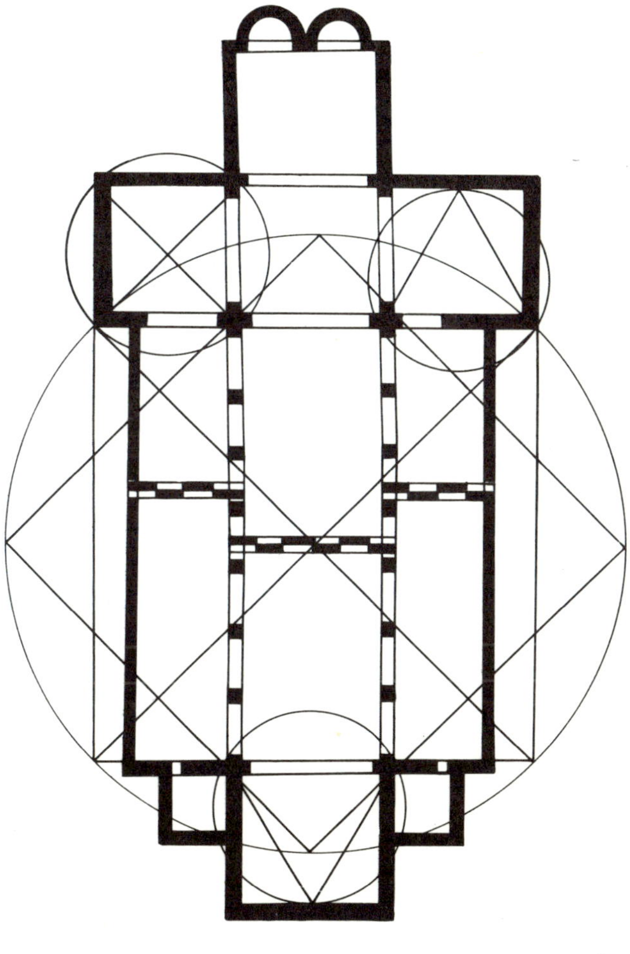

Eine Einheit des Maßstabs mißt 6 Fuß.

Breite des Mittelschiffs einschließlich beider Wände:
36 Fuß zu je 33,0 cm (11,90 m)

Lichte Breite der Seitenschiffe:
20 Fuß zu je 33,4 cm (6,70 m)

Dicke der Hochschiffwände:
2 1/2 Fuß zu je 35,2 cm (0,88 m)

Alle Maße schwanken stark.

## Der Bernobau

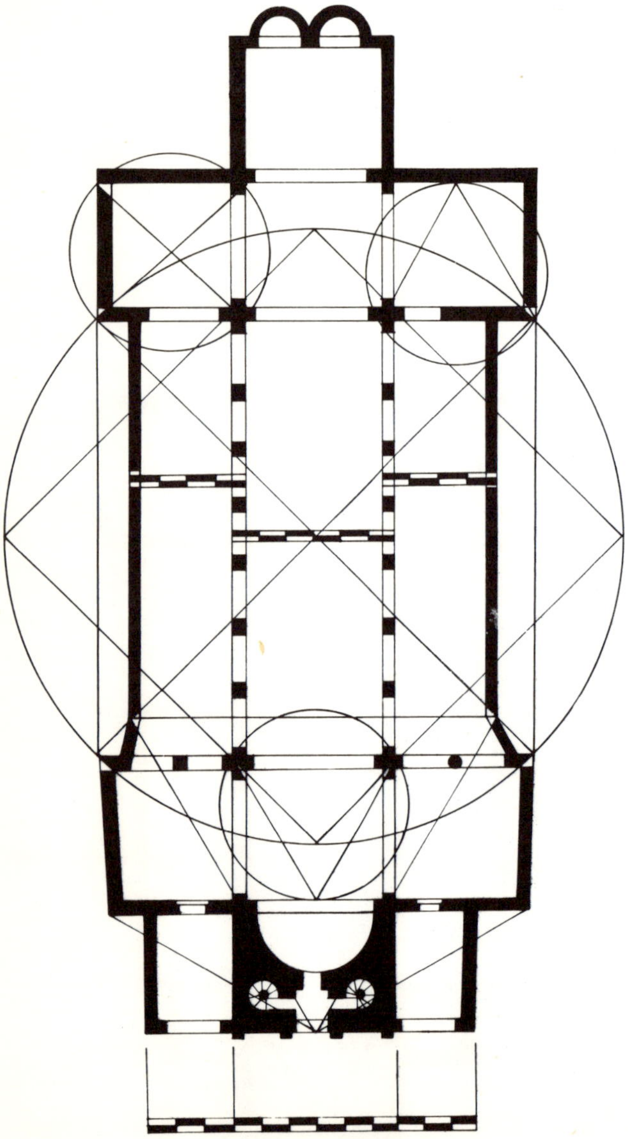

**Grundriß**

Abt Berno erbaute das Westquerhaus und den 1048 St. Markus geweihten Westchorturm der Kirche. Am Grundriß fällt auf, daß der neue Westteil durch zwei schräg stehende Mauern an die alten Seitenschiffwände der Witigowobasilika angeschlossen worden ist; auch die Nord- und Südwände des Querhauses verlaufen nicht parallel zur Längsachse der Kirche, wie normalerweise zu erwarten wäre. Um Fehler bei der Absteckung kann es sich nicht handeln, weil die Abweichungen viel zu groß sind.

Grundlage für die Bemessung des Westwerks war wieder die bekannte Dreiecksfigur, sie wurde jedoch nicht mit Rücksicht auf die bestehenden Teile sorgfältig eingepaßt, sondern dem vorhandenen Bau etwas rücksichtslos aufgezwungen. Dadurch entstanden Verschneidungen, die zu schrägen Wänden führen mußten.

Gegeben war zunächst der gerade geschlossene, rechteckige Westchor Witigowos, die Breite der Seitenschiffe und die Länge des Ostquerhauses. Eine Dreiecksfigur bestimmte, von der alten Chorwestwand ausgehend, die neue Westwand des Bernobaus. Die lichte Breite des Mittelschiffs war gleich einer Dreieckseite. Zwei unter 30° geneigte Geraden lieferten Schnittpunkte mit der Westwand des Querhauses, deren Lage durch die Chorfundamente des Witigowobaus bereits gegeben war. Die Ostwand des Querhauses mußte wohl, da sie auf einer Seite des für die Bemessung des Witigowobaus benutzten Quadrats liegt, gleich der Länge dieser anliegenden Quadratseite gewählt werden. Die Lage und Richtung der schrägen Stirnwände am Westquerschiff war dadurch bestimmt. Auch der Beginn der Übergangsschrägen an den Seitenschiffen und die Schnittpunkte der verlängerten Dreieckseiten mit den Seitenschiffwänden fallen zusammen.

## Das Westwerk

Das massige, durch vier Lisenen und Rundbogenfriese gegliederte Westwerk Abt Bernos ist nur noch zum Teil erhalten. Die Obergeschosse der beiden ursprünglich zweigeschossigen Vorhallen wurden stark verändert, das Glokkengeschoß und der Dachstuhl des Turms 1437 neu aufgeführt. In die alten Teile läßt sich leicht eine Triangulatur einzeichnen. Von der Breite des Turms ausgehend wurden die Höhen der Friese und zum Teil auch die Gesimse der Fenster bestimmt.

Eine Einheit des Maßstabs ist 6 Fuß lang.

Breite des Turms:
36 Fuß zu je 33,9 cm (12,20 m).

Die Anbauten sind je 18 Fuß, die äußeren Lisenen 2 Fuß, die inneren 1 1/2 Fuß breit.

# Reichenau-Oberzell
# St.Georg

### Geschichte

Auf einer Anhöhe an der Ostspitze der Insel steht die kleine ehemalige Stiftskirche. Schon im 9. Jahrhundert befand sich hier eine Zelle, die wenigstens zum Teil in der Krypta erhalten ist. Sie wurde von Abt Hatto III. errichtet. Über der Krypta, einer der ältesten Hallenkrypten Deutschlands, erhebt sich der gerade geschlossene Chorturm, der zu beiden Seiten von den Flügeln eines Querschiffs flankiert war. In der Barockzeit wurden diese bis auf die Höhe der Seitenschiffe abgetragen und vom eigentlichen Kirchenraum getrennt. Ursprünglich betrat man die Kirche nur von den Seiten her. Ums Jahr 1000 wurde die Westapsis durchbrochen und gegen 1100 die Vorhalle angebaut. Fresken aus ottonischer Zeit schmükken die Wände des Mittelschiffs. Es gibt keine zweite Kirche des frühen Mittelalters, die so gut erhaltene, großflächige Wandgemälde wie St. Georg in Oberzell besitzt.

### Die Wandgemälde

In St. Georg werden die Flächen zwischen Arkaden und Fensterzonen von 8 großen Bildfeldern gefüllt, die schon durch das Thema der Darstellungen ottonischen Charakter tragen. Dargestellt sind ausschließlich Wundertaten Christi: 5 Wunderheilungen (die Heilungen des Aussätzigen, des Blindgeborenen, des Wassersüchtigen, des vom Teufel Besessenen und – in einer Nebenszene – die Heilung der Blutflüssigen); dann 3 Totenerweckungen (Auferweckung des Jünglings zu Nain, Auferweckung der Tochter des Jairus und Auferweckung des Lazarus). Dazu kommt die Beruhigung des Sturmes auf dem Meer. Christus ist der Herr über die unheilbaren Krankheiten des Körpers und des Geistes, er ist Herr über den Tod, und er ist Herr selbst über die Naturkräfte. Man spürt sofort, es geht ein großer Zug durch das Ganze: Die Erzählungen werden mit weiträumigen Abständen zwischen den Figuren gegeben, die sich in einem durch nichts beengten Raum bewegen. Für die Gliederung sorgen reiche Architekturgebilde.

Der Gestalt Christi ist überall der Vorrang gesichert. Christus – eine gewaltige Erscheinung, durch besondere Größe und durch den Kreuznimbus herausgehoben – tritt jeweils, mit Ausnahme des Sturmes auf dem Meere, von links her in die Szene. Seine Erscheinung wird gestützt durch die Gruppe der Apostel. Zudem hebt er sich durch die große ausgreifende Gebärde mit den im Redegestus gelängten Fingern heraus. Die Gestalt Christi wird so aufgefaßt, daß er ausschließlich als Träger der wirkenden göttlichen Kraft erscheint. Mit Ausnahme der Heilung des Blindgeborenen zeigt er keine Gebärde, die ihn in Berührung mit demjenigen bringt, an dem sich das Wunder vollzieht. Während doch der Evangelientext davon spricht, daß der Wassersüchtige wie der Aussätzige dadurch geheilt werden, daß Christus sie anrührt. Auch des Jairus Tochter wird nach der Texterzählung dadurch vom Tode erweckt, daß Christus sie an der Hand ergreift.

Von hoher Schönheit wirkt in den guterhaltenen Teilen der Malerei die farbige Modellierung der Figuren. Sie geschieht nicht durch geschlossene Farbflächen, sondern durch ein Bündel farbiger Bänder und Streifen um ein höchstes Licht herum, so daß eben durch dieses System Größe der Anschauung mit zartestem Farbenglanz vermählt wird. Ein lichter Schimmer spätantiker Kunst liegt noch auf diesen ottonischen Fresken der Reichenau.
(Aus Hans Jantzen, Ottonische Kunst, 1947.)

## Die Krypta

Wer die Krypta durch den dunklen, mehrmals abgewinkelten Stollen betritt, bemerkt im spärlichen Licht zunächst die flachen Muldenkapitäle, welche auf sich verjüngenden, basislosen Säulen ruhen. Diese teilen den Raum in 9 kreuzgratgewölbte Felder. Drei kleine Fenster nach Norden, Osten und Süden sind die einzigen Lichtquellen. Die Vermutung, daß die Muldenkapitäle von einem byzantinisch beeinflußten Langobarden stammen könnten, wird durch den hier benützten, knapp 32 cm langen karolingischen Fuß nicht bestätigt.

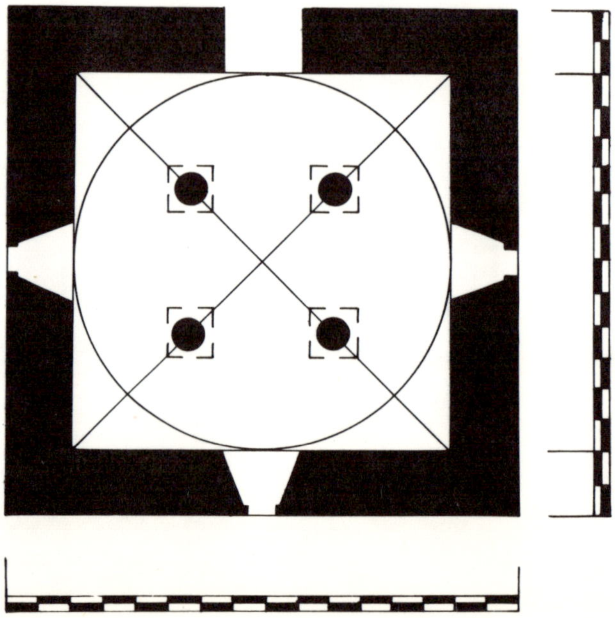

### Der Grundriß

Die Krypta ist genau quadratisch angelegt. Sie mißt außen 3 · 8 = 24 Fuß, innen 18 Fuß, so daß für die Wände 3 Fuß verbleiben.

Eine Einheit des Maßstabs entspricht 1 1/2 Fuß.

Länge der äußeren Quadratseiten:
24 Fuß zu je 31,9 cm (7,65 m)

Länge der inneren Quadratseiten:
18 Fuß zu je 31,9 cm (5,75 m)

Dicke einer Wand:
3 Fuß zu je 31,7 cm (0,95 m).

### Der Schnitt

Die Höhen sind nicht geometrisch bestimmt. Die Höhe zwischen Fußboden und Kämpfer des Gewölbes mißt 6 Fuß. Eine Einheit des Maßstabs entspricht einem Fuß.

### Der Zugang

In den Querschnitt des zur Krypta führenden Stollens läßt sich genau dieselbe Figur einzeichnen, nach der auch die Stollenkrypta zu Steinbach bemessen worden ist.

Eine Einheit des Maßstabs entspricht 1 1/2 Fuß.

Breite des Stollens:
4 1/2 Fuß zu je 32,0 cm (1,44 m)

Höhe des Stollens:
5/6 · $\sqrt{3}$ · 1,44 m = 2,08 m, gemessen 2,11 m.

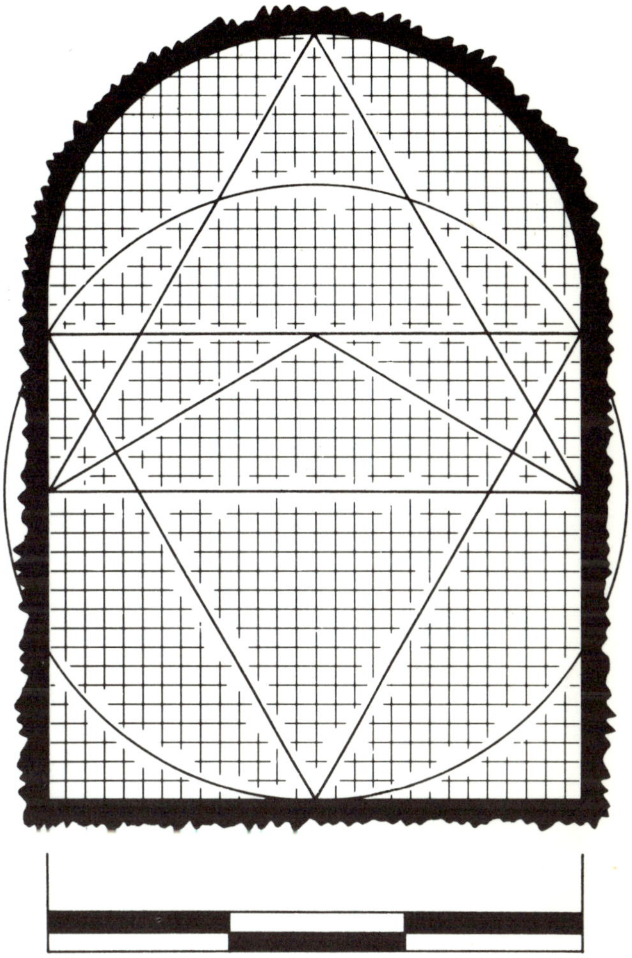

## Die Kirche

### Der Grundriß der Kirche

Trotz aller Veränderungen im Lauf der Jahrhunderte blieb der bei der Bemessung herrschende Grundgedanke klar erkennbar. Der Hauptbau ist 60 Fuß breit, die Wände messen jeweils 2 Fuß. Über einer 60 Fuß langen Grundlinie steckte der Meister ein gleichseitiges Dreieck und die zu diesem Dreieck gehörenden Schwerlinien ab.

Die Figur bestimmt die Länge des Hauptbaus. Die Schnittpunkte der Schwerlinien mit den Dreieckseiten teilen die Breite im Verhältnis 1 : 2 : 1 oder 15 : 30 : 15 Fuß. Der Chorturm paßt sich in der Breite der darunterliegenden Krypta an. In das Chorrechteck läßt sich ein gleichseitiges Dreieck einzeichnen. Auch die Maße des Westanbaus scheinen auf dieselbe Art festgelegt.

Eine Einheit des Maßstabs entspricht 5 Fuß.

Gesamtbreite:
60 Fuß zu je 32,8 cm (19,69 m)

Breite des Mittelschiffs einschl. der Mauern:
30 Fuß zu je 32,2 cm (9,64 m).

| | |
|---|---|
| Mittlere Breite der Seitenschiffe: | |
| 15 Fuß zu je 33,8 cm | (5,05 m) |
| Länge des Hauptbaus: | |
| $5/6 \cdot \sqrt{3} \cdot 19{,}69 = 28{,}41$ m, | gemessen 28,80 m |
| Breite des Chors außen: | 7,65 m |
| Länge des Chors: | |
| $\sqrt{3}/2 \cdot 7{,}65 = 6{,}62$ m, | gemessen 6,77 m. |

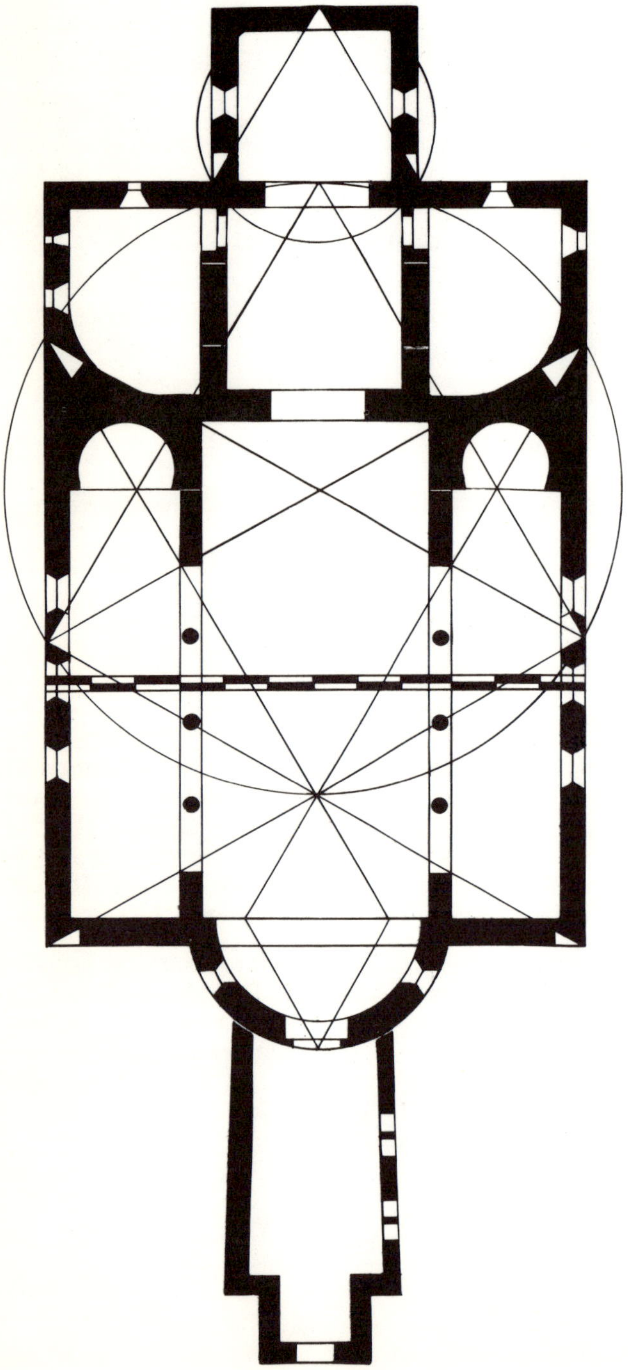

**Kleines Fenster im südlichen Seitenschiff**

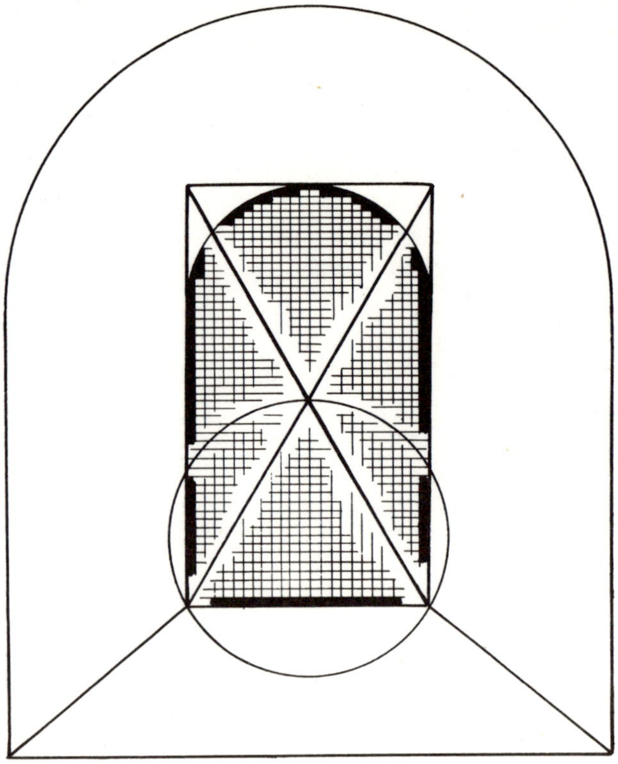

Die in tiefen Nischen sitzenden Seitenschiffenster gehören zum ältesten Baubestand von St. Georg. In die lichte Öffnung der kleinen Fenster lassen sich zwei gleichseitige Dreiecke einpassen.

**Die Doppelfenster in der Vorhalle von St. Georg**

Auf der Reichenau gewannen die Hirsauer Ideen trotz des energischen Widerstands im Reichskloster immer mehr Anhänger. Als bauliche Folge dieser Umschichtung beseitigte man die Doppelchörigkeit von St. Georg, indem der Westchor mit einer Türe durchbrochen wurde, und richtete die Kirche im Hirsauer Sinn nach Osten aus. Bald darauf entstand die Vorhalle mit zwei Doppelfenstern, die auf den ersten Blick an die kurz vorher entstandenen Kapitelsaalbogen in Hirsau erinnern. Bemessungsgrundlage und Dreieckseite bildet die lichte Breite der Doppelöffnung. Mit Hilfe der eingezeichneten Figur bestimmte der entwerfende Bruder die Höhen des Basissteins, des Kämpfersteins und die Lage des Kämpfers selbst.

Eine Einheit des Maßstabs entspricht einem Fuß.

| | |
|---|---|
| Lichte Breite der Öffnung: | |
| 4 Fuß zu je 33,8 cm | (1,35 m) |
| Breite des Basissteins: | |
| 4/5 Fuß zu je 33,8 cm | (0,27 m). |

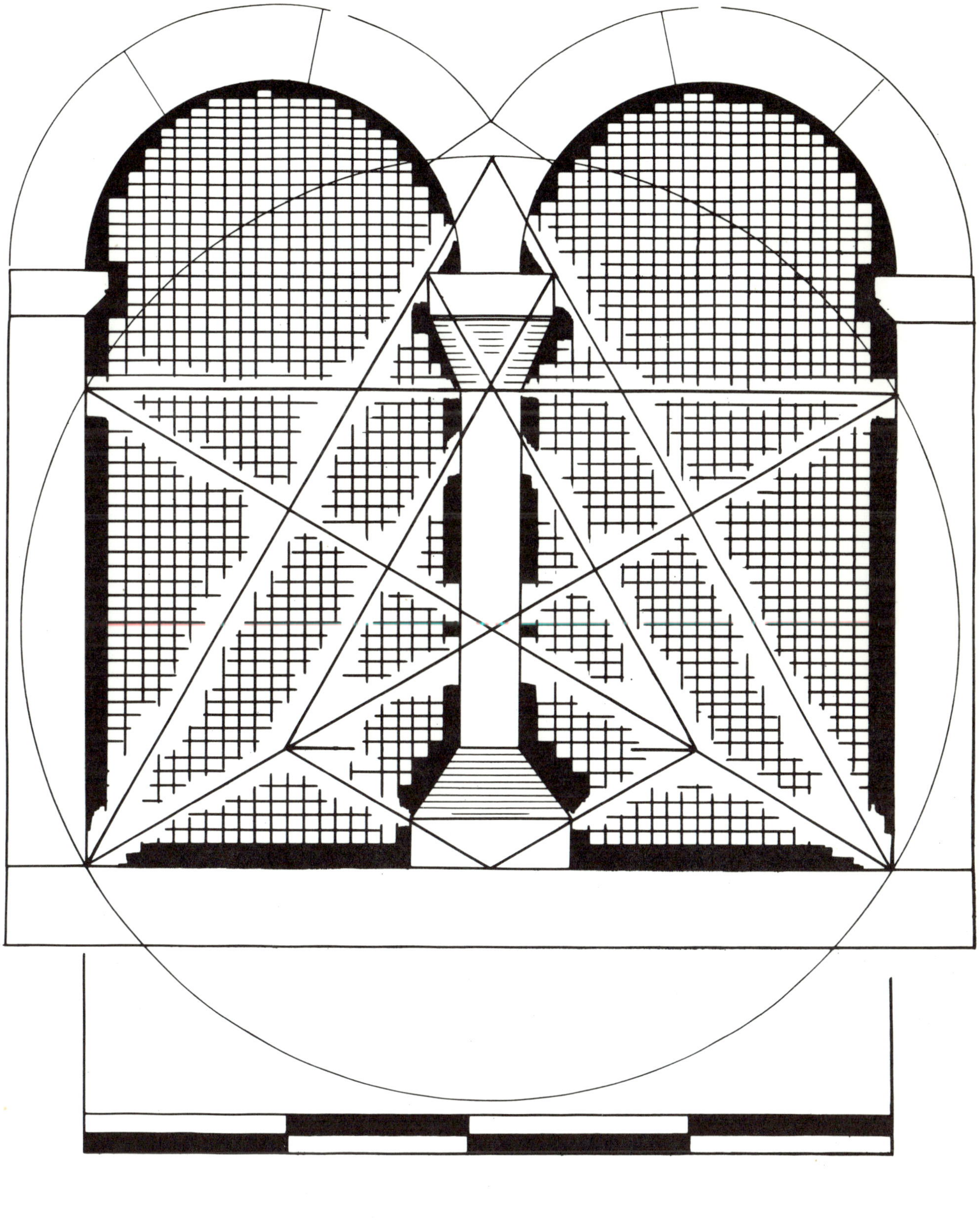

# Reichenau-Niederzell
# St. Peter und Paul

**Geschichte**

Auf der sanft zum See abfallenden westlichen Inselspitze liegt am verschilften Ufer die dritte Reichenauer Kirche. Sie geht auf Egino, den Bischof von Verona, zurück, der sich hier von 796 bis 799 sein Zelle baute. Die rechteckig ummantelten Apsiden treten nach außen nicht in Erscheinung. Sie gehören zum ältesten Bestand. Nach 1050 wurde der Ostteil umgebaut und die Basilika im Westen angefügt. Auch der Mittelteil der Türme stammt aus dieser Zeit. Die Obergeschosse entstanden erst während des 15. Jahrhunderts. Die Decke stuckierte man im Barock, gleichzeitig wurden die Fenster vergrößert. Der benützte Fuß ist wie später in Sindelfingen auffallend kurz. Da Egino von Verona kam, kann eine direkte Verbindung nach Italien vorliegen. Vermutlich baute den ältesten Teil der Kirche – die drei Apsiden – ein Meister aus einer nicht im langobardischen Teil des Landes gelegenen Stadt. Er benützte den etwas verlängerten römischen Fuß.

Man hat in den polsterförmigen Kapitälen des Langhauses schon Besonderheiten sehen wollen, die auf die Baugewohnheiten der Schottenklöster zurückgehen. Die immer wieder erwähnten Hirsauer Sonderformen des bescheidenen Bauwerks sind nicht besonders augenfällig, denn die langen Trennmauern zwischen den drei Chören entsprechen nicht Hirsauer, sondern bester Reichenauer Tradition. (Nach H. Köpf, Schwäb. Kunstgeschichte, Konstanz und Stuttgart, 1962.)

Als späte, große Schöpfung der Reichenauer Malerschule aus der Zeit ihrer Blüte hat das Gemälde in der Hauptapsis zu gelten. Es stellt die Majestät des auf einem Regenbogen thronenden Christus dar. Den Herrn umgeben die Evangelistensymbole, die beiden Apostelfürsten sowie zwei auf flammenden Rädern stehende Cherubine. Zwei Reihen von Gestalten – oben sitzend die Apostel, unten stehend die Propheten – sind daruntergemalt. Schwarz, blau, grün und gelb sind die Farben des Wandgemäldes, das ehemals im oberen Teil, wie Nagelspuren und Kreise verrieten, durch Metalleinlagen in schimmernde Pracht getaucht war.
(Nach Lacroix-Niester, Kunstwanderungen in Baden, Stuttgart, 1959.)

**Der Grundriß**

Alle drei Bauteile: die Chöre im Osten, die basilikalen Schiffe im Westen und die Westvorhalle sind durch die eingezeichneten Entwurfsdreiecke klar geschieden. Bemessungsgrundlage war wieder die Breite. Sie ist Seite eines gleichseitigen Dreiecks und mißt 9 · 6 = 54 Fuß. Die Länge wird durch ein Sechseck und ein gleichseitiges Dreieck gegeben. Die Länge der Chöre entspricht der Höhe des Dreiecks; die Schiffe sind um 1/3 länger. Bemessungsgrundlage für das Quadrat der nachträglich angefügten Vorhalle war die Mittelschiffbreite.

Eine Einheit des Maßstabs entspricht 6 Fuß.

Gesamtbreite:
54 Fuß zu je 30,8 cm (16,60 m)

Breite des Mittelschiffs einschließlich der Wände:
27 Fuß zu je 31,0 cm (8,37 m)

Breite der Seitenschiffe einschließlich der Außenwände:
13 1/2 Fuß zu je 30,5 cm (4,12 m)

Dicke der Wände:
2 1/2 Fuß zu je 31,2 cm (0,78 m)

Länge des Hauptbaus:
$7/6 \cdot \sqrt{3} \cdot 16{,}60 = 33{,}54$ m, gemessen 32,98 m

Breite der Westvorhalle:
27 Fuß zu je 31,4 cm (8,46 m).

Die Längenabweichungen in Oberzell und Niederzell sind beachtlich, sie liegen aber noch in der Größenordnung der an den Kreuzgangseiten in Alpirsbach, Bebenhausen und Maulbronn ermittelten Ungenauigkeiten.

# Reichenau-Niederzell, St. Peter und Paul

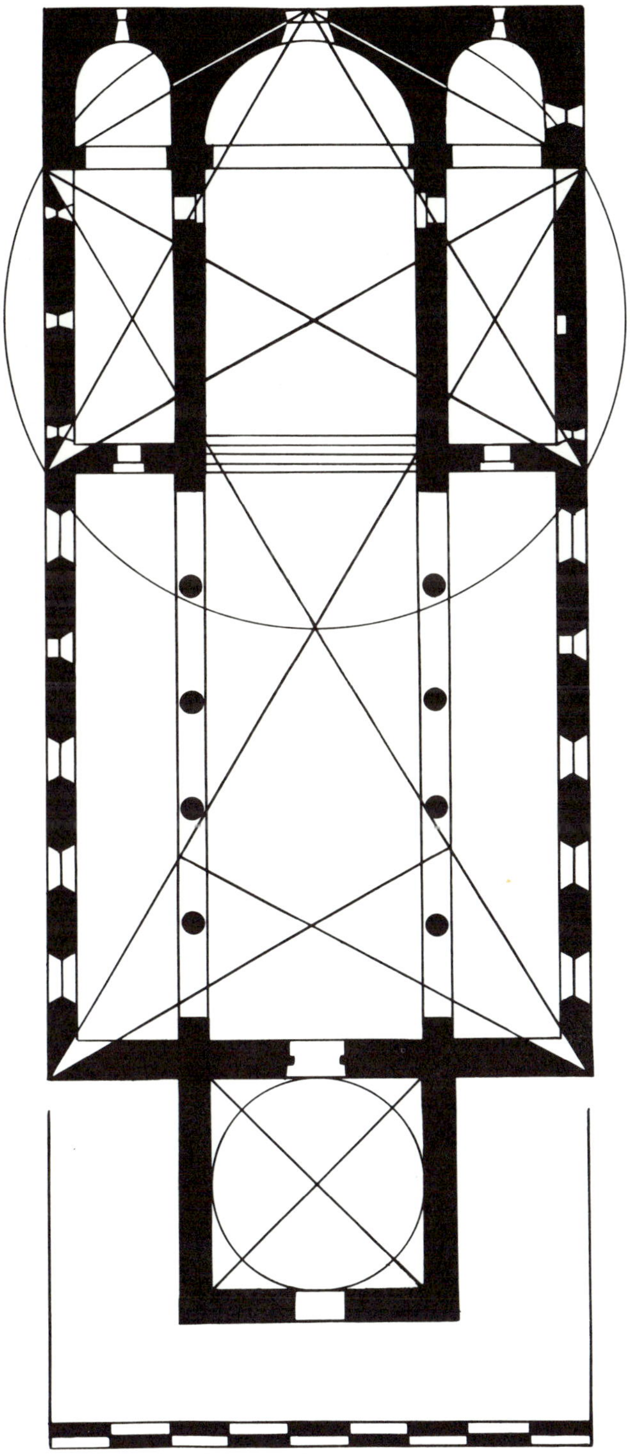

**Der Aufriß**

Wenn man sich das später eingebrochene, gotische Mittelfenster durch eine kleine, romanische Öffnung ersetzt denkt, wirkt die Ostseite der Kirche zu Niederzell viel mehr wie die von zwei Türmen flankierte Schildmauer einer mittelalterlichen Burg als wie die Chorseite eines Gotteshauses. Gerade im Osten offenbart sich der wehrhafte Charakter dieses in der Zeit der Ungarnstürme (Schlacht auf dem Lechfeld 955) entstandenen Bauwerks. Allen drei Reichenauer Kirchen fehlt – eine Gemeinsamkeit mit dem gleichzeitig erbauten Westwerk zu Wimpfen – noch der umlaufende Sockel. Nur am Westturm Abt Bernos findet er sich andeutungsweise.
Das Bemessungsdreieck erhebt sich deshalb direkt vom Erdboden. Die Schwerlinien schneiden die Türme außen auf der Höhe des Dachansatzes. Zwei Parallelen zu den Schwerlinien liefern, von der Innenseite der Türme ausgehend, die Höhenlage der Fensterbank im Glockengeschoß. Auch dieses, zumindest gotisch überarbeitete Stockwerk fügt sich einschließlich der heute vorhandenen Turmhelme in die Triangulatur des gleichseitigen Dreiecks.

Eine Einheit des Maßstabs entspricht 6 Fuß.

Länge einer Dreieckseite:
54 Fuß zu je 31,0 cm (16,73 m).

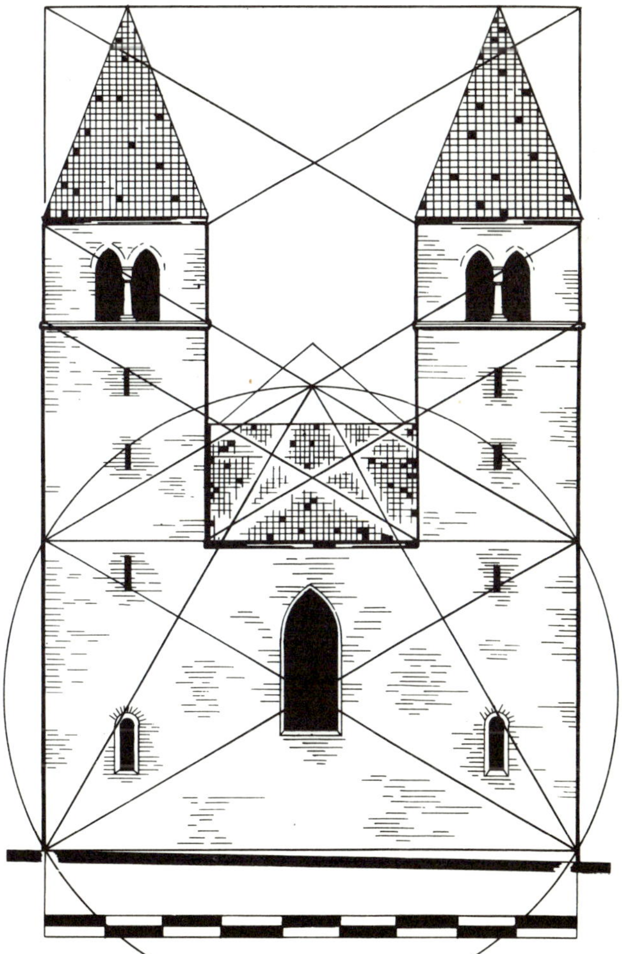

# Wimpfen im Tal

**Geschichte**

Schon um 100 n. Chr. war Wimpfen im Tal eine bedeutende römische Siedlung, deren Ausmaße die des heutigen Dorfes weit übertrafen. In den Resten der römischen Stadt erhob sich wohl schon gegen 850 ein karolingisches Gotteshaus, das 100 Jahre später den Ungarnstürmen zum Opfer fiel. 965 wurde von einem Neubau berichtet. Die damals aufgeführte Kirche war ein zwölfeckiger Zentralbau, der sich um einen sechseckigen Kern legte. Der Raum schloß im Osten mit drei Apsiden, im Westen mit dem noch heute sichtbaren Westwerk, das allerdings seitdem mehrmals überarbeitet worden ist. Zwischen 1269 und 1300 trug man den Zentralbau mit Ausnahme des Westwerks ab und ersetzte ihn durch eine gotische Basilika.

**Die Fenster in der Kellerei**

Östlich des frühgotischen Chors liegt das Gebäude der ehemaligen Stiftskellerei. Es gehört zu den ältesten Klosterbauten, vielleicht ist es sogar älter als das Westwerk der Kirche. Im Erdgeschoß fallen zwei Doppelfenster auf.

Die Fenster sind zwei Fuß breit. Da der Grundriß des Zentralbaus aus einem Zwölfeck entwickelt war, liegt es nahe, zu untersuchen, ob dieses Zwölfeck oder vielmehr das Dreieck, das Teil des Zwölfecks ist, in diese Fenster hineingelegt werden kann. Die Fensterbreite verhält sich zur Fensterhöhe wie die Grundlinie dieses Dreiecks zu dessen Höhe. Die Schrägen am Sockel und die Sockelhöhen sind durch unter 30° gegen die Waagrechte geneigte Geraden bestimmt, desgleichen die Schrägen an den Kapitälen. Beim Entwurf der Doppelfenster wurde das Zwölfeck und das gleichseitige Dreieck nebeneinander verwandt.

Diese Verbindung dürfte in ihrer Art vielleicht einmalig sein. Das Zwölfeck findet sich als Bemessungsgrundlage verhältnismäßig selten. Die Tatsache, daß Kapitäl, Säule und Sockel am Fenster fugenlos aus einem Stück gearbeitet sind, weist auf ein sehr hohes Alter hin. Vielleicht war die Bemessung aus dem Zwölfeck nur in karolingischer Zeit üblich und ging später verloren.

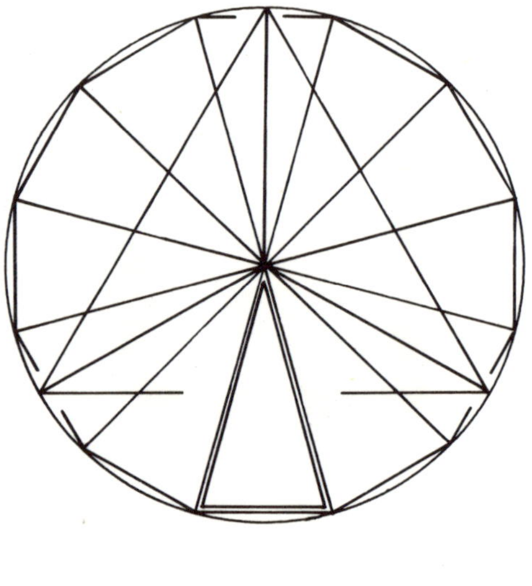

Breite des Fensters:
2 Fuß zu je 29,5 cm (0,59 m)

Höhe des Fensters:
$0{,}59/2 \cdot \text{ctg } 15^{\circ} = 1{,}10$ m, gemessen 1,11 m.

**Die Westansicht**

Das Westwerk beeindruckt durch die großzügige Gestaltung. In dem massigen, nur spärlich durchbrochenen Baukörper treten die Fenster neben der großen Portalnische völlig in den Hintergrund. Erst die stärker gegliederten Turmaufbauten erzeugen im oberen Teil eine gewisse Leichtigkeit, die in gutem Gegensatz zur Schwere des Unterbaus steht. Beide Turmhelme zeigen heute nicht mehr die ursprüngliche Form. Sie wurden in der Zeichnung der Triangulatur des Gesamtbauwerks angepaßt. Das Walmdach zwischen den Türmen war früher wohl nicht vorhanden. Über der Westwand erhob sich wahrscheinlich ein flacher Giebel. Er ist angedeutet.

Das ganze Westwerk bemaß der Meister mit Hilfe eines gleichseitigen Dreiecks. Die Triangulatur erhebt sich, weil das Bauwerk keinen umlaufenden Sockel besitzt, vom Erdboden und teilt den Baukörper in drei gleich breite, senkrechte Streifen. Die beiden Randstreifen setzen sich nach oben in den Türmen fort. Das Westwerk ist 54 Fuß breit, die Nische und die beiderseits anschließenden Turmunterbauten messen jeweils 18 Fuß.

Eine Einheit des Maßstabs entspricht 18 Fuß.

Breite der Nische:
18 Fuß zu je 28,5 cm (5,12 m)

Breite der rechten Turmseite:
18 Fuß zu je 29,6 cm (5,34 m).

Man wundert sich zunächst über den kurzen Fuß, der auch in den Fenstern an der Kelter auftritt, an den übrigen aufgehenden Teilen des Westwerks aber nicht mehr erscheint. Dieser Wechsel bestätigt die Annahme, daß der Grundriß des Westwerks älter ist als die aufgehenden Teile. Der Fuß deutet auf einen oberitalienischen Meister.

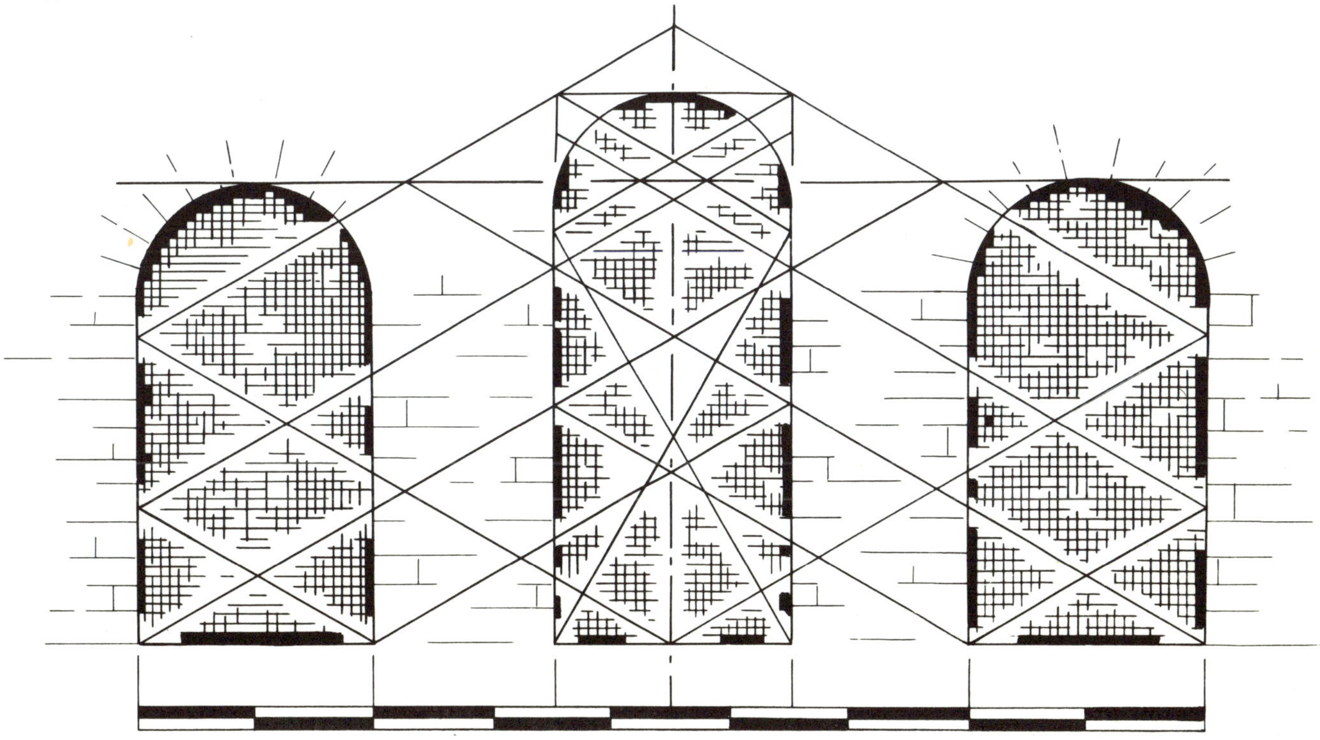

## Die Fenstergruppe über dem Westportal

Über dem Haupteingang in der großen Nische befinden sich drei Fenster. Alle Öffnungen sind jeweils zwei Fuß breit, die Gesamtbreite der Gruppe beträgt 9 Fuß. Die Ermittlung der Fensterhöhen geschah auf denkbar einfache Weise. Unter 30° gegen die Waagrechte geneigte Geraden bilden ein rautenartiges Netzwerk, dessen Schnittpunkte die Höhen der beiden Außenfenster bestimmen. Die Höhe des Mittelfensters ergibt sich auf ähnliche Art, nur daß hier auch unter 60° gegen die Waagrechte geneigte Geraden verwendet sind.

Eine Einheit des Maßstabs entspricht einem Fuß.

Breite eines Fensters:
2 Fuß zu je 31 cm (0,62 m).

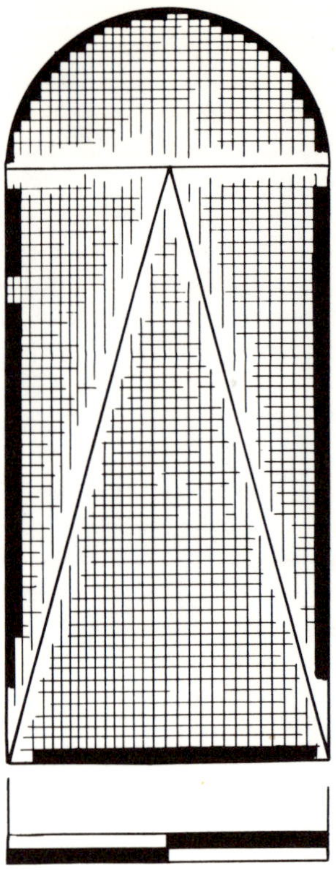

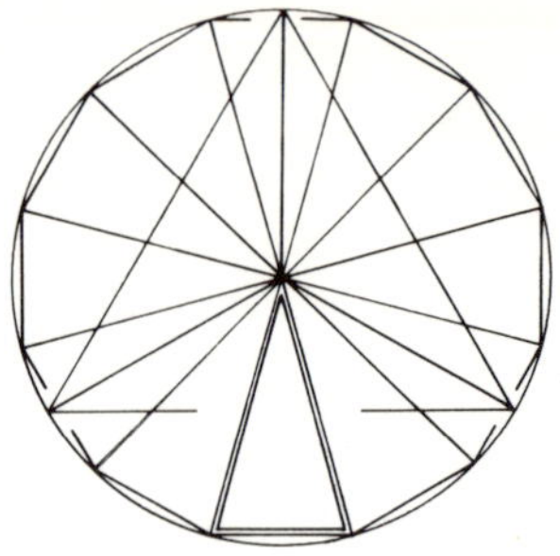

## Öffnung innerhalb des Westwerks

Im Westwerk finden sich neben dem großen Fenster zum Kirchenraum noch kleinere, etwa mannshohe Öffnungen. Einer dieser Durchbrüche ist abgebildet. Die Breite beträgt 2 Fuß, den Kämpfer bestimmt wieder ein dem Zwölfeck entnommenes Dreieck.

Eine Einheit des Maßstabs entspricht einem Fuß.

Breite:
2 Fuß zu je 36 cm (0,72 m)

Höhe:
$0{,}36 \cdot \mathrm{ctg}\ 15^\circ + 0{,}36 = 1{,}70$ m, gemessen 1,67 m.

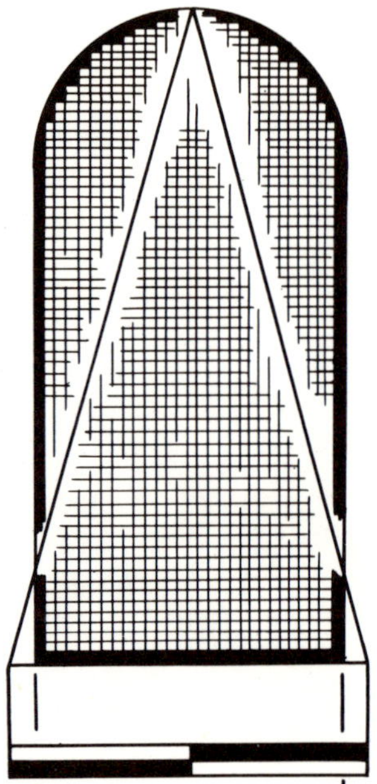

## Fenster im ersten Achteckgeschoß

In diesem Geschoß finden wir wieder eine Feinheit der Triangulatur. Wenn vom Bogenscheitel eines Fensters ausgehend das dem Zwölfeck entnommene Dreieck eingezeichnet wird, entsteht auf der Höhe der Fensterbank eine 2 Fuß lange Grundlinie.
Das Fenster ist jedoch schmäler; die Fensterbreite ist gleich der Höhe eines gleichseitigen Dreiecks von 2 Fuß Seitenlänge.

Eine Einheit des Maßstabs entspricht einem Fuß von 36 cm Länge.

Fensterbreite:
$2 \cdot 0{,}36 \cdot \sqrt{3}/2 = 0{,}62$ m, gemessen 0,62 m

Höhe des Fensters:
$0{,}36 \cdot \mathrm{ctg}\ 15^\circ = 1{,}34$ m, gemessen 1,32 m.

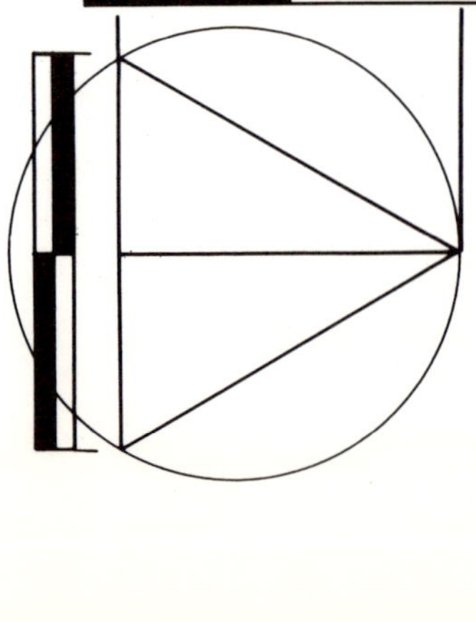

**Kleines Fenster vom Westwerk**

Dargestellt ist eines der kleinen Fenster im südlichen Turm. Die Breite entspricht etwa einem Fuß. Die Ermittlung der Höhe kann man sich folgendermaßen denken: Der Maurer erhielt die Schablone eines gleichseitigen Dreiecks, dessen Höhe gleich der Fensterbreite war. Diese Schablone stellte er viermal aufeinander, und die Scheitelhöhe des Fensters war gegeben.

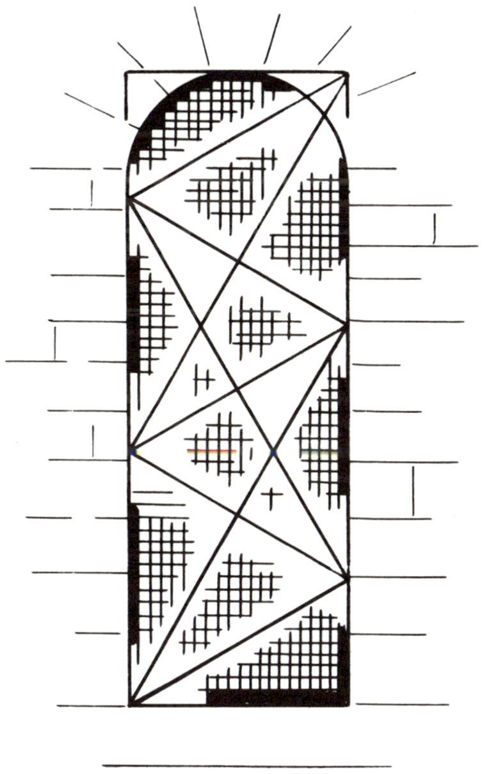

Es ist eine Arbeitsweise, die nicht einfacher gedacht werden kann und nach der bereits ein Lehrjunge verfahren konnte.
Die Gewohnheit, eine hölzerne Lehre anzufertigen und dann nach ihr zu arbeiten, ist auch heute noch verbreitet.

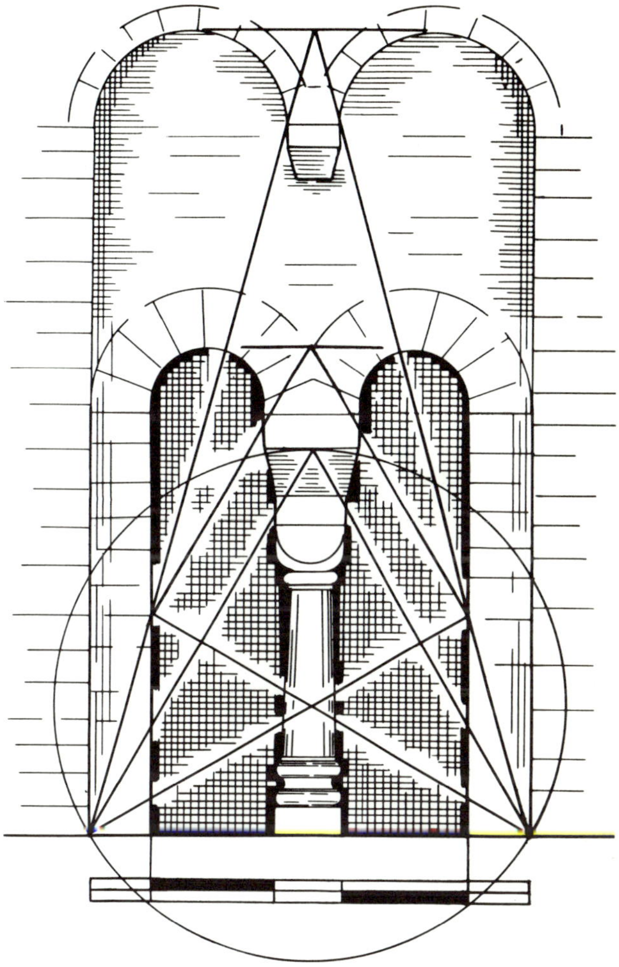

Eine Einheit des Maßstabs entspricht einem Fuß.

Breite einer Öffnung:
1 Fuß zu 37 cm (0,37 m)

Breite der Nische:
3 1/2 Fuß zu je 37 cm (1,29 m)

Dicke der Wand ohne Nische:
2 Fuß zu je 36,5 cm (0,73 m)

Höhe der Nische:
$1{,}29/2 \cdot \mathrm{ctg}\ 15^{o} = 1{,}40$ m, gemessen 1,39 m

Höhe der Kämpferplatte:
$1{,}29 \cdot \sqrt{3}/2 = 1{,}12$ m, gemessen 1,13 m.

**Fenster in den Obergeschossen der Türme**

Von Blendbogen gerahmte Doppelfenster durchbrechen die Obergeschosse der achteckigen Türme. Die Öffnungen sind jeweils ein Fuß breit, die Blendnischen messen 3 1/2 Fuß. Ein gleichseitiges Dreieck von 3 1/2 Fuß Seitenlänge bestimmte die Höhenlage der Kämpferplatte, das dem Zwölfeck entnommene Dreieck die Höhe der Blendbogen und eine weitere Dreieckskonstruktion den Bogenscheitel der Öffnungen.

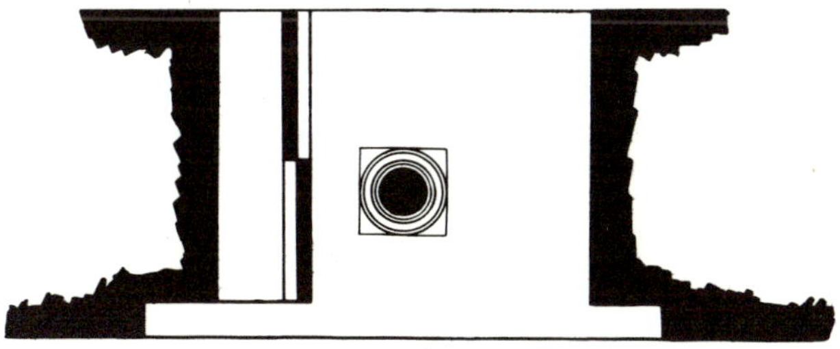

# Augsburg, St. Johannes

Die Reste dieser Kirche finden hier Erwähnung, weil sie zu den wenigen Zeugen der Tätigkeit italienischer Meister in unserem Raum während des frühen Mittelalters gehören.

Augsburg, die Römerstadt Augusta Vindelicorum und Hauptstadt der römischen Provinz Raetien, entwickelte sich nach der römischen Besetzung des Landes nördlich der Alpen im Jahre 15 v. Chr.. Um 300 starb hier während der Diokletianischen Christenverfolgung die hl. Afra. Die Stadt dürfte wohl schon im 5. Jahrhundert den Alamannenstürmen erlegen sein. Als nach der Schlacht bei Zülpich die Alamannen den nördlichen Teil ihres Landes verloren, blieb der südliche Teil unter dem Schutz der Ostgoten, deren Einfluß zeitweise bis an den Nordrand der Schwäbischen Alb reichte, frei. Erst im Jahre 536 verzichteten die Ostgoten auf ihre Einflußgebiete und gaben sie in der Hoffnung auf Waffenhilfe im Kampf gegen Ostrom an die Franken. Die Verbindung zur antiken und frühchristlichen Kultur Oberitaliens brach damit ab. Italien war durch die Gotenkriege Justinians, die 553 mit dem endgültigen Sieg der Oströmer über die Ostgoten endeten, so verwüstet, daß für bald zwei Jahrhunderte keine Spur italienischer Baumeister im Norden festzustellen ist.

**Die Fundamente im Fronhof**

Im ehemaligen Fronhof südlich des Doms wurden 1928–1930 die Grundmauern der 1808 abgetragenen Johanneskirche, der uralten Taufkirche des Doms, freigelegt. Die Mauerzüge lassen eine große, dreischiffige Pfeilerbasilika ohne Querhaus mit nur einer Apside im Osten erkennen. Innerhalb dieser Fundamente finden sich die Reste eines ins sechste Jahrhundert zu setzenden rechteckigen Baukörpers mit apsidialer Priesterbank und etwas weiter westlich die Spuren einer noch älteren, spätrömischen Taufgrube, die hier nicht näher untersucht werden soll.

**Der älteste Sakralbau**

Das kleine Kirchlein wurde sicher vor 536, vielleicht sogar wesentlich früher, über quadratischem Grundriß errichtet. Es ist in einen Umkreis von $4 \cdot 8 = 32$ Fuß Durchmesser einbeschrieben. Der kurze Fuß ist römischen Ursprungs.

Eine Einheit des Maßstabs entspricht 16 Fuß.

Durchmesser des Umkreises:
32 Fuß zu je 28,3 cm (9,05 m)

Dicke der Mauern:
3 Fuß zu je 28 cm (0,84 m).

**Die Johanneskirche**

Der hl. Ulrich († 973), Bischof von Augsburg und der volkstümlichste Heilige Schwabens, baute in den Jahren 956–960 die Kirche. Ulrich, ein Graf von Dillingen, lebte in sehr bewegter Zeit. Wie fünfhundert Jahre früher die Hunnen, drängten jetzt die Ungarn auf ihren schnellen, leichten Pferden heran, durchzogen Deutschland, ritten bis nach Südfrankreich und plünderten 899 in Oberitalien. 906 tauchten sie in Alamannien und Sachsen auf. 918 eroberten sie Bremen. Im Jahre 924 versetzten die Ungarn Sachsen abermals in Schrecken; 926 plünderten sie die Abtei St. Gallen; 933 und 934 versuchten sie vergeblich in Sachsen einzudringen; 954 zogen sie über Worms nach Utrecht. 955 belagerten sie Augsburg, das unter Führung des Bischofs tapfer verteidigt wurde, bis Otto der Große (936–973) mit dem deutschen Heer herbeieilte und am 10. August 933 die Ungarn auf dem Lechfeld schlug.

Am Grundriß fällt auf, daß die Mauern unverhältnismäßig dick sind, auch die Pfeilerquerschnitte sind massig und wirken ungewohnt. Der Grundriß wurde sehr einfach gestaltet; an den rechteckigen Baukörper ist in der Verlängerung des Mittelschiffs nur eine einzige, kleine Apside angefügt. Der kurze Fuß deutet ganz klar auf einen Meister aus Oberitalien. Das Gebäude ist 72 Fuß breit, die Länge durch zwei gleichseitige Dreiecke gegeben. In die Apsis läßt sich ein gleichseitiges Dreieck von 18 Fuß Seitenlänge einzeichnen.

Was mag der Grund für die außerordentlich massive Ausführung gewesen sein? Der Gedanke liegt nahe, daß der hl. Ulrich mit dieser Kirche einen festen Bau, der als letzte Zuflucht gleich dem Bergfried einer Burg innerhalb des befestigten Mauerrings lag, schaffen wollte. Bedauerlicherweise finden sich nur wenige Unterlagen über das Aussehen des Bauwerks. Unabhängig von Maßüberlegungen schreibt E. Herzog: „Von der abgebrochenen Johanneskirche südlich des Doms kann man nur auf Grund von Grabungen und alten Stichen eine Vorstellung gewinnen. Den Aufriß im Innern hat man sich ebenso einfach zu denken wie im Dom. Ein eigenartiges Motiv – mehrere Reihen kleiner Nischen übereinander – schmückte die Außenseiten der flach geschlossenen Seitenschiffe im Osten. Die Nischenreihe ist ein verbreitetes Ziermotiv des ‚premier art roman' in Oberitalien, und von dort her wurde es wohl nach Augsburg übertragen."

Eine Einheit des Maßstabs entspricht 6 Fuß.

Breite des Bauwerks:
72 Fuß zu je 29,1 cm (20,94 m)

Länge des rechteckigen Gebäudeteils:
$20{,}94\,\sqrt{3} = 36{,}27$ m, gemessen = 36,66 m

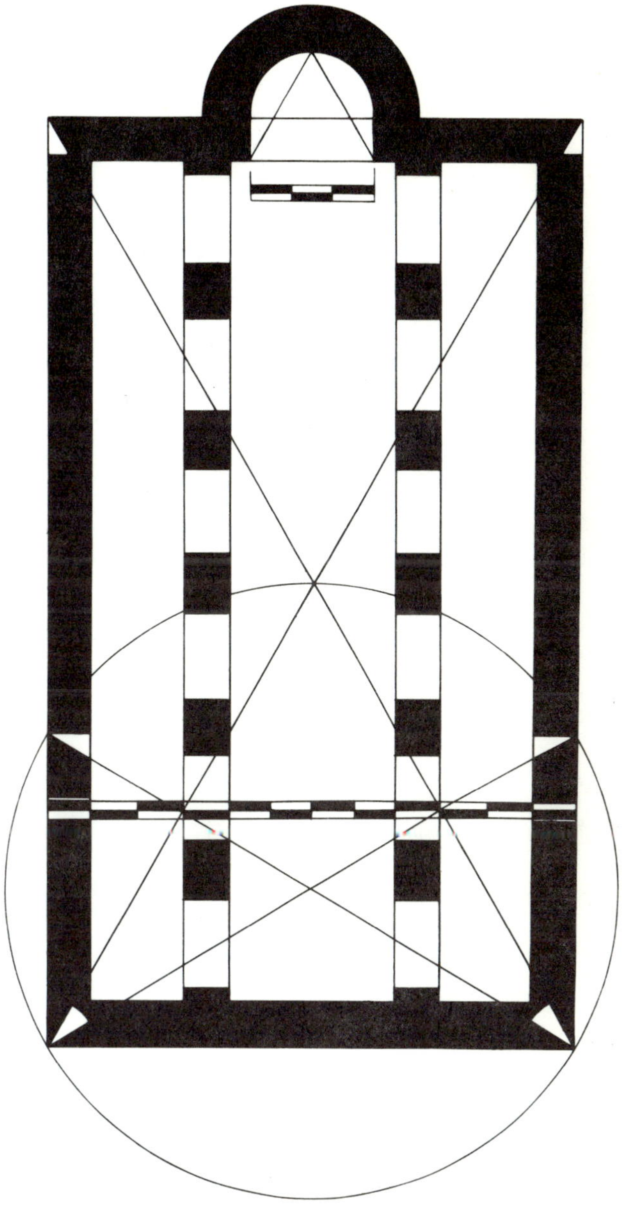

Lichte Breite der Seitenschiffe:
12 Fuß zu je 30,9 cm (3,70 m)

Dicke der Wände:
6 Fuß zu je 28,9 cm (1,73 m)

Breite der Apside:
18 Fuß zu je 27,5 cm (4,95 m)

Tiefe der Apside:
$4{,}95 \cdot \sqrt{3}/2 = 4{,}28$ m, gemessen 4,33 m.

Schrifttum:

E. Herzog: Werden und Form der mittelalterlichen Stadt, ihre Bauten und Kunstwerke. In: Augusta 955–1955, Augsburg 1955, S. 89.

J. Puig i Cadafalch: Le premier art roman, Paris 1928, S. 140 ff.

# Unterregenbach

## Geschichte

Im Tal der Jagst liegt unweit Langenburg der kleine Weiler Unterregenbach. Der Keller des Pfarrhauses und die nächste Umgebung bergen Reste einer verhältnismäßig großen Krypta, die nur Teil einer größeren, etwa 47 m langen und 17 m breiten Kirche gewesen sein kann. Im Osten des Pfarrhauses ergrub man 1880 eine rechtwinklig ummantelte, halbkreisförmige Apsis, in der zwei Säulen und zwei Vierkantpfeiler samt den dazugehörigen, mit Akanthusblättern geschmückten Kapitälen lagen. Die unsichere Ausführung der Steinmetzarbeiten weist auf eine sehr frühe Entstehung hin. Manche Ähnlichkeit der Kapitäle mit jenen an der Königshalle in Lorsch läßt vermuten, daß zumindest die Krypta in karolingischer Zeit erbaut worden ist, sehr wahrscheinlich von einheimischen Handwerkern, deren Können hinter dem der in Lorsch tätigen Langobarden weit zurückstand.

Eine Urkunde Kaiser Konrads II. erwähnt Unterregenbach erstmals im Jahre 1033. Am 9. August 1033 schenkte Kaiser Konrad II. und seine Gemahlin Gisela dem Stift Würzburg einen Ort namens Regenbach. Es befremdet, daß die Schenkungsurkunde über eine Kirche dieser Größe nichts aussagt. Man hat deshalb angenommen, die Krypta zu Unterregenbach sei nach dem Jahr 1033 gebaut worden. Das erscheint jedoch unmöglich.

Unter Konrad II. (1024–1039) entstand die Krypta des Speyerer Doms mit ihren Würfelkapitälen und den durch Gurte geteilten Kreuzgratgewölben. Unterregenbach würde in der Ausführung gegen Speyer derart abfallen, daß an den Bau einer Stiftskirche im Anschluß an die Schenkung des Kaiserpaares nicht gedacht werden kann. Krypten wie die zu Unterregenbach sind in karolingischer Zeit nicht ausgeschlossen, im langobardischen Oberitalien waren Krypten dieser Größe beliebt.

Eine weitere Urkunde aus dem Jahr 1226 nennt zwar den Ort Regenbach, aber keine große Basilika, die doch sicher erwähnenswert gewesen wäre. Wir können deshalb einen karolingischen Bau annehmen, der entweder in den Wirren beim Untergang des Karolingerreichs oder auch während der Ungarnstürme zugrunde ging. Die verbliebenen Ruinen hat man bis auf die Grundmauern abgetragen und die Steine an anderen Bauten wieder verwendet. In den Resten des Unterregenbacher Herrensitzes, der im 10. und 11. Jahrhundert in Steinbauweise errichtet worden ist, fand man bei Ausgrabungsarbeiten ein Kapitälstück, das den in der Krypta gefundenen Kapitälen sehr ähnlich ist.

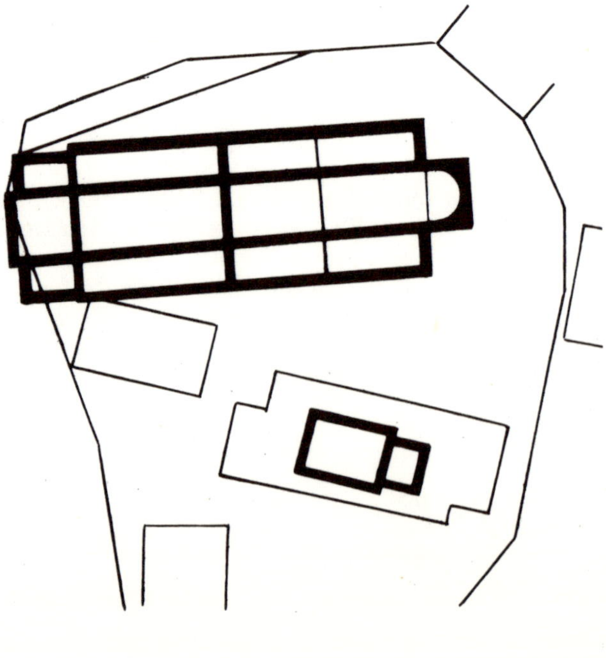

## Die große Basilika

Im Jahre 1908 hat das Bezirksbauamt Ellwangen auf Grund der Grabungen einen Plan von der in Unterregenbach vermuteten Basilika gefertigt, der seitdem vielen Angriffen ausgesetzt war. Diesen Plan wollen wir zunächst näher betrachten.

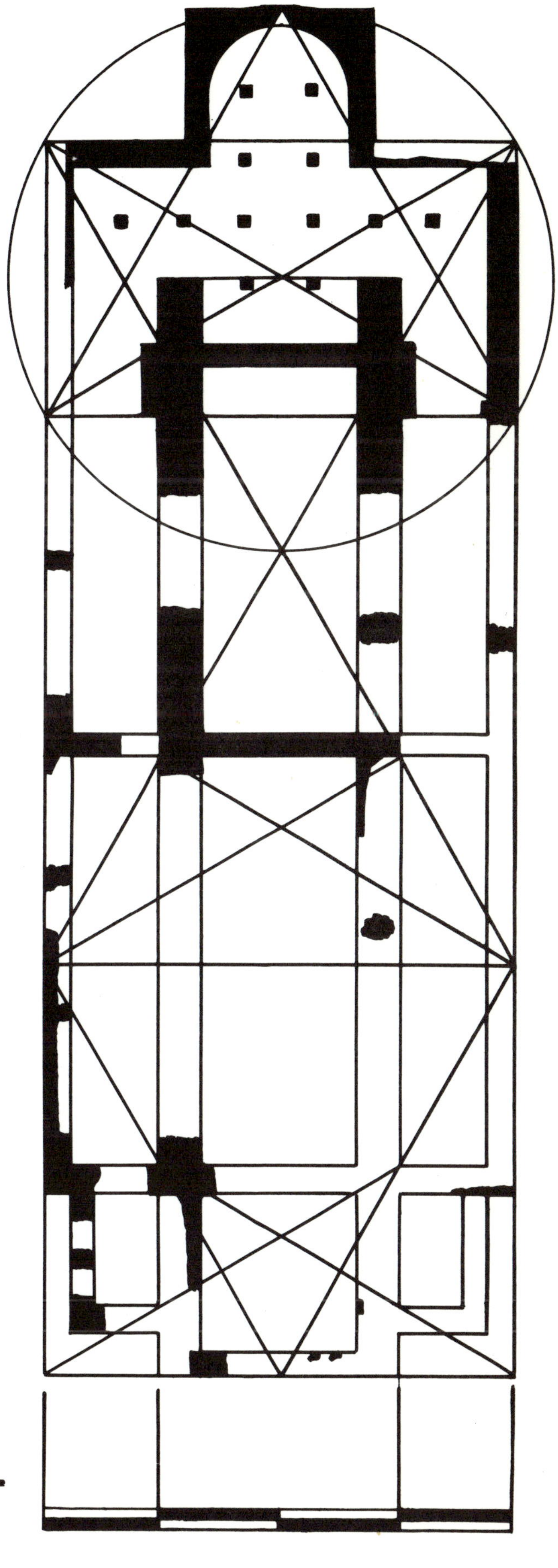

### Der Grundriß

Die durch Grabungen aufgedeckten Teile der Kirche sind schwarz angelegt, ergänzte Mauern nur durch Doppelstriche angedeutet. Der Grundriß zeigt eine 2 · 3 · 3 · 3 = 54 Fuß breite, dreischiffige Basilika ohne vortretendes Querhaus, deren Längen mit Hilfe von gleichseitigen Dreiecken festgelegt worden sind. Bemessungsgrundlage war die Breite des Baukörpers; sie bildet eine Dreieckseite. Der Grundriß der Krypta wurde aus dem Sechseck entwickelt. Die Länge der Schiffe einschließlich der Vorhalle entspricht der dreifachen Höhe des gleichseitigen Dreiecks. Die Trennwand zwischen Kirchenraum und Vorhalle halbiert die Höhe des westlichen Dreiecks. Auch die im Grundriß eingezeichnete Quermauer, wahrscheinlich das Fundament eines Lettners, ist auf dieselbe Art eingebunden.

Zwei Einheiten des Maßstabs entsprechen 27 Fuß.

Lichte Breite der Krypta:
44 Fuß zu je 31,5 cm (13,88 m).

### Der Aufriß der Krypta

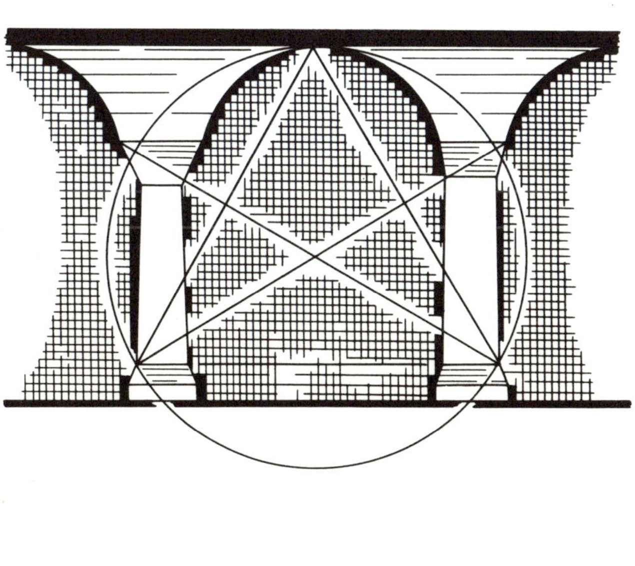

Nachdem der Grundriß der Kirche durchweg vom gleichseitigen Dreieck beherrscht wird, können wir auch in der Krypta eine ähnliche Bemessungsweise erwarten. Die Abbildung stellt einen Schnitt durch das in Längsachse der Kirche liegende, heute noch freistehende Joch der Krypta dar. Die Schenkel eines gleichseitigen Dreiecks, dessen obere Ecke im Gewölbescheitel liegt, schneiden die rechteckigen Pfeiler am Sockel; die zugehörigen Schwerlinien gehen durch die äußeren oberen Ecken der Kapitäle.

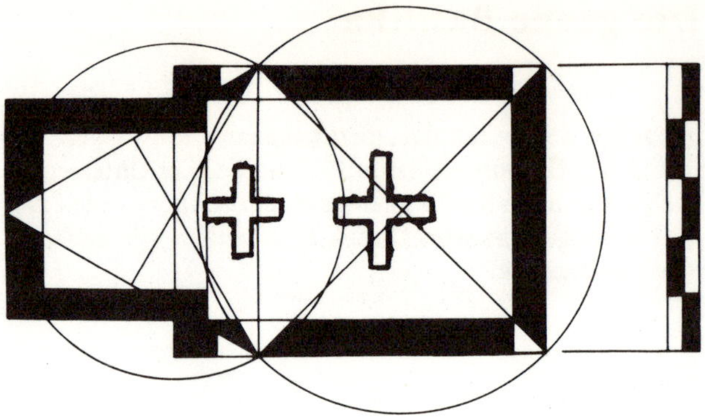

Die Königshalle in Lorsch ist 25 „Pes Liutprandi" = 7,22 m, das Kirchlein zu Unterregenbach 7,14 m breit. Die Breiten stimmen sehr gut überein. Die Zahl $5^2 = 25$ wird während des ganzen Mittelalters gemieden, da die Fünf die Zahl der bösen Geister ist; sie findet sich nur in karolingischer Zeit. Wir dürfen deshalb annehmen, daß das Kirchlein vor 800, vielleicht sogar von Lorsch aus durch die dort tätige langobardische Hütte errichtet worden ist.

## Die kleine Pfarrkirche

Die Verwendung des „Pes Liutprandi" und die $25 = 5^2$ Fuß lange Basis dieses Bauwerks sind Beweis genug, daß das Kirchlein in karolingischer Zeit gebaut worden ist. Parallelen finden sich in Lorsch (5 · 5 = 25 Cubiti oder 25 „Pes Liutprandi"); Hirsau, St. Aurelius (3 · 9 = 27 Cubiti); Steinbach (5 · 5 = 25 karol. Fuß); Seligenstadt (5 · 5 = 25 Cubiti); Frankfurt-Höchst; Frauenwörth, Torhalle (25 karol. Fuß) und Augsburg, St. Johannes (6 · 12 = 72 „Pes Liutprandi").

1 Cubitus entspricht 1 1/2 „Pes Liutprandi".

Mit Ausnahme der Torhalle von Frauenwörth und St. Johannes (um 950) entstanden alle diese Bauten gegen 800.

### Das frühromanische Kirchlein

Unter dem Boden der Unterregenbacher Pfarrkirche wurden die Fundamente einer kleinen Kirche freigelegt. In den Grundriß dieses frühromanischen Kirchleins ist von Westen nach Osten ein Quadrat und ein gleichseitiges Dreieck eingezeichnet. Dargestellt sind die ergrabenen Fundamente. Bei diesem kleinen Bauwerk und dem verhältnismäßig guten Baugrund wurden die Grundmauern wohl kaum breiter als das aufgehende Mauerwerk ausgeführt. Diese Beobachtung trifft für zahlreiche frühmittelalterliche Bauten zu. Die Ostwand des Schiffs schneidet durch den Schwerpunkt des Dreiecks. Die Breite mißt 25 „Pes Liutprandi" (langobardische Fuß), die Wände sind drei „Pes Liutprandi" dick. Als Baumeister wirkte deshalb sicher ein Oberitaliener.

Breite des Schiffs:
25 „Pes Liutprandi" zu je 28,6 cm (7,14 m)

Länge des Schiffs:
$7{,}14/6 \cdot \sqrt{3} + 7{,}14 = 2{,}06 + 7{,}14 = 9{,}20$ m,
gemessen 9,18 m

Gesamtlänge:
$7{,}14/2 \cdot \sqrt{3} + 7{,}14 = 6{,}18 + 7{,}14 = 13{,}32$ m,
gemessen 13,31 m

Dicke der Wände im Mittel:
3 „Pes Liutprandi" zu je 28,3 cm (0,85 m).

### Die kreuzförmigen Gruben

In dem frühromanischen Kirchlein wurden zwei kreuzförmige Grüfte entdeckt. Sie sind in Deutschland einmalig. Eine Parallele findet sich auf der Prager Burg. Vorbilder sind aus dem Raum der Ostkirche bekannt. Die Grüfte werden teils als alte Taufanlagen, teils als Reliquiengräber angesprochen. Die Prager Gruft entstand zwischen 970 und 999. Vermutlich entstammen die Unterregenbacher Anlagen derselben Zeit. Dargestellt ist die westliche dieser Grüfte. Der in Längsachse der Kirche gelegene Kreuzarm mißt 7 Fuß, der andere 9 Fuß.

Über den Zweck der kreuzförmigen Gruben zu Unterregenbach wurden schon verschiedene Vermutungen angestellt. Um Taufanlagen handelt es sich bei den beiden Unterregenbacher Gruben sicher nicht. Das Frankenland war um 1000 längst christianisiert. Massenbekehrungen mit anschließender Taufe gab es nicht mehr. Zwei große, offene Taufanlagen, die während der Gottesdienste zu Unfällen geführt hätten, sind in dem kleinen Kirchenraum nicht denkbar.

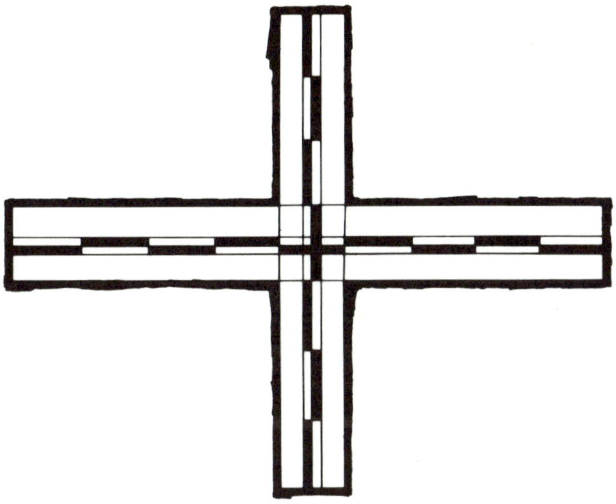

## Die spätromanische Basilika

Das frühromanische Kirchlein wurde in spätromanischer Zeit erweitert. Auch die spätromanische Basilika ist trianguliert. An die Grundmauern der bestehenden Kirche wurden seitlich je 9 Fuß breite Seitenschiffe und im Osten ein nicht ausladendes, 18 Fuß breites Querschiff angefügt. Der verwendete Fuß mißt 35 cm; die neuen Mauern waren drei Fuß dick.

Seitliche Erweiterung beidseitig:
9 Fuß zu je 35,0 cm (3,14 m)

östliche Erweiterung:
18 Fuß zu je 35,0 cm (6,30 m).

Kann es sich um ehemalige Reliquiengräber handeln? Zunächst ist unwahrscheinlich, daß die Unterregenbacher Pfarrkirche genügend Reliquien besessen hat, um die beiden Gruben zu füllen. In anderen Kirchen verwahrte man die Reliquien an einem kultisch ausgezeichneten Platz unter dem Altar, in einer für die Reliquien besonders erbauten Krypta. Reliquien waren der mit großen Mühen erworbene, kostbarste und sorgfältig gehütete Besitz einer Kirche. Es ist demzufolge völlig ausgeschlossen, daß sie in Unterregenbach unter dem Fußboden des von der Bevölkerung benützten Teils der Kirche gelegen haben sollen.

Die Frage, zu welchem Zweck beide Gruben errichtet worden sind, läßt sich auch mit Hilfe von Maßuntersuchungen nicht beantworten. Ein Vergleich der an der Kirche selbst und an den Gruben benützten Füße erlaubt jedoch eine unerwartete Feststellung: Das Kirchlein wurde, weil 25 „Pes Liutprandi" die Grundlage der Absteckung bilden, in karolingische Zeit datiert. Der Fuß an den Gruben ist länger. Die beiden kreuzförmigen Gruben baute deshalb ein anderer Meister in das bestehende Gebäude später ein. Er benützte den längeren karolingischen Fuß.

Eine Einheit des Maßstabs entspricht einem Fuß.

Östliche Kreuzgrube
quer:
5 1/2 Fuß zu je 32,4 cm (1,78 m)
längs:
7 Fuß zu je 32,1 cm (2,25 m)

Westliche Kreuzgrube
quer:
9 Fuß zu je 31,7 cm (2,85 m)
längs:
7 Fuß zu je 32,1 cm (2,25 m).

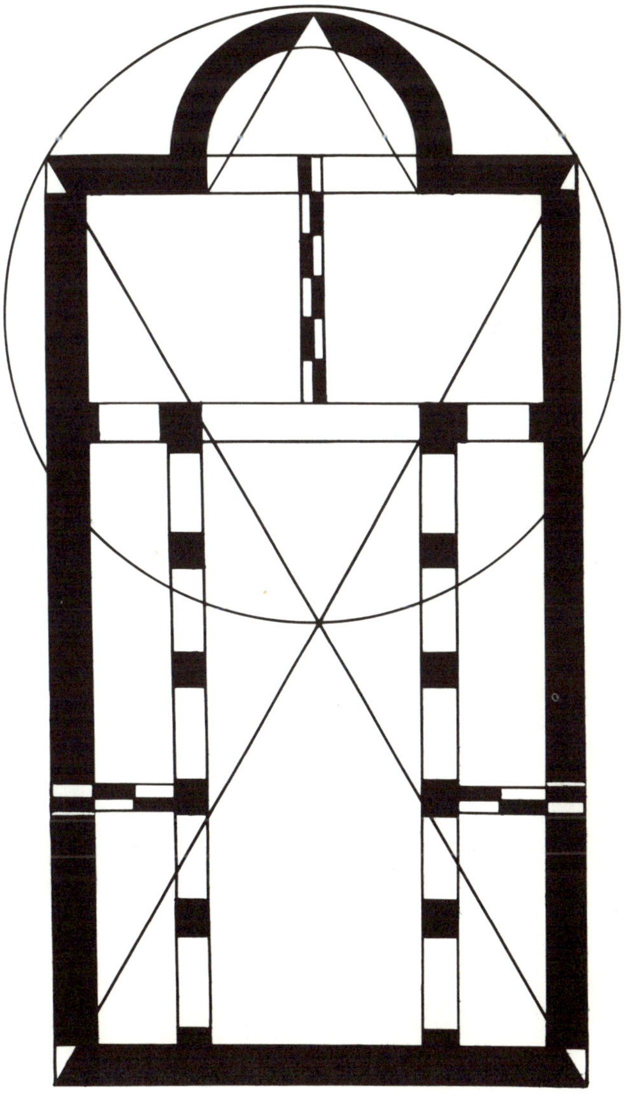

# Buchau

## Geschichte

Auf einem Hügel am Rande des Federseemoors erheben sich weithin sichtbar die Gebäude des ehemaligen Frauenstifts Buchau. Die sagenhafte Gründungsgeschichte führt ins 9. Jahrhundert. Schon in karolingischer Zeit grüßte ein kleines, von einer Dame des Hochadels gestiftetes Frauenkloster über den Federsee. Irmingard, die Tochter Ludwigs des Deutschen, war hier einige Zeit Äbtissin. Die Reste der unter dem Chor der Stiftskirche gefundenen Krypta sind sehr alt. Der unbeholfen abgesteckte, parabolische Grundriß erinnert an die Krypta unter dem Dom zu Aquileia. Die Art der Absteckung läßt vermuten, daß die hier tätigen Meister mit solchen Arbeiten nicht vertraut waren. Im Jahr 1032 legte eine Feuersbrunst das Kloster in Asche. Ob die Gewölbe der Krypta anschließend erneuert werden mußten, läßt sich nicht mehr feststellen, da sie später, wahrscheinlich bei der Umgestaltung der Kirche in den Jahren 1773–1776, eingeschlagen worden sind. Erhalten blieben nur noch die Kämpfer des Kreuzrippengewölbes. Die Form der Rippen deutet auf eine Entstehung kurz vor dem Brand.

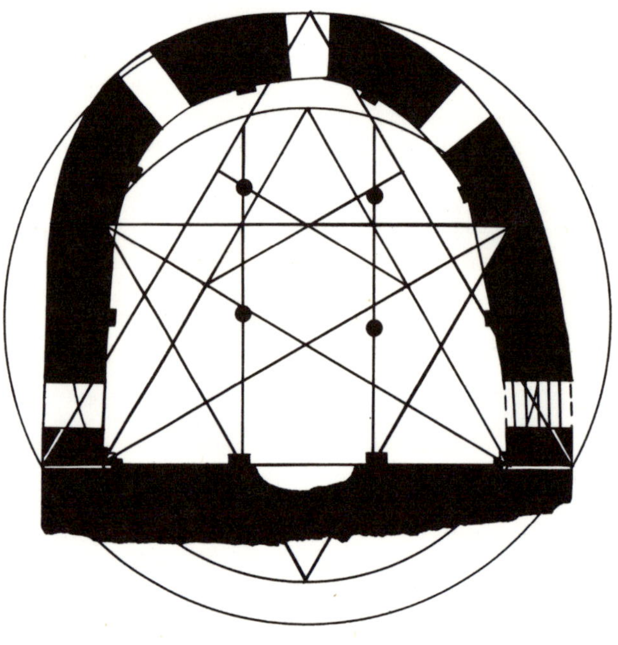

## Der Grundriß

Die Abbildungen zeigen den Grundriß der Krypta. Ein parabolischer Raum ist in 9 ungleiche Felder geteilt. Vier Stützen, deren Standorte bekannt sind, trugen die Kreuzrippengewölbe. An der Wand ruhen die Kämpfer auf Pfeilervorlagen, die 1 Fuß breit sind und 1/2 Fuß aus der Wandfläche vorspringen. Rings um den Raum läuft eine Sitzbank. Daß in diesen unförmigen Grundriß ein gleichseitiges Dreieck eingezeichnet werden kann, ist eigentlich kaum zu glauben. Als Grundlinie dient die Westwand der Krypta. Sie ist 4 x 9 = 36 Fuß lang. Ein Fuß mißt 32,3 cm. Die Spitze des Dreiecks fällt mit dem Scheitel der Parabel zusammen. Zwischen diese drei Punkte wurden einst die Fundamente nach bestem Können eingefügt. Der Umkreis des Dreiecks veranschaulicht die große Verschiedenheit beider Seiten.

Die aufgehenden Wände sind 4 1/2 Fuß dick. Es verbleibt innen eine lichte Breite von 3 · 3 · 3 = 27 Fuß. Über dieser Grundlinie läßt sich wieder ein gleichseitiges Dreieck errichten und zum Sechsstern ergänzen. Die Grundlinie wird dadurch in drei gleiche, 9 Fuß lange Felder geteilt. Auf den Drittelslinien stehen die Säulen. Ob ihre Stellung in Ost-West-Richtung auf ähnliche Weise ermittelt wurde, läßt sich nicht mehr sagen.

**Der Aufriß**

Die Abbildung zeigt einen Schnitt durch das westliche Joch der Krypta von Norden nach Süden. Ergänzt sind nur die Gewölbe und die Säulen, bekannt war die Stellung der Säulen und die Höhe der Kämpfer. Eine andere Möglichkeit, die vorhandenen Reste zu ergänzen, gibt es kaum. Auch in diesen Schnitt läßt sich wieder eine Dreiecksfigur zeichnen.

Parabolische Grundrisse dieser Art waren in karolingischer und ottonischer Zeit nicht selten. Man findet sie vorwiegend an Apsiden und in Krypten. Zwei Beispiele sollen näher beschrieben werden.

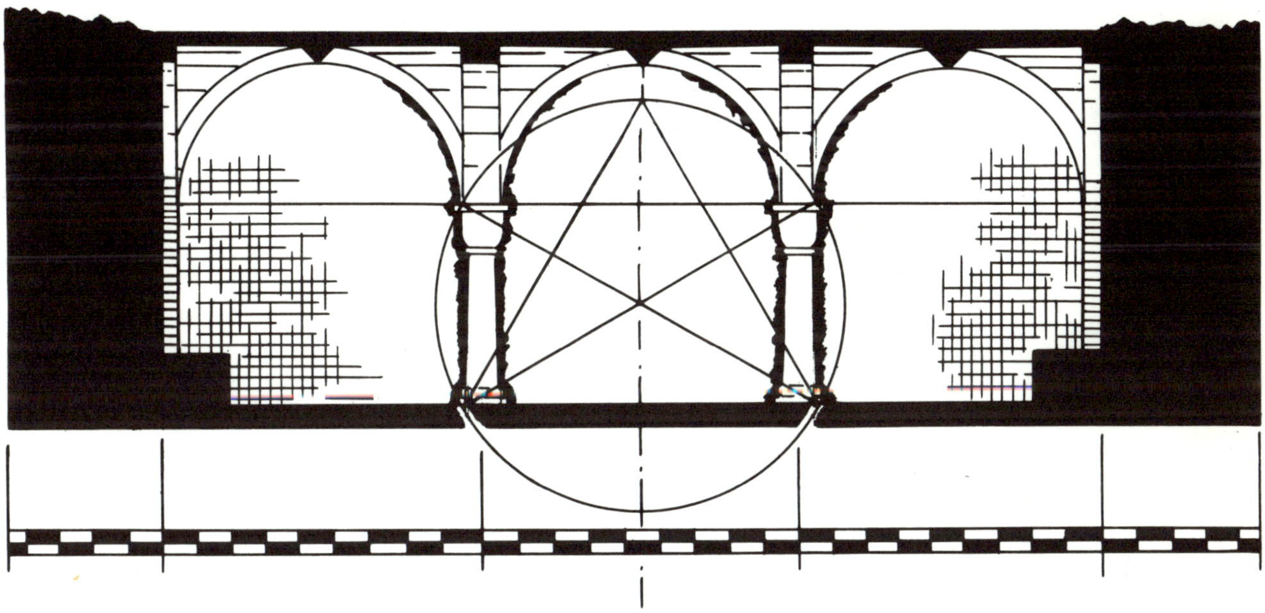

# Sulzburg

Kurz vor dem Jahr 993 stiftete Birchtilo, Graf im Breisgau, zu Ehren des hl. Märtyrers Cyriacus ein Nonnenkloster bei der heutigen Stadt Sulzburg und bestimmte es zu seinem Erbbegräbnis. Das Tal von „Sulziberg" wurde 993 auf Bitten Birchtilos dem Kloster von Kaiser Otto III. aus Reichsrechten übertragen. Bereits 1008 kam das Nonnenkloster an den Bischof von Basel.

Der Gründungsbau war eine dreischiffige Pfeilerbasilika mit zwei parabolischen Apsiden im Osten und im Westen. Die Basilika besaß zunächst keine Krypta. Die Krypta im Osten wurde erst zwei Menschenalter nach der Klostergründung eingebaut.

Dem Raum fehlte aller baulicher Schmuck, nur die einfachen, großen Formen – Apsiden, die sich ohne Vorlagen in voller Höhe gegen das Mittelschiff öffneten, die Bogenreihen und die Fensterreihen des Lichtgadens – beherrschten den Raum. Auch Malerei scheint nur ganz sparsam angewandt worden zu sein.

Das ursprüngliche Bild des Bauwerks wurde im Laufe der Jahrhunderte stark verändert. Ein um 1300 errichteter Westturm nahm der Kirche die Ausgewogenheit der Teile und machte sie zu einem Richtungsbau.

Später wurden die Seitenschiffe abgebrochen und der ottonische Raum fast bis zur Unkenntlichkeit verstümmelt. In den letzten Jahren stellte man den ottonischen Bau, soweit es ohne Zerstörung wertvoller Teile möglich war, wieder her. Die Klostergebäude sind alle verschwunden.

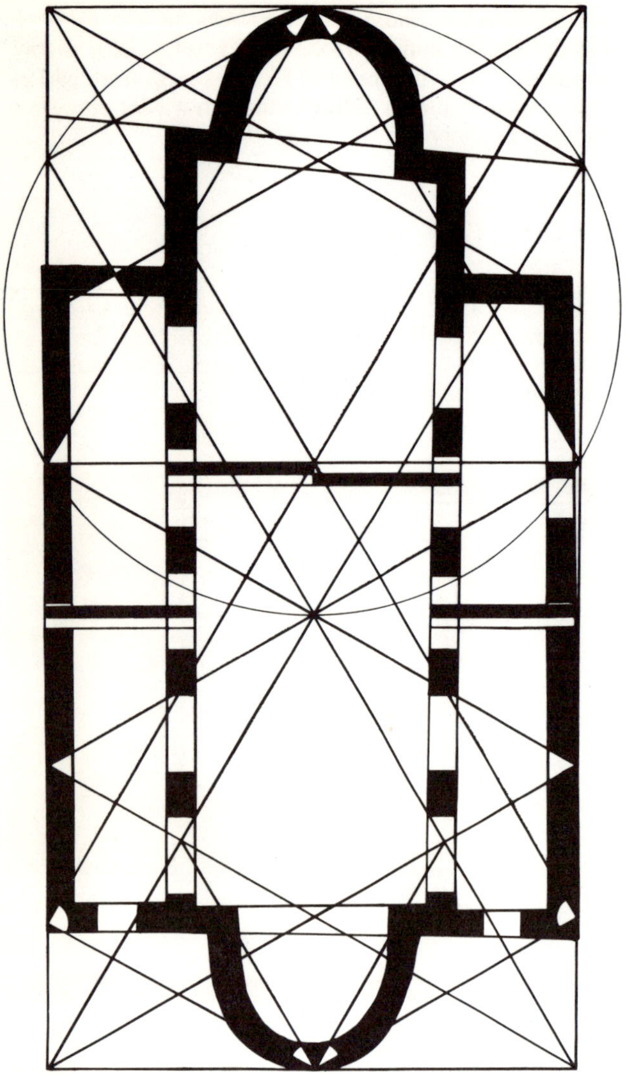

### Der Grundriß

Dargestellt ist der Grundriß des Gründungsbaus ohne spätere Zutaten. Die Doppelchörigkeit legte die Vermutung nahe, daß Reichenauer Mönche den Entwurf gefertigt haben. Die Mauern sind sehr grob gearbeitet, die Ungenauigkeiten im Grundriß entsprechen dem Befund am aufgehenden Mauerwerk. Die Bauausführung lag deshalb mit Sicherheit in den Händen einheimischer Handwerker, die noch nie eine Kirche dieses Ausmaßes errichtet hatten. Vielleicht hat ein Reichenauer noch die Triangulatur abgesteckt, und die Lage der Querwände festzulegen, war Sache des örtlichen Bauleiters. Er fand sich mit den einzelnen Punkten nicht zurecht. Infolge einer Verwechslung von zwei Punkten der Triangulatur entstand die schräge Ostwand des Mittelschiffs. Als nach längerer Zeit der entwerfende Reichenauer den Bau besichtigte, war das Unglück längst geschehen. Die Kosten für eine Änderung wollte man nicht aufwenden.

Das Mittelschiff ist einschließlich beider Wände 27 Fuß breit. Die Breite der Seitenschiffe mißt einschließlich der Wände halb so viel. Da sich diese Maße um die Dicke der Mittelschiffwände, die jeweils 2 1/2 Fuß beträgt, übergreifen, beläuft sich die größte Breite am Bauwerk und Seite eines gleichseitigen Dreiecks auf 27 + 27 – 5 = 49 Fuß. Die Gesamtlänge ergibt sich durch Aneinanderfügen eines gleichseitigen Dreiecks und eines aus diesem entstandenen Sechsecks. Die Länge zwischen Westapsis und östlicher Chorwand sollte durch zwei gleichseitige Dreiecke bestimmt werden. Der ungeübte örtliche Bauleiter verwechselte jedoch zwei Punkte auf der Nordseite, während er im Süden den richtigen Punkt benützte, und bemerkte den Fehler nicht. Die Enden der Seitenschiffe im Osten fügen sich gut in die Triangulatur. Im Norden ist die abschließende Mauer entsprechend dem bereits begangenen Fehler etwas vorgerückt. Die Abweichungen der Westmauer von der eingezeichneten Figur sind verhältnismäßig groß, dennoch sieht man klar, daß auch ihre Lage von der Triangulatur bestimmt werden sollte.

Die Abmessungen beider parabolischer Apsiden wurden durch gleichseitige Dreiecke festgelegt. Diese sind Teile der allgemeinen Triangulatur. Jeweils zwei Seiten schneiden auf den äußeren Fluchten der östlichen und westlichen Mittelschiffmauern die lichten Breiten der Apsiden aus.

Eine Einheit des Maßstabs entspricht 27/2 Fuß.

Mittlere Breite des Mittelschiffs
einschließlich beider Wände:
27 Fuß zu je 32,7 cm (8,82 m)

Mittlere Breite beider Seitenschiffe
einschließlich aller vier Wände:
27 Fuß zu je 32,9 cm (8,90 m)

Mittlere Dicke der Mittelschiffwände:
2 1/2 Fuß zu je 36,0 cm (0,90 m)

Größte Breite des Bauwerks im Westen:
49 Fuß zu je 33,2 cm (16,29 m)

Größte Länge des Bauwerks:
$16{,}29 \sqrt{3} + 16{,}29 \sqrt{3}/6 = 32{,}91$ m, gemessen 33,62 m

Breite der Westapsis:
4,85 m

Tiefe der Westapsis:
$4{,}85 \sqrt{3}/2 = 4{,}20$ m, gemessen 4,12 m

Breite der Ostapsis:
4,95 m

Tiefe der Ostapsis:
$4{,}95 \sqrt{3}/2 = 4{,}29$ m, gemessen 4,30 m.

Schrifttum:
A. Tschira: Die Klosterkirche St. Cyriacus in Sulzburg. Schau-ins-Land, 80. Jahresheft des Breisgau-Geschichtsvereins, Freiburg 1962.

Lorsch:
Karolingische Königshalle

Foto: A. Kottmann

Sogenannte „Wetzrillen" an der Königshalle, Zeugen mittelalterlicher Frömmigkeit.
Als das Obergeschoß der Königshalle Michaelskapelle war, trugen die Bewohner der Umgebung Sand von dem geweihten Bauwerk nach Hause.

Foto: A. Kottmann

Lorsch:
Kapitäl und Fries an der karolingischen Königshalle

Foto: A. Kottmann

Blick aus der karolingischen Königshalle auf den erhaltenen Rest der Klosterkirche

Foto: F. G. Zeitz KG, Königssee

Poreč
an der nördlichen Adria:
Atrium der Euphrasiusbasilika

Foto: A. Kottmann

Fulda:
St. Michaelskirche,
Erdgeschoß mit Apsis aus ottonischer Zeit

Foto: R. u. R. Büttner, Paulusverlag, Fulda

Fulda:
St. Michaelskirche,
Krypta der karolingischen Baus

Foto: Gebr. Metz, Tübingen

Fulda:
St. Michaelskirche

Foto: R. u. R. Büttner, Paulusverlag, Fulda

Paderborn:
Bartholomäuskapelle, 1017 durch byzantinische Bauleute erbaut, älteste Hallenkirche Deutschlands

Foto: W. Hans Klocke, Paderborn

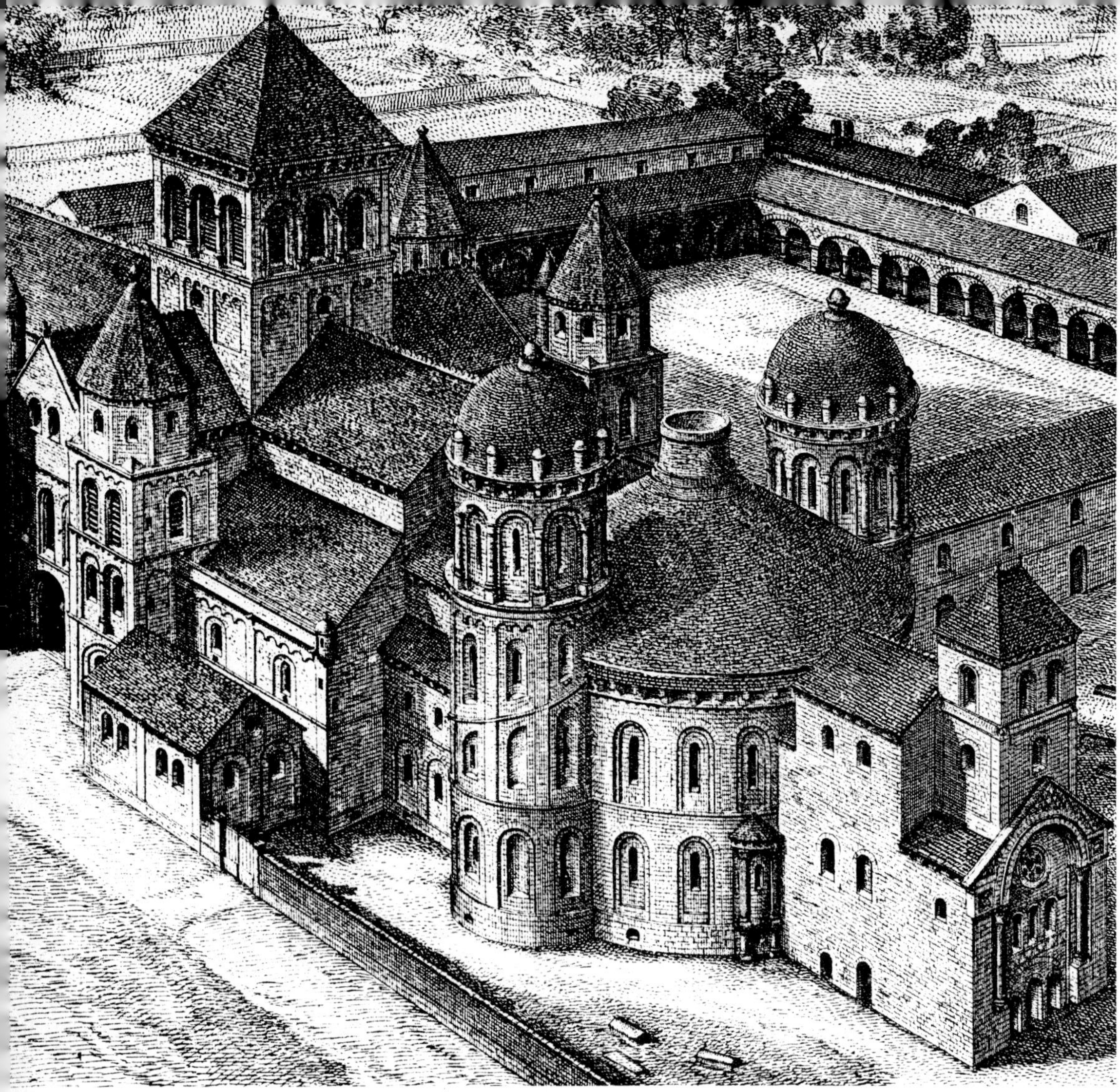

Saint Bénique de Dijon:
Ostteil der Kirche
vor dem Abbruch

Saint Bénique de Dijon:
Krypta

Höchst:
Justinusbasilika, Blick auf die karolingischen Kapitäle
Foto: Rudi Agenendt, Dortmund

Corvey:
Untergeschoß des Westwerks,
Karolingische Säulen und Kapitäle

Foto: Landesbildstelle Westfalen

Corvey:
Obergeschoß des Westwerks,
Blick auf die Kaiserloge im Johanneschor

Foto: Landesbildstelle Westfalen

St. Galler Klosterplan:
Blick auf das Modell nach dem St. Galler Plan, Ansicht von Osten
(Modell von Walter Horn und Ernest Born)

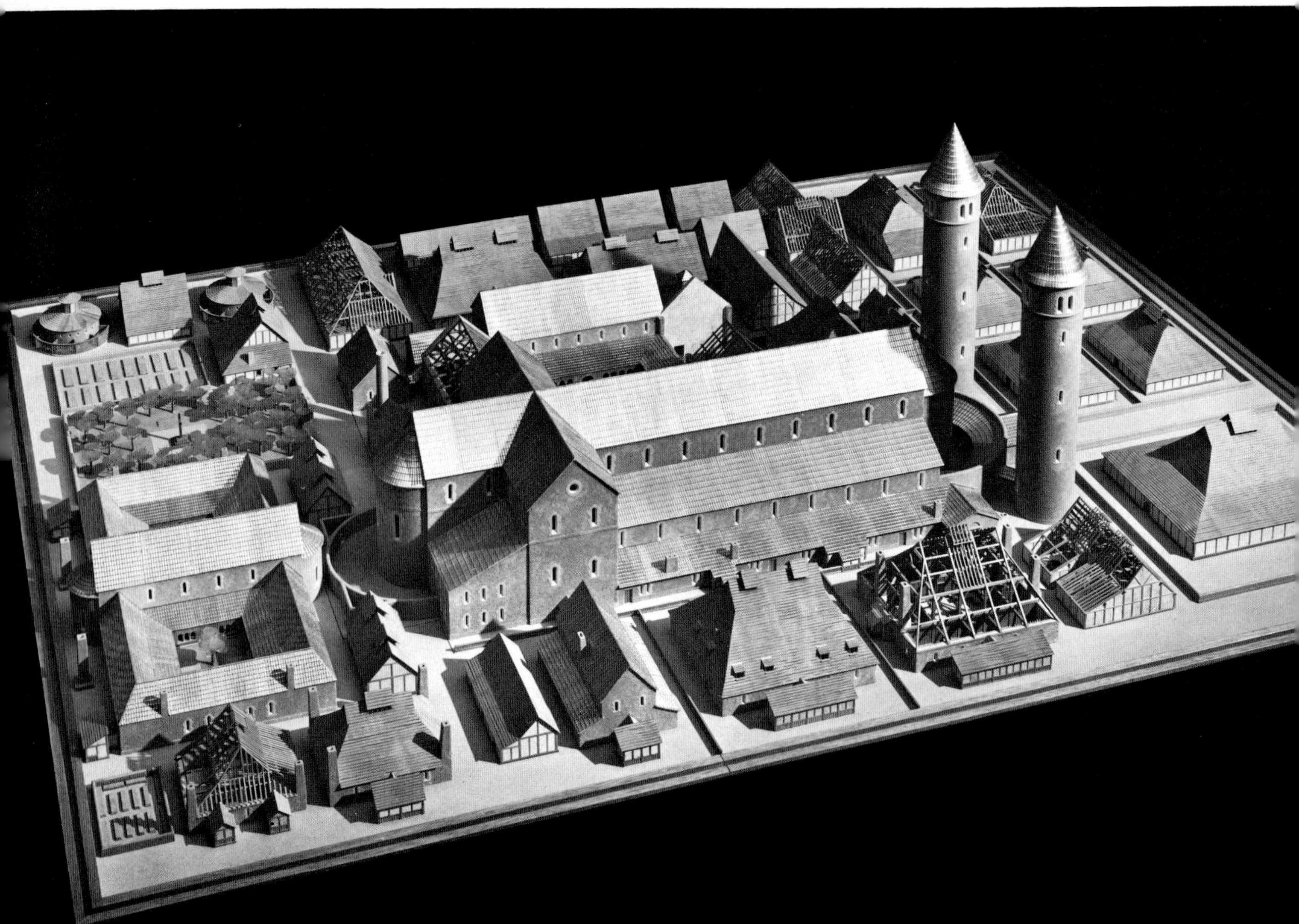

St. Galler Klosterplan:
Blick auf das Modell nach dem St. Galler Plan, Ansicht von Norden
(Modell von Walter Horn und Ernest Born)

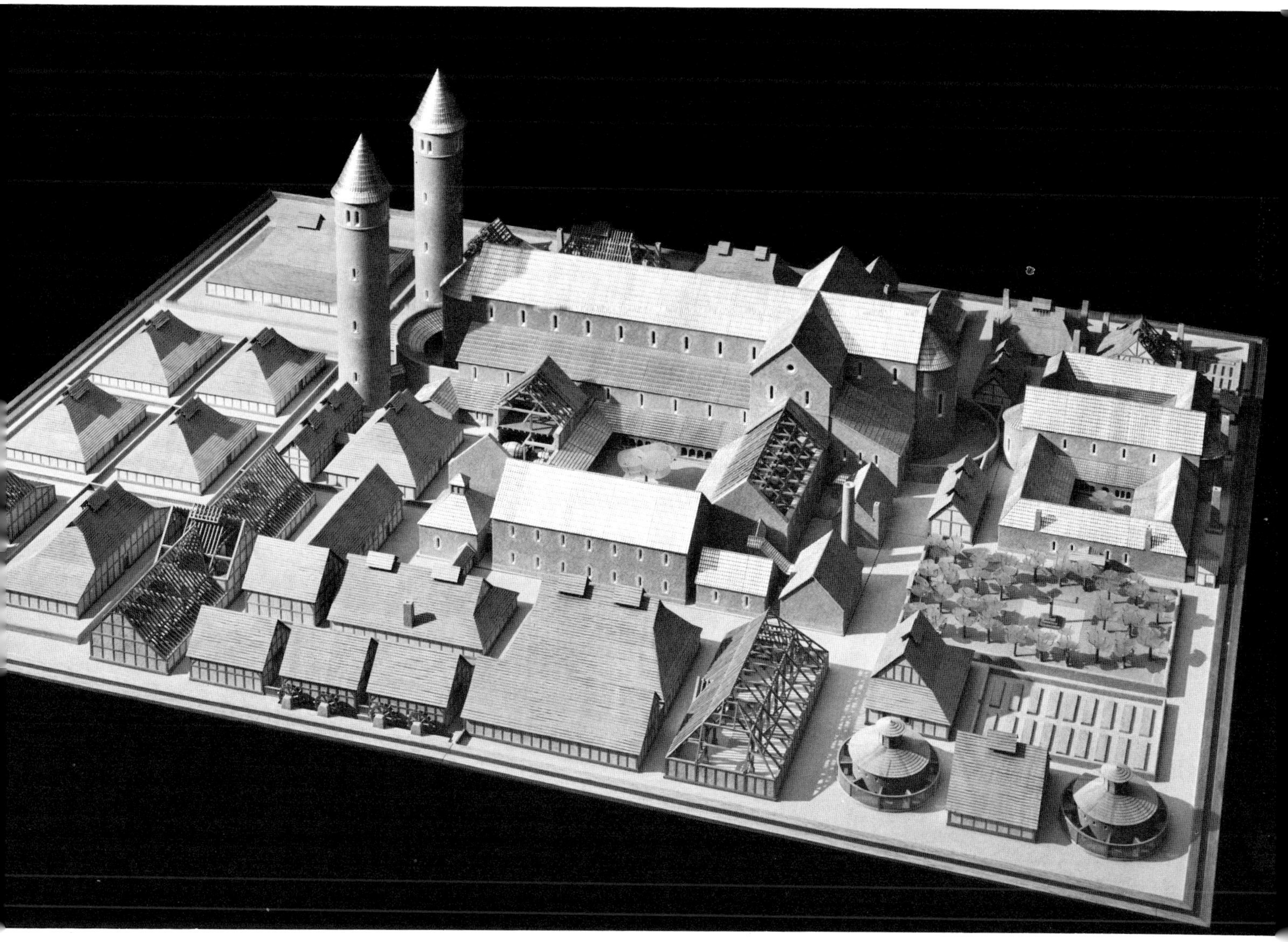

St. Galler Klosterplan:
Blick auf das Modell nach dem St. Galler Plan, Ansicht von Süden
(Modell von Walter Horn und Ernest Born)

St. Galler Klosterplan:
Blick auf das Modell nach dem St. Galler Plan, Ansicht von Südwesten
(Modell von Walter Horn und Ernest Born)

St. Galler Klosterplan:
Blick auf das Modell nach dem St. Galler Plan, Ansicht von Nordwesten
(Modell von Walter Horn und Ernest Born)

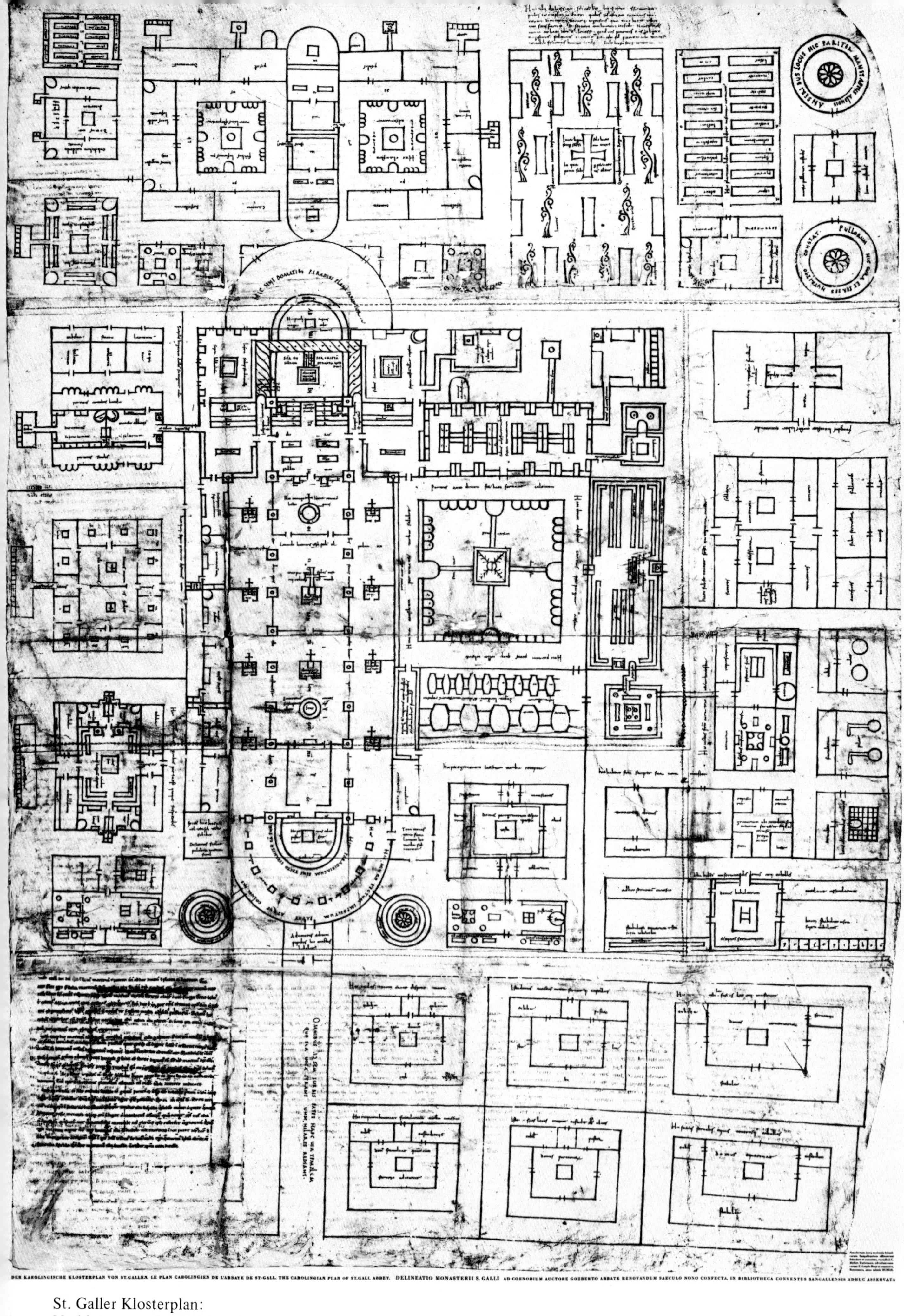

DER KAROLINGISCHE KLOSTERPLAN VON ST.GALLEN. LE PLAN CAROLINGIEN DE L'ABBAYE DE ST-GALL. THE CAROLINGIAN PLAN OF ST.GALL ABBEY. DELINEATIO MONASTERII S. GALLI AD COENOBIUM AUCTORE GOZBERTO ABBATE RENOVANDUM SAECULO NONO CONFECTA, IN BIBLIOTHECA CONVENTUS SANGALLENSIS ADHUC ASSERVATA

St. Galler Klosterplan:
Verkleinerung des Originalplans

Reichenau, Oberzell:
Blick in die Krypta von St. Georg

Foto: Th. Keller, Insel Reichenau

Reichenau, Oberzell:
St. Georg von Südosten

Foto: Th. Keller, Insel Reichenau

Reichenau, Mittelzell:
Das Münster von Nordosten

Foto: Th. Keller, Insel Reichenau

Wimpfen am Berg:
Arkaden der Kaiserpfalz

Foto: Wilhelm Gerling sen. GmbH, Darmstadt

Wimpfen im Tal:
Romanisches Westwerk

Foto: Buch- und Kunsthandlung Grüssau, Bad Wimpfen

Köln:
St. Kunibert, Mittelsäule der Krypta

Foto: A. Kottmann

Unterregenbach an der Jagst:
Blick in den noch bestehenden Rest der Hallenkrypta

Foto: Franckh-Verlag Stuttgart

Unterregenbach
an der Jagst:
Karolingische Steinmetzarbeiten

Foto: A. Kottmann

Essen:
Münster, Blick in den Westchor

Zeichnung: A. Kottmann

Ottmarsheim:
Blick auf die Nonnenstiftskirche von Südosten

Zeichnung: A. Kottmann

Ottmarsheim:
Kapitäle in der Nonnenstiftskirche

Foto: A. Kottmann

Die Reichskrone:
Die Krone der deutschen Könige und römischen Kaiser,
Westdeutsch, 2. Hälfte des 10. Jahrhunderts (? ) mit späteren Zufügungen

Foto: Kunsthistorisches Museum, Wien

Hirsau:
St. Aurelius,
Chorschranken aus
der ersten Aureliuskirche
mit Flechtbandmuster

Foto: A. Kottmann

Hirsau
im Schwarzwald:
Friesteil vom abgebrochenen zweiten Turm der Klosterkirche St. Peter und Paul

Foto: Luz, Hirsau

Reichenau:
Kapitäl der Witigowosäule

Foto: Th. Keller, Insel Reichenau

Forchtenberg:
Romanisches Tympanon

Foto: A. Kottmann

# Köln, St. Kunibert

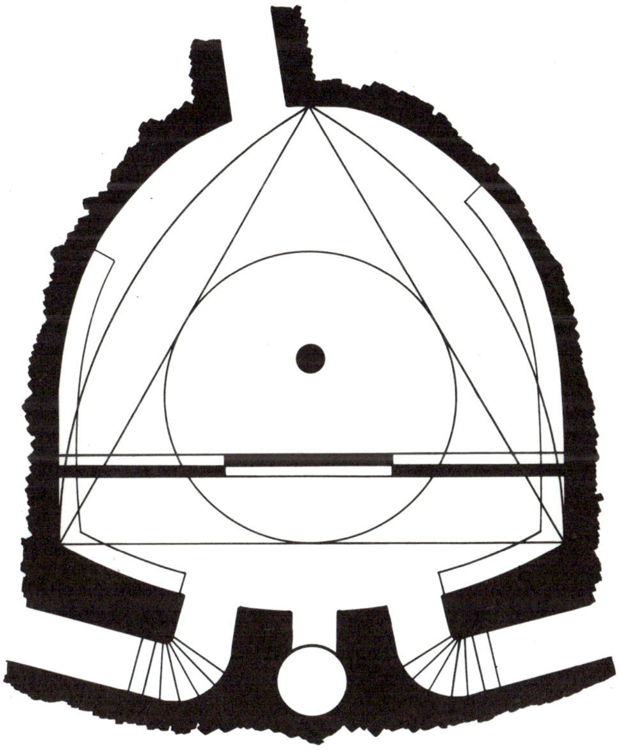

Außerhalb der alten Römerstadt gründete der Kölner Bischof Kunibert eine dicht am Rheinufer gelegene Kirche. Sie war dem hl. Clemens geweiht und mit einem Kollegiatstift verbunden. Im Jahre 663 wurde Kunibert hier beigesetzt; 695 ließ König Pippin die Märtyrerleiber der beiden Ewalde, zweier angelsächsischer Glaubensboten, in die Kirche übertragen. Mit der Erhebung von Kuniberts Gebeinen im Jahre 1168 trat St. Clemens in den Hintergrund. Der spätromanische Baukörper entstand nach 1215 als letzte, zugleich einheitlichste der großen staufischen Kirchen Kölns, die Ostteile konnten 1226, der ganze Bau 1247, ein Jahr vor dem Baubeginn am hochgotischen Dom, geweiht worden. Das Gebäude wurde im zweiten Weltkrieg stark beschädigt. Der Wiederaufbau der westlichen Teile ist noch nicht abgeschlossen.

Die Krypta von ganz eigenartigem Grundriß ist wesentlich älter als die spätromanische Kirche. Lediglich die Gewölbe sind nach 1215 erneuert worden. Zwei Kryptawände sind in parabolischer Form um ein gleichseitiges Dreieck gelegt; die Westwand wurde über einem Kreisbogenstück errichtet. Der Kreisbogenabschnitt ist mit der Dreieckseite als Halbmesser um die im Scheitel der Parabel liegende Ecke des Dreiecks geschlagen. In die Krypta bezog man einen sicher viel älteren Brunnenschacht ein. Er liegt in der Parabelachse, zwei Fuß hinter der Westwand. Eine schmale, rundbogig geschlossene Öffnung verbindet Krypta und Brunnen.

Das alte Mauerwerk der Kryptawände, aus gespaltenen grauen Geröllstücken vom Rheinufer zusammengefügt, hebt sich von dem kleinsteinigen, hellen Mauerwerk des Gewölbes und der Ausbesserungen sichtbar ab. Ursprünglich hatte die Krypta ein Fenster gegen Osten, das etwas aus der Achse geraten war. Mit dem Bau des neuen Chors, der weiter gegen den Rhein vorgeschoben worden ist, wurde es in einen Stollen gerückt. Die Mittelsäule und das unvollendete, korinthisierende Kapitäl entstammen wahrscheinlich der ersten Bauzeit, da der gelbliche Sandstein beim Bau von St. Kunibert im 13. Jahrhundert nicht verwendet worden ist. Die groben Geröllbrocken der Kryptamauern eigneten sich nicht für derartige Steinmetzarbeiten.
Die Verwendung des Gerölls erlaubt keine Schlüsse auf die Bauzeit. Es findet sich in römischen und mittelalterlichen Bauwerken; auch die Fundamente des staufischen Chors von St. Kunibert sind in dieser Art gemauert.

Die Absteckung hat man sich folgendermaßen zu denken: Zunächst wurde die von Westen nach Osten gerichtete Achse der Krypta festgelegt. Sie verläuft durch den Mittelpunkt des älteren Brunnenschachts. In zwei Fuß Abstand vom Schachtrand liegt die Westwand der Krypta, der östlichste Punkt des Grundrisses 27 Fuß von dieser entfernt. Er ist gleichzeitig Ecke des gleichseitigen Dreiecks von 27 Fuß Seitenlänge, das in den parabolisch gekrümmten Grundriß einbeschrieben wurde. Die Westwand erhebt sich über dem Kreis um den Parabelscheitel, dessen Halbmesser gleich einer Dreieckseite ist.

Eine Einheit des Maßstabs entspricht 9 Fuß.

Länge einer Dreieckseite:
3 · 9 = 27 Fuß zu je 32,4 cm (8,76 m)

Breite des Ostfensters:
3 Fuß zu je 33,3 cm (1,00 m)

Breite der westlichen Ausgänge:
3 Fuß zu je 33,3 cm (1,00 m)

Dicke der Wände im Westen:
2 1/2 Fuß zu je 33,3 cm (0,85 m).

# Die Martinskirche zu Oberlenningen

Die Kirche zu Oberlenningen blickt, wie schon der Name des Patrons zeigt, auf ein sehr hohes Alter zurück. Während der Grundriß der drei Schiffe und die Bogenreihen des Mittelschiffs vermutlich aus dem 11. Jahrhundert stammen, wurden die Ostteile und der Turm 1326 errichtet. Die Wandgemälde innerhalb der Seitenschiffe entstanden wahrscheinlich im Zusammenhang mit Erneuerungsarbeiten im Jahr 1326.

Oberlenningen wäre kaum erwähnenswert, wenn die Bogenreihen nicht auf für den süddeutschen Raum ungewöhnlichen Kapitälen ruhen würden. Sie gleichen denen in der Krypta zu Reichenau-Oberzell. Auch in der Kirche zu Niederzell finden sich ähnliche Kapitälformen.

Diese Mulden- oder Polsterkapitäle trifft man im byzantinischen Raum häufig. Da zudem an einer der Säulen ein Steinmetzzeichen in der Form des griechischen Buchstabens $\pi$ gefunden wurde, drängt sich immer wieder die Vermutung auf, byzantinische Werkleute könnten in Oberlenningen gearbeitet haben.

Es wäre nun reizvoll zu ergründen, ob wie in Lorsch, Hirsau (Aureliuskirche) und Seligenstadt eine besondere Maßeinheit diese Vermutung bestätigt.

Da man den Ostteil des Kirchenraumes in gotischer Zeit völlig neu erbaute, erübrigte es sich, eine Triangulatur zu versuchen. Es ist jedoch möglich, aus den Breiten den einst benützten Fuß zu errechnen.

| | |
|---|---|
| Breite des Mittelschiffs einschließlich beider Wände: | |
| 21 Fuß zu je 33,3 cm | (7,00 m) |
| Lichte Breite der Seitenschiffe: | |
| 6 Fuß zu je 32,5 cm | (1,95 m) |
| Dicke der Außenwände: | |
| 3 Fuß zu je 32,0 cm | (0,96 m) |
| Dicke der Hochschiffwände: | |
| 2,5 Fuß zu je 31,6 cm | (0,79 m) |
| Gesamtbreite: | |
| 39 Fuß zu je 32,9 cm | (12,82 m). |

**Die Bogenreihen**

Die leicht konischen Säulen stehen ohne überleitende Basen zumeist auf drei Fuß im Quadrat messenden Steinplatten, die nur einige Zentimeter aus dem Fußboden herausragen. Dünne, oft eckig gearbeitete Halsringe leiten zu den sehr weich geformten Muldenkapitälen über, auf denen grobe Kämpferplatten ruhen. Die Formgebung und Bearbeitung ist für das 11. Jahrhundert ungelenk und rückständig. Im Vergleich mit anderen Bauten dieser Zeit, der Krypta des Doms zu Speyer oder auch der Krypta zu Oberstenfeld, ist man geneigt, die Bogen zu Oberlenningen zeitlich wesentlich früher anzusetzen. Die Kämpferhöhe wurde durch ein gleichseitiges Dreieck bestimmt.

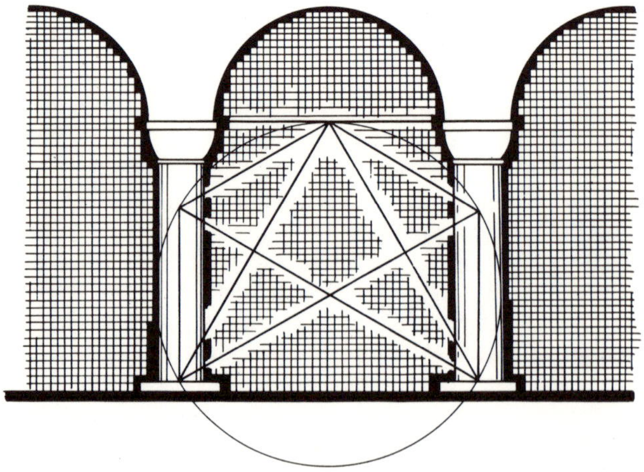

Wir kennen in Deutschland nur ein einziges Bauwerk, an dem nachweislich byzantinische Handwerker tätig waren: die Bartholomäuskapelle in Paderborn.

# Die Bartolomäuskapelle zu Paderborn

Um 1017 ließ Bischof Meinwerk von Paderborn unmittelbar neben dem Dom eine kleine Kapelle „per grecos operarios" erbauten. Es kann sich nur um byzantinische Bauleute handeln, weil im Mittelalter alle Angehörigen des Ostreiches als Griechen bezeichnet wurden.

Säulen mit eigentümlichen Kapitälen teilen den Raum in drei gleich hohe Schiffe. Hängekuppeln bedecken die einzelnen Gewölbefelder, eine Bauweise, die sonst in Westeuropa nicht zu finden ist. Die durch Nischen in den Wänden gegliederte, überaus leicht wirkende Halle zeugt von einem fremden, nur in byzantinischem Bereich beheimateten Raumgefühl. Insbesondere fehlt der Drang zur Höhenentwicklung, den wir bei allen ottonischen Bauten dieser Zeit bemerken. Aufgrund dieser Zusammenhänge erwarten wir als Maßeinheit einen römischen Fuß von etwa 30 cm Länge. Aber die Byzantiner verwandten die damals im Westreich übliche Maßeinheit. Sie mißt an der Bartholomäuskapelle 32,7 cm. Vermutlich betätigte sich die Bauhütte schon länger im Westen und hatte den dort üblichen Fuß übernommen. Die Außenmauern sind drei Fuß, die Apsismauer 2 1/2, die Arkaden 1 1/2 Fuß dick. Die Nischen in den Bogenfeldern wurden 4 Fuß breit gewählt.

## Der Grundriß

Als Bemessungsgrundlage diente die Breite $2^5 = 32$ Fuß. Von der Westwand als Basis ausgehend, ergab sich über die bekannte Sechseckkonstruktion die Lage der Ostwand, im Gegensatz zu den sonstigen Erfahrungen aber nicht die Außen- sondern die Innenseite. Der östlichste Punkt der Apsis liegt mit geringer Abweichung in der Spitze des Sechsecks. Diese Figur teilt den Raum in drei gleich breite Abschnitte. Da die Wände jeweils zu den Seitenabschnitten geschlagen wurden, erhielt das Mittelschiff eine wesentlich größere Breite. Die im Westen vorgebaute 12 Fuß breite Halle entstand nachträglich.

Eine Einheit des Maßstabs entspricht 4 Fuß.

Breite des Bauwerks:
32 Fuß zu je 32,7 cm (10,45 m)

Breite des Mittelschiffs:
32/3 Fuß zu je 32,4 cm (3,45 m)

Dicke der Mauern:
3 Fuß zu je 32,3 cm (0,97 m)
1 1/2 Fuß zu je 32,5 cm (0,49 m)

Länge des Raumes bis zur Innenseite der Ostwand:
$10{,}45 \cdot 2\sqrt{3}/3 = 12{,}08$ m, gemessen 12,15 m

Länge über alles:
$10{,}45 \cdot 5\sqrt{3}/6 = 15{,}10$ m, gemessen 15,36 m.

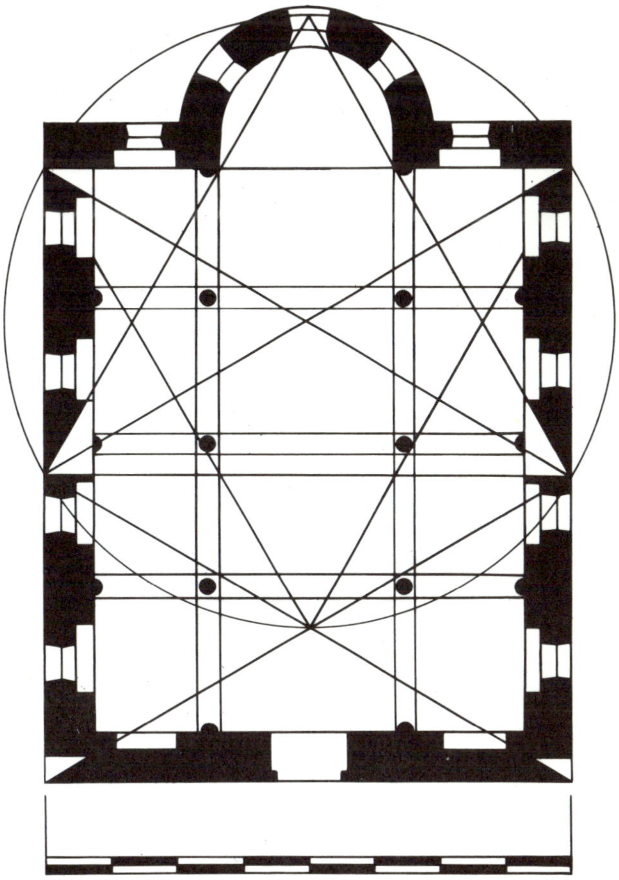

Die Füße in Oberlenningen und Paderborn sind demnach etwa gleich lang und weichen vom im Mittelalter bei uns allgemein üblichen Maß nicht ab. Weitere Schlüsse lassen sich erst ziehen, wenn nach Messungen im ehemaligen byzantinischen Einflußbereich Klarheit besteht, welche Füße dort üblich waren.

# Ottmarsheim

## Geschichte

Ottmarsheim trägt den Namen des hl. Othmar († 759). Als Abt von St. Gallen führte er um 720 dort die Benediktinerregel ein; er wird als zweiter Gründer der Abtei gefeiert. Vermutlich gelangte Land um Ottmarsheim zu seiner Zeit in den Besitz St. Gallens. Begütert waren hier auch Murbach (881) und das Basler Stift St. Alban (1101).

Eine Kirche zu Ottmarsheim wird erst nach der Gründung des Klosters durch Rudolf von Altenburg, den Ahnherrn der im nahen Aargau beheimateten Habsburger, erwähnt. Einer alten Überlieferung zufolge hat Papst Leo IX. im Jahre 1049 auf seiner Reise durch Deutschland die Kirche geweiht.

Schon sehr früh war das Benediktinerkloster in ein adeliges Damenstift umgewandelt worden. Die Stiftsfrauen entstammten den angesehensten Geschlechtern aus dem Elsaß und den benachbarten Gebieten. Das Stift war reich begütert. Die Besitzungen erstreckten sich bis auf die Schwäbische Alb.

Im Jahr 1272 verbrannten die Neuenburger und die Truppen des Basler Bischofs im Streit gegen Rudolf von Habsburg, den Klostervogt von Ottmarsheim, die Klosteranlage samt Kirchturm; 1445 und 1446 wurde das Stift von den Baslern entweiht, ausgeraubt und niedergebrannt; es verarmte und blieb lange leer. Ludwig XIV. unterstützte den Konvent und verhalf nochmals zu einer späten Blüte. Die Revolution führte 1792 zur Auflösung. Die Stiftskapelle wurde Dorfkirche, die Konventsgebäude brach man ab und verschleuderte die Ausstattung.

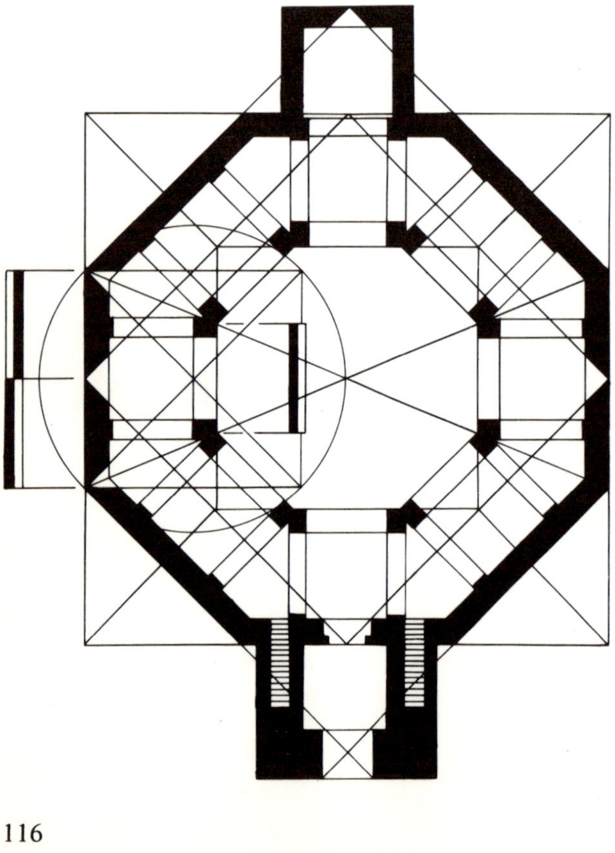

Die Kirche zu Ottmarsheim wurde als vereinfachte Nachbildung der Aachener Pfalzkapelle Karls des Großen in Auftrag gegeben. Darin liegt ihre große kunstgeschichtliche Bedeutung. Die adeligen Damenstifte der ottonischen Zeit pflegten die Tradition in besonderer Weise. Sie griffen gerne auf die Bauformen der karolingischen Reichskunst, insbesondere der Aachener Kapelle zurück. So entstand der Westchor des Essener Münsters, das Westfenster der Damenstiftskirche St. Maria im Kapitol zu Köln und der Bau der Stiftskapelle zu Ottmarsheim.

Die sehr genaue Absteckung deutet darauf hin, daß der Konvent für die verantwortungsvolle Aufgabe, die Kapelle des großen Kaisers zu kopieren, einen erfahrenen Meister verpflichtete. Die bei der Maßuntersuchung gewonnenen Erkenntnisse dürften deshalb für die Zeit kurz nach 1000 von besonderer Aussagekraft sein.

Der Meister beschränkte sich nicht darauf, eine Nachbildung von Aachen zu schaffen; er entwarf etwas Neues. Das Sechzehneck von Aachen führte er auf ein Achteck zurück. Darin liegt jedoch nicht seine Bedeutung; viel wesentlicher ist, daß er sich von dem allen anderen Nachbildungen eigenen korinthischen Kapitäl mit besonderem Kämpferstein löste und das eben entstandene Würfelkapitäl benützte.

Der Westchor des Essener Münsters und das große Westfenster von St. Maria im Kapitol stehen streng in der karolingischen Tradition. St. Michael zu Hildesheim behält zwar den Kämpferstein in der Form der Aachener Pfalzkapelle bei, benützt jedoch bereits das Würfelkapitäl. In Ottmarsheim gelingt, trotzdem der Bau unmittelbar aus karolingischer Tradition erwächst, der Durchbruch zur neuen Form. Wir können die Qualitäten dieses Meisters nicht hoch genug einschätzen.

Wie nicht anders zu erwarten, hat er den Grundriß nach der Quadratur bemessen. Eine Seite des Achtecks mißt $3^3 = 27$ Fuß; entgegen den Erwartungen entstammt diese Zahl der Dreierreihe, nicht der Achterreihe. Das Nebeneinander von Triangulatur und Quadratur tritt bei der weiteren Untersuchung des Bauwerks klar zutage. Der Aufriß des inneren Oktogons folgt dem gleichseitigen Dreieck, der Aufriß des äußeren dem Quadrat. Die Vermischung beider Verfahren geht so weit, daß für die Kapitäle das Quadrat und für die Basen der Säulen das gleichseitige Dreieck maßgebend ist. Dreieck und Quadrat waren für den Meister um 1000 zwei gleichwertige Bemessungshilfen, die nebeneinander in einem Bauwerk Verwendung finden konnten.

## Der Grundriß

Als Bemessungsgrundlage diente eine Seite des äußeren Achtecks. Sie mißt $3^3 = 27$ Fuß. Über dieser Seite steckte der Meister zunächst ein Quadrat ab und schlug den Umkreis, dessen Scheitel den Mittelpunkt des Achtecks bildet. Damit waren der Mittelpunkt und zwei Ecken des Achtecks bekannt; die weitere Absteckung des Umrisses war möglich.

Die Maße des inneren Achtecks vermittelt die dargestellte Quadratur. Die Seiten des inneren Achtecks sind halb so lang wie die des äußeren, wobei einmal an der Innenseite, das andere Mal an der Außenseite gemessen wurde. Der Choranbau und der Westturm fügen sich in die Quadratur.

Eine Einheit des Maßstabs entspricht 27/2 Fuß.

Länge einer äußeren Achteckseite:
27 Fuß zu je 33,6 cm (9,05 m)

Länge einer inneren Achteckseite:
27/2 Fuß zu je 33,6 cm (4,52 m)

Mauerdicke am inneren und äußeren Achteck:
3 Fuß zu je 33,3 cm (1,00 m)

Lichte Weite der Bogenöffnungen:
10 Fuß zu je 33,6 cm (3,36 m)

Dicke der Mauern im Turmuntergeschoß:
6 Fuß zu je 34,0 cm (2,04 m)

Dicke der Mauern im Chor:
2 1/2 Fuß zu je 34,0 cm (0,85 m)

Lichte Breite des Chors:
12 Fuß zu je 32,4 cm (3,90 m)

Lichte Breite des Turmdurchgangs:
10 Fuß zu je 33,4 cm (3,34 m)

Breite der Gurtbögen in den Gewölben des Umgangs:
2 1/2 Fuß zu je 32,4 cm (0,81 m)

Seiten der quadratischen Gewölbefelder:
10 Fuß zu je 33,6 cm (3,36 m).

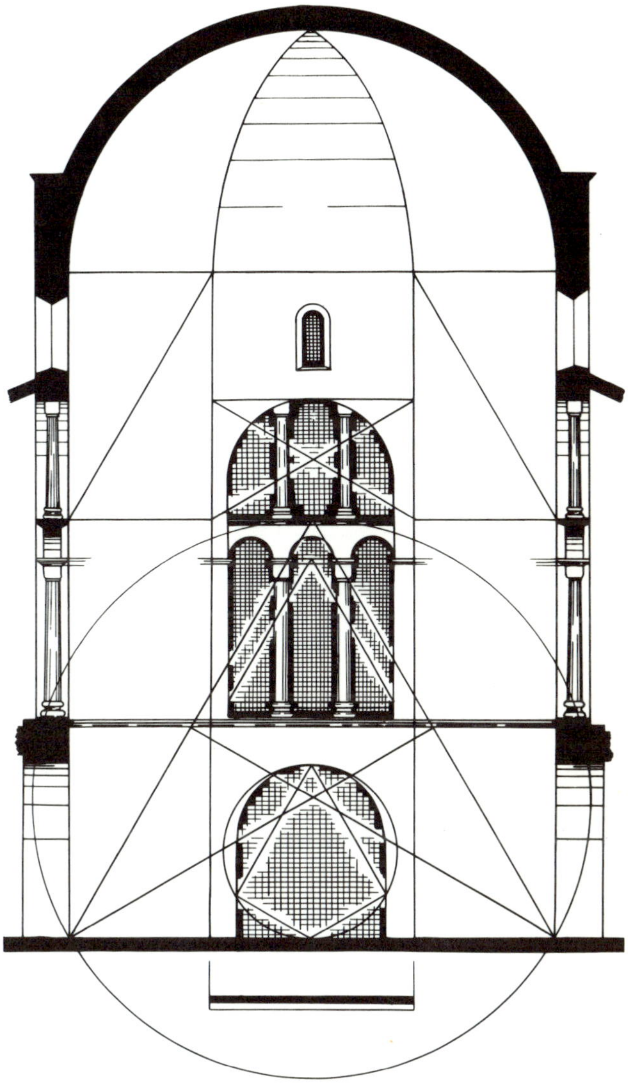

**Der Aufriß des inneren Oktogons**

Wie aus der Beschreibung des Grundrisses hervorgeht, mißt jede Seite des inneren Oktogons 27/2 Fuß. Über dem Durchmesser des einbeschriebenen Kreises als Grundlinie errichtete der entwerfende Meister ein gleichseitiges Dreieck, dessen Schwerlinien die Seiten halbieren und gleichzeitig die Gesamthöhe in zwei gleiche Hälften unterteilen. Die Gesimse gehören jeweils zum ersten Obergeschoß. Die Höhe zwischen den Kämpfern und Basen der Bogen im ersten Obergeschoß verhält sich zur Breite der Öffnung wie die Höhe eines gleichseitigen Dreiecks zu dessen Seite. In die Bogenöffnung des Erdgeschosses läßt sich ein Sechseck einzeichnen. Die Höhe des Bogenscheitels im zweiten Obergeschoß bestimmen zwei Parallelen zu den Schwerlinien, den Kämpfer des Gewölbes zwei Parallelen zu den Dreieckseiten. Die Bogenöffnungen in den schräg zur Bildebene verlaufenden Wänden sind nicht eingezeichnet, da die sich mehrfach überschneidenden Linien die Übersicht beeinträchtigt hätten.

Eine Einheit des Maßstabs entspricht 27/2 Fuß.

Länge einer Dreieckseite:
$4{,}52\,(1+\sqrt{2}) = 10{,}91$ m

Höhe des eingezeichneten gleichseitigen Dreiecks:
$10{,}91 \cdot \sqrt{3}/2 = 9{,}44$ m, gemessen 9,35 m

Breite der Bogenöffnung im Erdgeschoß:
10 Fuß zu je 33,6 cm (3,36 m)

Höhe der Bogenöffnung im Erdgeschoß:
$3{,}36 \cdot 2/\sqrt{3} = 3{,}88$ m, gemessen 3,90 m

Breite der dreiteiligen Öffnung im ersten Obergeschoß:
11 Fuß zu je 33,8 cm (3,72 m)

Höhe der Säulen zwischen Kämpfer und Basis:
$3{,}72 \cdot \sqrt{3}/2 = 3{,}22$ m, gemessen 3,25 m

Höhe zwischen Gesims und Bogenscheitel im zweiten Obergeschoß:
$4{,}52 \cdot \sqrt{3}/3 = 2{,}61$ m, gemessen 2,66 m.

Auch die größte Breite der Basis mißt 15/12 + 2 · 2/12 Fuß. Die Kehle springt um 5/12 Fuß zurück, der obere Ring wieder um 2/12 vor. Die Höhen der Basis sind durch Triangulatur bestimmt.

| | | |
|---|---|---|
| Breite der Kämpferplatte: 19/12 Fuß zu je 2,79 cm | | (53 cm) |
| Breite des Kapitäls: 5/4 = 15/12 Fuß zu je 2,80 cm | | (42 cm) |
| Dicke der Säulen am Fuß: 1 Fuß zu je 33,3 cm | | (33,3 cm) |
| Durchmesser des oberen Basisrings: 4/3 = 16/12 Fuß zu je 2,84 cm | | (45,5 cm) |
| Durchmesser der Kehle: 7/6 = 14/12 Fuß zu je 2,79 cm | | (39,0 cm) |
| Durchmesser des unteren Rings: 19/12 Fuß zu je 2,73 cm | | (51,6 cm). |

**Der Aufriß des äußeren Oktogons**

Im Gegensatz zum inneren Oktogon wurde das äußere, wie bereits vom Grundriß her zu erwarten ist, mit Hilfe der Quadratur bemessen. Die Figur ist denkbar einfach; Geraden unter 45° bestimmen die Lage der beiden Dachgesimse. Das Zeltdach ist ergänzt.

**Kapitäl, Kämpferplatte, Basis**

Kapitäl und Kämpfer sind aus einem Quadrat von 15/12 Fuß Seitenlänge entwickelt; die Kämpferplatte steht beiderseits um 2/12 Fuß vor.

# Aachen
# Die Pfalzkapelle Karls des Großen

## Geschichte

Die Betrachtung des Ottmarsheimer Oktogons muß ohne den Vergleich mit dem Vorbild, der Pfalzkapelle zu Aachen, Stückwerk bleiben. Im Jahre 786 erlaubte Papst Hadrian (772–795) Karl dem Großen, Marmor und Mosaiken aus Ravenna für den Bau der Aachener Pfalz zu holen. Die Säulen der Pfalzkapelle und eine große Zahl der Kapitäle sind Spolien aus Oberitalien. Der Bau war wahrscheinlich schon vor dem Jahr 800 fertig. Die Weihe durch Papst Leo III. im Jahr 805 anläßlich seines Besuchs in Deutschland erlaubt keine Rückschlüsse auf die Bauzeit.

Kaiser Karls Pfalzkapelle war nicht das einzige monumentale Bauwerk der karolingischen Zeit. Große Kirchen entstanden im großen Reich: Pippin, Karls Vater, begann 754 mit dem Neubau von St. Denis bei Paris; 775 wurde die Kirche von Karl vollendet. Angilbert, Staatsmann und Dichter am Königshof, erbaute St. Riquier in Centula. Große Dome entstanden in den Städten am Rhein; Klosterkirchen von bisher nicht gekannten Ausmaßen in Fulda und in Hersfeld, in Lorsch und St. Gallen. Dennoch kam der Pfalzkirche des großen Kaisers, besonders nach dem Zerfall des Karolingerreichs, als sich die Ottonen bemühten, das Reich zu neuem Glanz zu erwecken, immer besondere Bedeutung zu.

Die früheste Nachbildung der Aachener Pfalzkirche mit achteckigem Kern und sechzehneckigem Umgang entstand um 900 zu Brügge. Von der als Grabeskirche für Bischof Notger 992 geweihten Kirche St. Johann zu Lüttich, die über demselben Grundriß aufgeführt war, ist nur noch der Westbau erhalten.
Das letzte Gebäude dieser Art dürfte die wohl nach der Mitte des 11. Jahrhunderts erbaute Kirche St. Nikolaus auf dem Gelände der Pfalz zu Nimwegen sein. Die Fundamente ähnlicher Zentralbauten, auch über leicht abgeänderten Grundrissen (Sechseck, Zwölfeck, Zehneck, Zwanzigeck), konnten in Maizen bei Mechelen, Centula, Wimpfen und Groningen freigelegt werden.

Doch nicht nur die Pfalzkirche diente den Baumeistern der folgenden Generationen als Vorbild, auch Einzelheiten, insbesondere die großen Arkaden mit den eingestellten Säulen und diese selbst wurden als Formen besonderer Repräsentation immer aufs neue benützt.

Ein sicheres Vorbild für die Pfalzkapelle in Oberitalien zu finden, ist unmöglich. Meist wird San Vitale, der achteckige Zentralbau in Ravenna, genannt, aber auch die Kirche St. Sergius und Bachus zu Konstantinopel, ebenfalls aus der Zeit Justinians, erscheint als mögliches Vorbild. Beide Kirchen unterscheiden sich von der Pfalzkapelle in wesentlichen Merkmalen: Der in Aachen geschlossene, durch wuchtige Pfeiler getragene Zentralraum öffnet sich in Ravenna und Byzanz dank der zurückschwingenden, kreisförmigen Nischen in die Tiefe und bietet einen anderen Raumeindruck. Auch der Aufriß dieser Kirchen wirkt viel leichter. Oft hat man in Aachen das Gefühl, die Längswand einer Pfeilerbasilika wie der Einhartsbasilika zu Seligenstadt sei zum Achteck geknickt worden und bilde nunmehr den Unterbau des Kernraums, während das Seitenschiff, ebenfalls geknickt, außen mitläuft.

Kaiser Karls Pfalzkapelle steht wie die Königshallen zu Lorsch und Frauenwörth auf der Schwelle zwischen Antike und Mittelalter. Der Modul Vitruvs, des Vertreters der antiken Ingenieurwissenschaften, der im frühen Mittelalter in hohem Ansehen stand und dessen Begriffe Isidor von Sevilla († 636), Hrabanus Maurus (um 844), dem Reichenauer Notker Balbulus (um 983) und Einhart geläufig waren, bestimmt als 25 Fuß lange Einheit – auch dieses Maß erinnert an die Königshallen – den Grundriß des Achtecks und des Chors. Der Einfluß der wahrscheinlich von fränkischer Seite vertretenen, modernen Bemessungsweise mit dem gleichseitigen Dreieck, dessen Seite von 36 Fuß Länge der Zwölferreihe entstammt und das beginnende Mittelalter verkörpert, setzt sich am Westbau durch.

Das Bauwerk ist nicht mehr in seiner ursprünglichen Form erhalten. 881 wurde die Pfalz durch Normannen geplündert. Im Jahr 1146 erfolgte nach einem Brand die erste Aufstockung des Kernbaus, der nach einem zweiten Brand 1224 eine weitere Erhöhung folgte. Zwischen 1355 und 1414 errichtete man anstelle des einfachen karolingischen Rechteckchors den gotischen Hochchor. Nach verschiedenen Veränderungen in der Barockzeit brachten die Revolutionsjahre die Verschleppung der Säulen aus den Oktogonarkaden nach Paris. Mitte des letzten Jahrhunderts begann man nach und nach die Schäden zu beseitigen und den Raum in einen angemessenen Zustand zu versetzen.

## Der Grundriß

Um das in ein Quadrat von 50 karolingischen Fuß Seitenlänge einbeschriebene Achteck legt sich das in ein Quadrat von 100 Fuß Seitenlänge einbeschriebene Sechzehneck. Im Gegensatz zu Ottmarsheim liegen die Wanddicken des Oktogons innerhalb des Achtecks. In Aachen sind diese Wände Teil des Kernraums, in Ottmarsheim umhüllen sie ihn nur, eine Feststellung, die sich beim Vergleich der Aufrisse und der dort benützten Bemessungshilfen bestätigt.

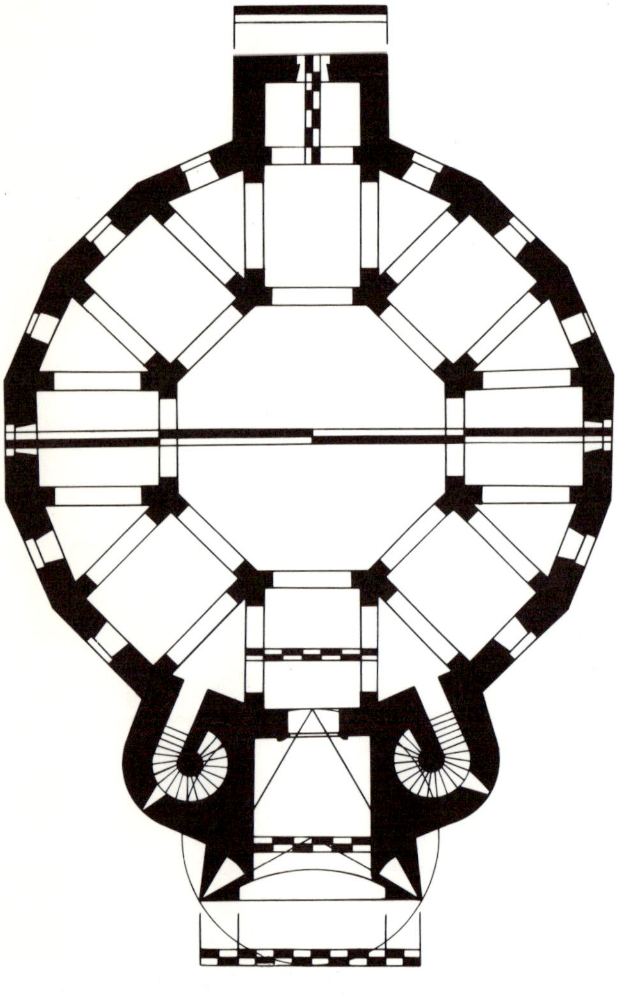

Der Chor wurde im Osten mit 25 Fuß Breite angefügt. Er springt um 18 Fuß vor. Der Westbau folgt der Triangulatur. Die 36 Fuß lange Dreieckseite ist gleich der größten Breite, die Tiefe entspricht der Höhe des Dreiecks. Die lichte Breite der Vorhalle mißt 18 Fuß, die Breiten der Rechteckräume im Umgang messen 15 Fuß.

Eine Einheit des Maßstabs entspricht 25 Fuß und 3 Fuß.

Gesamtbreite der Anlage:
100 Fuß zu je 33,43 cm (33,43 m)

Durchmesser des Oktogons einschließlich der Mauerdicken:
50 Fuß zu je 33,1 cm (16,55 m)

Dicke der Außenwände:
5 Fuß zu je 34,0 cm (1,70 m)

Dicke der Pfeiler:
3 Fuß zu je 35 cm (1,05 m)

Breite eines Rechteckraums im Umgang:
15 Fuß zu je 34,3 cm (5,15 m)

Breite der Vorhalle:
18 Fuß zu je 33,7 cm (6,07 m)

Dicke der Wände an den Treppentürmen:
4 Fuß zu je 33,8 cm (1,35 m)

Breite des Westportals:
10 Fuß zu je 33 cm (3,30 m).

## Der Schnitt

Die Ansicht der Kirche zu Ottmarsheim ist unabhängig vom Aufbau des Inneren entworfen; in Aachen wurden alle Höhen aus dem Schnitt entwickelt. Das Erdgeschoß des Kernraums folgt genau denselben Gesetzen wie in Ottmarsheim; Basis des gleichseitigen Dreiecks ist jedoch folgerichtig nicht die lichte Breite, sondern die Breite einschließlich beider Mauern. Das darüberliegende starke Gesims gehört in beiden Kirchen bereits zum Obergeschoß, dessen Maße in Aachen mit der Quadratur bestimmt worden sind. Hier unterscheiden sich beide Bauwerke, eine gewisse Übereinstimmung in der Anwendung der verschiedenen geometrischen Verfahren ist aber nicht zu übersehen. In der Art Vitruvs wurden die Säulen eingestellt und die übrigen Höhen gleichfalls nur nach Zahlenverhältnissen bemessen. Das erste Säulengeschoß ist bis zur Kämpferplatte 15 Fuß hoch, die Höhe des oberen Umganggeschosses mißt 25 Fuß, der Zentralraum erhebt sich um dasselbe Maß über die Dächer des Umgangs. Die Höhe bis zur Spitze des Zeltdachs betrug 100 Fuß und entsprach der größten Breite. Die gleichzeitige Verwendung zweier verschiedener Zahlenreihen und verschiedenartiger Bemessungsverfahren an einem Bauwerk zeugt einerseits von großer Aufgeschlossenheit allen Einflüssen gegenüber und andererseits von einer gewissen Unsicherheit, die beim Vergleich mit der viel strafferen Geometrie des Ottmarsheimer Entwurfs sichtbar wird.

Gesamthöhe vom Boden zum Scheitel:
100 Fuß zu je 33,15 cm (33,15 m)

Höhe der Fenster im Lichtgaden:
10 Fuß zu je 33 cm (3,30 m)

Breite der Fenster im Lichtgaden:
5 Fuß zu je 33,2 cm (1,66 m)

Höhe des Erdgeschosses bis Unterkante Gesims:
$\sqrt{3}/4 \cdot 16{,}55 = 7{,}17$ m, gemessen 7,19 m

Höhe des ersten Säulengeschosses bis zur Kämpferplatte:
15 Fuß zu je 33,3 cm (5,00 m)

Höhe des Sturzes über den Säulen:
4 Fuß zu je 33 cm (1,32 m)

(Pläne im Maßstab 1 : 50 wurden freundlicherweise von Herrn Dombaumeister Dr. Kreusch zur Verfügung gestellt.)

# Die Deutsche Kaiserkrone

Den Abschluß der Untersuchungen an vorromanischen Bauten soll eine Betrachtung der deutschen Kaiserkrone bilden.
Die Zahl der ernsthaften Arbeiten und der mehr oder weniger glaubhaften Vermutungen über die Entstehung und den Symbolgehalt der Kaiserkrone ist groß. Mit ziemlicher Sicherheit steht fest, daß sie vor dem Jahr 1000 für die Krönung eines der drei Ottonen gefertigt worden ist und daß der Bügel, wohl auch das Kreuz über der Stirnplatte, Zutaten Konrads II. (1024–1039) sind. Der Bügel trägt den Namenszug dieses Kaisers.
Der vor 1000 entstandene Teil der Krone besteht aus acht Platten. Vier sind mit Bildern geschmückt, die übrigen reich mit Edelsteinen besetzt. Am kleinsten sind die Bildplatten. Sie werden von den Seitenplatten geringfügig überragt. Die Stirnplatte übertrifft alle anderen an Breite und Höhe, die Nackenplatte ist lediglich etwas höher als die Seitenplatten.
Während die Stirnplatte mit den zwölf Edelsteinen eindeutig auf das Amtsschild des alttestamentlichen Hohepriesters hinweist, stellen die Bildplatten mit Salomo und David die Verbindung zu den jüdischen Königen, die Platte mit dem Propheten Jesaia vor König Ezechias (Hiskia) die Verbindung zu den Propheten her, und die Platte mit dem von zwei Engeln begleiteten, thronenden Christus weist auf den zukünftigen Weltherrscher voraus.

Die allgemein üblichen Regeln der mittelalterlichen Technik gelten sicher auch für diese Goldschmiedearbeit.

Eine Einheit des Maßstabs entspricht einem Zoll.
Breite der Stirnplatte:
4 Zoll zu je 28 mm (112 mm)

Breite der anderen Platten:
3 Zoll zu je 28 mm (84 mm).

Gemessen wurden Breiten zwischen 83 und 85 mm.

Ein Fuß wurde üblicherweise in 12 Zoll geteilt. Der sicher ein Fuß lange Maßstab war deshalb 12 x 2,8 = 33,6 cm lang. Das Maß spricht gegen die schon mehrmals geäußerte Vermutung, die Krone sei in Unteritalien gefertigt worden.

Den Mittelpunkt des die Stirnplatte nach oben abschliessenden Kreisbogens bestimmt der Scheitel eines gleichseitigen Dreiecks von 4 Zoll Seitenlänge.

Höhe der Stirnplatte:
$112/2 + 112\sqrt{3}/2 = 56 + 56\sqrt{3} = 56 + 97 = 153$ mm, gemessen 156 mm.

Die folgende Bildplatte von 3 Zoll Breite ist ebenso bemessen. Sämtliche vier Bildplatten haben dieselben Maßverhältnisse.

Höhe der vier Bildplatten:
$84/2 + 84\sqrt{3}/2 = 42 + 42\sqrt{3} = 42 + 73 = 115$ mm, gemessen 119 mm.

Die Höhe der beiden Seitenplatten bestimmen die Schwerlinien des gleichseitigen Dreiecks und das Quadrat von 3 Zoll Seitenlänge.

Höhe der Seitenplatten:
$84 + 84\sqrt{3}/3 = 84 + 48 = 132$ mm, gemessen 136 mm.

Die Höhe der Nackenplatte ist von der Stirnplatte übernommen.

Es fällt auf, daß die gemessenen Höhen um 3 bis 4 mm größer sind als die gerechneten Werte. Die Abweichung ist überall dieselbe. Sie kann beim Zuschneiden entstanden sein.
Aus der Kenntnis des Arbeitsvorganges ist diese Abweichung vom Sollmaß leicht zu erklären: Der Goldschmied arbeitete mit Reißnadel und Stechzirkel auf einer Goldplatte, die zumindest unten gerade abgeschnitten war. Da er beim Aufreißen der Dreiecke mit dem Zirkel in die Platte einstechen mußte, konnte er nicht von der unteren Kante aus arbeiten; er zog parallel zu dieser Kante in 3 bis 4 mm Abstand eine Grundlinie, hat auf der Grundlinie die Plattenbreite zu $1 \cdot 4 + 7 \cdot 3 = 25$ Zoll abgetragen und die Platten bemessen. Nach dem Ausschneiden ließ er den schmalen Streifen an der Unterkante stehen. Das Bemessungsverfahren ist sehr einfach und entspricht den bekannten Gewohnheiten.

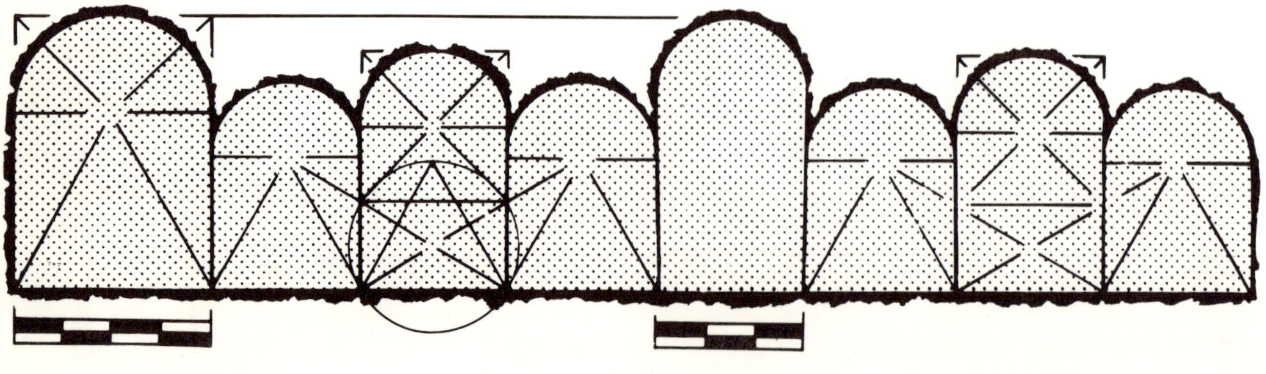

# Weingarten

## Geschichte

Bereits im Jahr 940 stifteten die Welfen am Fuß des heutigen Klosterberges ein Frauenkloster, das 1053 abbrannte. Der Nonnenkonvent zog nach Altomünster in Oberbayern; 1056 übersiedelten von dort Benediktiner und errichteten ihre Bauten auf dem Klosterberg. Die Welfen als Klostervögte wählten die Kirche zur Grablege. Weingarten entwickelte sich zum reichsten schwäbischen Kloster. Die Blüte dauerte ununterbrochen bis zur Säkularisierung im Jahr 1802.

Verschiedene Brände führten im 13. und 15. Jahrhundert zu größeren Erneuerungsarbeiten, bis man sich 1715 entschloß, die alte Basilika abzubrechen. Ein Plan der verschwundenen Anlage blieb jedoch erhalten und vermittelt ein genaues Bild.

## Der Grundriß

Daß das Münster auf der Reichenau bei diesem Entwurf Pate gestanden hat, springt sofort in die Augen. Der durch zwei Apsiden geschlossene Chor und der massige Westturm finden sich dort wieder. Die kreisrunde Kapelle im Norden der Basilika verdient besondere Aufmerksamkeit. Zentralbauten waren einst auch bei uns wahrscheinlich viel häufiger, als wir heute annehmen.

Es bereitet immer erhebliche Schwierigkeiten, aus einem alten Riß, der keine ursprünglichen Maße enthält und dessen Genauigkeit nicht mehr nachprüfbar ist, Längen zu entnehmen. Der zugehörige Maßstab wurde in Fuß angegeben; die Länge des benützten Fußes läßt sich jedoch nicht mehr ermitteln. Ich muß mich deshalb auf ganz wenige Angaben, die einigermaßen sicher sind, beschränken. Die Länge der Schiffe entspricht der Höhe eines Sechsecks. Eine Seite des zugehörigen gleichseitigen Dreiecks ist gleich der Querschifflänge.

Eine Einheit der Maßstäbe mißt bei der kleinen Teilung 6 Fuß, bei der großen Teilung 12 Fuß.

Durchmesser der Rundkapelle:
6 · 9 = 54 Fuß

Lichte Abmessungen des Vierungsquadrats:
6 · 6 = 36 Fuß

Lichte Breite des Kreuzganges:
102 Fuß

Breite einschließlich der Mauern:
9 · 12 = 108 Fuß

Breite des Westbaus:
3 · 12 = 36 Fuß

Breite des Ostbaus:
5 · 6 = 30 Fuß.

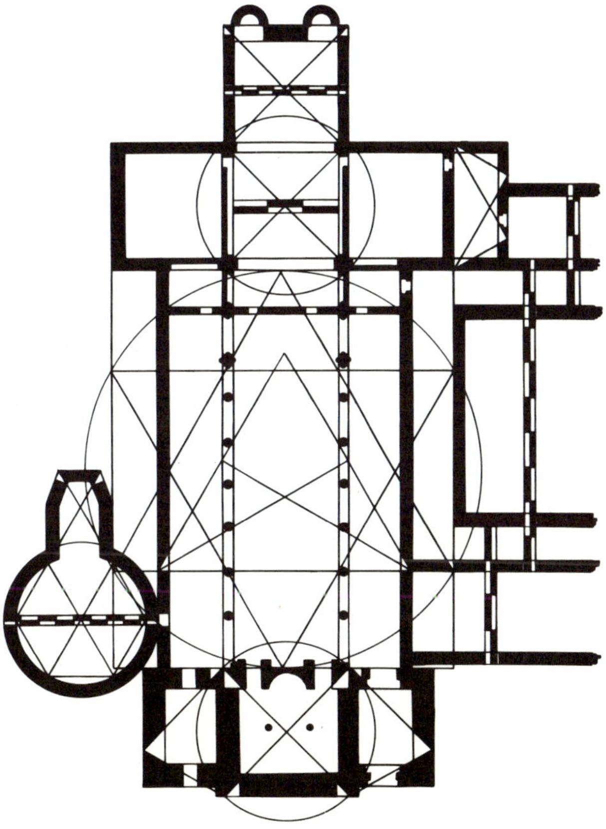

# Hirsau

## Geschichte

Über die älteste Geschichte Hirsaus berichten nur einige Sagen, die durch Zutaten im Mittelalter ziemlich unglaubhaft geworden sind. Vermutlich wurde die erste Zelle in den letzten Regierungsjahren Pippins des Jüngeren (751–768) erbaut. Verschiedene Anzeichen deuten auf eine Gründung durch das Kloster Lorsch an der Bergstraße hin.

Die älteste Hirsauer Niederlassung war dem hl. Nazarius geweiht. Seine Gebeine ruhten seit dem Jahre 765 in Lorsch. Er war der Titelheilige dieses Klosters. Bei Grabungen in den noch vorhandenen Resten der Aureliuskirche traten die Fundamente eines Gebäudes zutage, das 830 bereits Ruine war oder in diesem Jahr abgebrochen worden ist. Dem Grundriß liegt eine Maßeinheit von ca. 43 cm Länge zugrunde. Auch die Maße der Königshalle in Lorsch sind durch 43,6 cm teilbar. Die Vermutung, daß dieses alte Hirsauer Bauwerk und die Königshalle durch dieselbe Bauhütte errichtet worden sind, liegt deshalb sehr nahe, weil die Maßeinheit von 43 bis 43,6 cm Länge nördlich der Alpen nur noch in Seligenstadt festgestellt werden konnte und weil bei den Grabungen in Hirsau ein leider wieder verlorengegangenes Friesfragment gefunden wurde, das mit dem bekannten Fries an der Königshalle in Lorsch große Ähnlichkeit hatte. Da das Motiv des Frieses und diese Maßeinheit in Oberitalien mehrmals vorkommen, ist sicher, daß eine langobardische Bauhütte sowohl in Lorsch wie in Hirsau gearbeitet hat. Mit der Überführung der Gebeine des hl. Aurelius von Mailand nach Hirsau durch Bischof Nothing von Vercelli beginnt ein neuer Abschnitt der Hirsauer Geschichte.

Erlafried, ein Vorfahre der Grafen von Calw, erbaute nach 830 über den Fundamenten des langobardisch/karolingischen Oratoriums ein dem hl. Aurelius geweihtes Kloster, das als Hauskloster der Calwer Grafen bedeutungslos blieb und im Jahre 1050 restlos zerfallen war. Auf Anregung von Papst Leo IX., einem nahen Verwandten der Calwer Grafen, wurde 1059 mit dem Bau des dritten Klosters an derselben Stelle begonnen. Die Weihe der Kirche erfolgte im Jahr 1071; 1077 fügte man zwei Nebenchöre an.

Die überragende Bedeutung im Investiturstreit verdankte Hirsau allein Abt Wilhelm (1069–1091). Er übernahm die clunyazensischen Reformen und verstand es, seine Mönchsgemeinde mit derartiger Begeisterung zu erfüllen, daß die Hirsauer Bewegung in wenigen Jahren das ganze deutsche Mönchsleben vom Rhein bis an den Harz und bis nach Kärnten tiefgehend beeinflußte. Das Aureliuskloster war nach kurzer Zeit für die vielen Aufnahmesuchenden zu klein geworden. Abt Wilhelm sah sich 1087 gezwungen, mit dem Bau eines wesentlich größeren Klosters auf der anderen Nagoldseite zu beginnen. Das riesige St. Peter und Paul geweihte Münster war die Verkörperung des mächtig gewordenen, sieghaften Reformgedankens. Es diente als Vorbild für die Neubauten anderer Reformklöster. Im Jahre 1092, wenige Tage vor sei-

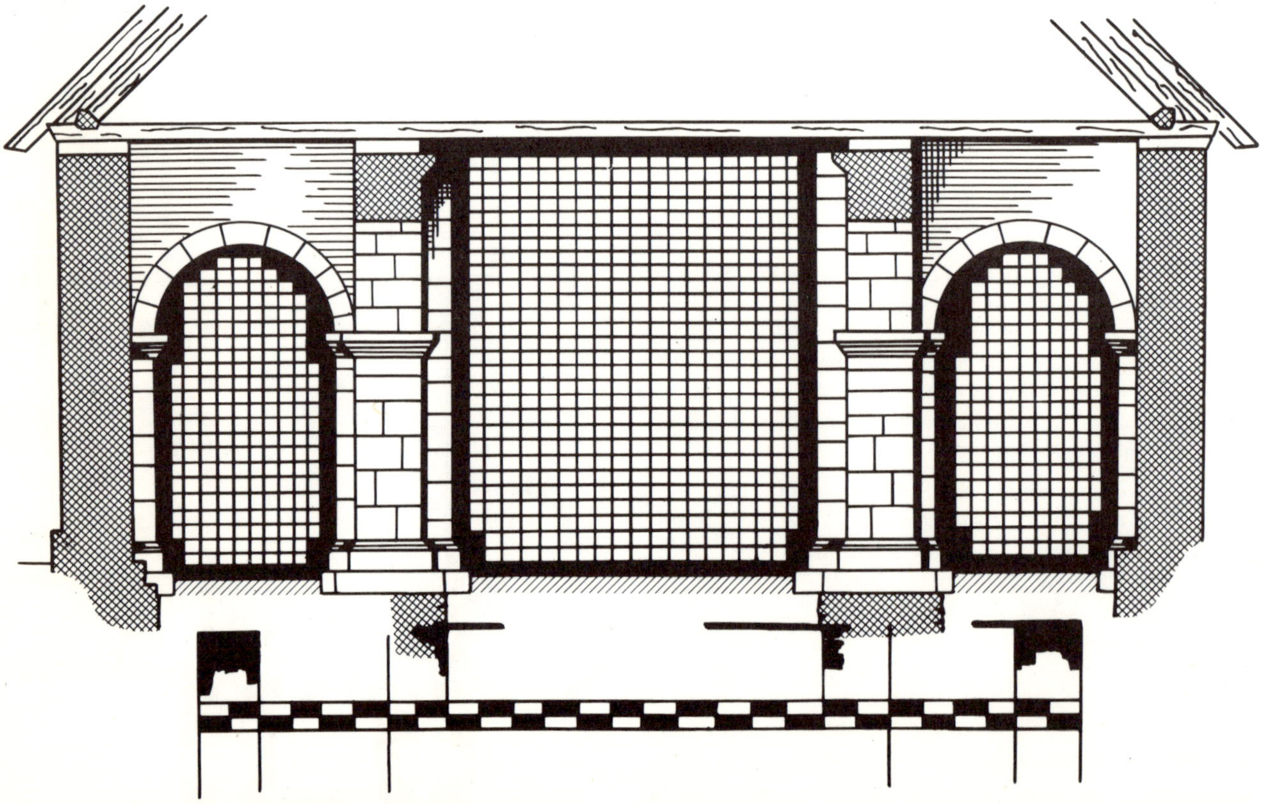

**Schnitt durch die Aureliuskirche mit den Fundamenten des langobardischen Baus**

nem Tod, weihte Abt Wilhelm die Kirche. An den übrigen Klostergebäuden, insbesondere an den beiden Westtürmen, deren Obergeschosse erst gegen 1140 entstanden, baute man noch lange Zeit.

In der Spätgotik wurden der Kreuzgang und die meisten Klostergebäude erneuert. Nach der Reformation errichteten die württembergischen Herzöge im Klosterbereich ein Jagdschloß im Renaissancestil. Das notwendige Steinmaterial für den Schloßbau gewann man zu einem großen Teil durch Abbruch der 1071 geweihten Aureliuskirche.

1692 zogen die Franzosen plündernd durchs Nagoldtal. In wenigen Tagen fielen das Kloster Hirsau, die Stadt Calw, Burg und Stadt Zavelstein in Asche. Das Feuer hatte die steinernen Mauern des Klosters nicht allzusehr beschädigen können, aber was den Franzosen nicht gelungen war, vollendeten die Einwohner der Umgebung. Durch Jahrhunderte diente das Kloster als willkommener Steinbruch. Der einzige erhaltene Turm ragt heute aus dem Feld kümmerlicher Ruinen und erinnert an vergangene Größe.

Hirsau war das Werk eines begabten Mannes, der mit sehr viel Mut und Opferbereitschaft aus einem kleinen, unbedeutenden Klösterlein eine Bewegung erwachsen ließ, deren Bedeutung wir uns kaum mehr vorstellen können. Hirsau ist auch Zeichen der Vergänglichkeit, denn nur weniges ist von den Bauten Abt Wilhelms geblieben. Was wir heute besichtigen – der Kreuzgang und die Ruine des Schlosses – stammt aus späterer Zeit.

**Die Fundamente der vor 830 bestehenden Kirche**

Unter dem Fußboden der in Resten noch erhaltenen Aureliuskirche liegen, teils überbaut, teils durch spätere Gründungen zerstört, Grundmauern einer dreischiffigen, im Osten durch eine Apside geschlossenen, turmlosen Kirche. Ein ausladendes Querschiff war nicht vorhanden, ein östlicher Querraum aber von den Schiffen abgetrennt. Im Westen schloß sich an die Kirche sehr wahrscheinlich eine Vorhalle an. Dargestellt ist der Grundriß dieser wohl von Lorscher Mönchen gegründeten, von Langobarden gebauten und dem hl. Nazarius geweihten Anlage. Die ergrabenen Teile wurden in der Zeichnung schwarz angelegt. Das Gebäude war 3 · 3 · 3 = 27 Maßeinheiten breit, alle Fundamente 2 Maßeinheiten dick. Die lichte Breite der Seitenschiffe betrug 4 Maßeinheiten; für das Mittelschiff verblieben 27–2 · 6 = 15 Maßeinheiten. Zwei gleichseitige Dreiecke bestimmen die Länge des Bauwerks. Die Breite des Querraums entspricht einem Viertel der Gesamtlänge. Die Form der Vorhalle ließ sich nicht belegen. Sie wurde nach einem Rekonstruktionsversuch von Dr. Schmidt in derselben Weise wie der östliche Querraum eingebunden.

Eine Einheit des Maßstabs entspricht drei Cubiti.

Breite des Bauwerks:
27 Cubiti zu je 43,3 cm (11,70 m).

# Die Aureliuskirche

**Grundriß**

Die Bemessungsgrundlage der Aureliuskirche zu finden, bereitet einige Schwierigkeiten. Der heute noch stehende Westteil umfaßt nur die drei Schiffe ohne Querschiff und Vierung sowie die untersten Stockwerke der beiden Westtürme. Er stammt aus den Jahren nach 830 und wurde zwischen 1059 und 1071 sehr stark verändert.

Bei der Grundsteinlegung im Jahre 830 sah man sich gezwungen, zuerst die Reste des Vorgängerbaus zu beseitigen und entschloß sich zudem, die vorhandenen Fundamente des Mittelschiffs wieder zu verwenden. Die alten Fundamente beeinflußten deshalb die Breite des neuen Mittelschiffs. Diese mißt 18 Fuß, die Dicke der Mittelschiffwände je 3 Fuß. Der Meister wählte die Seiten des Vierungsquadrats zu je 24 Fuß, die größte Breite des Bauwerks durch Anfügen von zwei weiteren Quadraten zu

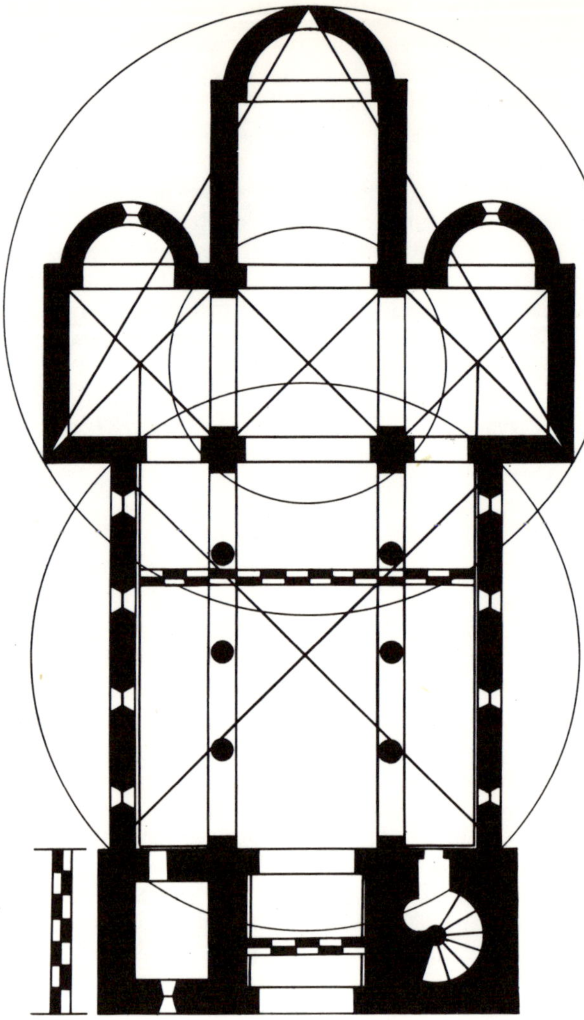

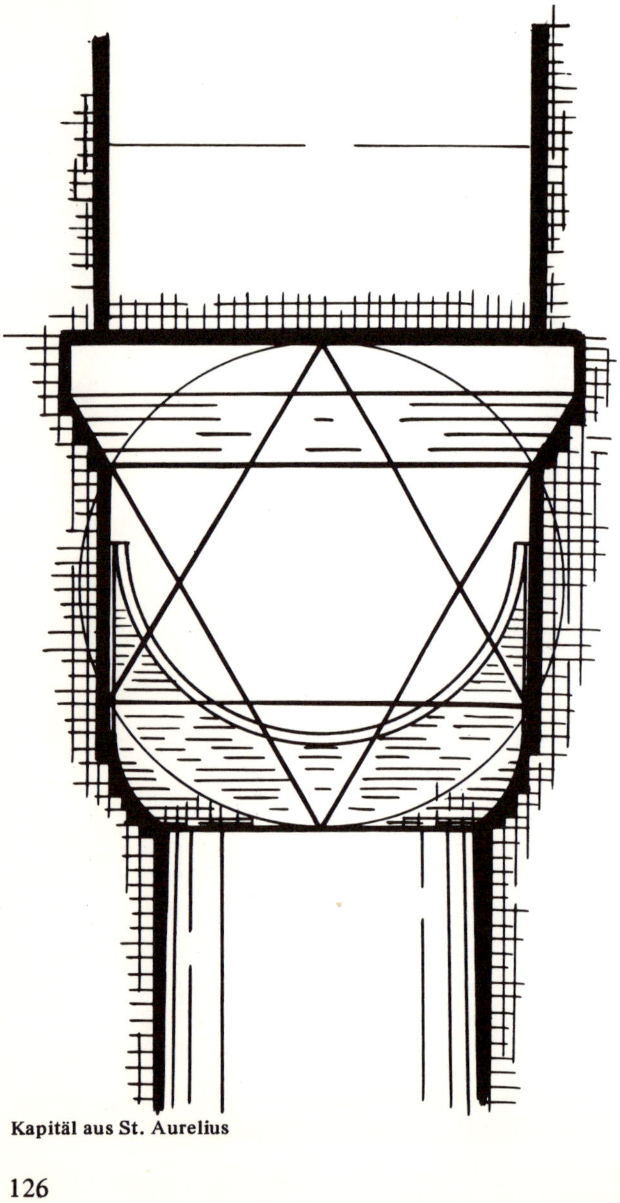

Kapitäl aus St. Aurelius

$3 \cdot 24 - 2 \cdot 3 = 66$ Fuß. Die Abmessungen der Ostteile lassen sich nur noch anhand von Zeichnungen festlegen, weil unter den württ. Herzögen Chor und Querschiff 1588 abgebrochen worden sind.

Während die Mittelschiffwände samt den wuchtigen Säulen mit Ausnahme der Endpfeiler aus dem Umbau in den Jahren 1058 bis 1071 stammen, blieben die 830 aufgeführten Seitenschiffwände bis heute fast unverändert erhalten. Sie ruhen innen auf einem 17–25 cm vorspringenden Sockel, auf den beim Umbau die Kreuzgratgewölbe tragenden Wandsäulen gestellt worden sind; die ursprüngliche Bedeutung des Sockels ist unklar. Wände und Sockel verlaufen zwar nicht ganz parallel, wenn man aber die Sockellinien bis ins Querschiff verlängert, treffen sie auf den Schnittpunkt der Diagonalen in beiden Querschiffarmen. Die lichte Breite zwischen den Sockeln mißt $18 + 2 \cdot 3 + 2 \cdot 9 = 42$ Fuß. Beide Seitenschiffmauern sind im Bereich des Sockels 3 1/2 Fuß dick. Man erhält eine Gesamtbreite über alle drei Schiffe von $7 \cdot 7 = 49$ Fuß. Die Westtürme springen beide um 1 1/2 Fuß in nördlicher und südlicher Richtung vor.

Nachdem die verschiedenen Breiten des Bauwerks festliegen, untersuchen wir noch die Längen. Grundlage für die Längenbestimmung ist die Westwand des Querschiffs. Von dort ausgehend wurde der östlichste Punkt als Scheitel der Hauptapsis mit Hilfe eines gleichseitigen Dreiecks von 66 Fuß Seitenlänge ermittelt. In die drei Schiffe läßt sich, wiederum von der Querschiffwestwand ausgehend, ein Quadrat einzeichnen. An die so gewonnene Figur fügen sich die Türme von 3 · 7 = 21 Fuß Länge an.

Eine Einheit des Maßstabs entspricht 3 Fuß.

| | |
|---|---|
| Lichte Breite des Mittelschiffs:<br>18 Fuß zu je 31,8 cm | (5,72 m) |
| Dicke der Mittelschiffwände:<br>3 Fuß zu je 31,3 cm | (0,92–0,94 m) |
| Breite aller drei Schiffe zwischen den Sockeln:<br>42 Fuß zu je 31,7 cm | (13,30 m) |
| Länge der Schiffe:<br>49 Fuß zu je 31,2 cm | (15,26 m) |
| Dicke der Seitenschiffwände im Sockelbereich:<br>3 1/2 Fuß zu je 31,4 cm | (1,10 m) |
| Breite der Vorhalle zwischen den Türmen:<br>15 Fuß zu je 32,0 cm | (4,80 m) |
| Länge der Türme:<br>21 Fuß zu je 31,0 cm | (6,51 m). |

## Die Bogenreihe in der Aureliuskirche

Den eindruckvollsten Teil des Kirchenraums bilden die sechs wuchtigen, gedrungenen Säulen mit den großen Kapitälen, die einst die Hochschiffwände trugen. Auf dem einfachen Fries, das vormals die Schiffwände unterteilte, ruht heute die hölzerne Flachdecke. Sämtliche Säulen stehen auf quadratischen, durchweg erneuerten Platten. Die Oberfläche dieser Platten dient, wie die Zeichnung zeigt, als Grundlinie einer Dreieckskonstruktion. Ein gleichseitiges Dreieck bestimmt die Höhe der Kämpfer. Zwei Paralellen zu den Schwerlinien des Dreiecks durch den Schnittpunkt von Kämpfer und Säulenachse geben die Höhe des über der Bogenreihe verlaufenden Frieses. In die Kapitäle und Kämpfer lassen sich gleichseitige Dreiecke und Sechsecke einzeichnen. Auch die Oberkanten der attischen Basen liefert die Triangulatur.

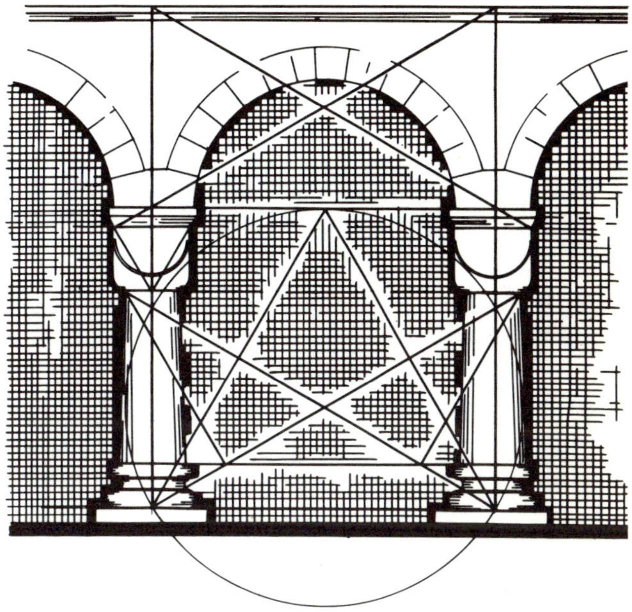

## Das Westportal der Aureliuskirche

Wenn man von Westen auf die Aureliuskirche zuschreitet, trifft der Beschauer zunächst auf den alten Turmstumpf, neben dem sich die 1588 im Zuge der Abbrucharbeiten neu errichtete Westwand erhebt. Sie ist für unsere Untersuchung bedeutungslos. Die große Öffnung, die von der westlichen Vorhalle zwischen beiden Türmen ins Mittelschiff führte, blieb dagegen erhalten. Die Kämpfer dieses Bogens liegen weit unter denen der Bogenreihen in den Schiffen. Dieses Portal wurde deshalb unabhängig bemessen. Die Bestimmung der Kämpfer gestaltete sich denkbar einfach. Vom Sockel ausgehend, liefern die Schwerlinien des eingezeichneten gleichseitigen Dreiecks Schnittpunkte mit den aufgehenden Mauern und damit die Ansatzpunkte des Bogens.

Breite des Bogens:
4,05 m

Höhe vom Sockel zum Kämpfer:
$4{,}05 \cdot \sqrt{3}/3 = 2{,}34$ m, gemessen 2,41 m.

# Das Münster St. Peter und Paul

## Grundriß

Die riesige, beinahe 100 m lange Kirche betrat man einst durch drei Bogen zwischen den beiden Türmen der Westfront. Der Beschauer stand im Paradies, das in frühester Zeit kein Dach trug, sondern als von Arkaden gesäumter Hof vor der eigentlichen Kirche lag. Der Grundriß läßt die Trennung dieses Hofs vom Turmpaar und vom Kirchenschiff noch deutlich erkennen. Durch ein großes, stark profiliertes Portal gelangte man in das von zwei Säulenreihen begrenzte, flach gedeckte Mittelschiff. Im Osten traf der Blick auf drei durch Schwibbogen verbundene Pfeilerpaare und auf die Chorschranken, welche den Raum in die Kirche der Laienbrüder und den im Osten gelegenen Teil der Mönche trennten. Vor diesen Schranken endigte der Weg des Besuchers. Zwischen den beiden nun folgenden Pfeilerpaaren befand sich der Chorus minor, in dem die nicht sangeskundigen Mönche dem Gottesdienst beiwohnten. Der Chorus maior war für die übrige Mönchsgemeinde bestimmt; er umfaßte das gesamte Querschiff. Im anschließenden Quadrat, dem Presbyterium, stand der Hochaltar; die beiden Nebenchöre dienten der stillen Andacht.

Bemessungsgrundlage ist das Vierungsquadrat. Es mißt $40 \cdot 40$ Fuß. Die Wände waren in der Regel 3,5 Fuß dick. Die Abmessungen des Querschiffs fand man durch Aneinanderfügen von drei Quadraten. Die größte Breite des Bauwerks ergab sich damit zu $3 \cdot 40 - 2 \cdot 3{,}5 = 113$ Fuß. Mit Hilfe dreier gleichseitiger Dreiecke von 113 Fuß Seitenlänge wurde dann die Länge des Gesamtbauwerks zwischen West- und Ostwand ermittelt. Das Chorquadrat entsprach in den Abmessungen $40 \cdot 40$ Fuß dem Vierungsquadrat. Das Mittelschiff sprang im Vergleich mit den Nebenchören nach Osten vor. Damit war die Gliederung der Ostwand im Grundriß festgelegt, auch die Länge des Querschiffs gegeben. Allein die Breite der Nebenchöre blieb noch zu ermitteln. Da man deren Länge bereits kannte, errichtete man über dieser Strecke ein gleichseitiges Dreieck und konstruierte die Schwerlinien unter einem Winkel von 30° gegen die Waagrechte. Dadurch entstanden wieder zwei kleine gleichseitige Dreiecke, deren Seiten gleich der Breite des Nebenchors sind. Die Maße des südlichen Nebenchors entsprechen genau der beschriebenen Konstruktion, die des nördlichen weichen ab. Wie weit hier spätere Wiederherstellungsarbeiten zu Ungenauigkeiten geführt haben, läßt sich nicht ohne weiteres feststellen. Die Maße des Chorus minor zwischen den westlichen Pfeilerpaaren sind auf dieselbe Art von der Mittelschiffbreite ausgehend festgelegt. Für die beiden Ostapsiden am Querhaus blieb kaum mehr Platz. Man sieht, wie sie sich dem beschriebenen Prinzip der Grundrißgestaltung unterordnen.

Große liturgische Bedeutung kam dem westlichsten Pfeilerpaar und der zwischen den Pfeilern befindlichen Chorschranke zu. Sie bildete die Grundlinie eines Quadrats von 113 Fuß Seitenlänge, auf dessen Westseite der Westgiebel hochgemauert wurde. Er begrenzte die Länge der Schiffe. Zu ermitteln blieb noch die Breite der Seitenschiffe. Diese messen wie die Türme 18 Fuß.

Eine Einheit des Maßstabs entspricht 10 Fuß.

Vierungsquadrat:
$40 \cdot 40$ Fuß zu je 32,6 cm (13,02 m)

Mittlere Dicke der Seitenschiffmauern:
3,5 Fuß zu je 32,0 cm (1,12 m)

Dicke der Westmauer:
4,5 Fuß zu je 32,3 cm (1,45 m)

Größte Breite des Bauwerks:
113 Fuß zu je 32,6 cm (36,86 m)

Breite des südlichen Nebenchors:
$11{,}87 \cdot \sqrt{3}/3 = 6{,}85$ m, gemessen 6,88 m

Länge der Schiffe zwischen erstem Pfeilerpaar und Westwand (in Längsrichtung liegende Quadratseite):
36,97 m

Größte Breite des Bauwerks (querliegende Quadratseite):
36,86 m

Gesamtlänge:
$3 \cdot \sqrt{3}/2 \cdot 36{,}86 = 95{,}76$ m, gemessen 96,57 m.

Der Unterschied von 0,81 m fällt, wenn man die riesigen Abmessungen betrachtet und bedenkt, daß die Längen durch Schläge mit der Schnur bestimmt worden sind, nicht ins Gewicht.

Breite der Seitenschiffe einschließlich der Außenwände:
18 Fuß zu je 32,7 cm (5,88 m)

Breite aller drei Schiffe:
$2 \cdot 18 + 40 = 76$ Fuß zu je 32,6 cm (24,75 m)

Mauern im ehemaligen Paradies:
2 1/2 Fuß zu je 32,0 cm (0,80 m).

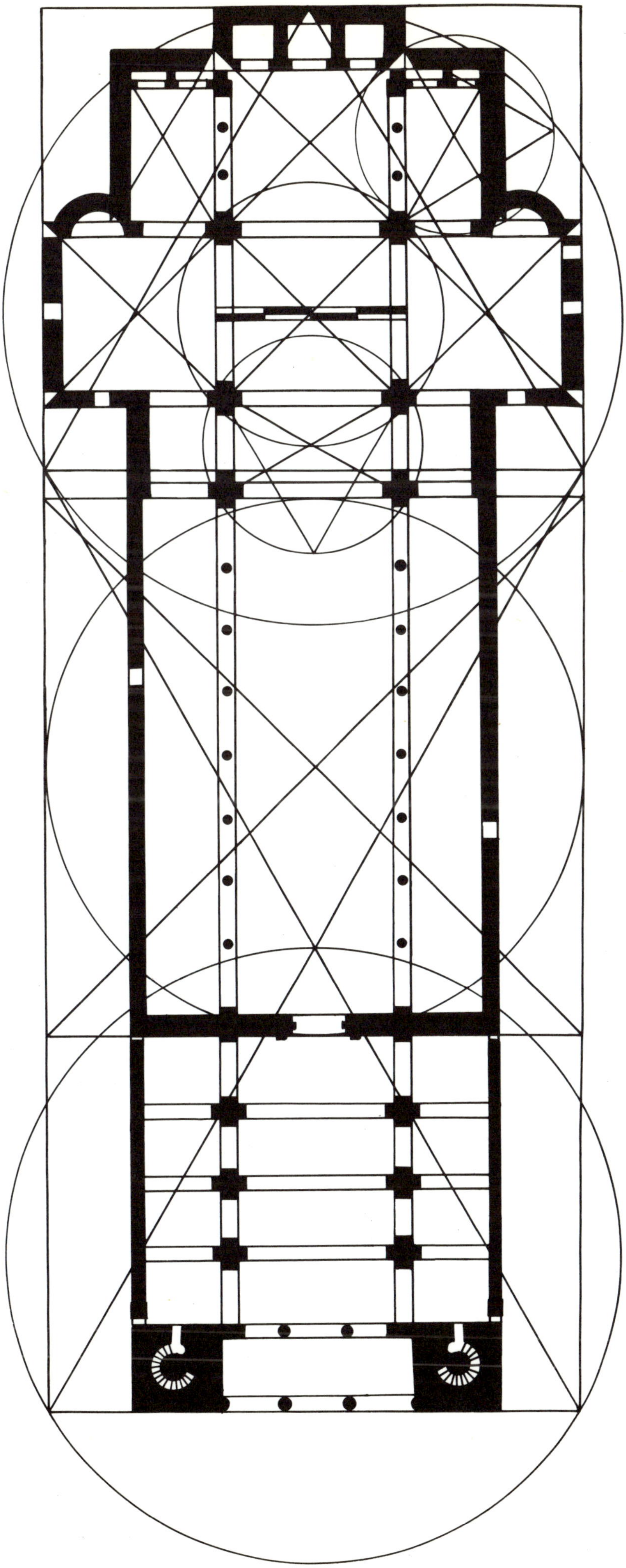

**Der Eulenturm**

Die einstmals zweitürmige Westfront des Münsters erhielt im 12. Jahrhundert ein völlig verändertes Gesicht. Zunächst waren zwei einzelstehende Türme geplant. Als wenige Jahrzehnte später der Vorhof überdacht und zur Vorkirche ausgestaltet wurde, fügte man einen hohen, dreigeschossigen Zwischenbau ein, der der Westfront ein anderes Gepräge gab. Es ist deshalb richtig, die Proportionen eines Turms allein ohne Rücksicht auf den Zwischenbau zu betrachten.

Der Turmgrundriß über dem in zwei Stufen gegliederten Sockel entspricht einem Quadrat 18 · 18 Fuß. Die Höhen und die Breiten des ersten, zweiten, vierten und fünften Geschosses verhalten sich wie die Höhen eines gleichseitigen Dreiecks zu dessen Grundlinie. Allein das dritte Geschoß, das den bekannten Figurenfries trägt, ragt wesentlich höher. In dieses Geschoß läßt sich ein Sechseck einzeichnen. Die Höhe des obersten Stockwerks ist gegenüber den beiden Vorgeschossen um 1/6 verkürzt.

Beim Nachmessen der einzelnen Abschnitte stellt man fest, daß sich der Turm leicht verjüngt. Der Erbauer wußte also, daß sich ein mathematisch genauer, parallelwandiger Körper nach oben scheinbar verdickt. Er suchte dieser optischen Täuschung entgegenzuwirken. Auch der sehr sorgfältig ausgeführte Steinschnitt und die Gestaltung der einzelnen Geschosse zeigen, daß hier Könner am Werk waren. Obwohl das erste und zweite Geschoß nahezu gleich hoch sind, wirkt das erste dank der drei übereinanderliegenden Blendbogenreihen viel gedrückter als das zweite, welches in seiner Schlankheit zum Friesgeschoß überleitet. Die beiden folgenden Fenstergeschosse sind nach dem gleichseitigen Dreieck bemessen; die Höhe des sechsten Geschosses ist verringert; zudem betont ein Bogenfries die Waagrechte und hemmt den Höhendrang. Die Geschoßhöhen nehmen augenscheinlich bis zum Friesgeschoß, das den Schwerpunkt bildet, zu, um sich dann wieder zu verkürzen. Es gelang dem Meister, diesen Eindruck durch die gekonnte Anordnung von Blendbögen, Friesen und Lisenen an dem sonst kaum gegliederten Bauwerk zu erwecken. Gerade hier zeigt sich, wie wenig das gleichseitige Dreieck als Bemessungsgrundlage die künstlerische Freiheit des Entwerfenden beeinträchtigt.

Heute ragt der Eulenturm als einsamer Zeuge reichen Klosterlebens aus den Ruinen. Die Steinbilder im Friesgeschoß sind immer noch nicht völlig gedeutet.

Vom ehemaligen Nachbarturm blieb nur der Sockel mit einem Rest der Treppe erhalten.

Eine Einheit des Maßstabs entspricht 6 Fuß.

Breite des Turms über dem Sockel:
18 Fuß zu je 33,2 cm (5,98 m).

## Das mittlere Fenstergeschoß

Das Beispiel des mittleren Geschosses soll zeigen, wie der Meister beim Entwurf des Turms vorging. Die Abmessungen der Doppelfenster am Turm weichen geringfügig voneinander ab; das mittlere Geschoß ist willkürlich ausgewählt. Die Breite beträgt wieder 18 Einheiten, diesmal zu je 32 cm (5,74 m). Hier macht sich die Verjüngung des Turms bemerkbar. Eine Fensternische mißt fünf Einheiten.

Auf der Waagrechten durch den Schwerpunkt des großen Bemessungsdreiecks liegt die Fuge zwischen Kapitäl und Kämpferstein der beiden Säulen. Diese Waagrechte fällt mit einer Dreieckseite des eingezeichneten Bemessungssechsecks, das sich in jedes der beiden Fenster eintragen läßt, zusammen. Die Umkreise der Sechsecke beider Fenster berühren sich auf der Mittellinie des Bauwerks. Der Abstand beider Doppelarkaden war damit gegeben.

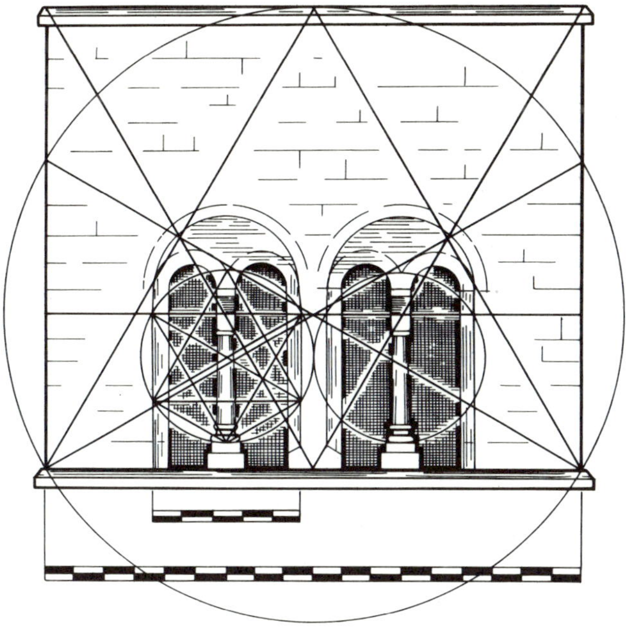

Eine Einheit des Maßstabs entspricht etwa einem Fuß.

## Eine Doppelarkade aus demselben Geschoß

Dieses Bild soll zeigen, wie selbst Einzelheiten mit Hilfe von gleichseitigen Dreiecken gestaltet worden sind. In das fünf Einheiten breite Fenster lassen sich zwei gleichseitige Dreiecke von 5 Einheiten Seitenlänge in Form eines Sechsecks einzeichnen. Auf ähnliche Art hat man Würfelkapitäl, Halsring, Sockel und attische Basis bemessen.

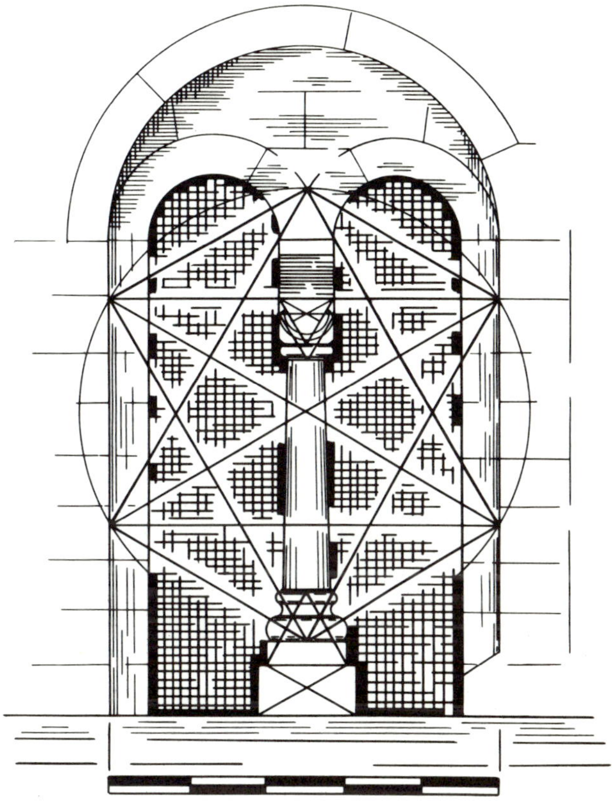

## Die Portale

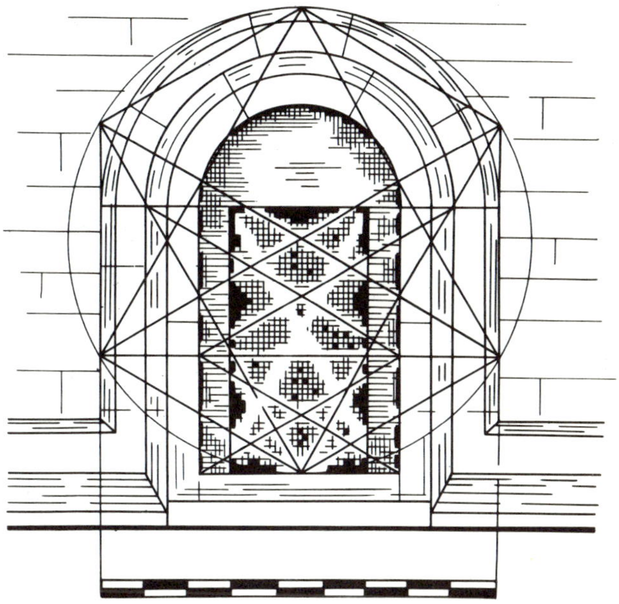

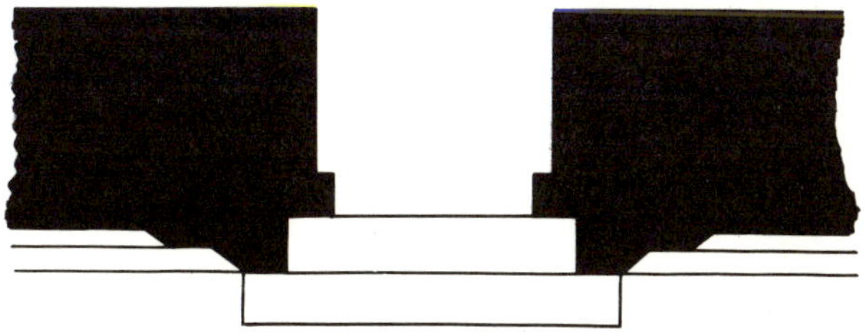

Die Portale zur großen Basilika fielen bis auf zwei im nördlichen Querschiffarm dem Abbruch zum Opfer. Alle weisen starke Profilierung und das für Hirsauer Bauten bezeichnende, um die ganze Öffnung geführte Sockelprofil auf. In die noch erhaltenen Portale läßt sich ein Sechseck einbeschreiben.

Breite des Hauptportals in der Westwand:
20 Fuß zu je 32,8 cm (6,57 m)

Breite des erhaltenen Portals in der Nordwand des nördlichen Querschiffarms:
10 Fuß zu je 32,2 cm (3,22 m)

Breite des erhaltenen Portals in der Westwand des nördlichen Querschiffarms:
9 Fuß zu je 32,7 cm (2,94 m).

Das letzte Portal ist abgebildet.
Eine Teilung des Maßstabs entspricht einem Fuß.

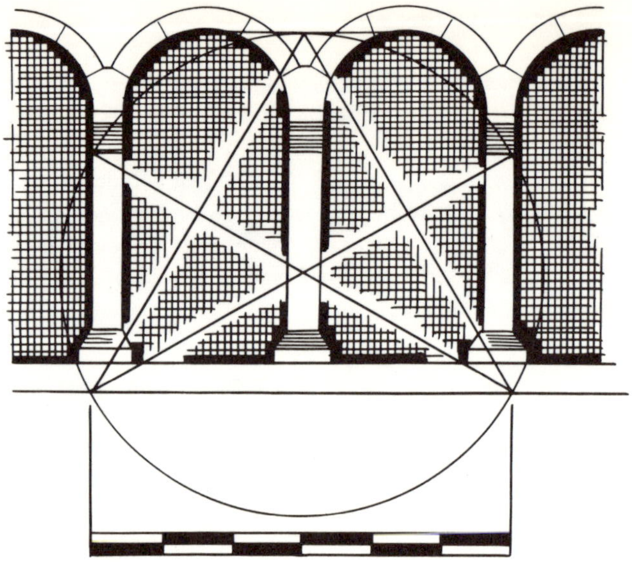

Breite einer Doppelarkade:
6 Fuß zu je 32 cm (1,92 m)

Breite eines Pfeilers:
1/2 Fuß zu je 32 cm (0,16 m)

Dicke der Mauer:
2 1/2 Fuß zu je 31,6 cm (0,79 m).

### Die Kapitelsaalfenster

Im östlichen Flügel des Kreuzgangs durchbrechen zwischen den beim gotischen Umbau eingelassenen Kämpfersteinen ein Doppelfenster und zwei einzelne Öffnungen die Wand. Sie waren Teile einer Bogenreihe, die aus der Zeit um 1090 stammt und die Ostwand des romanischen Kapitelsaals zierte. Aus diesen Fenstern schweifte der Blick hinunter ins Nagoldtal wie noch heute von der spätromanischen Bogenreihe der Kaiserpfalz zu Wimpfen auf den unten vorbeifließenden Neckar. Zwischen die noch vorhandenen Endarkaden und das mittlere Doppelfenster lassen sich jeweils zwei Bogen gleicher Breite einfügen. Die klare, auf das Notwendigste beschränkte Gestaltung vermittelt ein Bild von der Strenge dieser frühen Hirsauer Architektur.

Bemessungsgrundlage war die Breite einer Doppelarkade. Sie bildete die sechs Fuß lange Grundlinie eines gleichseitigen Dreiecks. Die Fensterbank, der Bogenscheitel und die Kämpfer fügen sich in diese Konstruktion.

Eine Einheit des Maßstabs entspricht einem Fuß.


Schrifttum:

E. Schmidt:
Baugeschichte der St. Aureliuskirche in Hirsau,
W. Kohlhammer, Stuttgart 1950.

A. Kottmann:
Langobardische Baumeister in Lorsch und Hirsau,
München 1965.

Adolf Mettler:
Kloster Hirsau, in Deutsche Kunstführer
Bd. 16, August 1928.

Fritz Victor Arens:
Das Werkmaß in der Baukunst des Mittelalters,
Mainz 1938, S. 99–101.


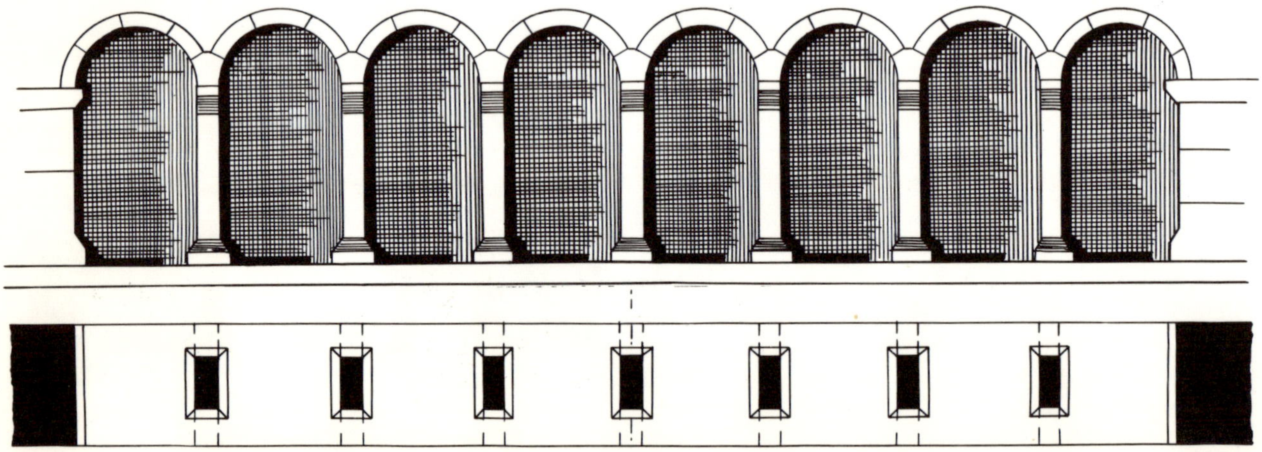

# Klosterreichenbach

Im Jahre 1085 übereignete ein Edler, Berno von Siegburg und Haigerloch, seinen Besitz im Murgtal dem hl. Aurelius in Hirsau zum Bau eines Klosters. Klosterreichenbach war die erste Hirsauer Gründung, der im Laufe der glänzenden Geschichte noch zahlreiche weitere folgen sollten. Noch im Gründungsjahr entsandte Abt Wilhelm drei Mönche und fünf Laienbrüder. Die Weihe erfolgte 1085 oder 1086. Das Kloster blieb immer Priorat von Hirsau und entsprechend klein. Zur Reformation kam es erst 1603. Wenn auch zwei Brände zwischen 1595 und 1640 das Kloster schwer geschädigt hatten, verursachten doch der württ. Staat und die Bevölkerung des Murgtals weit schlimmere Zerstörungen. Beide deckten ihren Steinbedarf für die verschiedensten Bauvorhaben durch den Abbruch von Klostergebäuden. Diesen Maßnahmen fiel die zweitürmige Ostfront bis auf die Höhe des Apsidendaches zum Opfer. Ein großes Giebeldach überdeckte schließlich den Torso. Zwischen 1895 und 1897 erneuerte man die Kirche; auch die Ostansicht entstand wieder auf etwas verändertem Grundriß, aber in Anlehnung an die alten Formen.

### Der Grundriß der Kirche

Den Gründungsbau errichtete Abt Wilhelm als sehr schlichten, einschiffigen Raum ohne Querschiff. Die beiden Osttürme traten nach Norden und Süden 2 1/2 Fuß über die Schiffwände vor. Die Untergeschosse des Turmpaars öffneten sich nach Osten in Apsiden; auch der Chor war halbkreisförmig geschlossen. Die spätere Neigung der Hirsauer, Apsiden rechteckig zu ummanteln, hatte sich gegen 1085 anscheinend noch nicht durchgesetzt.
Um 1220 erschien diese Anlage zu klein. Man entfernte die Apsiden einschließlich des Chorrechtecks und schuf entsprechend den Hirsauer Gewohnheiten eine dreischiffige Choranlage. Die Nebenchöre schlossen jetzt gerade, der Hauptchor erhielt eine neue Apsis. Die Westvorhalle überdeckte man um dieselbe Zeit mit Kreuzgratgewölben, die an das Paradies in Maulbronn erinnern. Der ganze Bau entsprach dem schlichten Stil der jungen Reformbewegung. Auch die Absteckung erfolgte mit den einfachsten Elementen.
Der Grundriß zeigt den Gründungsbau, an den sich nach Süden die Klostergebäude und der Kreuzgang anschließen. Im Osten sind die Mauern der spätromanischen Erweiterung angedeutet.
Die Breite des Schiffs der Kirche beträgt einschließlich beider Mauern 35 Fuß. Da beide Türme je 2 1/2 Fuß vorspringen, mißt die größte Breite 40 Fuß. Sie entspricht der Seite eines gleichseitigen Dreiecks, das viermal aneinandergereiht die Länge des Bauwerks bestimmt. Bei der Absteckung des Münsters zu Hirsau benützte man in ähnlicher Weise eine Reihe von Dreiecken. Zwei Diagonalen unter 45° treffen sich vor der Trennwand zwischen Vorhalle und Kirchenraum.
Eine Einheit des Maßstabs entspricht 5 Fuß.

Lichte Breite des Schiffs:
30 Fuß zu je 32,0 cm (9,62 m)

Dicke der Wände:
2 1/2 Fuß zu je 33,6 cm (0,84 m)

Größte Breite im Bereich der Türme:
40 Fuß zu je 32,4 cm (12,96 m)

Länge der Kirche:
$2\sqrt{3} \cdot 12{,}96 = 44{,}89$ m, gemessen 44,90 m

Länge von der Westwand zu den Türmen einschließlich der Turmwestmauer:
$3/2 \cdot \sqrt{3} \cdot 12{,}96$ m $= 33{,}67$ m, gemessen 33,55 m

Länge des Turmteils:
$1/6 \cdot \sqrt{3} \cdot 12{,}96 = 3{,}74$ m, gemessen 3,78 m

Länge der Vorhalle:
$1/2 \cdot 12{,}96 = 6{,}48$ m, gemessen 6,56 m.

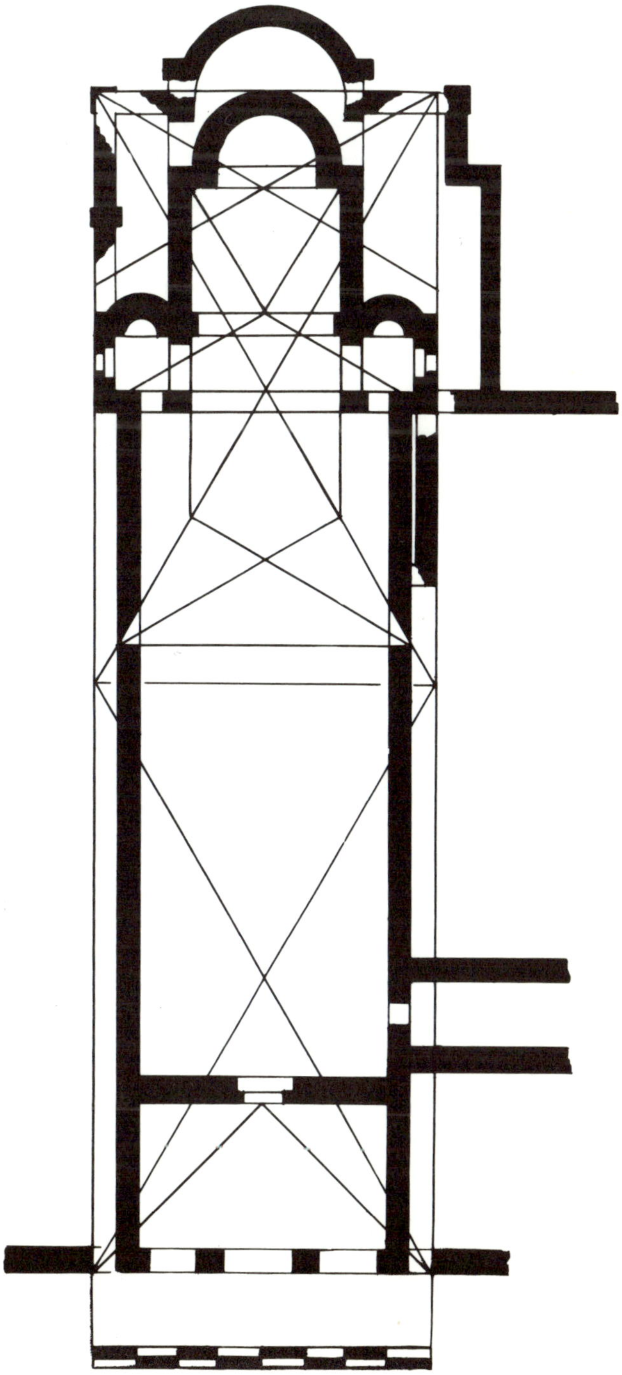

# Die Comburg

## Großcomburg

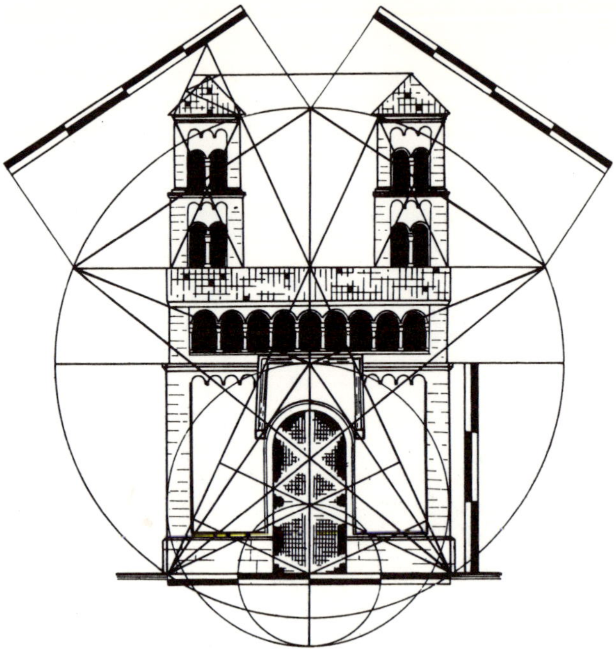

### Geschichte

Das Kloster Großcomburg entstand während des Investiturstreits unter dem Einfluß der Hirsauer Reform. Den Berg, auf dem es sich majestätisch erhebt, krönte ursprünglich eine Burg. Sie gehörte zwei Brüdern. Zunächst konnte man nur den Westteil des Berges mit Klostergebäuden überbauen, weil sich der Eigentümer des Ostteils, ein treuer Anhänger der kaiserlichen, den Hirsauern feindlich gesinnten Partei der Klostergründung widersetzte.

Später gliederte man auch den Ostteil der Burg in den Klosterbereich ein. Diese bewegte Geschichte spiegelt sich in der ungewohnten Grundrißanordnung. Die Klausur der Mönche gruppiert sich nicht wie üblich im Süden der Kirche um den Kreuzgang, sie befindet sich im Westen.

Auch der Chor des Münsters lag im Westen des Kirchenraums. Man versuchte wahrscheinlich im ersten Bauzustand, alle für das mönchische Leben notwendigen Teile der Klausur auf der Westhälfte unterzubringen. Für den Ablauf des Gottesdienstes war zwar der Chor der Kirche notwendig, das den Laienbrüdern vorbehaltene Langhaus dagegen entbehrlich.

Die Streitigkeiten um den Besitz des Berges zogen sich von 1075 bis 1081 hin. Nach 1081 erfolgte der ungestörte Ausbau des Klosters. Aus dieser Zeit blieben nur wenige Reste erhalten. Neben Teilen des ehemaligen Kapitelsaals, den vier untersten Geschossen des Westturms und zwei Flügeln des Kreuzgangs erinnert besonders die Torhalle mit ihren klaren Formen an die Hirsauer.

Einer zweiten Blütezeit des Klosters zwischen 1220 und 1250 entstammen das fünfte Geschoß und der Helm des Westturms, die beiden reich mit spätromanischer Bauplastik überzogenen Osttürme und die sechseckige Kapelle vor der Südseite des Münsters. Die Staufer förderten Comburg sehr. Konrad III. hielt längere Zeit im Kloster Hof. Auch Heinrich VI. weilte 1191 auf dem Berg. Der Zerfall begann mit dem Abstieg des staufischen Geschlechts.

Schon 1300 war Comburg tief verschuldet. Im Jahr 1488 wurde das Kloster schließlich in ein weltliches Stift umgewandelt. Finanzielle Schwierigkeiten waren die Ursache, weshalb wir auf der Comburg keine nennenswerten gotischen Reste finden. 1707 bis 1720 brach man große Teile des Münsters ab; ein Würzburger Meister errichtete die Kirche neu im barocken Stil.

### Der Aufriß der Torhalle

Die Torhalle des Klosters Comburg hat eine Bemessungsgrundlage ganz besonderer Art. Es wurde bereits erwähnt, daß das Fünfeck teilweise dem Entwurf von Toren und Portalen zugrunde lag. Der Erbauer der Torhalle benützte jedoch ein Dreieck, dessen Grundlinie und Höhe im Verhältnis 4 : 3 zueinander stehen. Beide Strecken verhalten sich beim gleichseitigen Dreieck wie 4 : 3, 67, beim Dreieck aus dem Fünfeck wie 4 : 2, 76. Man sieht, daß das gewählte Verhältnis 4 : 3 eine Annäherung an die Fünfeckkonstruktion darstellt. Das Aufreißen des Fünfecks bereitet, insbesondere wenn man die Arbeit auf der Baustelle durchführen soll, einige Schwierigkeiten. Diese Figur wurde wohl nach Möglichkeit vermieden und durch ein einfaches Zahlenverhältnis ersetzt. Wie die Zeichnung zeigt, liegt die Spitze des Bemessungsdreiecks, dessen Basis gleich der 30 Fuß messenden Gesamtbreite des Untergeschosses ist, auf dem dieses Geschoß nach oben abgrenzenden, horizontalen Gesims. Der Kreis um die Spitze des Dreiecks durch die beiden unteren Ecken entspricht sinngemäß dem Umkreis des Fünfecks. Im Schnittpunkt der Gebäudemittellinie mit dem Kreis liegt die dritte Ecke; die beiden anderen Ecken erhält man als Schnittpunkte der von dieser Ecke nach beiden Seiten abgetragenen, vier Einheiten langen Sehnen mit dem Kreis. Die waagrechte Verbindung dieser Kreispunkte gibt den Anschnitt des Pultdaches an den Türmen. Die Geraden von den unteren Ecken des Dreiecks zum

Schnittpunkt dieser Waagrechten mit der Mittellinie liefern in der Verlängerung Schnittpunkte mit dem Kreis und die Dachgesimse der beiden Türme. Alle übrigen wichtigen Linien am Bau erhält man durch das Ziehen von Parallelen oder von Verbindungslinien und das Fällen von Loten.

Eine Einheit des Maßstabs entspricht 7 1/2 Fuß.

Breite:
30 Fuß zu je 31,7 cm (9,51 m)

Breite der Ecklisenen:
2,5 Fuß zu je 32,0 cm (0,80 m).

Dicke der Brüstungsmauer:
1 2/3 Fuß zu je 31,1 cm (0,52 m)

Breite des Umgangs:
4 Fuß zu je 30,5 cm (1,22 m)

Dicke der Turmmauern:
2 Fuß zu je 31,5 cm (0,63 m)

Tiefe der Türme:
9 Fuß zu je 30,9 cm (2,79 m).

**Die Bogenreihe an der Torhalle**

Das Obergeschoß des Tors ziert eine Reihe von neun Bogen auf schlanken Säulen mit attischer Basis, deren Kehle jedoch nur angedeutet ist. Über dem Halsring folgen einfache Würfelkapitäle und leicht konische Kämpfer.

Wie zu erwarten, ermittelte man die Abmessungen dieser Bogen nach denselben Grundsätzen wie die Maße des gesamten Bauwerks. Der Achsabstand der Säulen entspricht vier Einheiten und bildet die Grundlinie des schon bekannten Dreiecks mit der Höhe 3 und der Grundlinie 4.

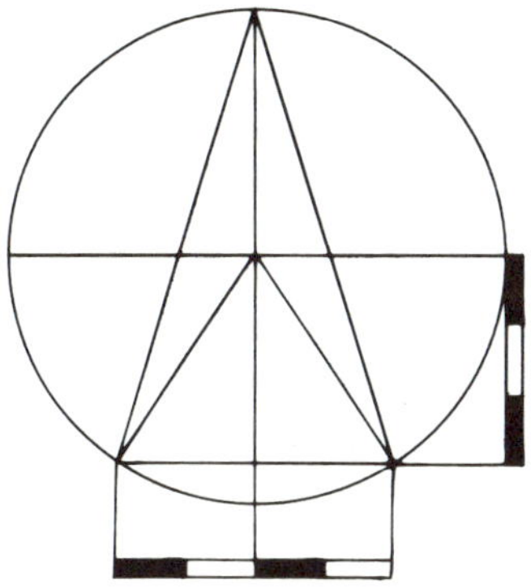

Die obere Ecke dient als Mittelpunkt eines Kreises, der durch die unteren Ecken verläuft. In diesen Kreis läßt sich ein weiteres Dreieck mit derselben Grundlinie einbeschreiben; die dritte Ecke liegt im Scheitel der oberen Kreishälfte. Die Höhe dieses Dreiecks mißt $h = 3 + \sqrt{3^2 + 2^2} = 3 + \sqrt{13} = 3 + 3{,}61 = 6{,}61$ Einheiten. Das Dreieck läßt sich in jede Öffnung, von den Säulenachsen ausgehend, einpassen. Auch die Höhen von Kämpfer und Kapitäl sind danach bemessen.

Achsabstand der Säulen: 0,92 m

Höhe gerechnet:
$6{,}61 \cdot 0{,}92/4 = 1{,}52$, gemessen 1,52 m

**Fenster und Türen im Kreuzgang**

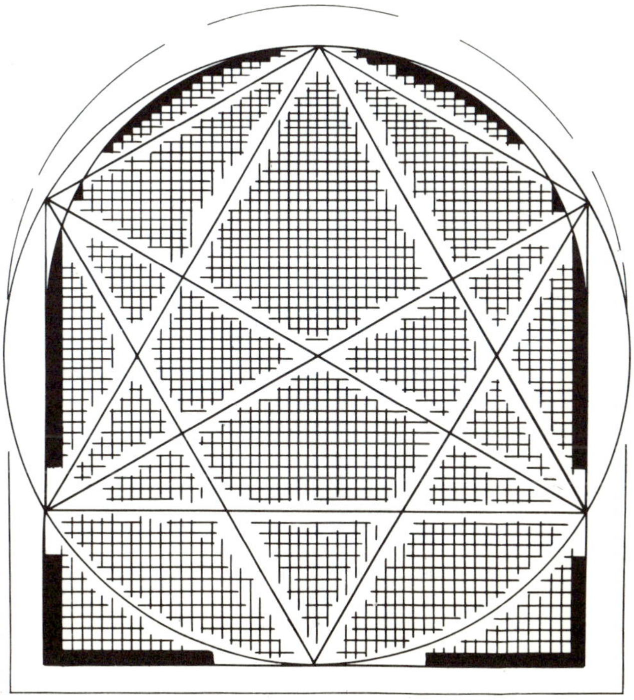

Die zwei noch erhaltenen Kreuzgangflügel von Großcomburg übertreffen an Alter und Vollständigkeit die übrigen romanischen Kreuzgangreste Württembergs, weil die Wohnbauten der anderen Klöster fast alle abgebrochen und im gotischen Stil neu errichtet worden sind. In Anlehnung an andere romanische Kreuzgänge erwartet man auch auf der Comburg zusammenhängende, aus vielen kleinen Öffnungen bestehende Bogenreihen wie im nahen Feuchtwangen oder ähnlich der Kapitelsaalarkade in Hirsau. Der Erbauer dieses Kreuzgangs ging jedoch andere Wege. Er benützte zwar ganz im Sinne der Hirsauer Reform sehr einfache Formen, steigerte aber die Abmessungen der Einzelglieder zu ungewohnter Größe, die bei den Fenstern mit einer Breitenwirkung verbunden ist, wie wir sie von den durch Säulen unterteilten Bogenreihen her nicht kennen. In die Kreuzgangfenster läßt sich ein Sechseck einzeichnen. Die Fensterbreite entspricht einer Seite des zugehörigen gleichseitigen Dreiecks. Auch den Abmessungen der Türen liegen gleichseitige Dreiecke zugrunde.

Breite eines Fensters:
6 Fuß zu je 30,2 cm (1,81 m)

Fensterhöhe:
$2/3 \cdot 1{,}81 \cdot \sqrt{3} = 2{,}09$ m, gemessen 2,10 m

Breite einer Türe:
2 1/2 Fuß zu je 34,8 cm (0,87 m)

Türhöhe:
$3/2 \cdot 0{,}87 \cdot \sqrt{3} = 2{,}26$ m, gemessen 2,22 m.

Die Maße streuen geringfügig.

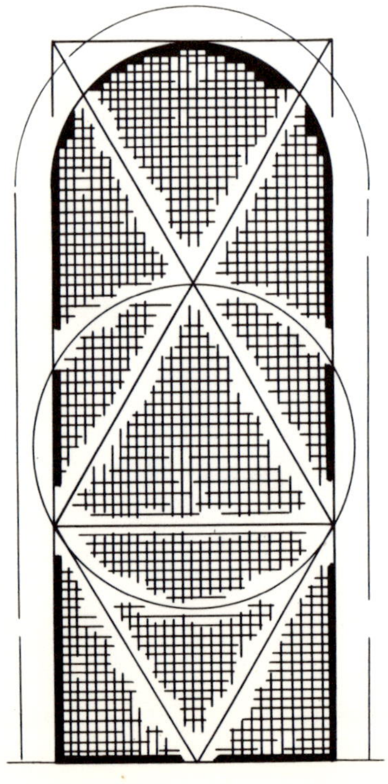

Der Westturm des Münsters

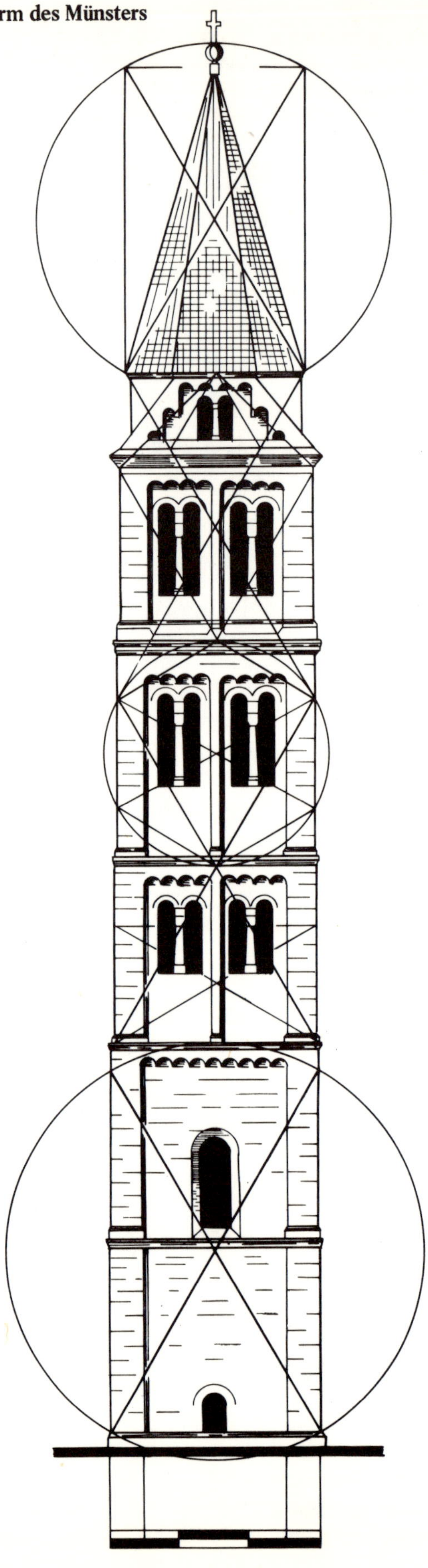

Der im Westen gelegene einstige Chorturm der Klosterkirche entstammt in den unteren Geschossen der Gründungszeit. Das letzte Geschoß und der steinerne Turmhelm sind zumindest hundert Jahre jünger. Die Baufuge kann man zwar stilistisch leicht erkennen, weil die obersten Teile im Vergleich zu den einfach gehaltenen Untergeschossen reichen Schmuck tragen; in der Bemessung läßt sich jedoch keine Unregelmäßigkeit feststellen. Das erste, dritte und fünfte Geschoß wurden nach dem gleichseitigen Dreieck bemessen. Die Höhe des zweiten Geschosses ist durch den Umkreis des zu den im ersten und zweiten Geschoß eingetragenen Dreiecken gehörenden Sechsecks gegeben. Im vierten Geschoß dient ein Sechseck als Bemessungsgrundlage.

Eine Einheit des Maßstabs entspricht sieben Fuß.

Breite des Turms:
$3 \cdot 7 = 21$ Fuß zu je 33 cm (6,93 m)

Breite der Ecklisenen:
3 1/2 Fuß zu je 33 cm (1,15 m).

**Kleines Fenster im Erdgeschoß des Westturms**

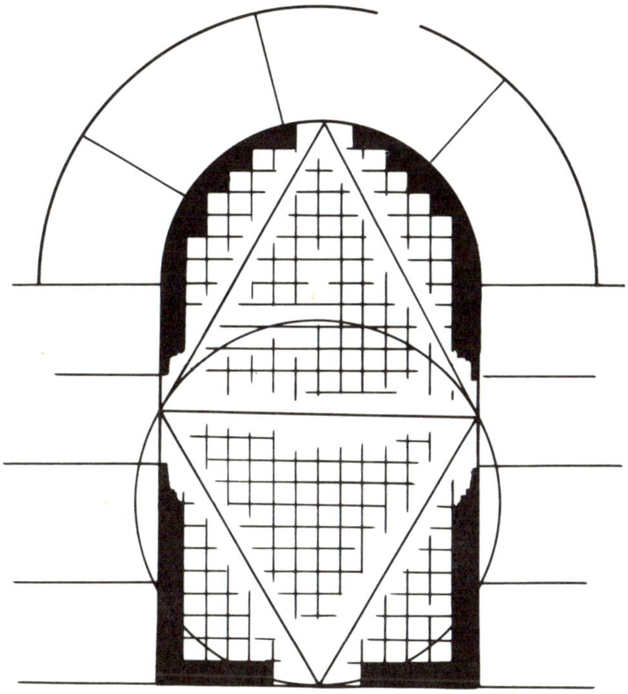

Direkt über dem Sockel findet man im Westturm ein kleines Fenster angeordnet. Es verdient hier besondere Beachtung, weil die Abmessungen dieser Öffnung für jedermann leicht nachprüfbar sind.

Breite des Fensters: 0,74 m

Höhe bis Bogenscheitel:
$0{,}74 \cdot \sqrt{3} = 1{,}28$ m, gemessen 1,27 m.

**Die Osttürme des Münsters**

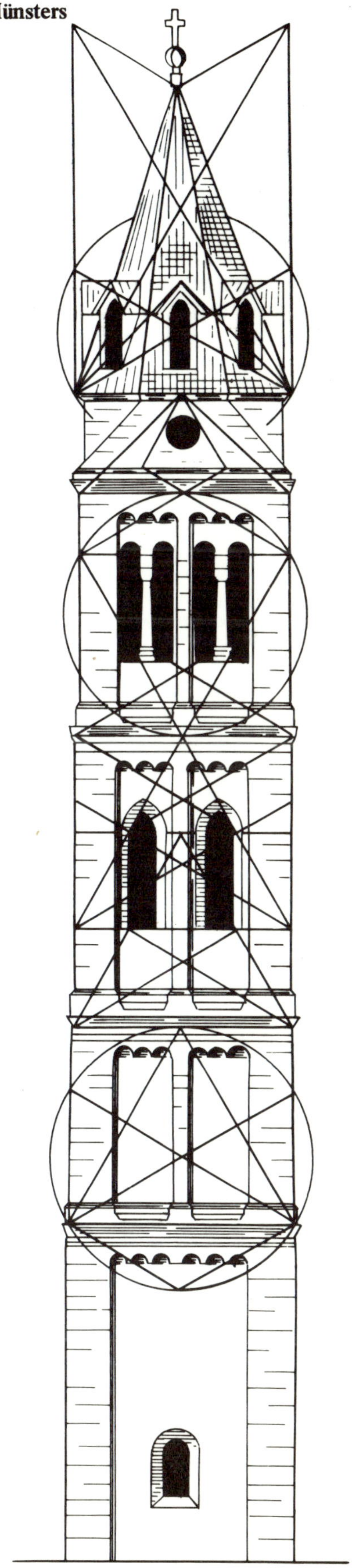

Als die Mönche in der Spätromanik im Osten der Klosterkirche einen zweiten Chor errichteten, entstanden auch die beiden Osttürme. Die untersten Teile schüttete man beim barocken Umbau zu, und die zweiten und dritten Geschosse verschwanden unter dem großen Dach der neuen Kirche. Für das nur noch unvollständig sichtbare Erdgeschoß läßt sich keine Untersuchung durchführen, die folgenden Abschnitte des dargestellten Turms ordnen sich jedoch der Triangulatur unter. Auf ein gleichseitiges Dreieck folgen 1 1/2 Dreiecke, die die Höhe des zweitletzten Geschosses bestimmen; in das oberste Geschoß kann man ein Sechseck einzeichnen. Im Übergang zum Achteck scheint die Quadratur anzuklingen. Die Höhe der steinernen Pyramide bestimmen wiederum gleichseitige Dreiecke.

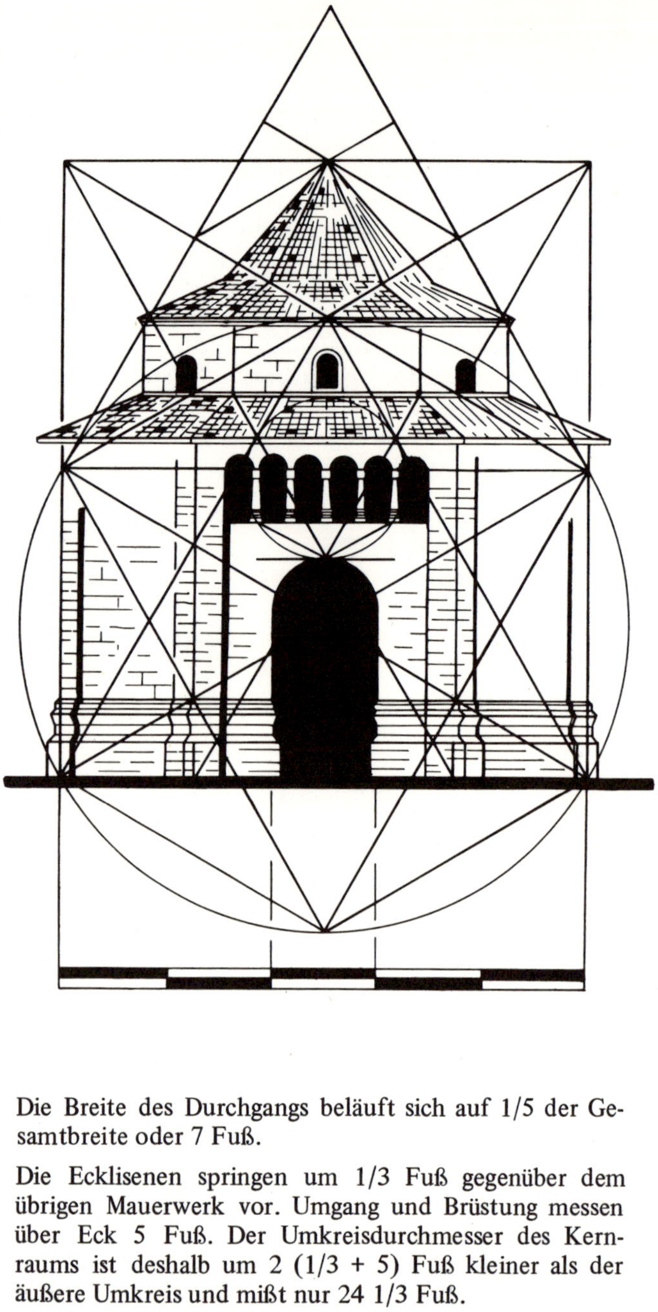

## Die Sechseckkapelle

Die sechseckige Totenkapelle auf der Comburg gehört zu den wenigen erhaltenen Zentralbauten Süddeutschlands.

Begehbare Mauern verbanden sie mit dem Südportal des romanischen Münsters. Von diesen Mauern aus gelangten die Mönche ins erste Stockwerk, das den eigentlichen Kapellenraum birgt. Ein gewölbter Gang, der von der Torhalle zum Münster hinaufführt, durchquert das Erdgeschoß. Die Abbildung zeigt die Totenkapelle von der Talseite. Den zierlichen Bau beherrschen, wie schon vom Grundriß her zu erwarten ist, das Sechseck und das gleichseitige Dreieck. Mit zwei gleichseitigen Dreiecken bestimmte der Meister sämtliche Höhen. Die Grundlinie des großen Dreiecks ist 5 · 7 = 35 Fuß lang und gleich dem Umkreisdurchmesser des Grundrißsechsecks. Die Grundlinie des kleinen Dreiecks ist nur halb so lang und damit gleich dem Umkreishalbmesser, der wieder einer Sechseckseite entspricht. Mit diesen beiden Dreiecken ermittelt man die Traufhöhe des Pultdaches. Die Spitze des kleinen Dreiecks liefert den Gewölbescheitel des Durchgangs, die des großen Dreiecks die Traufhöhe des Zeltdaches. Die Spitze des Daches und die Sockelhöhe ergeben sich wieder aus dem Sechseck. Die Fensterbank der ringsumlaufenden Bogenreihe wurde in ähnlicher Weise gefunden.

Besondere Beachtung verdient das Grundmaß von 5 · 7 = 35 Fuß. Sowohl die Zahl fünf als auch die sieben symbolisieren Überirdisches. Liegt nicht ein tiefer Sinn in der Wahl dieser Zahlen? Die Fünf der bösen Geister, die Sieben der guten Geister und die irdische Sechs sind Bemessungsgrundlagen des Raumes, in dem der Konvent seiner Toten gedachte.

Die Breite des Durchgangs beläuft sich auf 1/5 der Gesamtbreite oder 7 Fuß.

Die Ecklisenen springen um 1/3 Fuß gegenüber dem übrigen Mauerwerk vor. Umgang und Brüstung messen über Eck 5 Fuß. Der Umkreisdurchmesser des Kernraums ist deshalb um 2 (1/3 + 5) Fuß kleiner als der äußere Umkreis und mißt nur 24 1/3 Fuß.

Um die Klarheit der Darstellung nicht zu beeinträchtigen, wurde die Bogenreihe nur im Mittelfeld eingezeichnet.

Eine Einheit des Maßstabs entspricht sieben Fuß.

Durchmesser des Umkreises:
35 Fuß zu je 35,0 cm (12,26 m)

Breite des Durchgangs:
7 Fuß zu je 35,4 cm (2,48 m)

Breite des Umgangs einschl. Brüstung über Eck gemessen:
5 Fuß zu je 35,4 cm (1,77 m)

Wanddicke der Brüstung:
1 Fuß zu je 35,0 cm (0,35 m)

Umkreisdurchmesser des inneren Sechsecks:
24 1/3 Fuß zu je 35,0 cm (8,54 m).

# Kleincomburg

## Geschichte

Abt Hartwig (1104–1139), der Großcomburg zur höchsten Blüte führte, gründete auch das Kloster St. Ägidius. Die Kirche entstand in den Jahren 1108 – 1120. Der Hirsauer Einfluß ist unverkennbar. Der Innenraum erinnert, vor allem in der gedrungenen Form der Säulen, an die Kirche St. Aurelius in Hirsau. Das östliche Joch der Bogenreihe ruht auf Pfeilern, ähnlich wie in Alpirsbach und St. Peter und Paul zu Hirsau. Entsprechend den Hirsauer Gewohnheiten ist die ganze Kirche mit Ausnahme der Apsiden und des Chorquadrats flach gedeckt. Auch die rechteckige Ummantelung der Hauptapsis und sehr wahrscheinlich der Nebenapsiden entspricht der Hirsauer Neigung, Rundungen am Baukörper zu vermeiden. Die Wahl des Titelheiligen St. Ägidius weist ebenfalls auf clunyazensische Einflüsse hin.

Kleincomburg diente zunächst als Frauenkloster, beherbergte allerdings bald einen Mönchskonvent und nahm als Propstei am Verfall der Mutterabtei teil. Die Vierung krönte ursprünglich ein achteckiger Turm, der auf dem Widmungsbild im westlichen Atrium aus dem Jahre 1705 noch zu sehen ist. Er wurde inzwischen abgetragen. Auch die Neigung des Daches veränderte man im Laufe der Jahrhunderte. Der Verlauf des romanischen Giebels zeichnet sich aber noch deutlich ab.

## Der Grundriß

Grundlage der Absteckung ist die Länge des Querschiffs. Das Querschiff entstand nicht durch Anfügen zweier Quadrate im Norden und Süden an das 25 · 25 Fuß messende Vierungsquadrat, es ist nur 70 Fuß lang. Dieses Maß enthält die Mauerdicken einschließlich der Lisenen. Über der 70 Fuß langen Grundlinie wurde nach Osten und Westen je ein gleichseitiges Dreieck abgesteckt. Die Ostwand der rechteckig ummantelten Apsis und die Westwand der Schiffe war damit gegeben. Die Ostwand des Querschiffs halbiert die Höhe des östlichen Dreiecks. Alle drei Schiffe weisen zusammen eine Breite von 50 Fuß auf.

Eine Einheit des Maßstabs entspricht 5 Fuß.

Breite des Mittelschiffs einschl. der Wände:
25 Fuß zu je 29,6 cm (7,39 m)

Dicke der Mittelschiffwände:
3 Fuß zu je 29,6 cm (0,89 m)

Lichte Breite der Seitenschiffe:
9 Fuß zu je 29,7 cm (2,67 m)

Dicke der Seitenschiffwände:
3 1/2 Fuß zu je 29,7 cm (1,04 m)

Größte Breite:
70 Fuß zu je 29,9 cm (20,90 m)

Vorsprung der Hauptapsis über die Ostwand des Querschiffs:
$20{,}90 \cdot \sqrt{3}/4 = 9{,}05$ m, gemessen 9,00 m

Gesamtlänge:
$20{,}90 \cdot \sqrt{3} = 36{,}20$ m, gemessen 36,60 m.

Die Überraschung ist groß, wenn man hier ganz unvermutet an einem Bau, der alle für die Hirsauer Bauschule bezeichnenden Züge trägt, auf den „pes monetalis", den

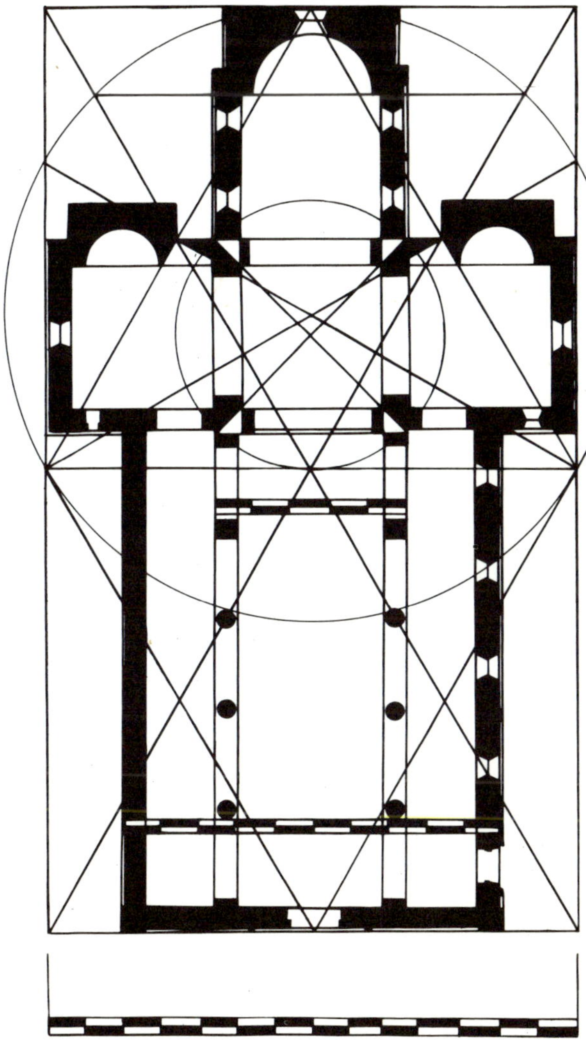

alten römischen Fuß, trifft. Nachdem die Baumeister in Hirsau, Klosterreichenbach, Alpirsbach, auf Großcomburg und an vielen anderen Kirchen dieser Epoche ausschließlich den „pes drusianus" benutzten, verdient dieser Wechsel besondere Beachtung.

Kleincomburg weist noch einige Eigenheiten auf: Im Grundriß benützte der Meister mit Vorliebe Zahlen aus dem Zehnersystem: 25 Fuß, 50 Fuß und 70 Fuß. Besonders bedeutungsvoll ist aber die Gliederung der Außenwände, hauptsächlich der Westseite.

**Die Westansicht**

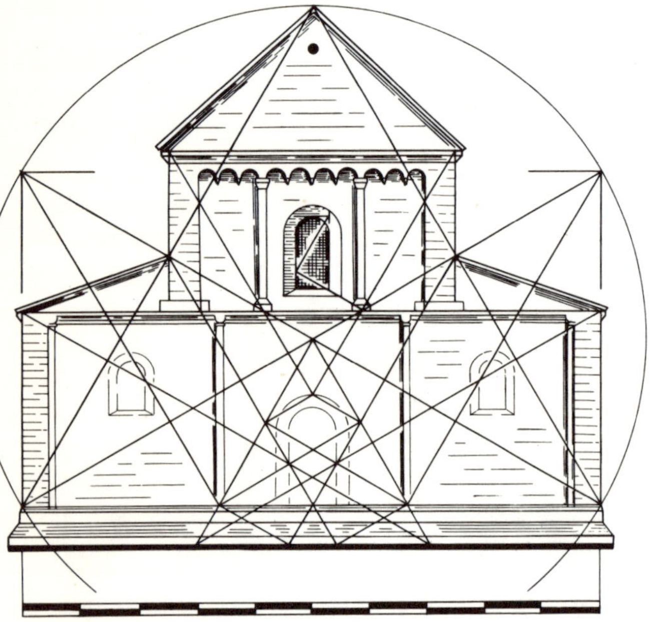

Beim Vergleich dieser Front mit anderen, viel größeren Schauseiten in Alpirsbach, Maulbronn, Bebenhausen oder auch mit der zierlichen Sechseckkapelle auf dem gegenüberliegenden Berg fällt die meisterhafte Handhabung der verschiedenen Schmuckformen: der Halbsäulen, Lisenen, Pilaster und Friese auf. Klar durchgeformte Pilaster mit Basis und Kapitäl als Elemente der Fassadengliederung kannte die Romanik im süddeutschen Raum weder vor noch nach der Vollendung dieser Kirche. Auch die Untergeschosse des Eulenturms in Hirsau tragen Schmuck. Er ist jedoch von ganz anderer Art. Dort scheinen die Vertiefungen gleichsam aus dem Mauerwerk geschnitten, an St. Ägidius glaubt man, Halbsäulen und Pilaster seien nachträglich aufgesetzt. Die Anordnung von Halbsäulen und Pilastern in zwei übereinander liegenden Ebenen erinnert nicht nur an die Königshalle in Lorsch, wo über Halbsäulen mit korinthischen Kapitälen jonische Pilaster stehen, sondern an die großen Bauten der römischen Kaiserzeit, das Kolosseum und verschiedene Triumphbogen. Sie alle sind ähnlich gegliedert.

Der Hirsauer oder Comburger Mönch, der den Riß der Kirche fertigte, kannte die alten römischen Bauten sehr genau. Er brachte den römischen Fuß und diese klassische Art der Fassadengliederung über die Alpen. Nachdem die Lebensbeschreibung des Abtes Wilhelm von Hirsau von einem längeren Aufenthalt in Rom berichtet, scheint auch die Romreise eines Baumeisters nicht ausgeschlossen. Die Leistung des Meisters blieb einmalig. Kein Nachfolger griff die hier gezeigten Möglichkeiten auf; auch der römische Fuß kam wohl nicht weiter zur Anwendung.

Die Westansicht von St. Ägidius befindet sich nicht mehr ganz im ursprünglichen Zustand. Sehr wahrscheinlich waren die Seitenschiffe durch 2 Fenster belichtet. Ins Mittelschiff führte das westliche Hauptportal. Diese drei Öffnungen sind in der Zeichnung angedeutet. Wieder hat der entwerfende Baumeister über dem Sockel ein gleichseitiges Dreieck errichtet. Die obere Ecke des Dreiecks liegt im First. Die Schwerlinien schneiden die aufgehenden Dreieckseiten im Schnittpunkt der Hochschiffwände mit den Seitenschiffdächern.
Mehrere Geraden mit 30° und 60° Neigung durch den Schwerpunkt dieses Dreiecks liefern die Lage der Halbsäulen im Untergeschoß und der Pilaster im Obergeschoß. Es entstehen neue gleichseitige Dreiecke, mit deren Hilfe die Traufhöhe der Seitenschiffe und des Mittelschiffes ermittelt wird. Auch die Höhe des Sockels paßt sich in dieses Schema ein. Die Konstruktion ist wesentlich einfacher zu zeichnen als zu beschreiben. Sämtliche Hilfslinien sind unter 30° bzw. 60° gegen die Waagrechte geneigt.

**Die Bogenreihen im Schiff**

Die sechs Säulen stehen auf kreisrunden Fundamentplatten, welche zunächst die wuchtigen, an St. Aurelius in Hirsau anklingenden attischen Basen tragen. Zwei unter 30° gegen die Waagrechte geneigte Geraden schneiden die Achsen der Säulen unterhalb der Halsringe. Ein gleichseitiges Dreieck bestimmt, von der Unterkante der Halsringe ausgehend, die Höhenlage des über den Bogenreihen liegenden Gesimses. Auch in die Kapitäle lassen sich gleichseitige Dreiecke einzeichnen, die Abmessungen der Basen sind durch zwei Parallelen zu den Schwerlinien gegeben.

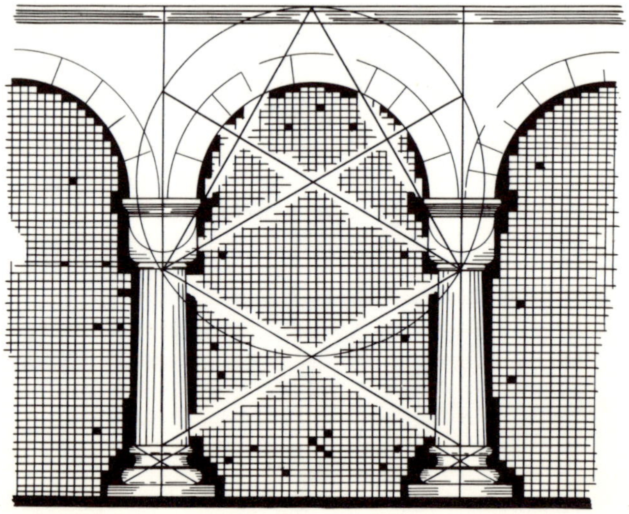

# St. Michael zu Schwäb. Hall

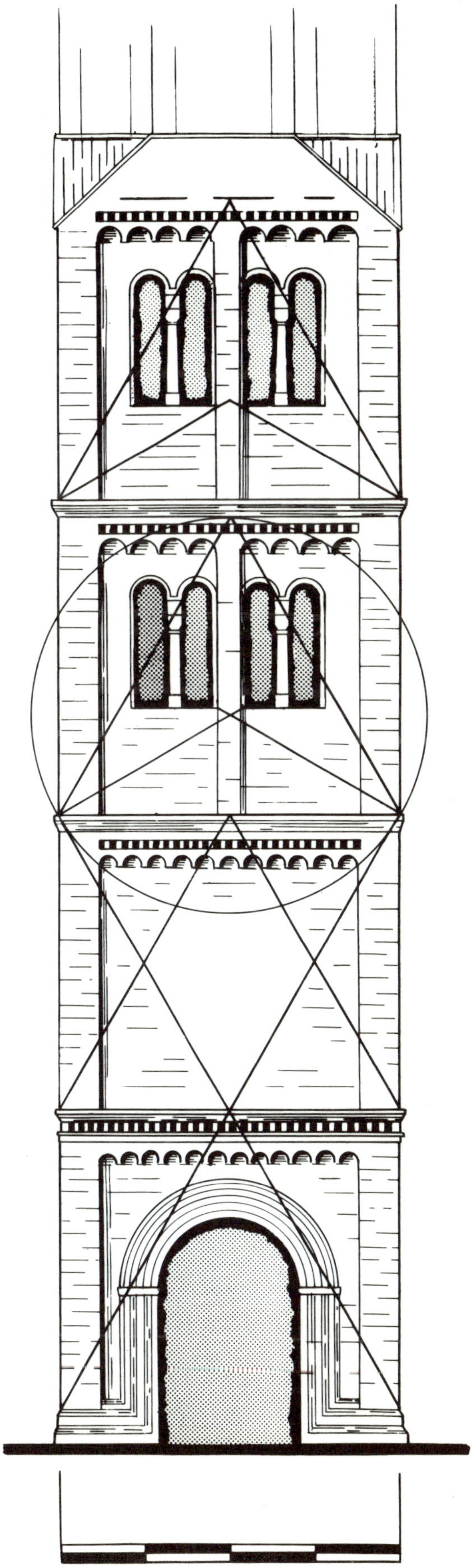

### Der Westturm

Eine eindrucksvollere architektonische Lösung als die Freitreppe vor St. Michael, die sich in dem alten romanischen Turm und seiner Renaissancebekrönung fortsetzt, ist kaum denkbar. Hier schufen zwei ganz verschiedene Epochen gemeinsam trotz beengter Raumverhältnisse ein Werk, das sich nicht mehr überbieten läßt.
Die vier romanischen Stockwerke des Turms können die engen Beziehungen zur Comburg nicht verleugnen. Unter dem Schutz der Staufer entwickelte sich Hall im 13. Jahrhundert zu einer blühenden Stadt. 1156 verlieh Kaiser Barbarossa die Stadtrechte. Um diesselbe Zeit erfolgte die Weihe der romanischen Michaelskirche, die später bis auf den Westturm einem gotischen Bau weichen mußte. Die Renaissancebekrönung erhielt der Turm erst 1573. Kunstgeschichtlich bedeutsam sind das innen reich mit kerbschnittartigen Ornamenten gezierte Untergeschoß, insbesondere die Bandornamente des Tympanonreliefs.

Die Bemessung aller vier Geschosse geschah mit Hilfe gleichseitiger Dreiecke. Wie bei allen anderen Bauten ähnlicher Art ruht das unterste Dreieck auf dem Sockel. Das große Portal im Westen hat man später teilweise vermauert. Gegenüber dem Eulenturm in Hirsau können wir ein Nachlassen der gestalterischen Kraft feststellen. In Schwäbisch Hall sind alle Stockwerke gleich hoch. Das reiche Leben, das dem Bauwerk innewohnt, wird nicht durch bewußte Veränderung der Proportionen, sondern durch üppigen Schmuck erzeugt. Als Bemessungsgrundlage verwandte man die 24 Fuß lange Dreieckseite.

Eine Einheit des Maßstabs entspricht 6 Fuß.

Breite des Turms:
24 Fuß zu je 33,1 cm (7,95 m)

Mauerdicke einschließlich der Eckvorlagen:
4 Fuß zu je 32,8 cm (1,31 m).

# Alpirsbach

## Geschichte

Auch das Kloster Alpirsbach im Kinzigtal entstand unter dem Einfluß der von Cluny ausgehenden Reformbewegung. Die von St. Blasien im Jahre 1095 besiedelte Anlage diente zunächst als Doppelkloster für Mönche und Nonnen; 1099 weihte man die Kirche. Bereits der dritte und vierte Alpirsbacher Abt war ehemaliger Hirsauer Mönch, ein Zeichen für die enge Zusammengehörigkeit unter den Reformklöstern.

Die Klosterkirche stammt aus den Jahren um 1100. In dieser Zeit errichteten die Mönche auch den Nordturm bis zum Dachgesims, die Klausur und den Kreuzgang, nicht jedoch die westliche Vorhalle; sie erhielt gegen 1400 ihre heutige Gestalt. Um 1220 entstand die neue Sakristei im Südosten der Kirche. Zwischen 1414 und 1432 erhöhte man den Turm, sicherte ihn durch die heute noch vorhandenen Strebepfeiler und entfernte die Nordostapside, um die Standsicherheit zu verbessern. Auch der gotische Chorschluß wurde im Zusammenhang mit diesen Arbeiten geschaffen. Aus der letzten Blütezeit des Klosters blieben der spätgotische Kreuzgang und die Südostapside erhalten. Im Jahr 1525 richteten die Bauern große Verwüstungen an. 1534 fand die Reformation Eingang. Im Kloster lebten damals noch 12 Mönche.

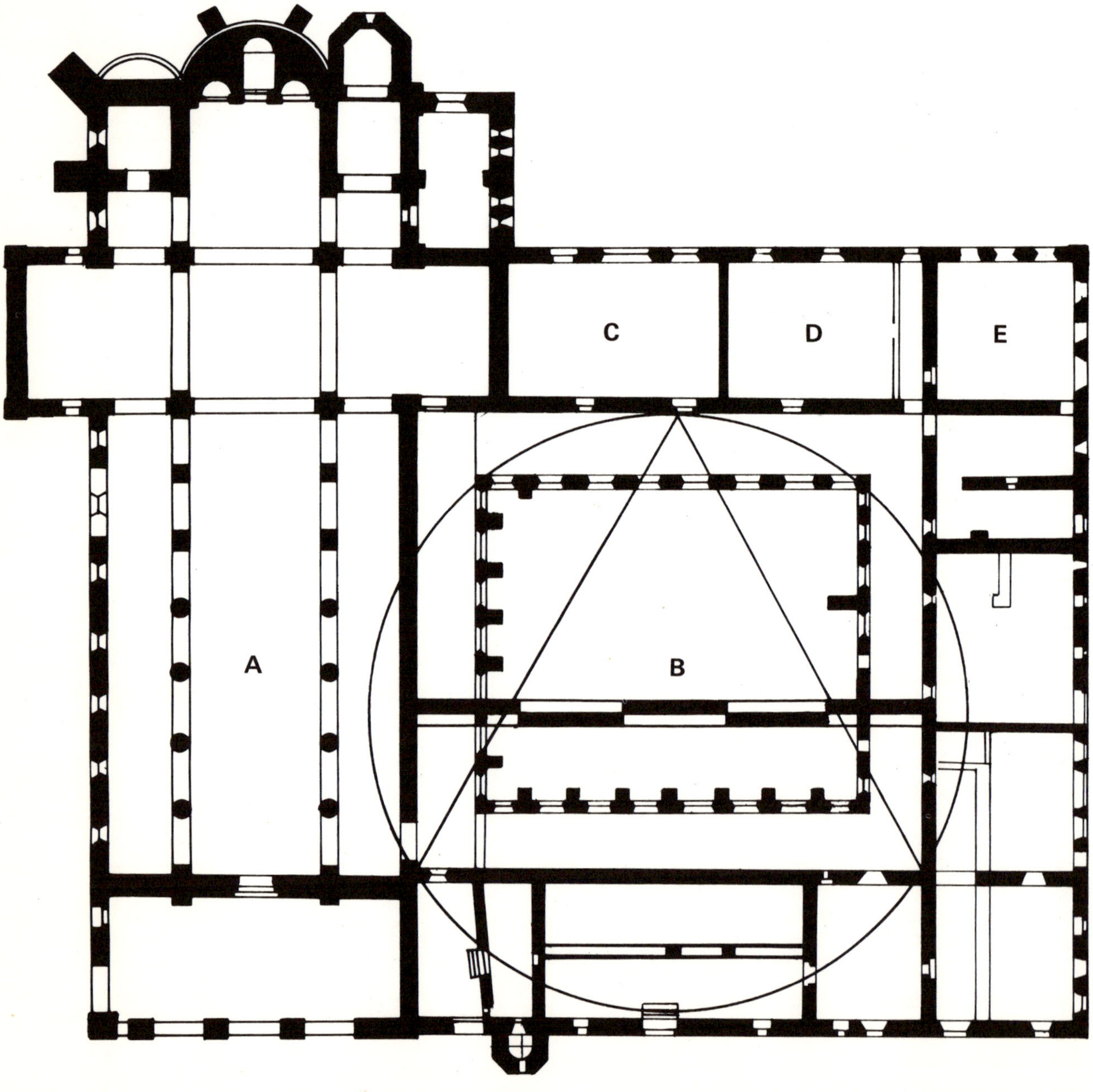


A = Klosterkirche, B = Kreuzgang, C = Kapitelsaal, D = Parlatorium, E = Brudersaal

## Der Kreuzgang

Eines der einfachsten Beispiele für die Anwendung des gleichseitigen Dreiecks ist der Kreuzgang in Alpirsbach. Wie später in Maulbronn und Bebenhausen steckte der bauleitende Bruder die lichten Maße ab. Die Westseite und die Ostseite entsprechen einer Seite des gleichseitigen Dreiecks, die Nord- und Südseite der zugehörigen Höhe. Eine Dreieckseite mißt genau 100 Fuß.

Eine Einheit des Maßstabs entspricht 20 Fuß.

Länge der Ostseite:
100 Fuß zu je 33,8 cm (33,83 m)

Länge der Westseite:
100 Fuß zu je 34,0 cm (33,99 m)

Höhe des Dreiecks:
$33{,}99 \cdot \sqrt{3}/2 = 29{,}44$ m,
gemessen
Nordseite 29,92 m
Südseite 29,48 m.

## Der Grundriß der Klosterkirche

Als Bemessungsgrundlage dient das Vierungsquadrat von $4 \cdot 8 = 32$ Fuß Seitenlänge einschließlich der Wände. Diese sind drei Fuß dick. Das Querschiff setzt sich im wesentlichen aus drei derartigen Quadraten zusammen. Das südliche Quadrat hat man jedoch um einen Fuß gegen den Kreuzgang verlängert. Der Grund für diese Maßnahme läßt sich heute nicht mehr feststellen. Die größte Breite von $3 \cdot 32 = 96$ Fuß benützte man auch hier zur Längenermittlung. Ein Quadrat von 96 Fuß Seitenlänge liefert, von der Westwand des Querschiffs ausgehend, die Westwand des eigentlichen Kirchenraums. Alle übrigen Längen sind mittels gleichseitiger Dreiecke eingebunden. Ein gleichseitiges Dreieck teilt die drei Schiffe im Verhältnis 16 : 32 : 16.

Eine Einheit des Maßstabs entspricht 16 Fuß.

Seiten des Vierungsquadrats quer:
32 Fuß zu je 33,9 cm (10,86 m)
32 Fuß zu je 33,7 cm (10,77 m)

Länge des nördlichen Querschiffflügels:
32 Fuß zu je 33,9 cm (10,88 m)

Länge des südlichen Querschiffflügels:
(32 + 1) Fuß zu je 33,9 cm (11,20 m)

Lichte Breite des nördlichen Seitenschiffs:
13 Fuß zu je 34,4 cm (4,47 m)

Lichte Breite des südlichen Seitenschiffs:
13 Fuß zu je 33,0 cm (4,29 m)

Breite aller drei Schiffe:
64 Fuß zu je 33,9 cm (21,71 m)

Dicke einer Wand:
3 Fuß zu je 33,7 cm (1,01 m)

Länge der Vorhalle:
$21{,}71 \cdot \sqrt{3}/4 = 9{,}40$ m, gemessen 9,36 m.

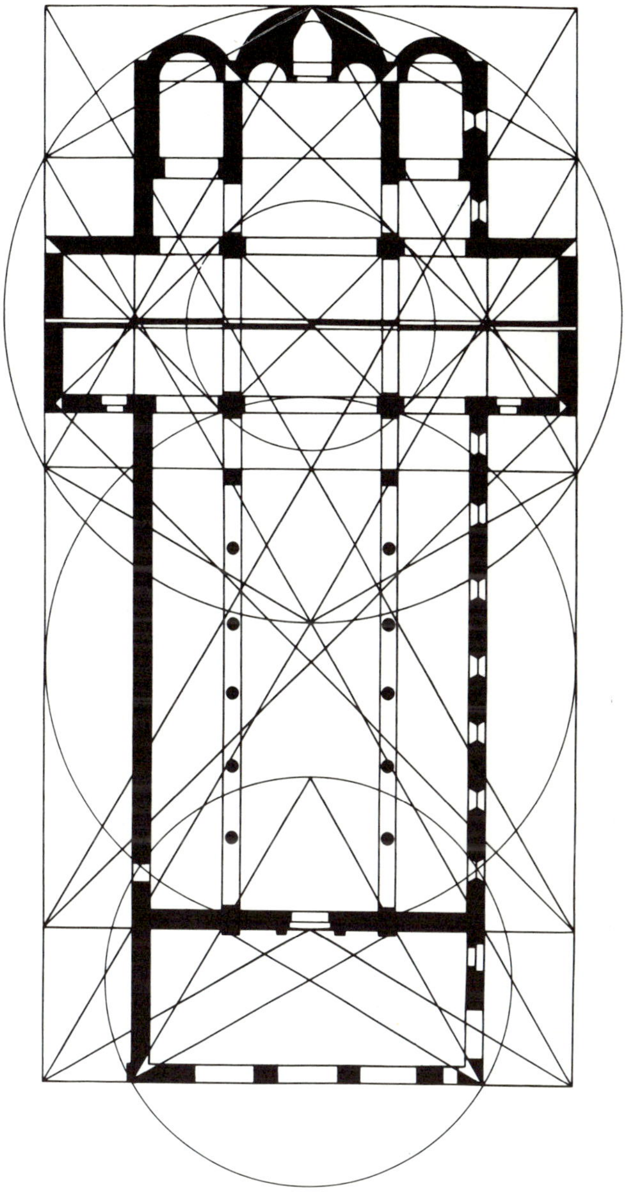

## Die Ostansicht der Klosterkirche

Die Ostansicht der Klosterkirche erfuhr in gotischer Zeit mehrmals tiefgreifende Veränderungen. Die Hauptapsis erhielt einen gotischen Aufbau, die nördliche Nebenapside verschwand ganz; an die Stelle der südlichen Nebenapside trat ein feingliedriges, gotisches Chörlein. Die Giebel brach man teilweise ab und errichtete wesentlich steilere. Falls die unteren Geschosse des südlichen Turms bereits standen, hat man auch sie bis auf einen Stumpf abgetragen. Der nördliche Turm erhielt zwei weitere Stockwerke und mußte durch massige Strebepfeiler gesichert werden, so daß die Ostseite heute ein stark verändertes Bild bietet. Die abgebrochenen Glockengeschosse und Turmdächer aus romanischer Zeit sind nicht dargestellt. Der Riß entstand unter Verwendung einer Rekonstruktion von Professor Köpf.

Die Dreiecksfigur über der 96 Fuß langen Grundlinie legt sämtliche Traufhöhen für die Apsiden und das Dach von Querschiff und Langhaus fest. In die Obergeschosse der beiden Türme lassen sich gleichseitige Dreiecke einzeichnen.

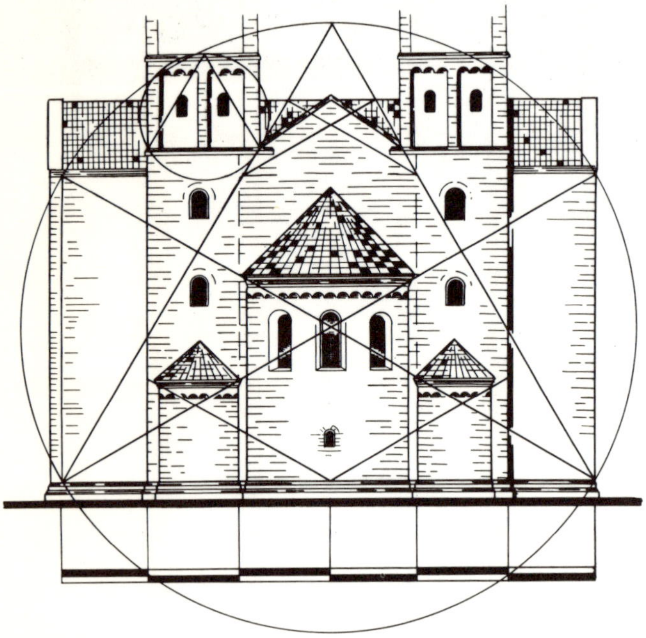

**Der Querschnitt durch die Klosterkirche**

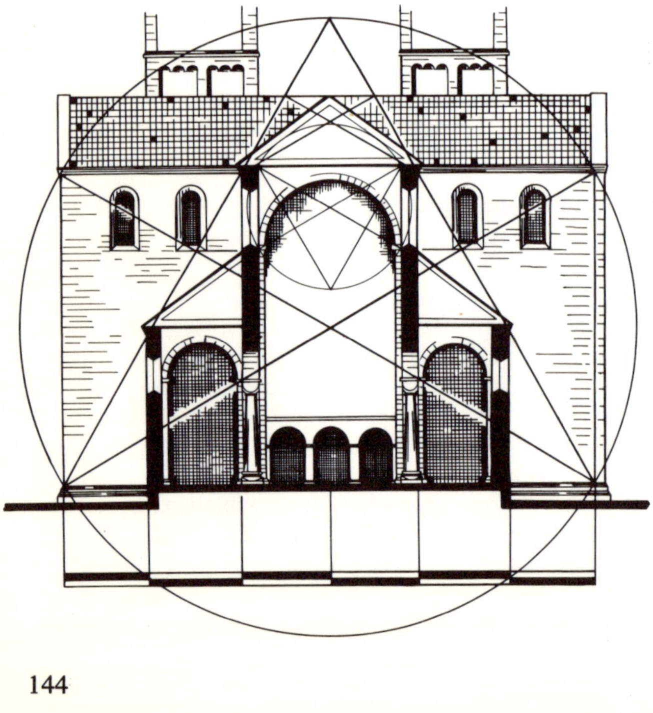

Der Schnitt öffnet das Langhaus mit Blickrichtung nach Osten. Im Zusammenhang mit den Bauarbeiten am Kreuzgang veränderte der spätgotische Meister das südliche Seitenschiff. Über dem Kreuzgang schuf er eine Empore gegen den Kirchenraum. Diese Veränderungen fanden in der Zeichnung keine Berücksichtigung.

Wieder ist es möglich, über der 96 Fuß langen Grundlinie ein gleichseitiges Dreieck und die zugehörigen Schwerlinien einzuzeichnen. Die Schnittpunkte mit den Seitenschiff- und Hochschiffwänden ergeben überall die Unterkanten der Traufgesimse. Die Figur liefert auch den Ansatz der Seitenschiffdächer an den Mittelschiffwänden.

Die Kämpfer der Vierungsbogen wurden durch zwei unter 30° geneigte Geraden von der Decke her ermittelt.

**Die Bogenreihen im Mittelschiff**

Die Hochschiffwände der Klosterkirche erheben sich auf zehn Säulen und zwei Pfeilern, welche, wie in den von Clunyazensern erbauten Kirchen gebräuchlich, die Grenzen zwischen den Räumen für Mönche und Laienbrüder bezeichnen. Über den Bogen verläuft das übliche Gesims, und darauf liegt als Besonderheit der Alpirsbacher Klosterkirche ein mit farbigen Steinen eingelegtes Zickzackband.

Die Säulen stehen auf zwei Platten, deren unterste nach Osten fortschreitend immer weniger über den Fußboden herausragt. Wie die Zeichnung zeigt, dient ihre Oberfläche als Grundlinie für die Bemessung der Arkadenzone.

Von den Säulenachsen ausgehend bestimmen die Höhen zweier gleichseitiger Dreiecke den Ort des Kreisbogenscheitels. Damit waren auch die Kämpfer gegeben.

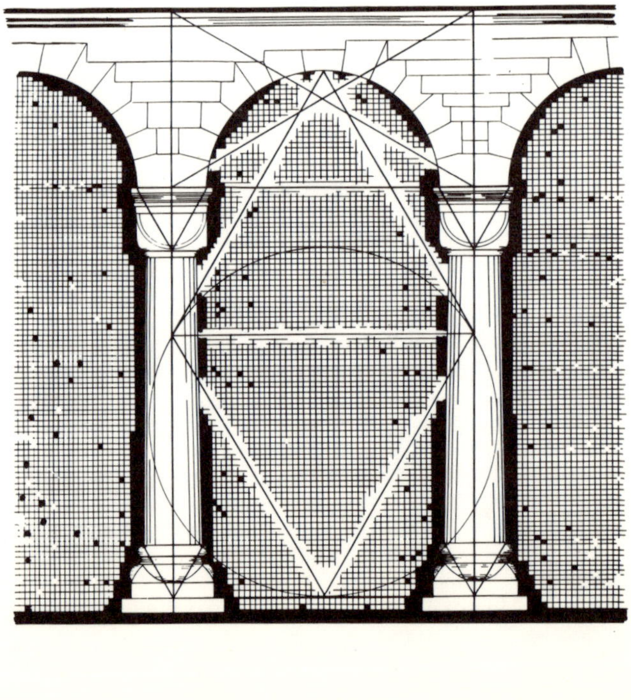

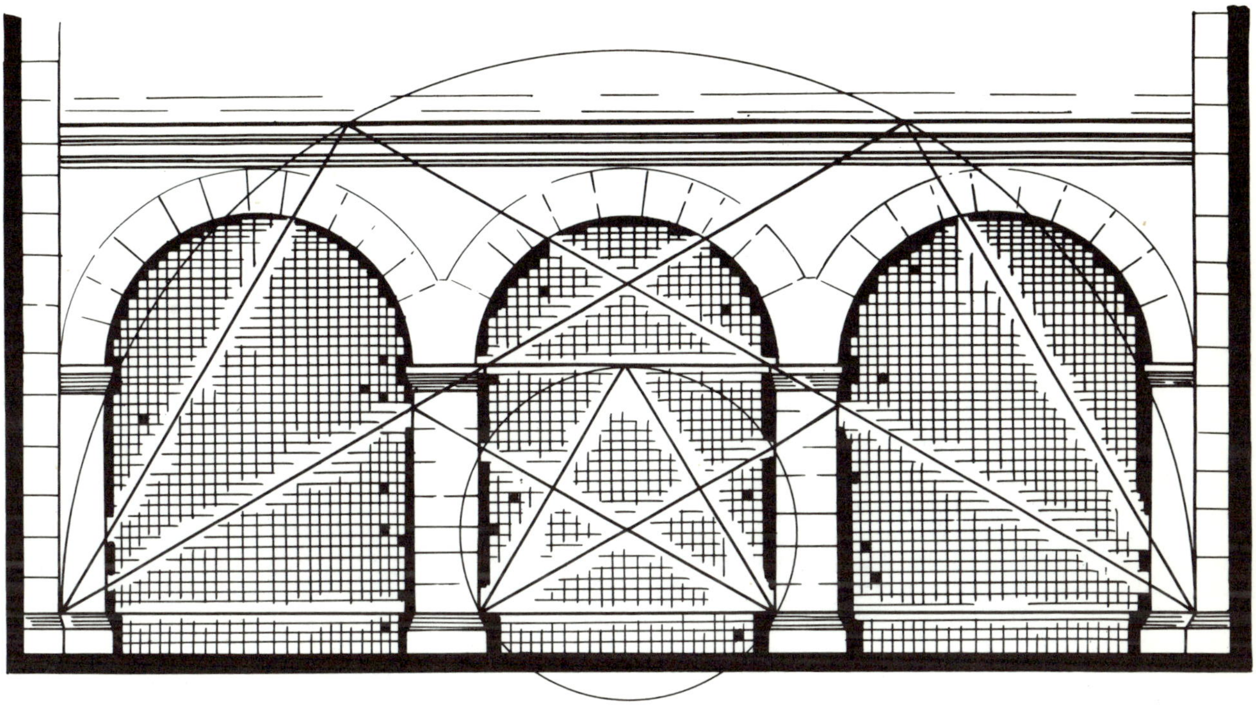

Von den Schnittpunkten der Säulenachsen mit der Kämpferlinie aus erhielt man mit Hilfe zweier Parallelen zu den Schwerlinien die Höhe des Gesimses. In die Kapitäle und die Basen lassen sich ebenfalls gleichseitige Dreiecke einzeichnen.

**Die drei Alternischen in der Ostwand**

Schon in St. Peter und Paul zu Hirsau war das Erdgeschoß des gerade geschlossenen Chors in drei Nischen geteilt. In Alpirsbach befinden sich unter der Plattform der Hauptapsis drei halbkreisförmig geschlossene Altarnischen.

Die Kämpferhöhe entspricht, vom Sockel ausgehend, der Höhe eines gleichseitigen Dreiecks. Die in den Halbkreis eingezeichneten, unter 30° und 60° gegen die Waagrechte geneigten Geraden schneiden sich auf dem Kreisbogen. Diese Schnittpunkte markieren die Lage des waagrechten Gesimses, das die Bogenreihe nach oben abschließt.

**Die Doppelfenster in der Westwand**

Zwei Doppelbogen durchbrechen die Westwand der Klosterkirche in Höhe der früher geplanten Westempore. Die Höhe der Kämpferplatte ist durch ein gleichseitiges Dreieck von 10 Fuß Seitenlänge gegeben.

Eine Einheit des Maßstabs entspricht einem Fuß.

Breite eines Doppelfensters:
10 Fuß zu je 33,3 cm (3,33 m)

Höhe bis zum Kämpfer:
$3{,}33 \cdot \sqrt{3}/2 = 2{,}88$ m, gemessen 2,83 m.


Schrifttum:

Adolf Mettler: Kloster Alpirsbach,
Augsburg 1927, Deutsche Kunstführer Bd. 8.

Georg Fehleisen: Die Bauten des Klosters Alpirsbach, Leipzig und Berlin 1929 in Beitr. zur Kulturgeschichte des Mittelalters und der Renaissance.

Fritz Victor Arens: Das Werkmaß in der Baukunst des Mittelalters,
Mainz 1938 S. 101–102.


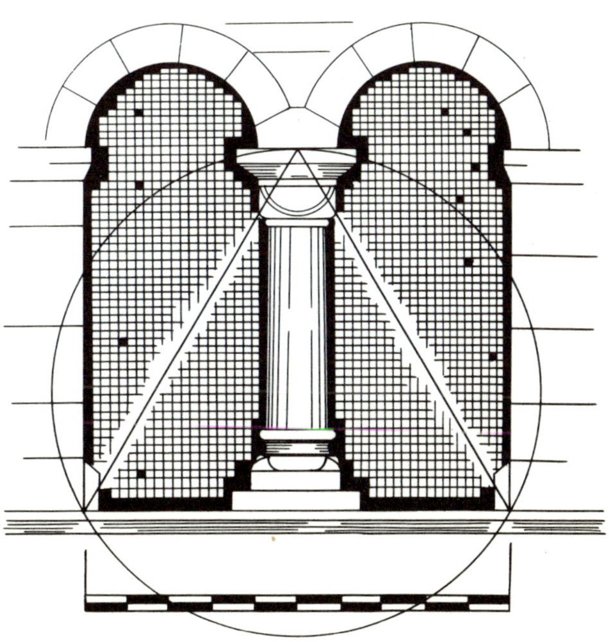

# Der Stein des Hl. Ulrich

Unweit Freiburg liegt in einem Tal am Westhang des Schwarzwaldes das ehemalige Kloster St. Ulrich. Die heute bestehende Anlage erbaute der Vorarlberger Meister Peter Thumb in barockem Stil. Von den romanischen Teilen blieb nur ein mit reicher Steinmetzarbeit verziertes, steinernes Becken erhalten.

Der heilige Ulrich – nicht der berühmte Bischof von Augsburg – entstammte einer angesehenen Regensburger Patrizierfamilie. Er wurde 1029 geboren. Kaiser Heinrich III. stand Pate. Früh bekleidete Ulrich das Amt eines Archidiakons und Propsts zu Freising. Nach einer Palästinareise in den Jahren 1053 und 1054 gab er sein Vermögen für wohltätige Zwecke und trat 1061 als Mönch in Cluny ein; dort empfing er die Priesterweihe. Im Jahr 1078 übernahm Ulrich die Leitung des Priorats Grüningen bei Freiburg im Breisgau und verlegte die Niederlassung 1087 nach dem heutigen St. Ulrich. Er war ein tief frommer, demütiger Mönch und begeisterter Anhänger der Reform von Cluny. Zuletzt erblindet, starb er 1093 in dem von ihm gegründeten Kloster. Das steinerne Becken im Kreuzgang war nach der örtlichen Überlieferung einst ein Geschenk des Mutterklosters an den in der Ferne wirkenden Mönch.

### Maße und Zweckbestimmung

Obwohl der Stein meist als Taufstein bezeichnet wird, zeigt eine nähere Betrachtung, daß es sich bei diesem kreisrunden Becken um die unterste Schale eines dreischaligen Brunnens – ähnlich den Brunnen in Maulbronn und Hirsau – handeln muß. Derartige dreischalige Brunnen standen beinahe in jeder Klosteranlage. Der Stein ist für einen Taufstein viel zu groß; er besitzt zudem in der Mitte ein quadratisches Loch, das nur zur Aufnahme einer senkrecht stehenden Säule dienen konnte, die eine zweite und dritte Schale trug. Der äußere Durchmesser beträgt 9 Fuß, der lichte Durchmesser des Beckens 8 Fuß, die Höhe 2 1/2 Fuß zu je 28,8 cm Länge. Auch das quadratische Zapfenloch in der Mitte war so bemessen, daß ein quadratischer Zapfen von 1 Fuß Seitenlänge in Mörtelbettung darin Platz finden konnte. Die Zeichnung soll einen Eindruck von der einst vollständigen, dreischaligen Brunnenanlage vermitteln. Der untere Teil zeigt einen Schnitt durch das vorhandene große Becken.

Eine Einheit des waagrechten Maßstabes entspricht einem Fuß, eine Einheit des senkrechten Maßstabes einem halben Fuß.

Durchmesser des Beckens:
9 Fuß zu je 28,8 cm (2,59 m)

Breite des Beckenrandes:
1/2 Fuß zu je 28,8 cm (0,144 m)

Höhe des Beckens:
2 1/2 Fuß zu je 28,8 cm (0,72 m).

Die in romanischer Zeit im Raum nördlich der Alpen üblichen Füße messen zwischen 32 und 34 cm, während in den Ländern mit überwiegend römischem Einfluß kurze Füße unter 30 cm gebräuchlich waren. Als Steinmetz kann deshalb kein einheimischer Meister in Frage kommen.

### Schmuckformen

Die Höhe der Schale teilte der Künstler in drei Streifen, der obere und untere ist je 1/2 Fuß breit; der obere Streifen trägt Blattmotive, der untere wurde mit phantastischen Tieren bedeckt. Das verbleibende 1 1/2 Fuß hohe Band ist in zwei gleichwertige Kreishälften geteilt, die in den Scheiteln das Bild Christi in einer Mandorla tragen; zu beiden Seiten folgen in Bogenreihen jeweils sechs Gestalten. Den neutestamentlichen Christus umgeben die Symbole der vier Evangelisten, den alttestamentlichen begleiten zwei mit Nimben geschmückte Schriftrollenträger. Die zwölf Apostel sitzen zu beiden Seiten des Herrn; Petrus zur Rechten ist am Schlüssel erkennbar; Paulus zur Linken trägt ein Buch; Jakobus mit kurzem Bart und der bartlose Apostel Johannes, die beide zur hl. Schrift beigetragen haben, sind ebenfalls durch Bücher gekennzeichnet.

Bei den Gestalten aus dem alten Testament fällt die stehende Haltung auf. Nur zwei tragen Nimben: Moses mit der Schriftrolle und Jesse, der Stammvater, mit dem Zweig, den er mit beiden Händen faßt (Jesaja 11,1). Samuel, der einst Saul und David zu Königen salbte, trägt den Ölkrug (1. Sam. 10, 1; 16, 13). Auch Simson mit dem Löwen ist trotz starker Verwitterung noch zu erkennen (Richter 14,6). Das über den Figuren umlaufende Schriftband ist dagegen unleserlich geworden.

Im Freudenstädter Taufstein besitzen wir ein etwa gleichzeitig entstandenes Zeugnis einheimischer Steinmetzkunst. Die Auswahl der Motive und ihre Anordnung offenbaren eine ganz entgegengesetzte Kunstauffassung. Bezeichnenderweise mißt der innere Durchmesser des Freudenstädter Taufsteins 3 Fuß zu je 33,3 cm und ist auch aufgrund dieses Fußes das Werk eines einheimischen Meisters.

Der Schmuck der Brunnenschale zu St. Ulrich weist dagegen auf antike, frühchristliche und burgundische Vorbilder zurück. Bogenreihen finden sich häufig an frühchristlichen Särgen in Oberitalien (Ravenna) und in der Provence (Arles). Besonders die Gestalt des mit dem Löwen ringenden Simson wirkt antik und unromanisch. Der Steinmetz muß mit diesen Vorbildern sehr vertraut gewesen sein.

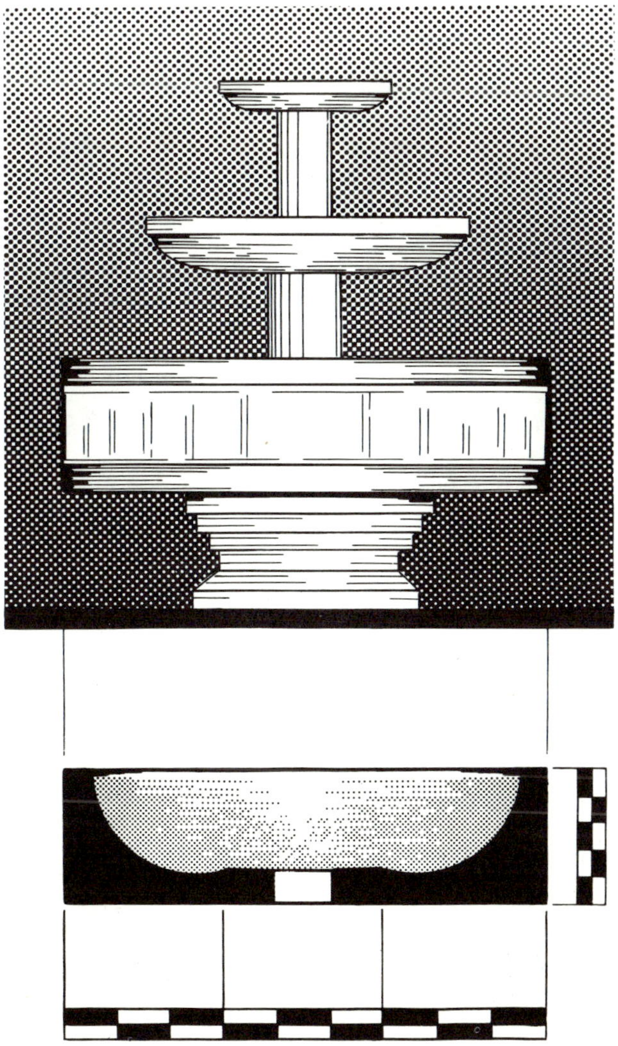

**Der Herstellungsort**

Nachdem Überlieferung, Maßeinheit und die Schmuckformen auf einen fremden Künstler hinweisen, bleibt noch zu untersuchen, ob das Becken in Cluny gefertigt und dann in den Schwarzwald gebracht worden ist oder ob der Steinmetz nach St. Ulrich kam, um dort für einige Zeit zu arbeiten.

Der Stein wiegt etwa 8 Tonnen. Derartige Lasten transportierte man im Altertum und Mittelalter häufig. Römische Kaiser ließen Obelisken aus Ägypten nach Rom und Konstantinopel bringen; die viel schwerere Kuppel von Theoderichs Grabmal in Ravenna fuhren seine Bauleute von Istrien über die Adria. Karl der Große schmückte seine Aachener Pfalz mit Säulen und Kapitälen aus Oberitalien. Auch das Bronzestandbild Theoderichs gelangte von Ravenna über die Alpen, um in Aachen einen neuen Platz zu finden. Der Markusdom in Venedig besteht zu einem großen Teil aus wiederverwendeten antiken Bauteilen von allen Küsten des Mittelmeers.

Der Transport des Steines von Cluny nach St. Ulrich war deshalb technisch möglich, trotzdem erscheint er unwahrscheinlich. In allen beschriebenen Fällen beförderte man nur wertvolles Gestein, das am Verwendungsort nicht zur Verfügung stand oder bereits bearbeitete Bauteile, die zu fertigen der Stand der Technik nicht erlaubte. Beides trifft für die Brunnenschale in St. Ulrich nicht zu.

Der rote Buntsandstein, aus dem das Becken gearbeitet ist, findet sich zwar nicht in unmittelbarer Umgebung. In der Nähe des Klosters trifft man nur schwer bearbeitbares Urgestein. Der Buntsandstein bildet jedoch die Höhen des nördlichen und mittleren Schwarzwaldes. Der Block war nur wenige Kilometer zu transportieren. Wir dürfen deshalb annehmen, daß das Mutterkloster Cluny dem hl. Ulrich nicht den Stein schenkte, sondern ihm für einige Zeit den Steinmetz zur Verfügung stellte.

Das Beispiel dieser Brunnenschale zeigt, wie falsch es ist, den geschichtlichen Wert alter örtlicher Überlieferungen anzuzweifeln. Meist fußen sie auf einer – vielleicht entstellten – Begebenheit; selten jedoch gelingt es, wie in diesem Fall, den wahren Kern durch Maßeinheit und Ornament nach Jahrhunderten zu bestätigen.

Schrifttum:

Philipp Jakob Steyrer: Leben und Wunderthaten des Heiligen Udalrici oder Ulrich Beichtigers aus dem Orden des Hl. Benedicti, erschienen bei Ignaz und Anton Wagner, Freiburg 1756.

Franz Kern: Philipp Jakob Steyrer, 1749–1795, Abt des Benediktinerklosters St. Peter im Schwarzwald, Freiburger Diözesanarchiv 79. Band, Freiburg 1959.

# Die Wurmlinger Kapelle

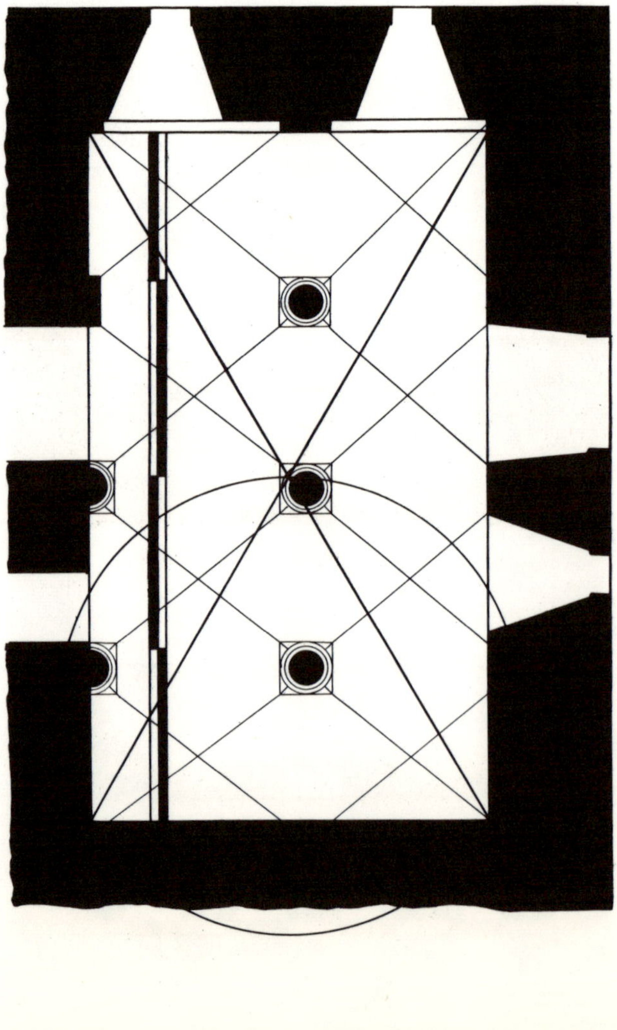

Auf einem rebenbestandenen Keuperberg unweit Tübingen erhebt sich als Wahrzeichen der ganzen Umgebung die Wurmlinger Kapelle. Im Dreißigjährigen Krieg (1644) zerstört, erbaute das Kloster Kreuzlingen im Jahre 1683 das Kirchlein aufs neue. Nur die vierschiffige Hallenkrypta ist wesentlich älter. Acht gratige Kreuzgewölbe, deren Scheitel horizontal durchlaufen, bedecken die Halle. Die drei Säulen erinnern an Hirsau und Alpirsbach. Die Kapitäle, welche im Unterschied zu den Langhauskapitälen von St. Peter in Hirsau bereits den ganz flachen Halsring tragen, lassen sich auf Alpirsbach zurückführen, wohin auch die Eckhülsen der Basen mit gerundetem Grat weisen. An die gewölbte, querliegende Halle, die nur auf zwei Seiten freisteht und von Osten durch eine ursprüngliche Tür zugänglich ist, schließt sich nach Westen in gleicher Achse ein noch tieferer, aus dem natürlichen Fels gehauener, mit einer Tonne überwölbter Stollen an. Acht Stufen führen in den Raum, dessen Bestimmung unklar ist.

**Der Grundriß der Krypta**

In Wurmlingen begegnet uns der seltene Fall, daß nicht die Außenmaße, sondern die inneren Abmessungen einem Entwurf zugrundeliegen. Die Ausnahme läßt sich aber erklären. Die Krypta stand nur auf der Ost- und Nordseite frei, die beiden anderen Seiten verschwanden völlig im Erdreich.

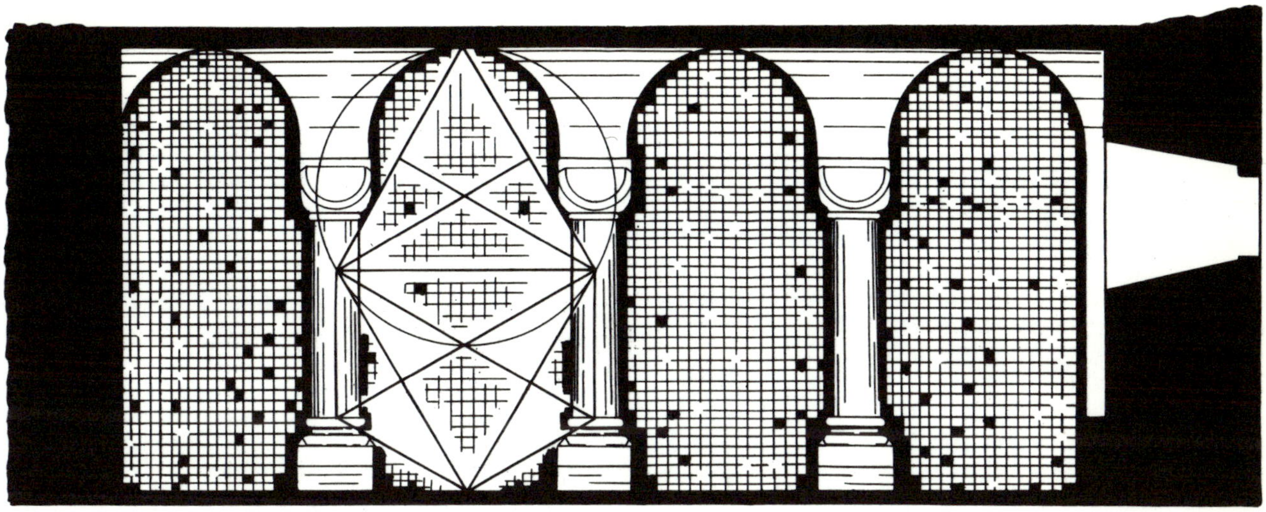

An der Nordseite findet sich im Innenraum am Fuß der Wand ein 13 cm vorspringender Sockel. Die lichte Breite bis zu diesem Sockel mißt 18 Fuß. Die lichte Länge bestimmen zwei gleichseitige Dreiecke von 18 Fuß Seitenlänge.

Eine Einheit des Maßstabs entspricht 4,5 Fuß.

Lichte Breite:
18 Fuß zu je 33,3 cm (5,97 m)

Lichte Länge:
$5{,}97 \cdot \sqrt{3}/3 = 3{,}45$ m, gemessen 3,45 m

Breite der Fenster innen:
3 Fuß zu je 33,3 cm (1,00 m)

Breite der Türe innen:
4 Fuß zu je 33,0 cm (1,32 m)

Dicke der Ostwand:
3 Fuß zu je 35,0 cm (1,05 m)

Dicke der Nordwand:
3 Fuß zu je 33,0 cm (0,99 m)

Seitenlänge der quadratischen Basen und Kapitäle:
1 1/3 Fuß zu je 33,3 cm (0,45 m).

**Der Schnitt durch die Krypta**

Der Schnitt zeigt die Krypta mit Blickrichtung nach Osten. Drei schön gearbeitete Säulen teilen den Raum in vier etwa gleich breite Schiffe. Von der Achse zweier Säulen und dem Gewölbescheitel ausgehend lassen sich die Kämpfer und die Basen mittels gleichseitiger Dreiecksfiguren festlegen.

Achsabstand zweier Säulen im Mittel: 1,52 m

Höhe zwischen Kämpfer und Gewölbescheitel:
$1{,}52/4 \cdot \sqrt{3} = 0{,}66$ m, gemessen 0,65 – 0,70 m

Abstand zwischen Kämpfer und Basis:
$1{,}52/4 \cdot \sqrt{3} + 2/3 \cdot 1{,}52/2 \cdot \sqrt{3} = 0{,}66 + 0{,}88 = 1{,}54$ m, gemessen 1,59 m

Höhe der Basis:
$1{,}52/6 \cdot \sqrt{3} = 0{,}43$ m, gemessen 0,41 m

Höhe vom Boden bis zum Scheitel:
$1{,}52 \cdot \sqrt{3} = 2{,}63$ m, gemessen 2,65 – 2,70 m.

**Fenster an der Krypta**

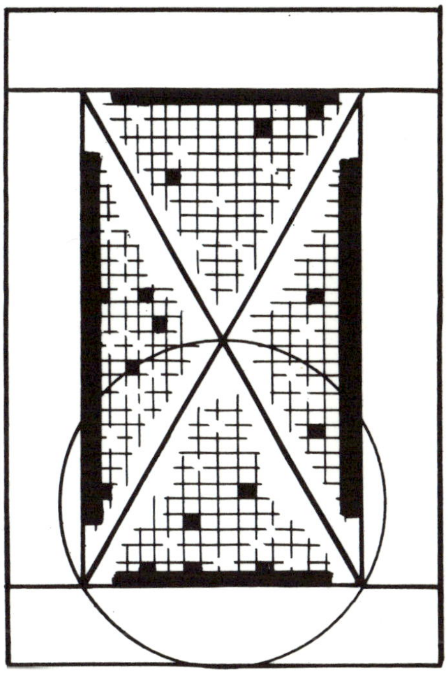

Drei kleine, rechteckige Fenster belichten die Krypta. In die Öffnung sind wieder zwei gleichseitige Dreiecke eingepaßt.

Breite: 0,36 m

Höhe:
$0{,}36 \cdot \sqrt{3} = 0{,}62$ m, gemessen 0,63 m.

# Lorch

## Geschichte

Während die Burg der Hohenstaufen bis auf einige Fundamente verschwunden ist, blickt die Grablege dieses Geschlechts, das Kloster Lorch, seit 800 Jahren von einer nach drei Seiten steil abfallenden Bergzunge über das Remstal. Zwei Jahrhunderte wogte der Schlachtruf „hie Welf – hie Waibling" durch Deutschland und Italien.

Zwei Jahrhunderte kämpften die Glieder dieses schwäbischen Geschlechts am Rhein, am Po, in Sizilien und im Heiligen Land. Wir dürfen uns unter derartigen Umständen nicht wundern, daß nur ein gekröntes Haupt – die Königin Irene, Gattin Philipps von Schwaben und Tochter des Kaisers Isaak II. Angelos von Byzanz (1185–1195) – hier die letzte Ruhe fand. Im Jahre 1194, während der Kämpfe auf Sizilien erbeutet, nahm sie Philipp, der jüngste Sohn Barbarossas, zur Gemahlin. Sie starb kurz nach der Ermordung Philipps (1208) auf der Burg Hohenstaufen. Barbarossa (1151–1190) liegt in Syrien begraben, die Särge Heinrichs VI. (1190–1197) und Friedrichs II. (1215–1250) stehen im Dom zu Palermo. Der jüngste Sproß des Geschlechts, Konradin, wurde 1268 in Neapel enthauptet.

Herzog Friedrich von Schwaben, der Großvater Barbarossas und Schwiegersohn Kaiser Heinrichs IV., gründete 1102 das Kloster Lorch. Er bestimmte es auch zur Grablege seines Geschlechts. Die ersten Lorcher Mönche kamen von Hirsau. Der erste Abt, Harbert, entstammte dem Kloster Comburg. Er hatte zuvor dem Symphorianuskloster in Metz und dann dem 1093 gegründeten Kloster Maria Laach vorgestanden. Wir dürfen deshalb keine Hirsauer Säulenbasilika wie in Alpirsbach oder Kleincomburg erwarten, ja es fehlen überhaupt die wesentlichen Eigenheiten der Hirsauer Bauschule. Das Mauerwerk wächst ohne Sockel aus dem Boden. An den alten Bauteilen fehlt jeder Schmuck, keine Friese oder Lisenen unterbrechen die glatte Wand. Die Kirche wirkt gegenüber Hirsauer Bauten asketisch streng. Die Anordnung des Kreuzgangs in der Längsachse der Kirche erinnert an die Comburg und St. Michael bei Heidelberg, das Westwerk mit zwei Rundtürmen an das Münster zu Maria Laach. Der Abt brachte demnach verschiedene Anregungen aus seinem früheren Wirkungskreis mit, die in Lorch zu einer Einheit verschmolzen.

Nach dem Untergang der Stifterfamilie begab sich das Kloster 1291 unter die Schirmherrschaft der Grafen von Württemberg. Wie Hirsau und Alpirsbach erlebte auch Lorch in der Spätgotik nochmals eine Blütezeit, der Chor wurde verlängert und der Kreuzgang völlig neu gestaltet.

Auch die gotischen Gewölbe in Chor und Querschiff samt den Strebepfeilern ließ der damalige Abt Schenk von Arnberg (1460–1477) einziehen. Sie waren wohl kaum die ersten Gewölbe. Den einzigen plastischen Schmuck im Kirchenraum tragen die herrlichen, spätromanischen Vierungspfeiler, die durch Ummauern der vorhandenen Pfeiler entstanden. Sie hätten keinen Sinn, wenn die Wölbung nicht zumindest geplant gewesen wäre. Das Einwölben des Chorrechtecks beabsichtigte, wie die verstärkten Mauern zeigen, sicher schon Abt Harbert.

Im Bauernkrieg litt Lorch sehr schwer. Nach fünftägiger Belagerung standen die Klostergebäude in Flammen, und die Schätze fielen in die Hände plündernder Bauern. Im Jahr 1555 löste Herzog Christoph den Konvent auf.

## Der Grundriß

Der Bemessung zugrunde lag, wie allgemein üblich, die größte Breite des Gebäudes. Diese ist gleichzeitig Querschifflänge und mißt $8 \cdot 9$ oder $6 \cdot 12 = 72$ Fuß. Das Querschiff ragt nach beiden Seiten jeweils 9 Fuß über die Seitenschiffe hinaus. Für die drei Schiffe bleiben $6 \cdot 9 = 54$ Fuß, von denen 28 Fuß auf das Mittelschiff einschließlich der Schiffwände und $2 \cdot 13 = 26$ Fuß auf die beiden Seitenschiffe einschließlich der Außenwände entfallen.

Von der Westwand der Kirche ausgehend, bestimmen die Höhen zweier gleichseitiger Dreiecke von 72 Fuß Seitenlänge die Ostwand des Chors, deren Lage heute trotz des gotischen Umbaus noch erkennbar ist. Ein Quadrat von 72 Fuß Seitenlänge, ebenfalls von der Westwand ausgehend, gegen den Chor abgesteckt, vermittelte dem Meister die Lage der Querhauswestmauer. Die Querhausostmauer legte er mittels eines gleichseitigen Dreiecks von 72 Fuß Seitenlänge fest. Eine Ecke dieses Dreiecks liegt im Scheitel des Chors. Die gesuchte Ostwand verläuft durch Schnittpunkte der Dreieckseiten mit den äußeren Begrenzungen der Mittelschiffwände.

Die Schnitte zweier zur Dreieckskonstruktion gehörender Schwerlinien mit den Verlängerungen der Seitenschiffwände sind für die Länge der westlichen Vorhalle maßgebend. Auch die Mittelpunkte der Rundtürme passen in die aufgezeigte Ordnung.

Eine Einheit des Maßstabs entspricht 9 Fuß.

Größte Breite im Querschiff gemessen:
72 Fuß zu je 32,9 cm (23,70 m)

Länge zwischen Westwand und Querschiff:
72 Fuß zu je 32,9 cm (23,61 m)

Breite aller drei Schiffe:
54 Fuß zu je 33,3 cm (17,97 m)

Breite des nördlichen Seitenschiffs:
13 Fuß zu je 33,8 cm (4,39 m)

Breite des südlichen Seitenschiffs:
13 Fuß zu je 33,1 cm (4,30 m)

Breite des Mittelschiffs einschließlich beider Wände:
28 Fuß zu je 33,2 cm (9,28 m)

Länge der Kirche ohne Vorhalle:
$23{,}60 \cdot \sqrt{3} = 40{,}88$ m, gemessen 40,64 m

Dicke der Mauern:
2 1/2 Fuß zu je 35 cm (0,88 m).

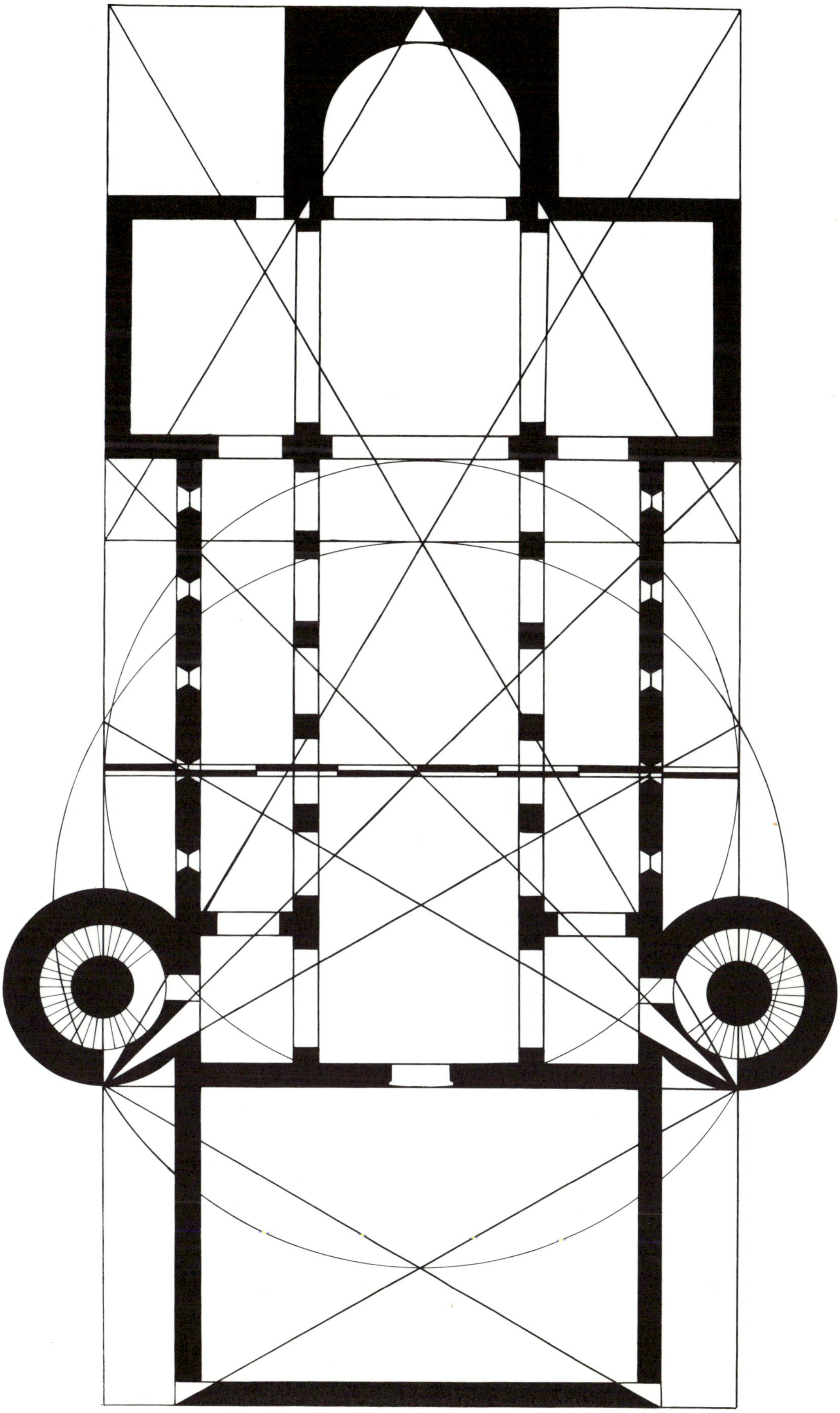

## Die Bogen im Westquerhaus

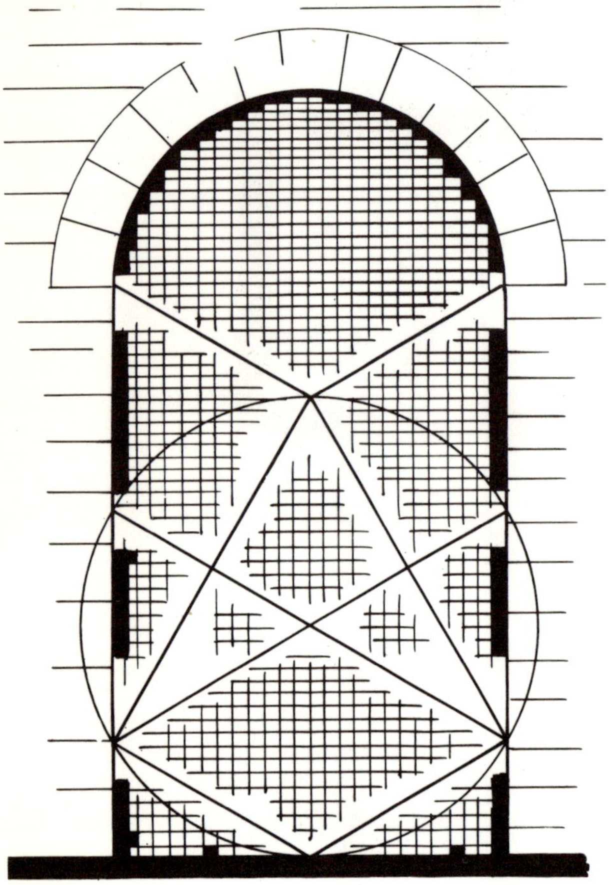

Wer die Klosterkirche durch das Hauptortal betritt, steht zunächst im nicht über die Seitenschiffe ausladenden, einst von zwei Türmen flankierten Westquerhaus. Es öffnet sich gegen das Mittelschiff in einem großen Rundbogen. Die Verbindung zu den Seitenschiffen stellen in Querhausachse zwei Öffnungen her, die die nach Osten folgenden Bogenreihen in den Abmessungen weit übertreffen. Die Kämpfer sind in der üblichen Weise durch Dreieck und Sechseckfiguren festgelegt.

## Die Bogenreihen im Schiff

In scharfem Gegensatz zu den reich verzierten Vierungspfeilern der Spätromanik, deren sehr fein gearbeitete Architekturplastik teilweise an chinesische Stickereien erinnert und sicher von Süditalien her beeinflußt war, stehen die sockellosen, völlig glatten Pfeiler der Bogenreihen. Nur ein einfacher Fries gliedert die Hochschiffwände. Zwei gleichseitige Dreiecke bestimmen, von den Pfeilerachsen ausgehend, die Höhenlage des Frieses. Über die Schwerlinien des oberen Dreiecks hat man die Kämpferhöhen ermittelt.

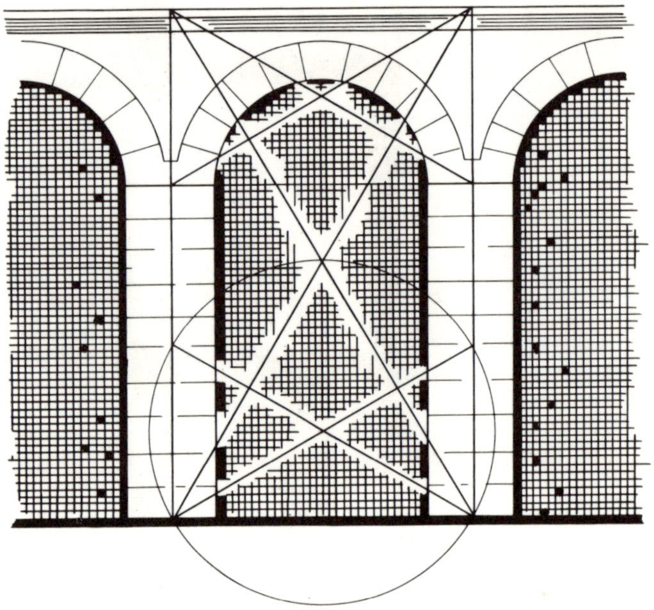

## Kleine Fenster in den Seitenschiffen

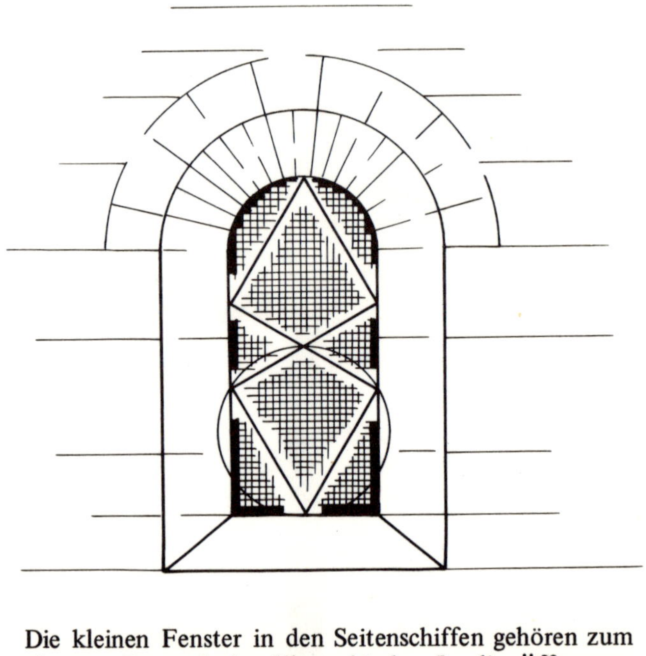

Die kleinen Fenster in den Seitenschiffen gehören zum ältesten Bestand der Klosterkirche. In die Öffnungen können zwei Sechsecke oder die in der Abbildung gewählte abgekürzte Darstellung eingepaßt werden.

# Sindelfingen

### Geschichte

Graf Adalbert II. von Calw, der Erneuerer des Klosters Hirsau, stiftete im Jahre 1066 beim Dorf Sindelfingen, wahrscheinlich in der Nähe eines festen Platzes ein Kollegiatstift. Der erste Bau besaß ein nicht ausladendes östliches Querschiff. In der Zeit vor 1100 fügte man in das bestehende Bauwerk eine Hallenkrypta ein. Ihre kleinen Fenster sind außen an der Kirche noch sichtbar. Im Jahr 1132 zerstörte Welf VI. die Burg zu Sindelfingen. Sicher nahm auch das Chorherrenstift Schaden. Jetzt erhielt die Kirche ihre heutige Gestalt. Das Querschiff verschwand; man schmückte die Apsiden mit Wandsäulen und überarbeitete die Pfeiler im Schiff.

Nach dem Untergang des Calwer Grafengeschlechts kam das Stift an Württemberg und wurde unter Graf Eberhard im Bart der neugegründeten Universität Tübingen inkorporiert. Daß die Stiftskirche so wenig an Hirsau erinnert, wundert immer wieder, insbesondere weil Adalbert II. als Erneuerer des dortigen Klosters enge Beziehungen zu Hirsau unterhielt.

Der Turm zu Sindelfingen stand ohne Verbindung mit der Kirche einst frei an der Südseite und gleicht heute noch in seiner ungegliederten, schmucklosen Masse italienischen Kampanilen. Auch der an Turm und Kirche benutzte Fuß ist so kurz, daß keine Bauhütte aus dem Bereich nördlich der Alpen maßgebend am Bauwerk tätig gewesen sein kann. Es dürfte sich auch nicht um Langobarden gehandelt haben, sondern um Handwerker, die den alten römischen Fuß zu benutzen pflegten, also um Leute aus Gebieten, in denen römische Tradition ungebrochen fortlebte.

### Der Grundriß

Der quadratische Campanile mißt 24 x 24 Fuß von 30 cm Länge. Die Wände sind 3 Fuß dick.

Auch im Grundriß der Kirche herrscht die Quadratur; das gleichseitige Dreieck fand keine Anwendung. Bemessungsgrundlage war die 7 · 8 = 56 Fuß lange Gesamtbreite. Die Länge der Kirche entspricht zwei Quadratseiten von 56 Fuß.

Die frühgotische Sakristei im Norden der Kirche fällt aus diesem Rahmen. Bemessungsgrundlage ist eine Seite des eingezeichneten gleichseitigen Dreiecks. Sie mißt 3 · 7 = 21 Fuß. Der Fuß erscheint mit 36 cm überraschend lang. Dieser übermäßig große Fuß steht jedoch nicht allein; er findet sich auch in Neckartailfingen und an der Regiswindis-Kapelle in Lauffen, die jedoch fast hundert Jahre jünger sein dürfte.

Eine Einheit des Maßstabs entspricht 8 Fuß, bei der gotischen Sakristei 7 Fuß.

Länge der Seiten am Turm:
24 Fuß zu je 30,0 cm (7,20 m)

Dicke der Wände:
6 Fuß zu je 30,3 cm (1,82 m)

Breite der Kirche:
56 Fuß zu je 30,8 cm (17,26 m)

Breite des Mittelschiffs ohne die Wände:
20 Fuß zu je 31,0 cm (6,23 m)

Länge der Schiffe ohne Apsiden:
2 · 17,26 = 34,52 m, gemessen 34,68 m

Dicke der Außenwände:
4 Fuß zu je 30,5 cm (1,22 m)

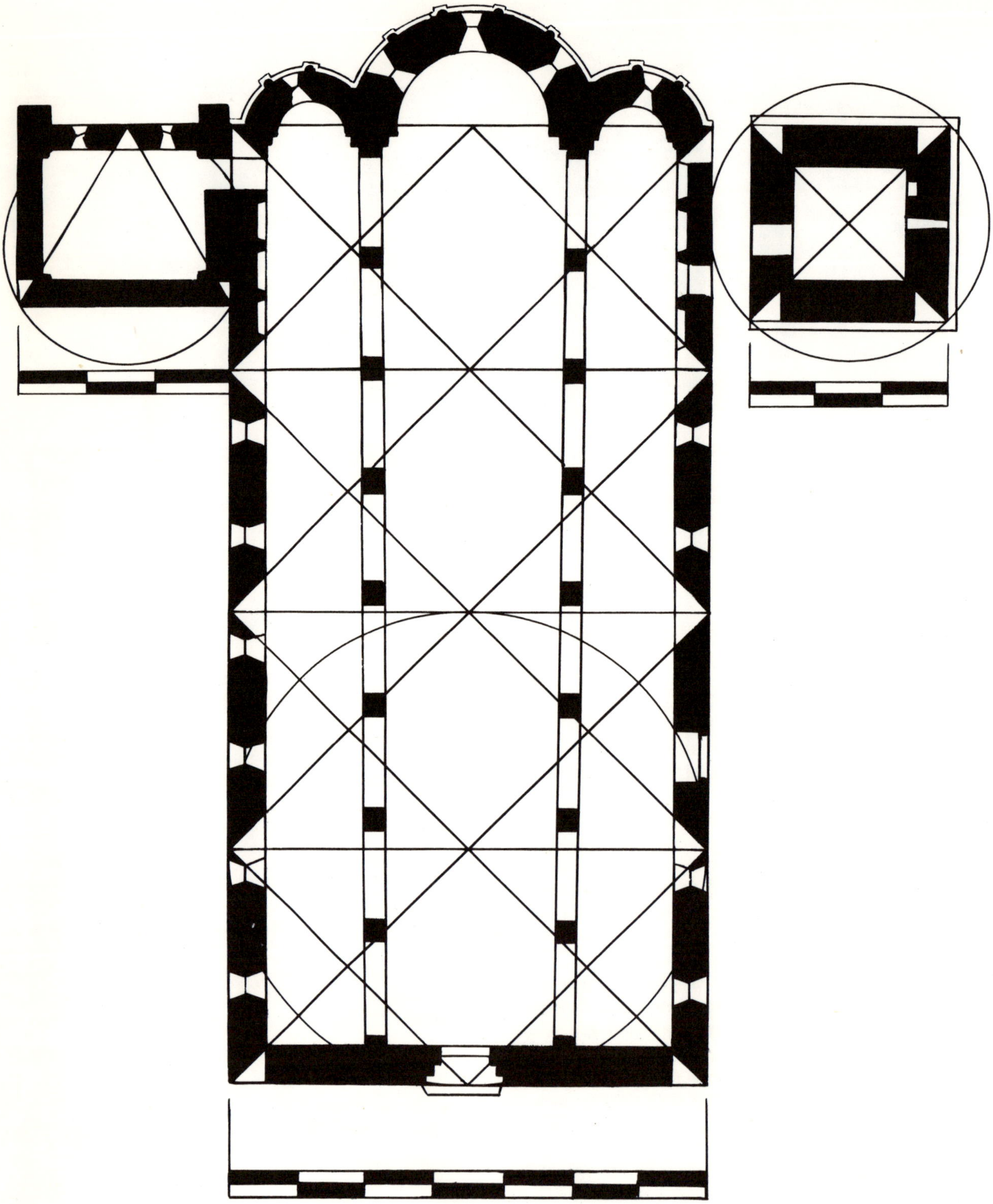

Dicke der Hochschiffwände:
2 1/2 Fuß zu je 31,0 cm (0,77 m)

Dicke der Westwand:
4 1/2 Fuß zu je 30,8 cm (1,38 m)

Länge der gotischen Sakristei:
21 Fuß zu je 36 cm (7,55 m)

Breite der Sakristei:
$\sqrt{3}/2 \cdot 7{,}55 = 6{,}54$ m, gemessen 6,56 m

Dicke der Strebepfeiler:
3 Fuß zu je 36 cm (1,08 m)

Länge der Strebepfeiler:
2 Fuß zu je 35 cm (0,70 m).

# Neckartailfingen

In der Kirche zu Neckartailfingen erinnert alles an Hirsau: die Form des Sockels, der um das Seitenportal im Norden herumführt, die klaren Formen der Kapitäle und der Rundbogenfries, der selbst in Einzelheiten der Ausführung mit dem Fries im obersten Geschoß des Eulenturms übereinstimmt. Auch die außen rechteckig ummantelten, innen halbkreisförmigen Apsiden entsprechen Hirsauer Baugewohnheiten. Wie in Klosterreichenbach fehlt das Querschiff; die dort vorhandenen Osttürme rückte man in Neckartailfingen an die Westseite. Vermutlich waren sie nie ganz ausgebaut, und die Gotik fügte vor das zwischen den Turmstümpfen gelegene Paradies einen massigen Westturm.

Im Innern beeindrucken das überschlanke, nach dem Sechseck und Quadrat bemessene Langhaus und die wohlproportionierten Säulen. Die reifen architektonischen Formen deuten auf eine Entstehung im zweiten Viertel des 12. Jahrhunderts.

**Der Grundriß**

Die Schiffe scheinen zwischen den drei ummantelten Apsiden im Osten und den beiden quadratischen Westtürmen gleichsam eingespannt. Das Mittelschiff ohne die Wände und die Westvorhalle ist 12 Fuß breit. Die beiden Westtürme messen ebenfalls 12 Fuß im Quadrat, so daß in romanischer Zeit, vor dem Bau des gotischen Turms, eine 36 Fuß breite Westansicht vor dem Beschauer lag. Die Mittelschiffwände sind 2 Fuß dick, die lichte Breite der Seitenschiffe mißt 6 Fuß, dann folgen 2 1/2 Fuß dicke Außenwände. Die 33 Fuß breiten Schiffe springen demnach auf beiden Seiten um 1 1/2 Fuß hinter die Turmfront zurück. Bei der Längenermittlung fanden beide Breiten Verwendung. Zunächst steckte man im Westen ein halbes Quadrat über der 36 Fuß langen Grundlinie ab und fügte dann zwei gleichseitige Dreiecke von 33 Fuß Seitenlänge an. Die Ostenden des Mittelschiffs und der Seitenschiffe waren dadurch festgelegt.

Eine Einheit des Maßstabs entspricht 6 Fuß.

Breite des Mittelschiffs und der Vorhalle:
12 Fuß zu je 36,1 cm (4,33 m)

Breite der Seitenschiffe:
6 Fuß zu je 35,9 cm (2,15 m)

Dicke der Hochschiffwände:
2 Fuß zu je 36 cm (0,72 m)

Dicke der Seitenschiffwände:
2 1/2 Fuß zu je 36 cm (0,90 m)

Breite der Turmfront:
36 Fuß zu je 36 cm (12,97 m)

Breite aller drei Schiffe:
33 Fuß zu je 36 cm (11,92 m)

Länge des Bauwerks:
$12{,}97/2 + \sqrt{3} \cdot 11{,}92 = 6{,}48 + 20{,}64 =$ 27,12 m,
gemessen 26,92 m.

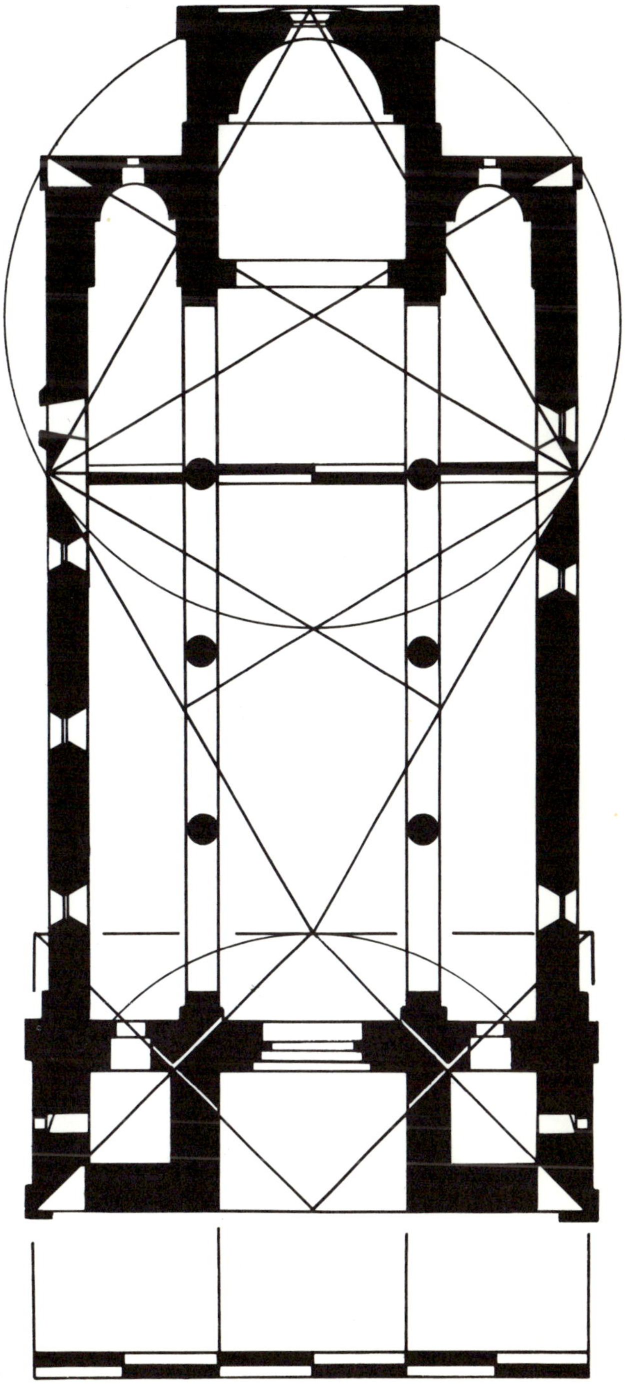

# Boll

Zwischen Kirchheim/Teck und Göppingen liegt im Albvorland das Dorf Boll mit seiner etwa um 1200 entstandenen Cyriakskirche. Der verputzte Bau macht von außen einen sehr bescheidenen Eindruck; innen überraschen aus schönem, gelbbraun gestreiftem Sandstein errichtete Pfeiler und Bogen, die sich wirkungsvoll gegen die hellen Wände abheben.

Unter dem Chor befand sich, wie durch Grabungen nachgewiesen werden konnte, eine tonnengewölbte Krypta. Die Seitenschiffe schlossen einst im Osten mit zwei halbkreisförmigen Apsiden. Den Glockenturm an der Westseite fügte man später an.

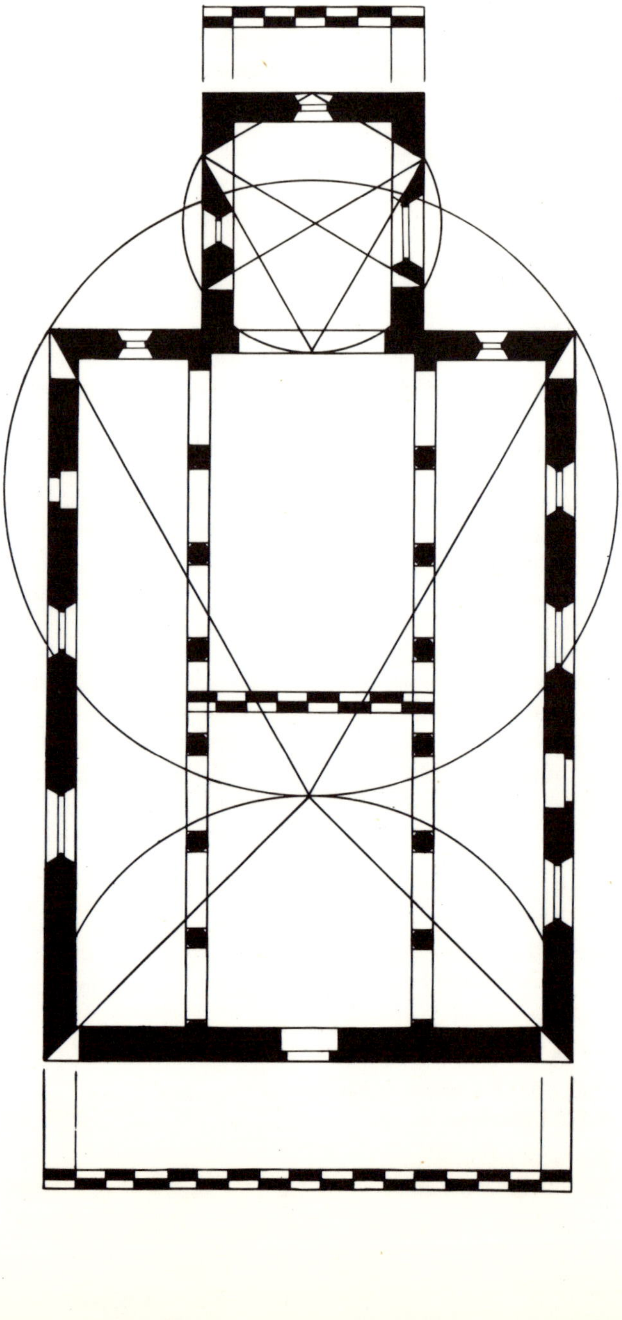

**Der Grundriß**

Die querhauslose, dreischiffige Basilika ist 3 · 17 = 51 Fuß breit und schließt im Osten mit einem rechteckigen 3 · 7 = 21 Fuß breiten Chor. Das Mittelschiff mißt einschließlich beider Wände 24 Fuß, die beiden Seitenschiffe einschließlich der Außenwände 27 Fuß. Die Länge der Schiffe ermittelte der Meister durch gemeinsame Verwendung von Quadrat und gleichseitigem Dreieck. Ähnlich wie in Neckartailfingen läßt sich im Westen ein halbes Quadrat, im Osten ein gleichseitiges Dreieck einzeichnen. In den Chor ist ein Sechseck eingepaßt.

Eine Einheit des Maßstabs entspricht 3 Fuß.

Breite aller drei Schiffe:
51 Fuß zu je 32,0 cm (16,30 m)

Breite des Mittelschiffs, einschließlich beider Wände:
24 Fuß zu je 31,8 cm (7,63 m)

Breite der Seitenschiffe einschließlich der Außenwände:
27/2 Fuß zu je 32,0 cm (4,32 m)

Dicke der Außenmauern:
3 Fuß zu je 32,0 cm (0,96 m)

Dicke der Mittelschiffwände:
2 Fuß zu je 32,0 cm (0,64 m)

Länge der Schiffe:
$16{,}30/2 + \sqrt{3}/2 \cdot 16{,}30 = 8{,}15 + 14{,}12 = 22{,}27$ m,
gemessen 22,26 m

Breite des Chors:
21 Fuß zu je 32,2 cm (6,78 m)

Länge des Chors:
$2/3 \cdot \sqrt{3} \cdot 6{,}78 = 7{,}84$ m, gemessen 8,00 m.

**Die Westansicht**

Vom Gelände ausgehend bestimmt die Höhe eines gleichseitigen Dreiecks von 51 Fuß Seitenlänge die Lage des Dachfirstes. Die Schnittpunkte der Dreieckseiten mit den Hochschiffwänden benützte man als Ausgangspunkte für die Ermittlung der Dachneigung des Mittelschiffdachs. Eine Waagrechte durch den Schwerpunkt des Bemessungsdreiecks schneidet die Seitenschiffwände in der Trauflinie.

Eine Einheit des Maßstabs entspricht 3 Fuß.

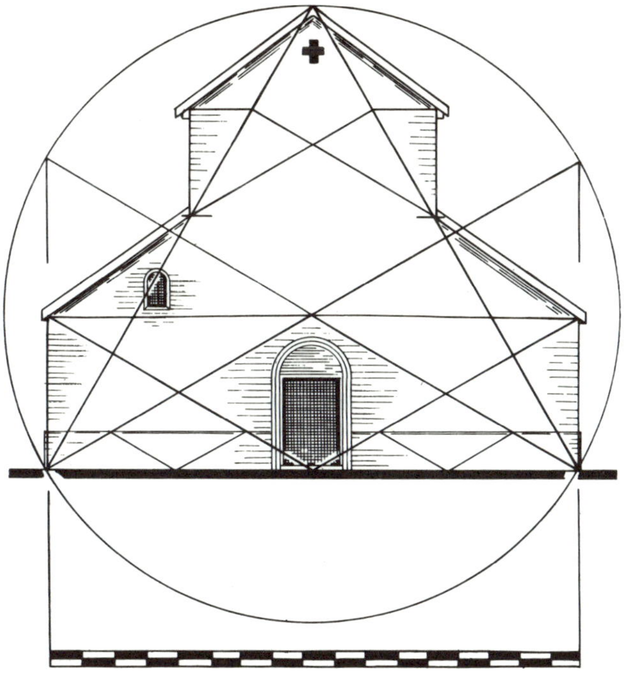

**Die Bogenreihen im Mittelschiff**

Das Mittelschiff begleiten zwei Bogenreihen von je sieben Öffnungen, die im Gegensatz zu den sonst üblichen Säulen, quadratischen oder auch rechteckigen Pfeilern auf Pfeilern mit achteckigem Querschnitt ruhen. Am Fuß und am Kämpfer leiten je vier Schrägen zum Quadrat über. Wieder markiert ein gleichseitiges Dreieck die Höhe der Kämpfer. Eine Dreieckseite ist gleich dem Achsabstand zweier benachbarter Pfeiler.

Achsabstand: 2,97 m

Höche der Kämpfer:
$2{,}97 \cdot \sqrt{3}/2 = 2{,}58$ m, gemessen 2,62 m.

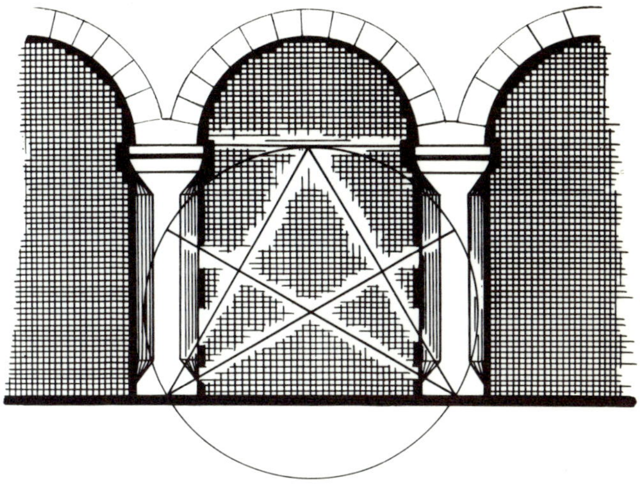

**Kleines Fenster im nördlichen Seitenschiff**

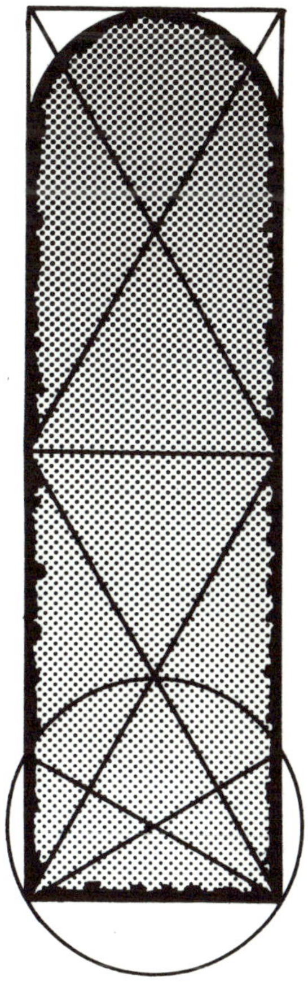

In das sehr schlanke Fenster können vier gleichseitige Dreiecke eingezeichnet werden. Eine Dreieckseite entspricht einem Fuß.

Fensterbreite:
1 Fuß zu 30,0 m (0,30 m)

Fensterhöhe:
$2\sqrt{3} \cdot 0{,}30 = 1{,}04$ m, gemessen 1,02 m.

# Maulbronn

## Geschichte

Die Perle unter den Klöstern Württembergs ist Maulbronn. Landschaft und Kunst harmonieren in seltener Vollendung. Dank der günstigen Lage in einem abgeschiedenen Waldtal stand das Kloster fast immer abseits der kriegerischen Ereignisse und blieb in gutem Zustand erhalten. Als die meisten Klöster Süddeutschlands ihre Kirche im barocken Stil neu erbauten, befand sich die Anlage längst in den Händen des württembergischen Staates. Wer kann sich dem Eindruck des strengen Kirchenraums, des spätromanischen Paradieses, des Kreuzganges und der großartigen Halle des Herrenrefektoriums entziehen?

Zisterziensermönche gründeten vor 850 Jahren das Kloster Maulbronn. Der Zisterzienserorden entstand wie früher die Kongregation der Clunyazenser in Burgund. 1098 schloß sich eine kleine Gruppe von Mönchen unter Führung des aus Cluny hervorgegangenen Abts Robert zu Cistercium in einem neuen Kloster zusammen, in dem sie im Gegensatz zu den verweltlichten Clunyazensern nach strengsten Gesetzen lebte. Dieses Kloster bildete die Keimzelle für den bedeutendsten Mönchsorden des 12. Jahrhunderts.

Bernhard von Clairvaux führte die Zisterzienser in kürzester Zeit zu höchster Bedeutung. Bis zu seinem Tode entstanden über 5000 Neugründungen von Zisterzienserabteien in Frankreich, Deutschland, Italien, England, Schweden, Polen, auf Cypern und im Heiligen Land. Um 1150 befanden sich auf deutschem Boden mindestens 50 Zisterzienserklöster. Die Welle asketischer Begeisterung schlug in alle Länder des Abendlandes, sie fand ihren sichtbaren Ausdruck in der Baukunst dieses Ordens. Alle Bauten der frühen Periode sind von demselben strengen Geist getragen.

Zunächst hatte man für die Maulbronner Gründung einen anderen Platz vorgesehen, der sich jedoch als ungeeignet erwies, so daß im Jahr 1147 ein Abt mit 12 Mönchen und mehreren Laienbrüdern am Ort der heutigen Anlage die ersten Notunterkünfte errichtete. Die Glanzzeit des Clunyazenserklosters Hirsau war gerade vorbei, als die Mönche in Maulbronn den Grundstein legten. Abt und Mönche kamen aus dem Kloster Neuburg im Elsaß. Im Jahre 1178 weihte Erzbischof Arnold von Trier die ursprünglich flach gedeckte Klosterkirche; dann entstand bis 1201 der Westflügel der Klausur: der Keller und das Laienrefektorium mit den schönen, auf Doppelsäulen ruhenden Kreuzgratgewölben.

In der Spätromanik bauten zisterziensische Werkleute, aus Burgund kommend, romanische Räume unter ganz bewußter Verwendung gotischer Gestaltungsgrundsätze. Obwohl die Einzelformen noch weitgehend romanisch wirken, bestimmen den Raumeindruck bereits die statischen Gegebenheiten der Gotik, so daß Hallen von ganz eigenartiger Wirkung entstanden.

Nach 1200 arbeitete in Maulbronn eine aus Burgund gekommene Hütte, die diesen Stil pflegte. Sie schuf das Paradies, die Südhalle des Kreuzgangs und das Herrenrefektorium. Der Weg dieser Maulbronner Hütte läßt sich bis nach Walkenried, Schulpforta und zu den nicht zisterziensischen Domen von Halberstadt und Magdeburg weiterverfolgen. Obwohl künstlerisch noch ganz dem Romanischen verhaftet, wurden die Zisterzienser auf diese Weise Wegbereiter der Gotik.

Um 1300 entstand bereits im gotischen Stil die Westhalle des Kreuzgangs, fünfzig Jahre später die Nord- und Osthalle. Den spätromanischen Kapitelsaal trug man ab und errichtete ihn in gotischen Formen neu. Inzwischen war die Klosterkirche für die vielen Priester zu klein. Man entschloß sich, das südliche Seitenschiff zu erweitern, um Platz für Meßaltäre zu schaffen. Gleichzeitig wurde die Kirche eingewölbt und das große, gotische Fenster in die Ostwand des Chors gebrochen. 1479 legte man vor die Westfront des Kellers eine wenig geglückte Vorhalle. Im Jahr 1525 plünderten die aufständischen Bauern das Kloster. Nach der Rückkehr Herzog Ulrichs löste sich der Konvent auf. Während des Schmalkaldischen Krieges und Dreißigjährigen Krieges kehrten die Zisterzienser für kurze Zeit zurück, mußten das Kloster nach dem Westfälischen Frieden aber endgültig aufgeben.

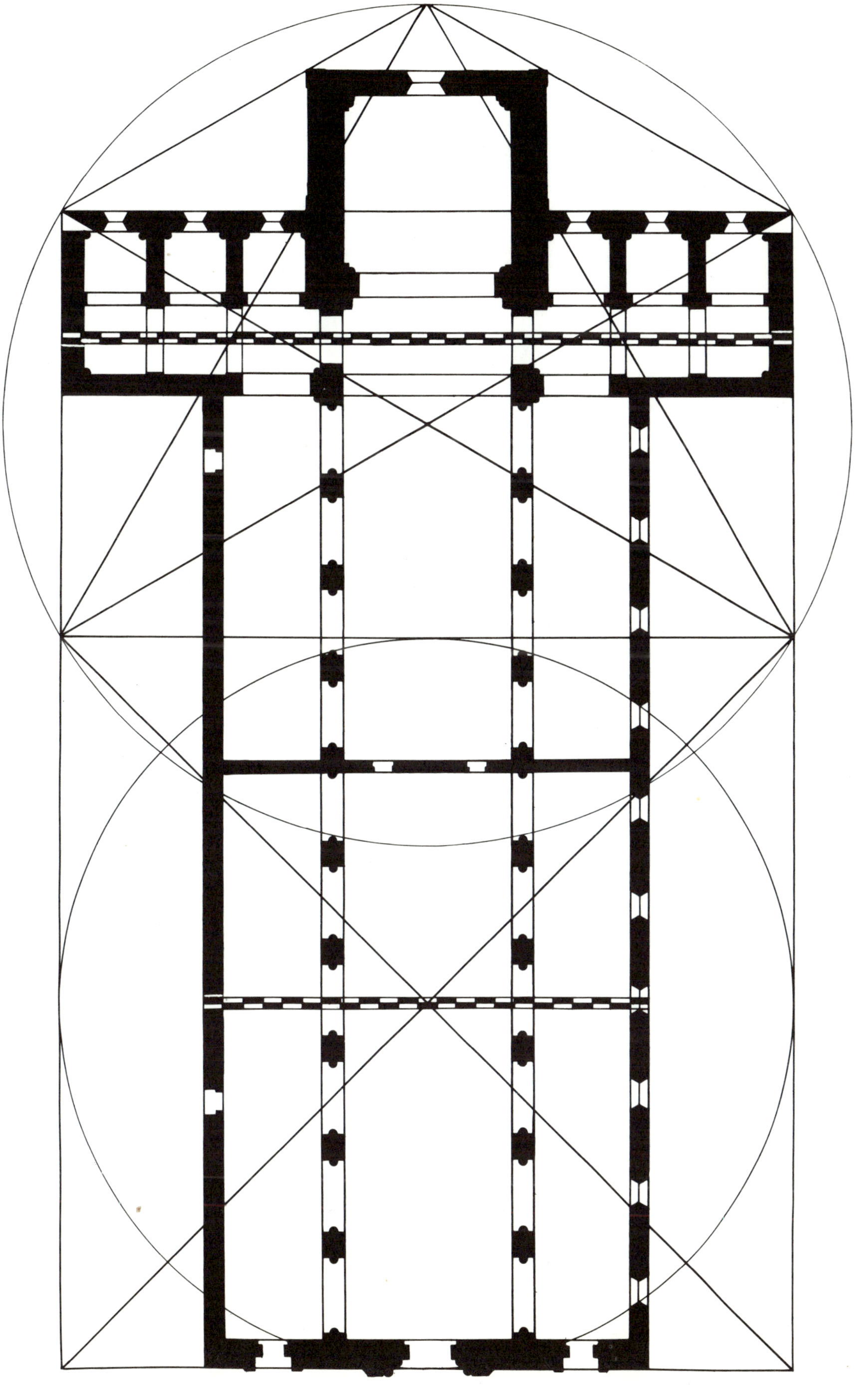

## Die Klosterkirche

Wer den Ostteil der Klosterkirche mit dem wuchtigen Querschiff aufmerksam betrachtet, erwartet im Innern eine ausgeschiedene Vierung und zwei Querschiffflügel in der Höhe des Mittelschiffs. Wenn der Besucher dann feststellen muß, daß der Erbauer die bei den Zisterziensern üblichen Gebetsnischen ins Querschiff einbezogen hat und anstelle eines hohen Raumes gedrückte Gänge getreten sind, scheint ihm eine gestalterische Möglichkeit grundlos vertan.

Vorbilder für die gruppenweise Anordnung von überwölbten Nischen finden sich in Alpirsbach und in St. Peter und Paul zu Hirsau. In beiden Fällen legt sich über die Nischen eine Bühne; die Nischen erscheinen als Einbauten im großen Kirchenraum. In Maulbronn geriet diese Entwicklung in eine Sackgasse, weil nicht nur die Nischen, sondern auch der zu den Nischen führende Gang gleich hohe Gewölbe tragen. Der über Nischen und Zugang liegende Raum ging dadurch verloren. Das wenige Jahre später begonnene Bebenhausen zeigt eine reifere Lösung, allerdings auf Kosten einer einfachen, kubisch geschlossenen Ostansicht.

### Der Grundriß

Am Ausgang der Untersuchung steht die lichte Breite des Mittelschiffs von 26 Fuß, die im Chorteil zu beiden Seiten sechs Fuß dicke Wände begrenzen. Die Länge des Querschiffs und größte Breite der Kirche ergab sich, indem der Meister nach Norden und Süden jeweils wieder die Längen von 26 + 2 · 6 = 38 Fuß anfügte. Eine Seite des Bemessungsdreiecks war demnach 38 + 6 + 26 + 6 + 38 = 114 Fuß lang. Die eingezeichnete Figur liefert als Ort des östlichen Chorabschlusses die Schnittpunkte zweier Parallelen in Verlängerung der Choraußenseiten mit den Sechseckseiten.

Die Ostwand des Querschiffs verläuft durch zwei Ecken des Sechsecks, die Westwand durch die Schnittpunkte der Diagonalen mit der Innenseite der Hochschiffwände. Den Ort des Westgiebels bestimmte der Meister mit Hilfe eines Quadrats, dessen Seiten gleich den Dreieckseiten sind. Die 18 Fuß breiten Seitenschiffe fügte er schließlich zu beiden Seiten des Mittelschiffs an.

Am Ostteil der Kirche nahm man kurz nach Baubeginn einige Veränderungen gegenüber dem urpsrünglichen Plan vor. Den Chor und das südliche Querschiff stützte der Meister durch wuchtige Strebepfeiler, die am Querschiff Bogenreihen tragen, ab. Diese späteren Zutaten enthält die Zeichnung nicht, weil sie mit der ursprünglichen Bemessung nichts zu tun haben und die Klarheit der Darstellung beeinträchtigen würden.

Eine Einheit des Maßstabs entspricht 3 Fuß.

Lichte Breite des Mittelschiffs:
26 Fuß zu je 33,3 cm (8,66 m)

Breite des Mittelschiffs einschließlich der Mauern:
33 Fuß zu je 33,3 cm (10,98 m)

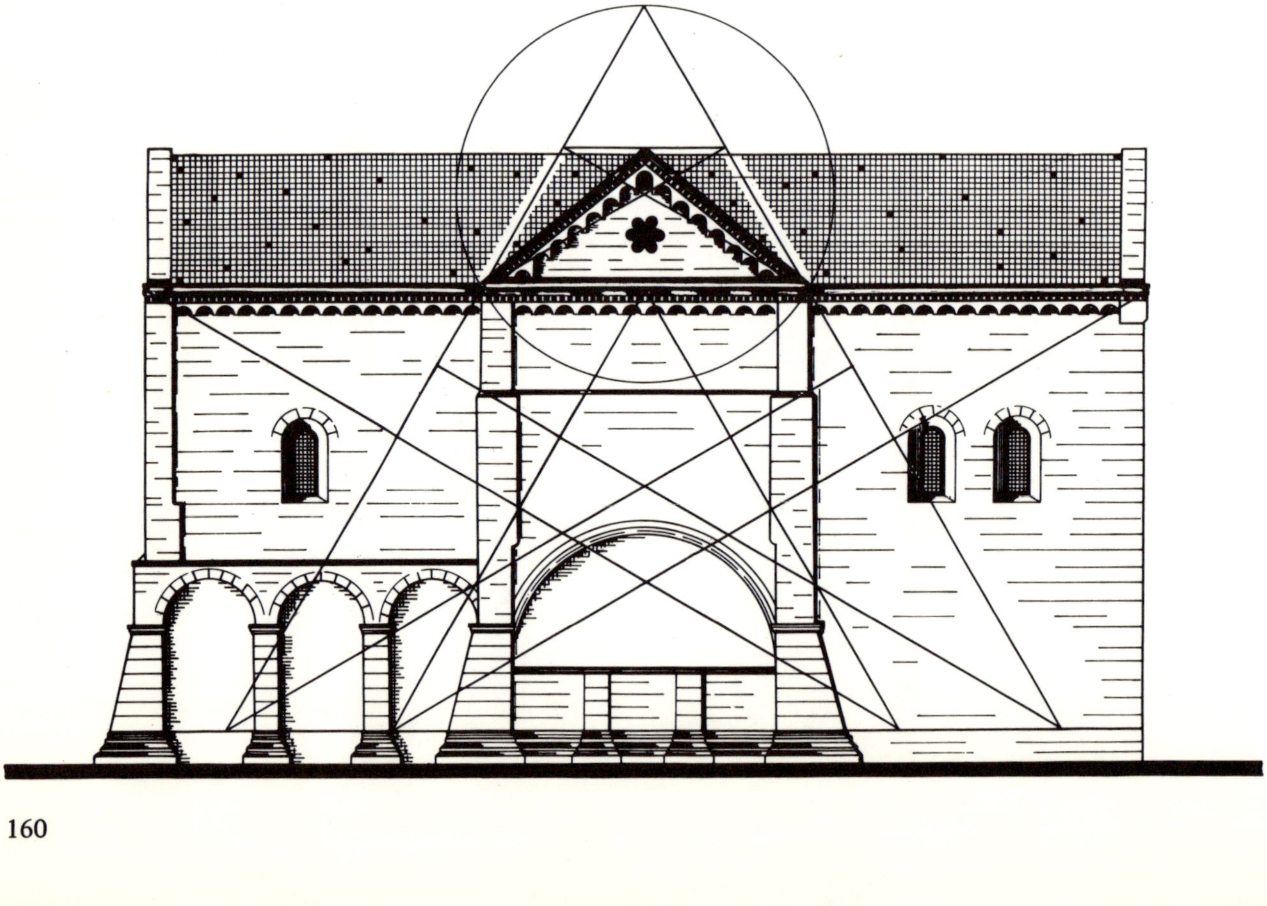

Dicke der Mittelschiffmauern:
3,5 Fuß zu je 33,1 cm (1,16 m)

Breite der Seitenschiffe:
18 Fuß zu je 33,5 cm (6,03 m)

Dicke der Seitenschiffwände:
3 Fuß zu je 33,3 cm (1,00 m)

Größte Breite im Querschiff:
3 x 38 = 114 Fuß zu je 33,3 cm (37,99 m)

Breite des rechteckigen Chors:
38 Fuß zu je 33,3 cm (12,66 m)

Breite einer Gebetsnische:
10 Fuß zu je 32,9 cm (3,29 m).

**Die Ostansicht**

Über dem bereits gezeigten Grundriß erhebt sich die gewaltige, eindrucksvolle Ostansicht der Klosterkirche. Der nördliche Querschiffflügel ist ohne Sockel ausgeführt und vermutlich der älteste Teil. Die Bogenreihe und die schweren Strebepfeiler treten deutlich als spätere Zutaten in Erscheinung.

Die Bemessung mit Hilfe der gleichseitigen Dreiecke kann man sich nicht einfacher denken. Zwei Dreiecke und ihre Schwerlinien bestimmen, vom Sockel und der Breite des Chors ausgehend, alle wichtigen Maße.

**Die Bogenreihen**

Auch die Bogenreihen folgen dem Grundsatz der Triangulatur. Von der Pfeilerachse und Sockeloberkante ausgehend sind die Kämpferhöhen als Höhe eines gleichseitigen Dreiecks festgelegt; den Ort des über den Bogen durchlaufenden Frieses erhält man durch zwei sich kreuzende Schwerlinien.

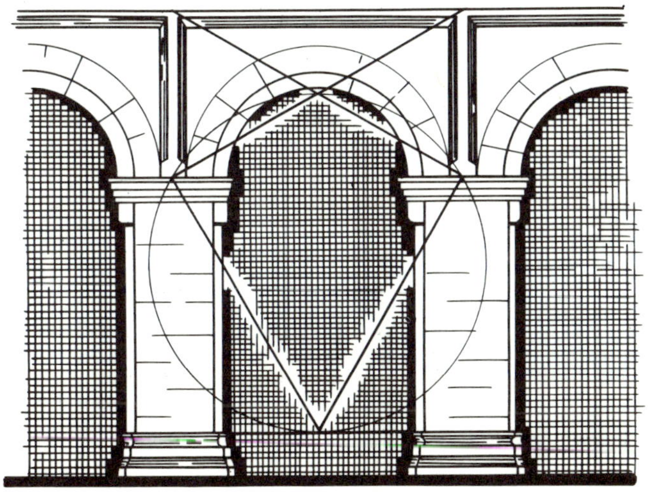

**Kleine Portale**

Beiderseits des Hauptportals öffnen sich zwei kleinere, weniger reich profilierte Türen, die in die Seitenschiffe der Klosterkirche führen. In den Durchgang lassen sich zwei gleichseitige Dreiecke von sechs Fuß Seitenlänge einzeichnen.

Eine Einheit des Maßstabs entspricht einem Fuß.

Breite:
6 Fuß zu je 32,2 cm (1,94 m).

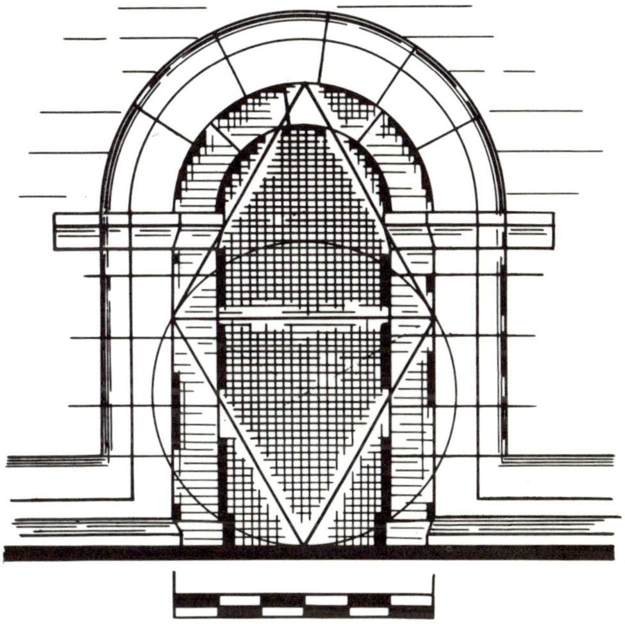

**Fenster im Obergaden der Klosterkirche**

In das Fenster sind zwischen Fensterbank und Kämpfer zwei Sechsecke eingetragen.

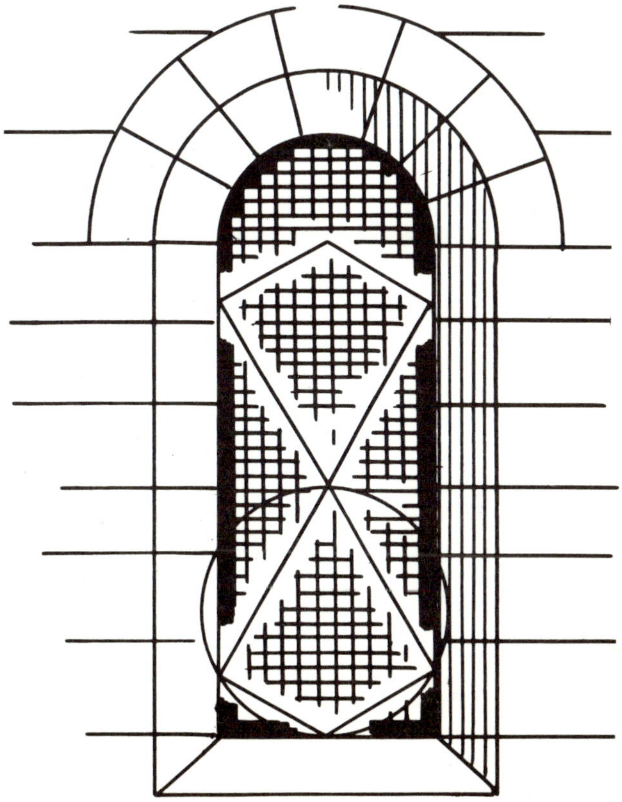

## Der Kreuzgang

Die größte Breite der Kirche maß 114 Fuß = 37,99 m. Es darf uns deshalb nicht wundern, wenn diese Länge im Kreuzgang wieder auftritt. Das Geviert ist nahezu quadratisch:

| | | |
|---|---|---|
| Nordseite: | 114 Fuß zu je 34,0 cm | (38,78 m) |
| Ostseite: | 114 Fuß zu je 33,2 cm | (37,89 m) |
| Südseite: | 114 Fuß zu je 33,3 cm | (37,97 m) |
| Westseite: | 114 Fuß zu je 33,3 cm | (37,95 m) |

Angegeben sind die lichten Maße ohne die Mauern der anschließenden Gebäude. Die Breite der gegen den Innenhof geöffneten Umgänge selbst mißt einschließlich der Hofmauer 16 Fuß.

Breite im Nordflügel:
16 Fuß zu je 33,4 cm (5,34 m).

An der großen Abweichung der Nordseite von den übrigen Seiten sieht man, welche Ungenauigkeiten vorkommen können.

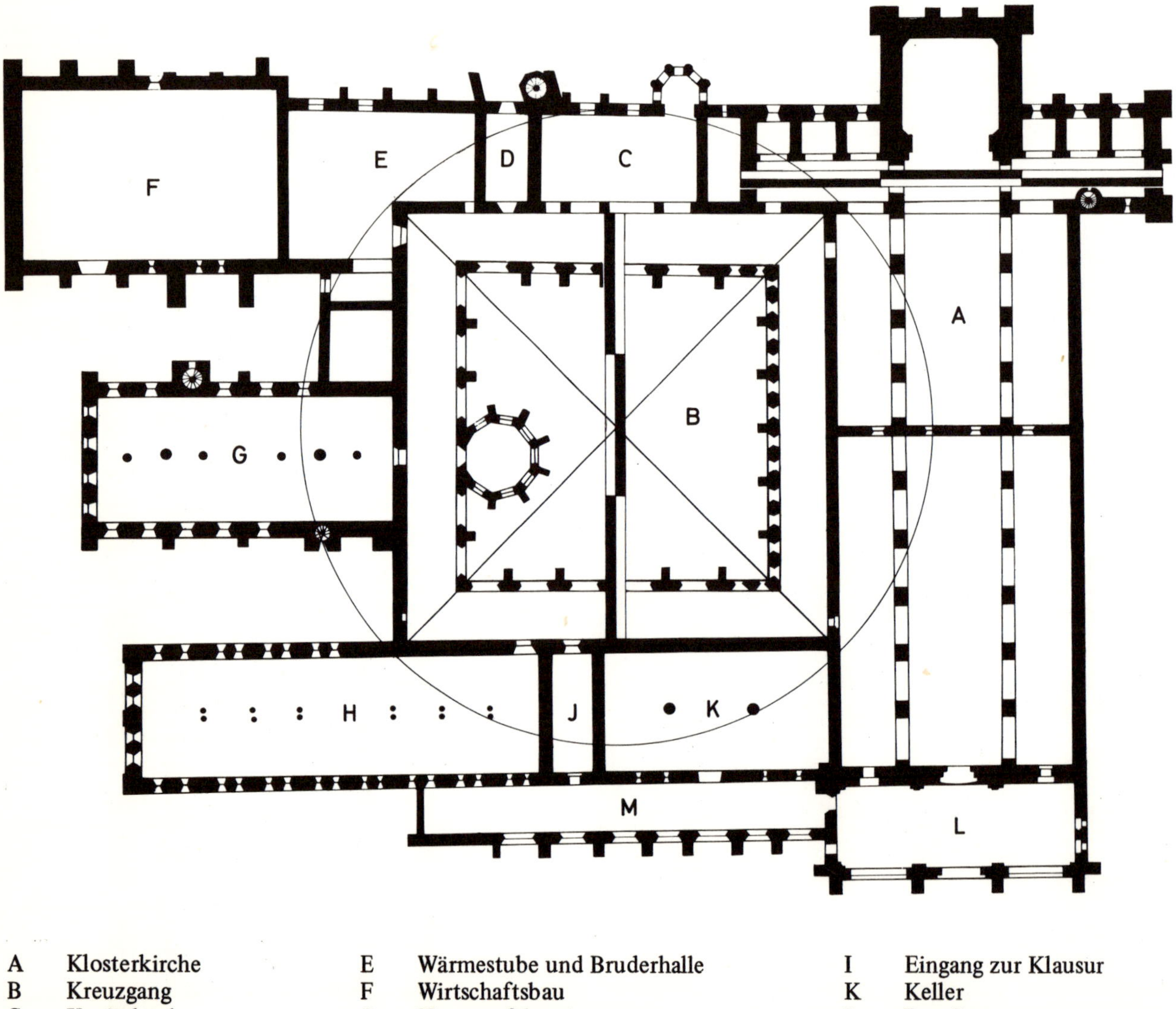


| | | | | | |
|---|---|---|---|---|---|
| A | Klosterkirche | E | Wärmestube und Bruderhalle | I | Eingang zur Klausur |
| B | Kreuzgang | F | Wirtschaftsbau | K | Keller |
| C | Kapitelsaal | G | Herrenrefektorium | L | Paradies |
| D | Durchgang | H | Laienrefektorium | M | Später angebaute Vorhalle |

## Keller und Laienrefektorium

Zu den ältesten Teilen des Klosters gehört der Westbau, in dem im Anschluß an die Kirche der Keller, dann der Eingang zur Klausur und das Laienrefektorium aufeinander folgen. Dieselben Sockelprofile erscheinen an Kirche und Westbau. Beide stammen aus den ersten Jahren nach der Klostergründung.

Das Laienrefektorium wirkt gedrückt. Der Raum ist im Vergleich mit der Länge zu nieder, und die Kreuzgewölbe sind zu schwer. Sieben dicke Pfeiler hätten den Raum noch viel gedrückter scheinen lassen. Der Baumeister verstand es vorzüglich, durch die Verwendung von sieben Säulenpaaren mit Knospen- und Blattkapitälen das Raumbild aufzulockern und in den vierzehn Senkrechten ein fast spielerisches Element hinzuzufügen. Zwei Kapitäle verbindet ein reich profiliertes Gebälk, über dem die Kreuzgratgewölbe aufsteigen. Natürlich läßt sich diese Anordnung auch mit rein konstruktiven Überlegungen begründen, und doch ist die Ähnlichkeit mit antiken Vorbildern wie den Doppelsäulen in Sta. Constanza zu Rom nicht wegzuleugnen.
Möglicherweise kam auch dieser Meister aus Südfrankreich, wo die Antike, wie die Portale von St. Trophime in Arles und St. Gilles beweisen, bis in die Romanik unmittelbar nachwirkte.

### Der Grundriß

Den sehr langen, schmalen Baukörper teilen nur zwei Mauern, die den einschließlich dieser Mauern 18 Fuß breiten Durchgang zur Klausur begrenzen. Die Kreuzgratgewölbe des Laienrefektoriums ruhen auf sieben Doppelsäulen. Den Durchgang deckt eine Tonne. Zwei Stützen tragen die Kreuzgewölbe des Kellers. Die Absteckung erfolgte mit seltener Genauigkeit. In das Laienrefektorium lassen sich 3 1/3 gleichseitige Dreiecke eintragen, in den ganzen Baukörper drei gleichseitige Dreiecke und zwei Sechsecke. Eine Dreieckseite mißt 39 Fuß. Während die Nordmauer des Durchgangs in dieses System eingebunden ist, läßt sich die Südmauer nicht einfügen. Die Breite des Durchgangs wählte der Meister, nachdem die Lage Nordmauer festgelegt war, zu 18 Fuß.

Eine Einheit des Maßstabs entspricht 3 Fuß.

Breite:
39 Fuß zu je 33 cm (12,83 m)

Länge des Laienrefektoriums:
$12{,}83 \cdot 5/3\,\sqrt{3} = 37{,}03$ m, gemessen 36,97 m

Länge des ganzen Bauwerks:
$12{,}83\,(7/3 + 1/2) \cdot \sqrt{3} = 62{,}95$ m, gemessen 62,98 m

Dicke der Wände:
3 1/2 Fuß zu je 32,6 cm (1,14 m)

Lichte Breite des Durchgangs:
11 Fuß zu je 32,7 cm (3,60 m).

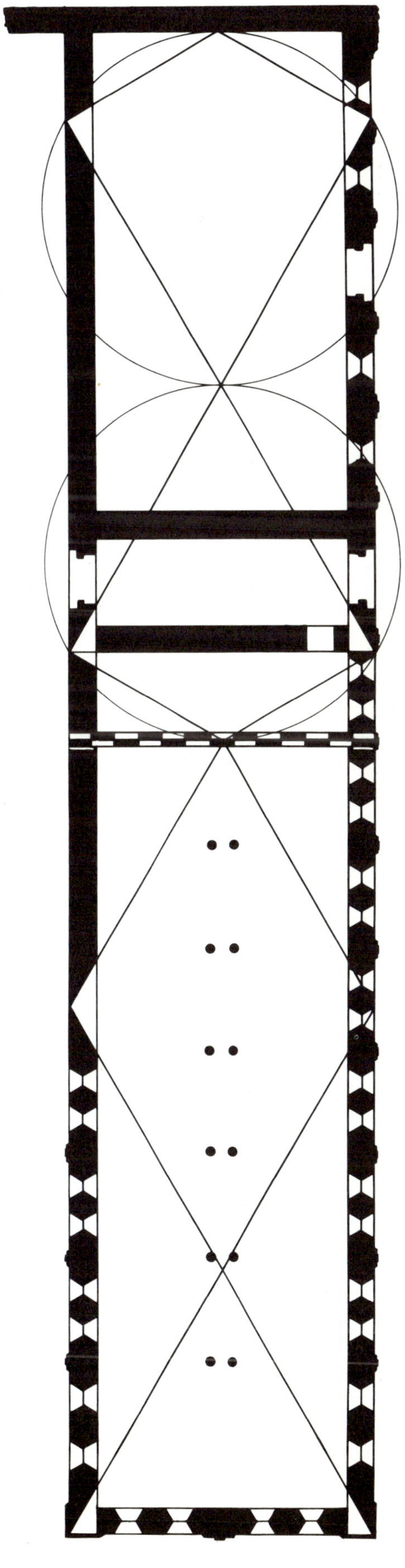

## Das Herrenrefektorium

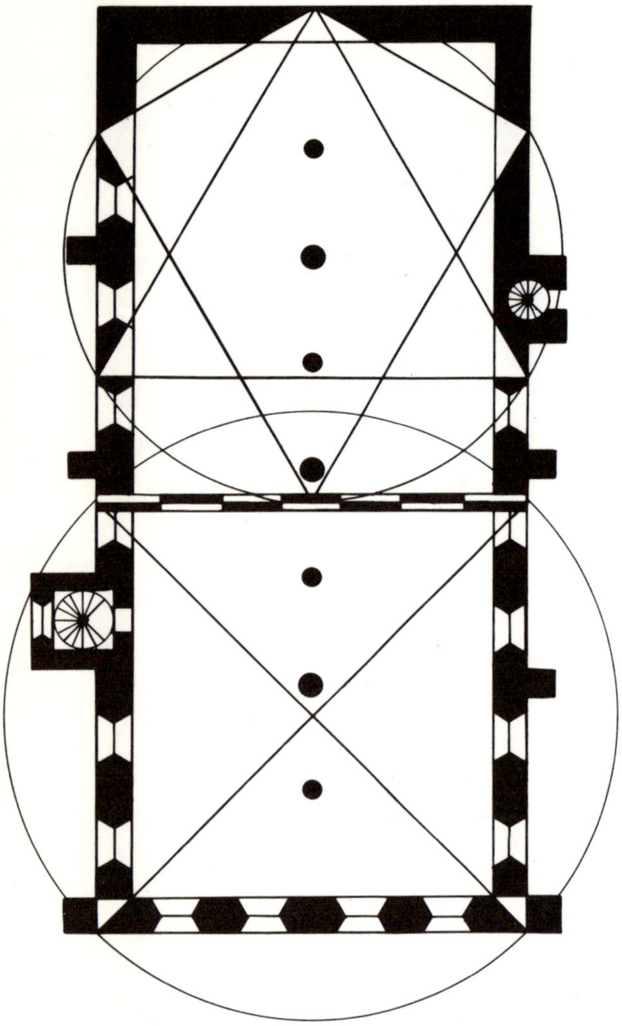

Wer das Herrenrefektorium durch die spärlich geschmückte Pforte vom Kreuzgang her betritt, ist von der Weite dieser auf sieben abwechselnd dünner und dicker geformten Säulen ruhenden zweischiffigen Halle gefangengenommen. Den wie Buchenstämme aufragenden Säulen widerstreben die wulstigen Rippen und die stark profilierten Halsringe. Dieses Gegeneinander einer ausklingenden und einer neu entstandenen Kunstform gibt dem Maulbronner Herrenrefektorium den besonderen, einmaligen Reiz.

**Der Grundriß**

Wie bereits am Grundriß der Klosterkirche findet auch hier nicht das gleichseitige Dreieck allein, sondern Quadrat und Dreieck nebeneinander Verwendung. In den Grundriß ist, von den Außenmaßen ausgehend, ein Sechsstern und ein Quadrat eingetragen. Im Vorbau gegen Osten führte eine Wendeltreppe zum Sitz des Vorlesers, der den Mönchskonvent während der Mahlzeiten zu belehren hatte. Die Anordnung von Strebepfeilern ist gotisch und entspricht den statischen Gegebenheiten. Nur die Eckpfeiler stehen noch in Richtung des Giebels. Am später gebauten Paradies wählte dieselbe Schule Strebepfeiler in beiden Richtungen. Am Herrenrefektorium in Bebenhausen stehen sie dann in der Winkelhalbierenden.

Eine Einheit des Maßstabs entspricht 6 Fuß.

Breite:
6 · 7 = 42 Fuß zu je 32,7 cm (13,70 m)

Der Anbau für den Vorleser im Osten
ist 9 Fuß zu je 34 cm breit (3,06 m)
und springt 6 Fuß zu je 33,8 cm vor (2,03 m)

Dicke der Umfassungswände:
3 1/3 Fuß zu je 33,0 cm (1,10 m)

Dicke der Strebepfeiler:
2 1/2 Fuß zu je 33,6 cm (0,84 m)

Länge:
$13{,}70 + 13{,}70 \cdot 2/3 \cdot \sqrt{3} = 29{,}52$ m, gemessen 29,39 m.

**Die Nordansicht**

Im Gegensatz zum Südgiebel, der sich an den Kreuzgang lehnt, steht der Nordgiebel des Herrenrefektoriums frei. Grundlinie für die Bemessung ist einmal die Breite des Raums einschließlich beider Außenwände (6 · 7 = 42 Fuß)

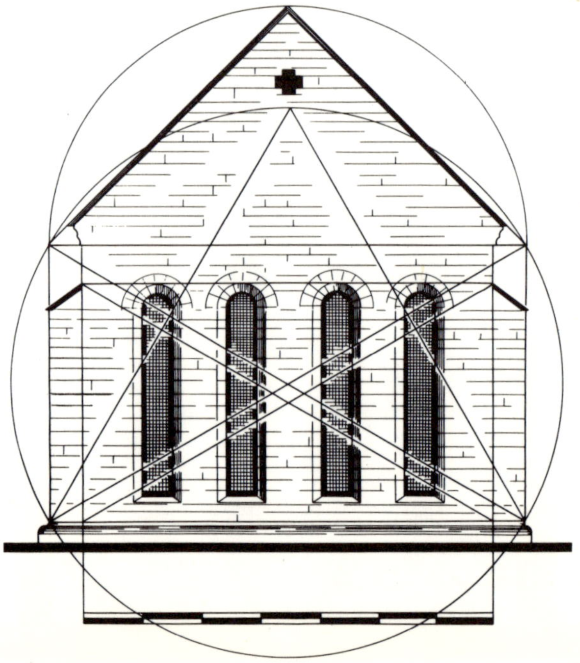

und zum zweiten die Breite des Giebels einschließlich der Strebepfeiler. Unter 30° gegen die Waagrechte geneigte Geraden bestimmen den Ansatz der Strebepfeilerabdeckung und den Scheitel der Fensterwölbung sowie die Höhe der Grundlinie, über der sich das unter 45° geneigte Dach als halbes Quadrat erhebt. Wie schon im Grundriß hat der Meister auch hier Dreieck und Quadrat nebeneinander benützt.

Eine Einheit des Maßstabs entspricht 6 Fuß.

Breite:
54 Fuß zu je 33 cm (17,84 m)

Länge:
$17{,}84 \cdot 5/6 \cdot \sqrt{3} = 25{,}75$ m, gemessen 26,28 m

Dicke der Giebelwand:
3 1/3 Fuß zu je 33,3 cm (1,11 m).

## Der Dritte Bau

Wenn man an der Nordseite des Klosters entlangschreitend das Laienrefektorium und das Herrenrefektorium hinter sich läßt, trifft man auf ein drittes Gebäude, das wie die Flickstellen im Mauerwerk zeigen, oft umgebaut worden ist. Die Strebepfeiler am Giebel wurden den Pfeilern am Herrenrefektorium nachgebildet, die anderen entstanden meist wesentlich später. Einer trägt die Jahreszahl 1584. Der Zweck des Hauses ist nicht mehr bekannt, wahrscheinlich diente es als Wirtschaftsgebäude.

### Der Grundriß

Der Riß enthält die verschiedenen Pfeiler und Zwischenwände nicht; für unsere Betrachtung genügen die äußeren Maße. Bemessungsgrundlage war die Breite von 54 Fuß. Ein gleichseitiges Dreieck und zwei unter 30° geneigte Geraden bestimmen die Länge.

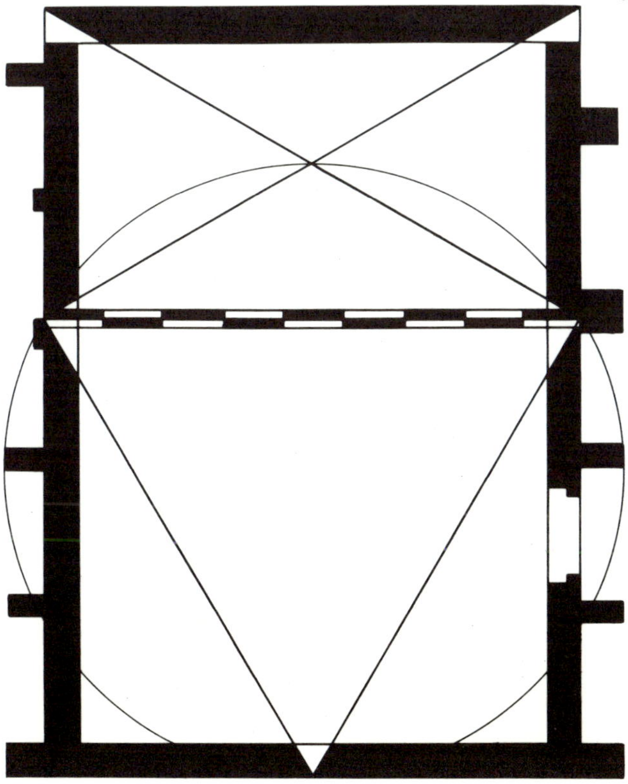

## Romanisches Fenster

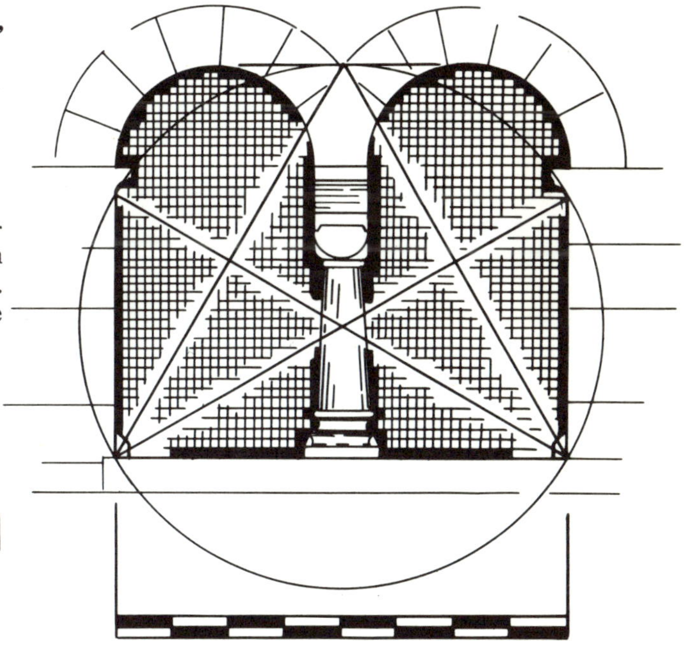

An der Südseite des Abtswohnhauses befinden sich im Durchgang zum Parlatorium ein paar romanische Fenster. Sie öffnen sich gegen den sogenannten Faustturm und gewähren gleichzeitig einen Blick auf die Ostseite der Klosterkirche.

Dargestellt ist eines dieser Fenster. Bemessungshilfe war wieder ein gleichseitiges Dreieck von acht Fuß Seitenlänge. Die obere Ecke liegt mit den Scheiteln der beiden Bögen auf einer Waagrechten.

Eine Einheit des Maßstabs entspricht einem Fuß.

Breite des Doppelfensters:
8 Fuß zu je 31,4 cm (2,51 m)

Höhe der Fenster:
$2{,}51 \cdot \sqrt{3}/2 = 2{,}18$ m, gemessen 2,21 m.

# Bebenhausen

### Geschichte

Südwestfrankreich und das italienisch-französische Alpengebiet bildeten während des ganzen Mittelalters religiöse Unruheherde. Die tiefe und schwärmerische Frömmigkeit der Bevölkerung äußerte sich in rasch aufeinanderfolgenden religiösen Bewegungen. Nicht immer verstand es die Kirche, diese neuen Anregungen aufzunehmen und zu verarbeiten: Die Albigenser, die Waldenser und später die Calvinisten fanden keinen Platz in der kirchlichen Gemeinschaft. Die in Südwestfrankreich entstandenen Mönchsorden dagegen entwickelten sich zu wichtigen Stützen der Kirche. Neben Clunyazenser, Zisterzienser und Karthäuser, die einst ein kleines Kloster am Uracher Wasserfall bewohnten, trat der vom hl. Norbert 1120 in Prémontré, westlich von Laon, gegründete Prämonstratenserorden.

Als Pfalzgraf Rudolf von Tübingen (1183–1219) kurz nach seinem Regierungsantritt die Prämonstratenser nach Bebenhausen berief, waren sie bereits in unserer Gegend ansäßig. Seit 1171 bauten sie am Kloster Obermarchtal. Weshalb schließlich 1190 die Prämonstratenser abzogen und Zisterzienser aus dem Kloster Schönau bei Heidelberg nach Bebenhausen kamen, ist ungeklärt. Sichtbare Spuren hinterließen die Prämonstratenser nicht, sie können bestenfalls bei der Anlage des Grundrisses mitgewirkt haben. Hundert Jahre nach dem Tode des großen Clunyazenserabts Wilhelm von Hirsau begann man mit dem Bau der Klosterkirche, von der heute nur noch das östliche Drittel steht. Sie ist in den für die Zisterzienser bezeichnenden großen und schmucklosen Formen erbaut. Die kommende Gotik zeigt sich schon an den im oberen Teil leicht zugespitzten Bogen. Die Weihe der Klosterkirche erfolgte 1228.

Wie in Maulbronn wirkten auch in Bebenhausen burgundische Laienbrüder. Sie erbauten im Anschluß an die Kirche den Ostflügel der Klausur: den Kapitelsaal, das Parlatorium und die Bruderhalle im Übergangsstil. Um 1335 wurde das Refektorium der Mönche auf den alten Fundamenten im hochgotischen Stil erneuert. Die Leichtigkeit der Gewölbe erinnert wieder an französische Vorbilder.

Das große Ostfenster im Chor ließ Abt Konrad von Lustnau Mitte des 14. Jahrhunderts einfügen. Die Einwölbung des Chors und des Querschiffs folgte im späten 15. und Anfang des 16. Jahrhunderts; um dieselbe Zeit setzte man die gotischen Fenster in den Querhausarmen ein.

Einmalig ist der steinerne Dachreiter über der Vierung der Klosterkirche. Er entstand in den Jahren 1407–1409 als Werk des Laienbruders Georg von Salem. Der feingliederige Dachreiter legt Zeugnis ab vom langsamen Verfall der Ordenszucht. In der Frühzeit des Ordens hätte niemand gewagt, das Verbot steinerner Türme, wenn auch auf noch so geistreiche Weise, zu umgehen.

Als gegen Ende des 15. Jahrhunderts die Zahl der Mönche, insbesondere auch die der Laienbrüder, stark zurückging, wurde zwischen 1470 und 1515 das Winterrefektorium im Westflügel, dem eigentlichen Wohnbau der Laienbrüder, eingerichtet. In seiner behäbigen Ausstattung zeigt es, wie sehr das Leben des einstmals strengen, asketischen Ordens verbürgerlicht war.

Auch den Kreuzgang erneuerte man gegen Ende des Mittelalters. Alle Zerfallserscheinungen des spätgotischen Stils sind hier sichtbar. Die Gewölberippen haben wie auch im Parlatorium zu Maulbronn ihre konstruktive Bedeutung verloren; sie bilden Schmuckleisten auf dem sich selbst tragenden Tonnengewölbe. Als ein seltenes Beispiel spätgotischen Barocks blieb die Brunnenkapelle mit ihren gekurvten Rippen am Gewölbe erhalten.

Herzog Ulrich reformierte 1535 das Kloster, und im Jahre 1566 trug man den westlichen Teil der Kirche ab.
Unter den württembergischen Königen diente Bebenhausen als Jagdschloß.

## Die Klosterkirche

Beim Vergleich der Kirchen in Maulbronn und Bebenhausen tritt die Entwicklung der Baukunst des Zisterzienserordens in den 40 Jahren zwischen 1150 und 1190 zutage. Die einzelnen Räume sind straffer und gekonnter zusammengefügt, und an verschiedenen Stellen hat der Spitzbogen den romanischen Rundbogen ersetzt.

### Der Grundriß

Während im Grundriß von Maulbronn Dreieck und Quadrat nebeneinander vorkommen, hat in Bebenhausen das gleichseitige Dreieck das Quadrat in Kirche und Kreuzgang verdrängt, es findet sich nur noch zusammen mit Dreiecken im Grundriß der anschließenden Wohngebäude.

Das Mittelschiff mißt $3 \cdot 7 = 21$ Fuß, die Wände sind 3 Fuß dick, die Querhausflügel je $3 \cdot 6 = 18$ Fuß lang, die Breite der Seitenschiffe beträgt ohne die Mauern $4 \cdot 3 = 12$ Fuß. Die Schnittpunkte der Schwerlinien des Bemessungsdreiecks von $3 + 18 + 3 + 21 + 3 + 18 + 3 = 69$ Fuß Seitenlänge mit den Seitenschiffmauern und Hochschiffmauern legen die Querhausbreite fest.

Selten ist eine Triangulatur derart rein – selbst die Vierung ist rechteckig – durchgeführt. Die östliche Chorwand hat der Meister genau wie in Maulbronn eingebunden und die Westwand der Kirche durch drei gleichseitige Dreiecke bestimmt.

Eine Einheit des Maßstabs entspricht 3 Fuß.

Breite des Mittelschiffs:
21 Fuß zu je 33,8 cm (7,10 m)

Dicke der Wände:
3 Fuß zu je 33,8 cm (1,015 m)

Breite der Seitenschiffe:
12 Fuß zu je 33,5 cm (4,02 m)

Länge der Querhausflügel:
18 Fuß zu je 33,8 cm (6,10 m).

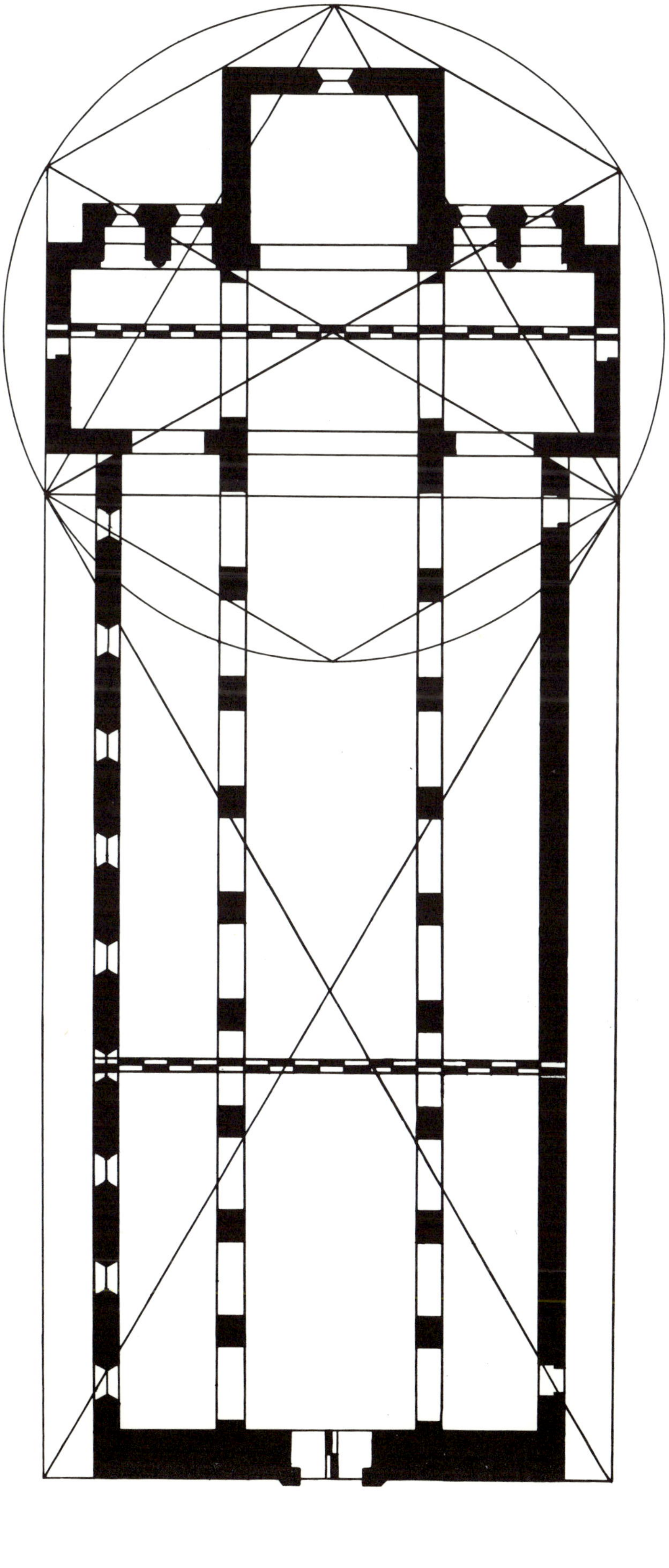

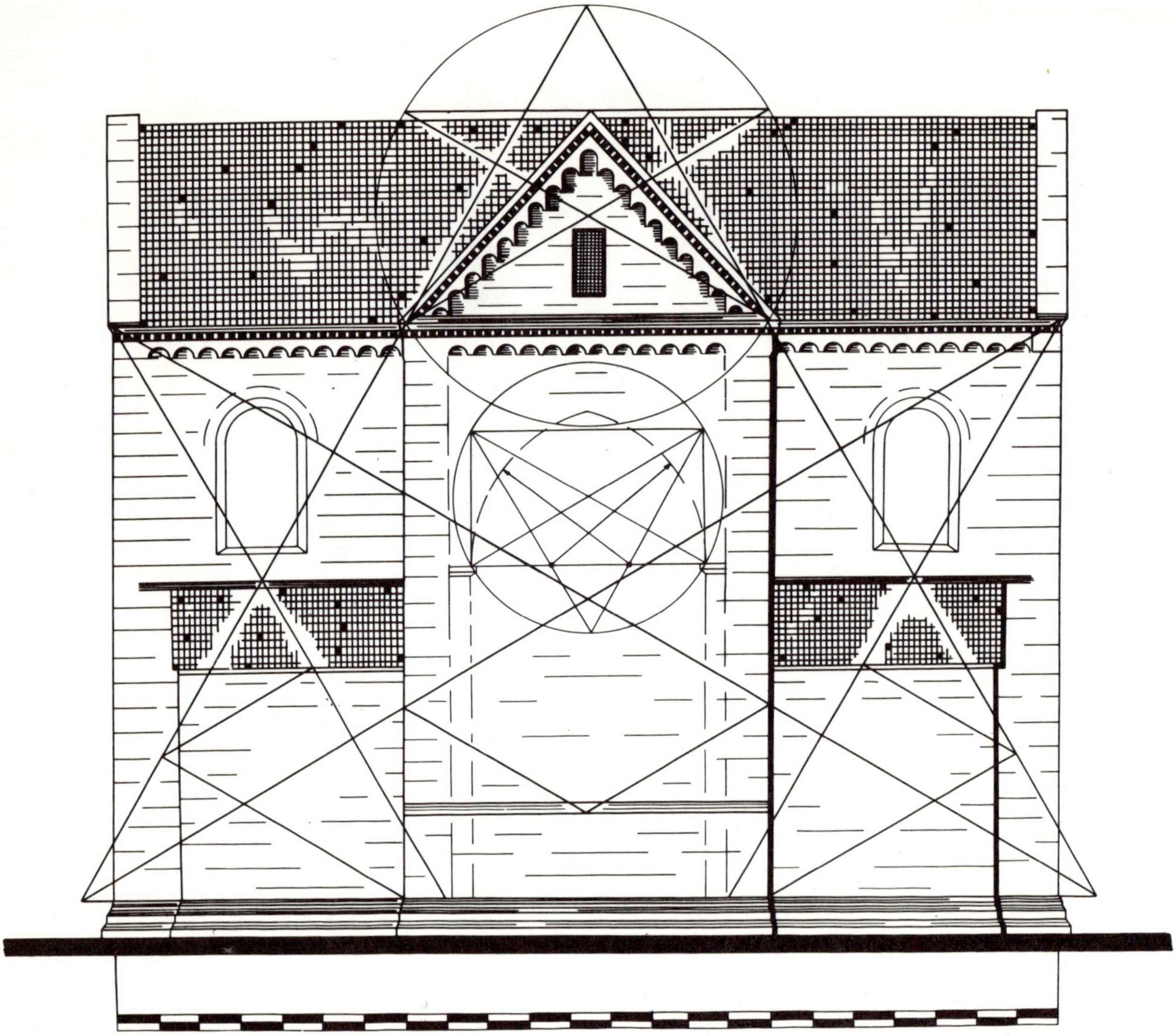

**Ostansicht**

Beim Vergleich der Ostansichten von Bebenhausen und Maulbronn fällt ein ganz grundlegender Unterschied auf:

Maulbronn ist breit gelagert, Bebenhausen ragt hoch auf. In Maulbronn wählte man die Grundlinie des Bemessungsdreiecks kleiner als die Gesamtbreite, in Bebenhausen größer. Die Bemessung der Giebel nahmen beide Meister zwar in ähnlicher Weise vor, der Bebenhäuser Giebel ist jedoch steiler.
Bemessungsgrundlage für die ganze Ansicht war bei beiden Bauten die äußere Breite des Chors. Sie mißt in Bebenhausen 27 Fuß, in Maulbronn 38 Fuß. Im Riß wurde an der Stelle des großen gotischen Fensters der Vierungsbogen und seine Bemessung angedeutet. Die Ähnlichkeit mit derselben Konstruktion in der Krypta zu Denkendorf ist nicht zu übersehen.

Eine Einheit des Maßstabs entspricht 3 Fuß.

**Die Bogenreihen**

Sockel und Kämpfer in der Klosterkirche zeigen keine einheitliche Gestaltung. Der ganze Ostteil ist wesentlich einfacher gehalten als die Pfeiler der Schiffe. Die Änderung tritt jeweils im ersten Joch nach der Vierung auf. An dieser Stelle muß ein Wechsel in der künstlerischen Leitung stattgefunden haben. Die Zeichnung stellt das erste Bogenfeld von Osten her dar. Der alte Meister ermittelte noch die Höhe des Kämpfers von seinem Sockel ausgehend; der neue Bauleiter war gezwungen, die Kämpferhöhe beizubehalten, obwohl sein Sockelprofil die vom alten Meister als Grundlinie benützte Schräge nicht mehr aufweist.

Die Kämpferhöhe entspricht der Höhe eines gleichseitigen Dreiecks, die Scheitel der leicht zugespitzten Bogen sind durch zwei Schwerlinien bestimmt.

**Doppelarkaden im Querhaus**

Im Nordostteil des Querhauses öffnet sich eine Doppelarkade, die in zwei Zellen führt. Sie dienten wahrscheinlich der stillen Andacht einzelner Mönche. Die beiden Bogen auf einer Mittelsäule mit dem zurückhaltend, aber sehr wirkungsvoll geschmückten Kapitäl gehören zu

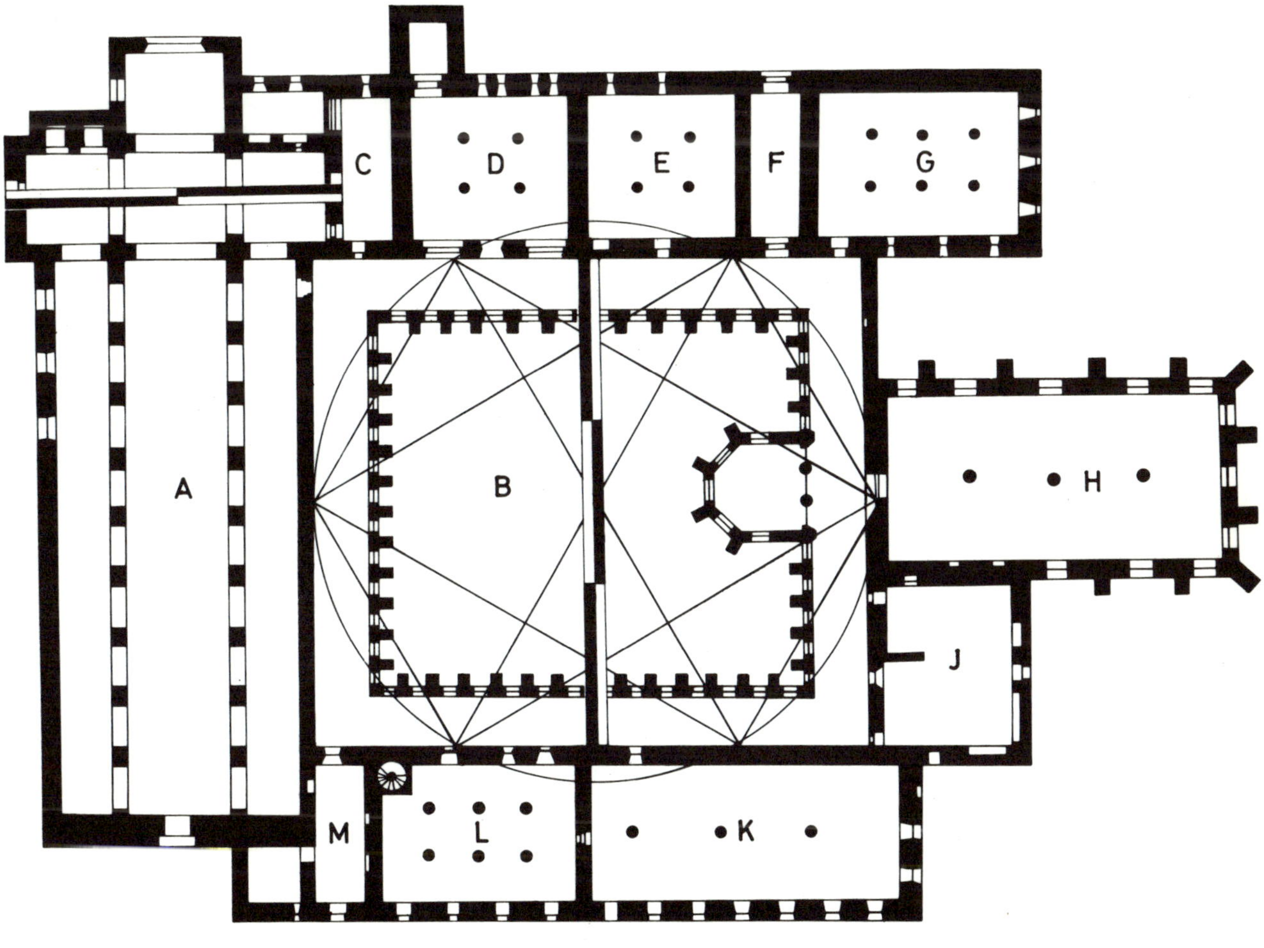


| | | | | | | | |
|---|---|---|---|---|---|---|---|
| A | Klosterkirche | E | Parlatorium | J | Küche |
| B | Kreuzgang | F | Durchgang | K | Winterrefektorium |
| C | Sakristei | G | Brudersaal | L | Laienrefektorium |
| D | Kapitelsaal mit Johanneskapelle | H | Herrenrefektorium | M | Eingang zur Klausur |

den Kostbarkeiten Bebenhausens. Die im Südostteil früher gleichfalls vorhandenen Bogen sind heute zugemauert.

Bemessungsgrundlage war die lichte Breite der Arkaden, sie mißt 5 Fuß. Zwei gleichseitige Dreiecke bestimmen, vom Sockel ausgehend, den Kämpfer. Die Höhe der Bogenscheitel wählte der Erbauer gleich der Höhe eines gleichseitigen Dreiecks über der Gesamtbreite von 3,78 m.

Eine Einheit des Maßstabs entspricht einem Fuß.

Breite der Nischen:
5 Fuß zu je 34,2 cm (1,71 m)

Höhe der Arkaden bis zum Kämpfer:
$1{,}71 \cdot \sqrt{3} = 2{,}96$ m, gemessen 2,93 m

Breite des Zwischenpfeilers:
2,75 Fuß zu je 34,2 cm (0,94 m)

Scheitelhöhe der Arkaden:
$4{,}37 \cdot \sqrt{3}/2 = 3{,}78$ m, gemessen 3,79 m.

## Der Kreuzgang

Daß der Kreuzgang von Bebenhausen im Gegensatz zu dem in Maulbronn kein Quadrat bildet, sieht man auf den ersten Blick. Nachdem in Maulbronn das lichte Maß zwischen den Klostergebäuden Bemessungsgrundlage und Quadratseite war, drängt sich der Gedanke auf, hier mit dem lichten Maß als Grundlinie ein Sechseck einzuzeichnen. Die Südwand des Kreuzgangs liegt noch innerhalb des Sechsecks. Diese Lösung ist denkbar, weil die Südwand nicht gleichzeitig als Längswand eines Klostergebäudes dient; das Herrenrefektorium stößt nur mit der Giebelseite dagegen. Eine kurze Seite des Kreuzgangs entspricht der 1,5 fachen Querhauslänge, ist also 103,5 Fuß lang. Während der Maulbronner Meister hier das Verhältnis 1 : 1 gewählt hatte, benützte der Bebenhäuser das Verhältnis 1 : 1,5. Er erreichte, daß der Kreuzgang und die um diesen gruppierten Gebäude in beiden Anlagen etwa gleich groß sind, obwohl die Bebenhäuser Kirche in den Abmessungen hinter der Klosterkirche zu Maulbronn zurücksteht.

Nordseite:
103,5 Fuß zu je 33,9 cm (35,10 m)

Südseite:
103,5 Fuß zu je 33,6 cm (34,87 m)

Länge:
$35{,}00 \cdot 2\sqrt{3}/3 = 40{,}41$ m,
gemessen: Ostseite 39,95 m, Westseite 40,49 m

Der Umgang selbst war einschließlich der Hofmauer 14 Fuß breit.

Breite des Umgangs auf der Nordseite:
14 Fuß zu je 33,4 cm (4,68 m).

## Das Herrenrefektorium

Das im hochgotischen Stil erbaute Herrenrefektorium ruht auf alten, romanischen Fundamenten. Der Grundriß wird deshalb in diese Betrachtung einbezogen.

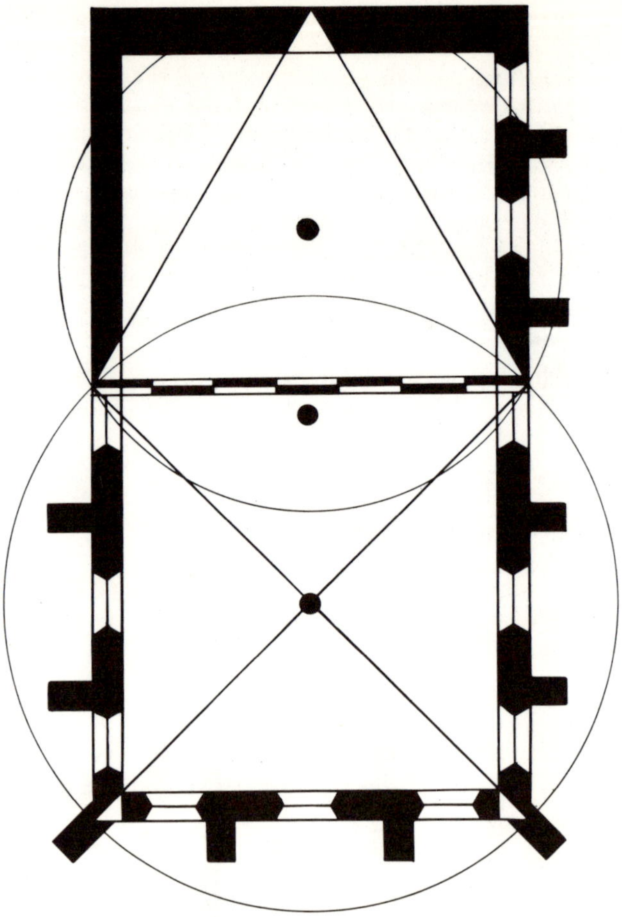

Wie in Maulbronn ist der Baukörper 42 Fuß breit. In den Grundriß läßt sich ein Quadrat und ein gleichseitiges Dreieck einzeichnen. In Maulbronn benützte der Meister ein Quadrat und ein Sechseck.

Eine Einheit des Maßstabs entspricht 6 Fuß.

Breite:
42 Fuß zu je 33,7 cm (14,17 m)

Länge:
$14{,}17 + 14{,}17\,\sqrt{3}/2 = 26{,}44$ m, gemessen 26,38 m

Dicke der romanischen Wand:
3 Fuß zu je 33,3 cm (1,00 m).

## Der Ostflügel

Im Ostflügel befand sich gleich im Anschluß an die Kirche die Sakristei, der Kapitelsaal mit der Johanneskapelle, dann das Parlatorium, ein Durchgang zum im Osten gelegenen Calefaktorium und zu den Krankengebäuden und schließlich ein weiterer gewölbter Raum, der als Bruderhalle bezeichnet wird. Der Bau verjüngt sich geringfügig von Süden nach Norden.

Breite der Bruderhalle:
39 Fuß zu je 33,6 cm (13,10 m)

Breite im Kapitelsaal:
39 Fuß zu je 33,1 cm (12,90 m).

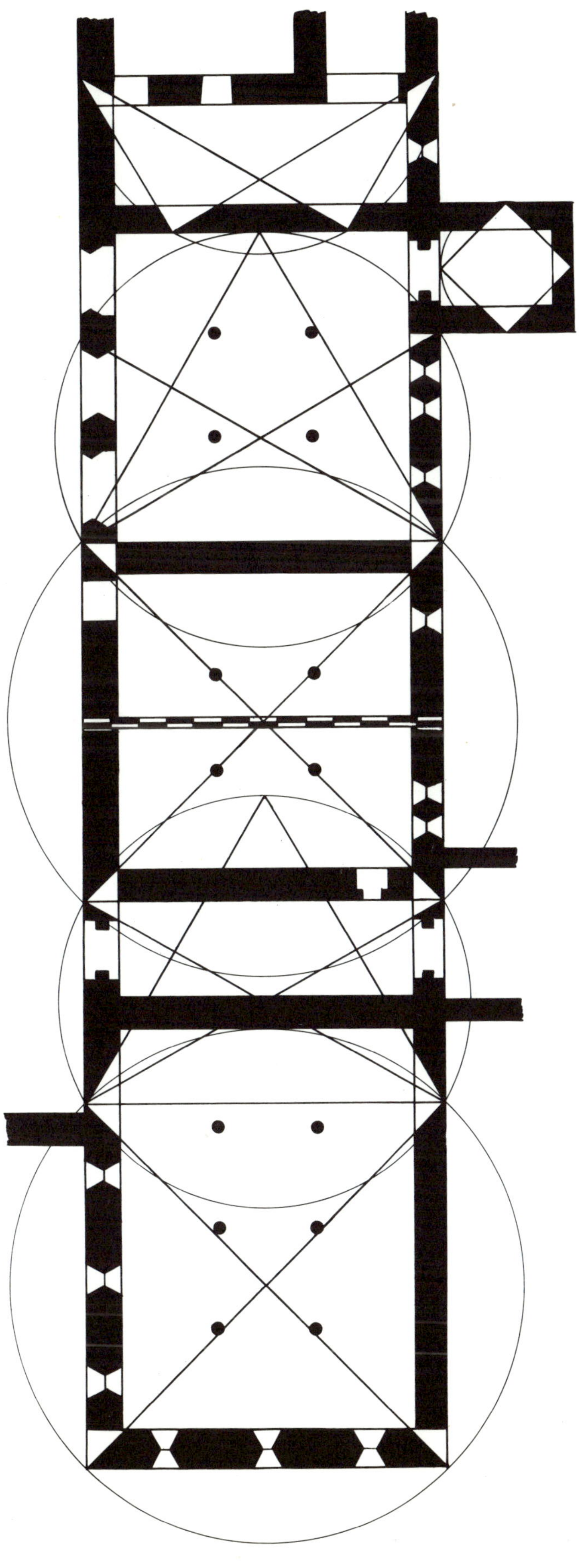

Die Länge zwischen der Südfront und der Nordwand des Durchganges ist durch ein Quadrat und zwei unter 30° gegen die Waagrechte geneigte Geraden gegeben.

Länge zwischen Südfront und Nordwand des Durchgangs:
$13{,}10 + 13{,}10 \cdot \sqrt{3}/3 = 20{,}66$ m, gemessen 20,60 m.

Die Nordwand der Bruderhalle selbst berührt den Umkreis des eingezeichneten Quadrats.

Länge:
$13{,}10/2 + 13{,}10/2 \cdot \sqrt{2} = 15{,}81$ m, gemessen 15,84 m.

Der Grundriß des Parlatoriums bildet ein Quadrat, und in den Kapitelsaal läßt sich ein gleichseitiges Dreieck eintragen. Die zugehörigen Schwerlinien liefern die Südwand der Johanneskapelle, deren vier Seiten annähernd gleich lang sind. Der Fehler (4,58 m · 4,69 m) ist jedoch verhältnismäßig groß. In die Sakristei kann man ein halbes gleichseitiges Dreieck zeichnen.

Breite im Kapitelsaal:
39 Fuß zu je 33,1 cm (12,90 m)

Länge:
$12{,}90 \cdot \sqrt{3}/2 = 11{,}16$ m, gemessen 11,17 m

Dicke der Südmauer:
4 1/3 Fuß zu je 33,9 cm (1,47 m)

Dicke der Längsmauern:
3 1/2 Fuß zu je 33,8 cm (1,18 m)

Dicke der Mauern an der Johanneskapelle:
2 1/2 Fuß zu je 34,0 cm (0,85 m).

**Das Ostportal**

Der Klosterbezirk ist heute nicht mehr durch den ehemaligen Eingang zur Klausur im Westbau zugänglich. Die Besucher betreten ihn durch den vormaligen Ostdurchgang, der zum Abtswohngebäude und dem Krankenhaus führte. Dieses Ostportal ist, wie wir auf Grund der bisherigen Untersuchungen erwarten müssen, trianguliert. Bemessungsgrundlage war nicht die lichte Öffnung, sondern der Durchmesser des äußeren Bogens, der den um das Tor umlaufenden Sockel einschließt. Der Kreisdurchmesser beträgt genau 9 Fuß. Die Schenkel eines gleichseitigen Dreiecks, dessen Spitze im Kreismittelpunkt liegt, schneiden die lichte Breite des Durchgangs auf dem Kreisumfang aus.

Kreisdurchmesser:
9 Fuß zu je 33,2 cm (2,99 m).

## Der Westflügel

Bei der Betrachtung des Grundrisses der Klosteranlage fällt auf, daß der Westgiebel der Klosterkirche hinter dem Westflügel der Klausur zurücktritt. Wenn man bedenkt, daß das Haupttor im Südwesten lag und die Langseite des Westflügels die Westansicht der Klosterkirche auf dem Weg vom Torturm zum Klausureingang ständig verdeckte, gewinnt man den Eindruck, daß hier bei Planung und Absteckung einiges fehlgelaufen sein muß, vielleicht sogar ein Wechsel in der Bauleitung zu dieser architektonisch schlechten Lösung geführt hat.

Im Westflügel lagen einst die Aufenthaltsräume der Laienbrüder und der Haupteingang zur Klausur. Das ehemalige Laienrefektorium ist in zwei Räume geteilt. Den nördlichen Teil bedecken zwölf frühgotische Gewölbefelder, den südlichen eine Holzdecke. Sie stammt aus dem ausgehenden Mittelalter und wurde eingezogen, als man den Raum zum Winterrefektorium für die Herren ausbaute. Er war nie eingewölbt. Während sich an Kirche, Kreuzgang und an den übrigen Klausurgebäuden ein stark 33 cm langer Fuß findet, tritt wie erwartet am Westflügel ein anderer Fuß auf. Bemessungsgrundlage war die Breite einschließlich der Mauern. Sie maß 40 Fuß. Die Länge bestimmte der Meister mit Hilfe von vier gleichseitigen Dreiecken.

Eine Einheit des Maßstabs entspricht 10 Fuß.

Breite des Westflügels:
40 Fuß zu je 30,9 cm (12,36 m)

Länge des Westflügels:
$2 \cdot 12{,}36 \sqrt{3} = 42{,}81$ m, gemessen 42,85 m

Dicke der Außenwände:
4 Fuß zu je 30,8 cm (1,23 m)

Dicke der Zwischenwand:
3 Fuß zu je 31,0 cm (0,93 m).

Eine weitere Zisterzienserkirche, die des Klosters Eberbach bei Mainz, soll die gewonnenen Erkenntnisse vertiefen und zeigen, daß der gerade geschlossene Chor in für die Zisterzienser bezeichnender Weise bei allen drei Kirchen in die Bemessungsfigur eingefügt worden ist.

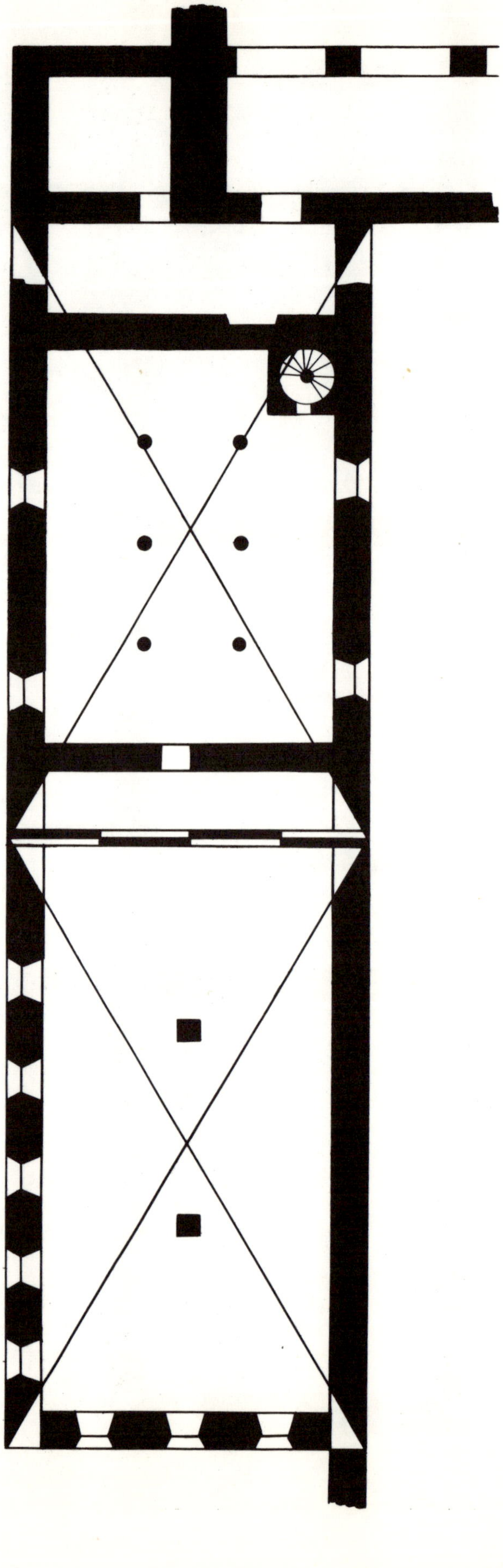

# Eberbach

Unweit Mainz, nur wenige Kilometer vom Rheinufer entfernt, schmiegen sich die Bauten des Klosters Eberbach an die bewaldeten Hänge der nördlichen Taunusberge. In einem engen, einst unwirtlichen und von dem seit alter Zeit regen Verkehr an den Ufern des Rheins abgeschiedenen Tal entspricht die Lage den Gewohnheiten der Zisterzienser. Erzbischof Adalbert von Mainz gründete um 1116 das Kloster. Nachdem Augustiner-Chorherren und Benediktiner den Ort wieder verlassen hatten, wurde die Neugründung 1135 mit Zisterziensern aus Clairvaux besetzt.

Die frühen Zisterzienser standen in scharfem Gegensatz zu allen andern Mönchsorden. Sie waren Eiferer, für Armut, Gehorsam und Pflichterfüllung. Die Gründung des Zisterzienserordens erfolgte in der Absicht, die bestehenden mönchischen Gemeinschaften im Sinne strenger Armut und vertiefter Frömmigkeit zu beeinflussen. Die Zisterzienser wünschten, zu den einfachen Lebensgewohnheiten der frühen Mönche zurückzukehren. Viele ihrer Regeln entstanden in sichtbarem Gegensatz zu den Gepflogenheiten der Clunyazenser und der anderen Benediktiner.

Die Besonderheiten zisterziensischer Klosteranlagen sind in keiner Bauordnung schriftlich festgehalten. In den Beschlüssen der Generalkapitel wird jedoch immer wieder auf die Baugewohnheiten des Ordens hingewiesen; Verstöße gegen diese Gewohnheiten werden gerügt, was auf eine sehr sorgfältig gepflegte Tradition schließen läßt. Auch die weitgehende Übereinstimmung zwischen allen Zisterzienserbauten, zumindest in den großen Formen, zeugt von ganz fest umrissenen Vorstellungen über Planung und Ausführung eines Zisterzienserklosters.

Als Folge der Häufung von Türmen an manchen Clunyazenserkirchen waren den Zisterziensern steinerne Türme verboten, auch aufwendige Geläute waren nicht erlaubt; lediglich ein hölzerner Dachreiter, der im Vergleich zu den meist sehr großen Kirchen einen kümmerlichen Eindruck macht, erhebt sich über die Firstlinie. Glockenträger aus Stein sind immer Zutaten aus der Verfallzeit. Figürliche Bauplastik war verboten.

Zu den Baugewohnheiten der Zisterzienser, von denen gelegentlich auch abgewichen werden könnte, gehört die Abneigung gegen runde Formen im Grundriß. Die Chöre sind zumeist gerade geschlossen, und an die Stelle der von den Clunyazensern entwickelten Nebenchöre traten vier oder sechs rechteckige Seitenkapellen. Bevorzugt wurden in der Frühzeit des Ordens flach gedeckte Pfeilerbasiliken mit wuchtigen Pfeilern.

Nach dem Vorbild des burgundischen Mutterklosters begannen die Mönche um 1145 die Kirche aus sorgfältig behauenen Quadern zu errichten. Lisenen sollten das sonst schmucklose Bauwerk gliedern. Als 1160 der Baufortschritt ins Stocken geriet, waren nur die unteren Teile des Chors und Querhauses, vielleicht auch Teile der Pfeiler, erbaut. Erst gegen 1170 konnte man die Arbeiten wieder aufnehmen. Der ursprünglich sehr niedere Bau wurde höher hinaufgeführt und nach den Plänen des neuen Meisters eingewölbt. Jeweils zwei Fenster des Lichtgadens sind zu einer Gruppe zusammengezogen, um genügend Platz für die Gewölbe zu schaffen. Schwere Gurtbogen, die bis auf die Kämpfer der Arkadenreihen hinabgeführt sind und dort in typisch zisterziensischer Art auf Konsolen enden, teilen die mit Kreuzgratgewölben bedeckten Felder. Den Raumeindruck hat ausschließlich der Meister des 2. Bauabschnitts bestimmt. An den ersten Planfertiger, dessen Hand der Grundriß entstammt, erinnern noch die gedrückten Durchgänge zu den Ostkapellen. 1186 konnte der Bau geweiht werden.

Von besonderem Reiz ist die in der 1. Hälfte des 14. Jahrhunderts parallel zum südlichen Seitenschiff mit querstehenden Giebeln angebaute, aus 9 Räumen bestehende Kapellenreihe. Die beiden Dachreiter und die gegenüber der romanischen Ausführung steileren Dächer stammen aus dem Jahr 1746.

Die Eberbacher Klosteranlage ist bis auf Teile des Kreuzgangs noch sehr gut erhalten. Das Kloster wurde nie zerstört, geriet jedoch nach dem 30jährigen Krieg in finanzielle Schwierigkeiten, erlebte in der Barockzeit eine zweite Blüte und wurde 1803 völlig verschuldet säkularisiert.

**Der Grundriß der Klosterkirche**

Von der Breite am Querschiff ausgehend bestimmte der absteckende Baumeister die Länge der Kirche durch 2 aneinandergefügte Sechsecke. Die Art, wie der gerade geschlossene Chor in die Sechseckfigur eingebunden wurde, ist dieselbe wie in Maulbronn und Bebenhausen. Die Wän-

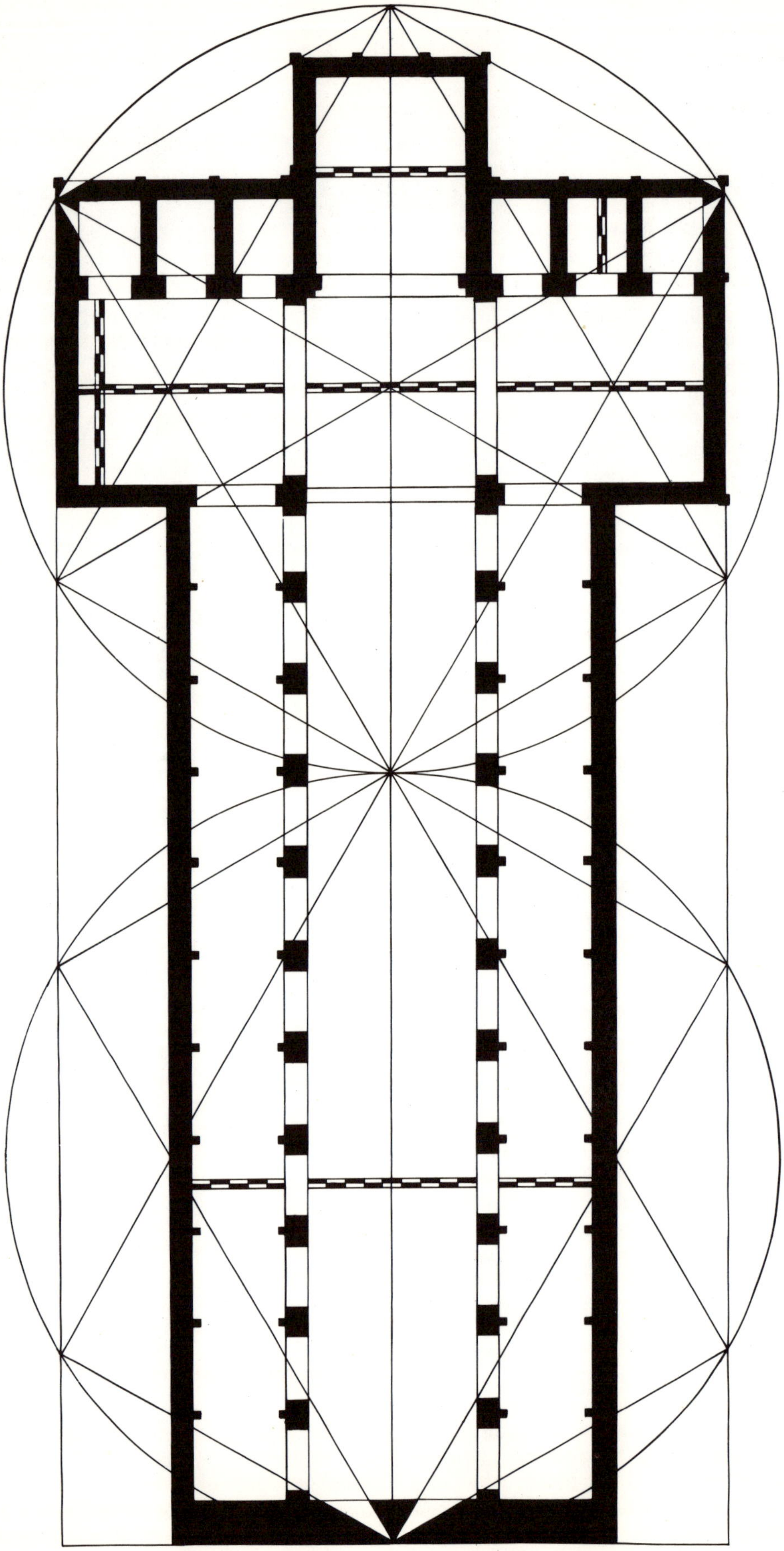

de sind 3 2/3 Fuß dick, die Seitenschiffe 15 Fuß breit; das Mittelschiff mißt im Lichten 27 Fuß; der Chorraum wurde auf 24 Fuß eingezogen. An die nicht quadratische Vierung schließt sich zu beiden Seiten ein etwa 33 Fuß ausladendes Rechteck. Das Querhaus mißt in der Ost-West-Achse 30 Fuß, die Kapellen messen 12 Fuß. Die größte Breite der Kirche ist Seite des den Sechsecken zugrundeliegenden gleichseitigen Dreiecks: Sie beläuft sich auf 3 2/3 + 33 + 3 2/3 + 27 + 3 2/3 + 33 + 1/3 + 3 2/3 = 108 Fuß. Die Wanddicke im Norden mißt zwar 4 1/3 Fuß und weicht damit von allen übrigen ab, dieses Übermaß kann jedoch unberücksichtigt bleiben, da nicht einzusehen ist, weshalb der Meister bereits beim Entwurf des Grundrisses die zunächst nicht notwendige Verstärkung berücksichtigt haben soll und zudem die Zahl 9 · 12 = 108 Fuß als Zwölferzahl im Mittelalter sehr beliebt war. Ein Vergleich der auf der Grundlage von 108 Fuß Breite errechneten Länge des Bauwerks mit der Messung beweist die Richtigkeit dieser Annahme.

Eine Einheit des Maßstabs entspricht 3 Fuß.

Lichte Breite der Seitenschiffe:
15 Fuß zu je 33,3 cm (5,00 m)

Lichte Breite des Mittelschiffs:
27 Fuß zu je 33,4 cm (9,02 m)

Lichte Breite des Chors innen:
24 Fuß zu je 33,3 cm (8,01 m)

Breite des Chors außen:
24 + 2 (3 2/3) = 31 1/3 Fuß zu je 33,3 cm (10,42 m)

Dicke der Mittelschiffmauern:
3 2/3 Fuß zu je 33,0 cm (1,21 m)

Ausladung des nördlichen Querschiffflügels:
33 Fuß zu je 33,3 cm (11,00 m)

Ausladung des südlichen Querschiffflügels:
33 1/3 Fuß zu je 33,3 cm (11,09 m)

Größte Breite des Bauwerks am Querschiff:
108 Fuß zu je 33,3 cm (36,00 m)

Tiefe des Querschiffs:
30 Fuß zu je 33,3 cm (10,00 m)

Tiefe der Kapellen:
12 Fuß zu je 33,3 cm (4,11 bis 3,86 m)

Größte Länge des Bauwerks:
$8/6 \cdot 36{,}00 \cdot \sqrt{3} - \sqrt{3}/6 \cdot 10{,}42 = 83{,}14 - 3{,}01 = 80{,}13$ m,
gemessen 80,06 m.

(Alle Maße wurden der Dissertation H. Spieß, Maß und Regel, Aachen 1959, entnommen.)

### Das Kreuz vom Westgiebel

Den Westgiebel der Klosterkirche zierte einst ein steinernes Kreuz, das sich jetzt im Lapidarium des Klosters, dem ehem. Kapitelsaal, befindet. In Stein nachgeahmt sind zwei sich kreuzende Rundhölzer, an denen noch einzelne Blätter schuppenartig haften. Auf dem Schnittpunkt liegt in einem Kreis eine zehnblättrige Blüte. Es ist kein Zufall, daß dieses Zeichen, das zweimal die Zahl fünf, die Zahl der bösen Geister, enthält, die aus der Richtung des Sonnenuntergangs aufsteigen, den Westgiebel krönte. Bemessungsgrundlage war der 3 Fuß lange Querbalken. Die Seiten der eingezeichneten gleichseitigen Dreiecke messen jeweils 3 Fuß.

Eine Einheit des Maßstabs entspricht einem Fuß.

Breite des Kreuzes:
3 Fuß zu je 31,8 cm (0,954 m)
Höhe: $0{,}954 \cdot \sqrt{3} = 1{,}65$ m, gemessen 1,625 m.

Die geringen Abweichungen im Fußmaß an demselben Bauwerk sind wohl eine Folge der langen Bauzeit.

Schrifttum: A. Kottmann:
Maßverhältnisse in Zisterzienserbauten, Eberbach, Maulbronn, Bronnbach, Bebenhausen; München 1968.

# Herrenalb

Fernab vom Verkehr, in einem einsamen Schwarzwaldtal, lag einst das Kloster Herrenalb. Um die Mitte des 12. Jahrhunderts riefen Berthold von Eberstein und seine Gemahlin Uta, die kurz vorher das Nonnenkloster Frauenalb gegründet hatte, Zisterzienser in das abgelegene Tal des Flüßchens Alb. Von der romanischen Klosterkirche, einer dreischiffigen, querhauslosen Pfeilerbasilika mit zwei Nebenapsiden blieb nur das teilweise zerstörte Paradies erhalten. Der in der Spätgotik erneuerte Ostteil der Basilika ist heute in die Pfarrkirche einbezogen. Vom Kreuzgang und den Klausurgebäuden sind noch wenige Bruchstücke vorhanden. Bemerkenswert ist ein kleiner, in Hochrelief gearbeiteter Bär, der an die Figuren vom Hirsauer Eulenturm erinnert.

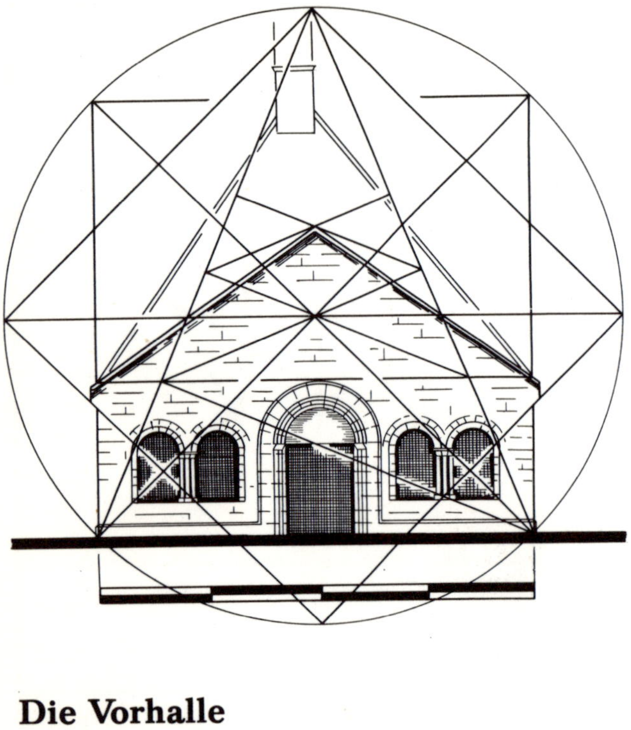

## Die Vorhalle

Der künstlerisch sehr gut gelungene Bau dürfte kurz vor 1180 entstanden sein. Obwohl im wesentlichen vom strengen, zisterziensischen Geist bestimmt, setzt sich doch an den Fenstern die verspielte Gestaltungs- und Schmuckfreude der Spätromanik durch. Die Vielzahl der Säulen – wo in Maulbronn oder Hirsau eine Säule steht, stehen hier vier – gibt dem Bauwerk eine ungewohnte Leichtigkeit. Ganz flach gearbeitete, zu einem Sechsstern verschlungene Bandornamente füllen die Fläche des Tympanons über dem Westportal und deuten vielleicht auf das Sechseck als Bemessungsgrundlage hin.

### Der Grundriß

Der Grundriß der Vorhalle bildet ein längliches Rechteck. Die Schmalseite ist 40 Fuß breit und gleichzeitig Grundlinie eines gleichseitigen Dreiecks, das bei der Längenermittlung benützt worden ist.

Eine Einheit des Maßstabs entspricht 5 Fuß.

| | |
|---|---|
| Breite der Vorhalle:<br>40 Fuß zu je 29,5 cm | (11,79 m) |
| Länge der Vorhalle:<br>$11{,}79 \cdot 5/6 \cdot \sqrt{3} = 17{,}02$, | gemessen 17,10 m |
| Dicke der Westwand:<br>3,5 Fuß zu je 30,3 cm | (1,06 m) |
| Dicke der Längswände:<br>2,5 Fuß zu je 29,2 cm | (0,73 m). |

### Die Ansicht der Vorhalle

Der Giebel der Vorhalle besitzt nicht mehr seine ursprüngliche Gestalt. Wie man auf der Innenseite der Wand noch sehen kann, war das Dach in der Romanik viel flacher. In der Gotik ließ einer der Äbte den Giebel erhöhen und den Dachreiter aufführen. Während dieser Arbeiten wurde auch das große gotische Fenster eingesetzt. Die Unregelmäßigkeiten im Mauerwerk rings um das Fenster lassen diesen Arbeitsgang noch erkennen. Die alte Dachneigung kann man auf Grund verschiedener Spuren leicht nachweisen.

Hirsau
im Schwarzwald:
Eulenturm von Osten

Foto: Johanna Longerich, Hirsau

Hirsau
im Schwarzwald:
Figurenfries vom Eulenturm

Foto: A. Kottmann

Hirsau
im Schwarzwald:
Blick in die
Aureliuskirche

Foto:
Schöning & Co, Lübeck

Alpirsbach:
Östliche Säule der südlichen Bogenreihe

Foto: Fotohaus Otto Bessler, Alpirsbach

Großcomburg:
Torhalle

Foto: Paul Swiridoff, Schwäbisch Hall

Großcomburg:
Blick auf den Klosterberg

Foto: Paul Swiridoff, Schwäbisch Hall

Großcomburg:
Romanischer Leuchter in der barock umgestalteten ehemaligen Stiftskirche

Foto: Landesbildstelle Württemberg, Deutscher Kunstverlag, München, Berlin

Alpirsbach:
Kapitäl

Foto: Landesbildstelle Württemberg

Alpirsbach:
Blick auf die Klosterkirche

Foto: Fotohaus Otto Bessler, Alpirsbach

Alpirsbach:
Sockelfiguren an der östlichen Bogenreihe

Foto: Fotohaus Otto Bessler, Alpirsbach

Alpirsbach:
Blick aus dem Chor in die Klosterkirche

Foto: Fotohaus Otto Bessler,
Alpirsbach

Alpirsbach:
Sockelfiguren an der östlichen Säule der nördlichen Bogenreihe

Foto: Fotohaus Otto Bessler, Alpirsbach

Freudenstadt
im Schwarzwald:
Romanischer Taufstein
aus dem 11. Jahrhundert

Foto: Peter Peters,
Malsch

St. Ulrich
im Schwarzwald:
Romanischer Brunnen
aus dem 11. Jahrhundert

Foto: Verlag Karl Aber,
Freiburg

Alpirsbach:
Romanischer Türklopfer

Foto: Fotohaus Otto Bessler, Alpirsbach

Lorch:
Steinmetzarbeiten an den Vierungspfeilern

Foto: Fotohaus Hildenbrand, Göppingen

Lorch:
Steinmetzarbeiten an den Vierungspfeilern

Foto:
Fotohaus Hildenbrand, Göppingen

Neckartailfingen:
Blick aus dem nördlichen Seitenschiff nach Südosten

Foto: A. Lauffer, Neckartailfingen

Maulbronn:
Blick in den östlichen Kreuzgang

Foto: Hofmann, Maulbronn

Maulbronn:
Kapitelsaal vom östlichen Kreuzgang gesehen, um 1350 erbaut

Foto: Hofmann, Maulbronn

Maulbronn:
Laienrefektorium im Westflügel

Foto: Landesbildstelle Württemberg, Deutscher Kunstverlag München, Berlin

Maulbronn:
Westfront der Kirche und Paradies

Foto: Deutscher Kunstverlag, München, Berlin

Bebenhausen:
Ehemaliges Laienrefektorium mit Gewölben zisterziensischer Art

Foto: Gebr. Metz, Tübingen

Eberbach:
Blick auf die Klosterkirche

Foto: A. Kottmann

Bebenhausen:
Kapitelsaal

Foto: Gebr. Metz, Tübingen

Bebenhausen:
Klosterkirche
mit Wehrgang

Foto: Gebr. Metz,
Tübingen

Herrenalb
im Schwarzwald:
Blick auf die Reste der
ehemaligen Klosteranlage

Foto: Gebr. Metz,
Tübingen

Herrenalb
im Schwarzwald:
Eingang zur
romanischen Vorhalle

Foto: Gebr. Metz,
Tübingen

Herrenalb
im Schwarzwald:
Blick auf die Bogenreihe an der Vorhalle

Foto: Pfeiffer, Herrenalb

Herrenalb im Schwarzwald:
Blick aus der Vorhalle auf die ehemalige Kirchenpforte

Foto: Gebr. Metz, Tübingen

Herrenalb
im Schwarzwald:
Bekrönung des gotischen Giebels an der Vorhalle

Foto: Gebr. Metz, Tübingen

Herrenalb
im Schwarzwald:
Fenster an der Vorhalle

Foto: Gebr. Metz, Tübingen

Faurndau:
Apsis von Südosten
Foto: Schlenker, Göppingen

Faurndau:
Spätromanische Kapitäle mit Steinmetzarbeiten
Foto: Schlenker, Göppingen

Feuchtwangen:
Bogenreihe im ehemaligen Kreuzgang

Foto: A. Kottmann

Lauffen:
Regiswindiskirche,
das Tympanon von dem spätromanischen Vorgängerbau zeigt St. Martin auf dem Bischofsstuhl

Foto: A. Kottmann

Schwäb. Gmünd:
Johanniskirche, romanische Madonna an der Südwand

Foto: Helga Schmidt-Glassner, Deutscher Kunstverlag, München, Berlin

Schwäb. Gmünd:
Johanniskirche, Kreuzigungsgruppe am Südwestportal
Foto: Fotohaus Schweizer, Schwäbisch Gmünd

Brenz:
Galluskirche
Steinmetzarbeiten

Oberstenfeld:
Krypta von Osten

Foto: A. Traut

Esslingen:
Blick von der
Neckarhalde

Foto: Zobel-Verlag,
Stuttgart

Esslingen:
Blick von der Burg

Foto: Gebr. Metz,
Tübingen

Quadratur im Grundriß und Triangulatur im Aufriß finden sich an einigen Bauten der Spätromanik. Das umgekehrte Verhältnis ist sehr selten. Der Meister der Vorhalle benützte die Quadratur im Aufriß. Er begann auch nicht, wie sonst allgemein üblich, über dem Sockel, sondern auf der Höhe der Fundamente. Eine Quadratseite entspricht der Breite des Bauwerks und mißt 40 Fuß. Die Höhe der Traufe bestimmt der Schnittpunkt des Lotes von einer unteren Ecke des Quadrats auf die gegenüberliegende Seite des Drachschen Dreiecks. Die Dachneigung wird durch zwei weitere Punkte dieser Konstruktion festgelegt.

Eine Einheit des Maßstabs entspricht 10 Fuß.

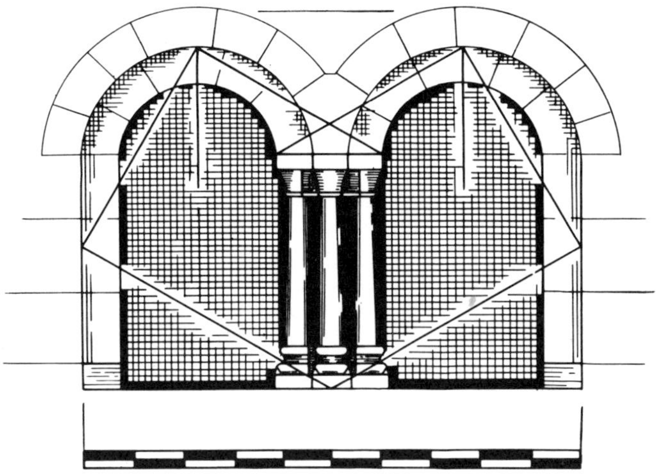

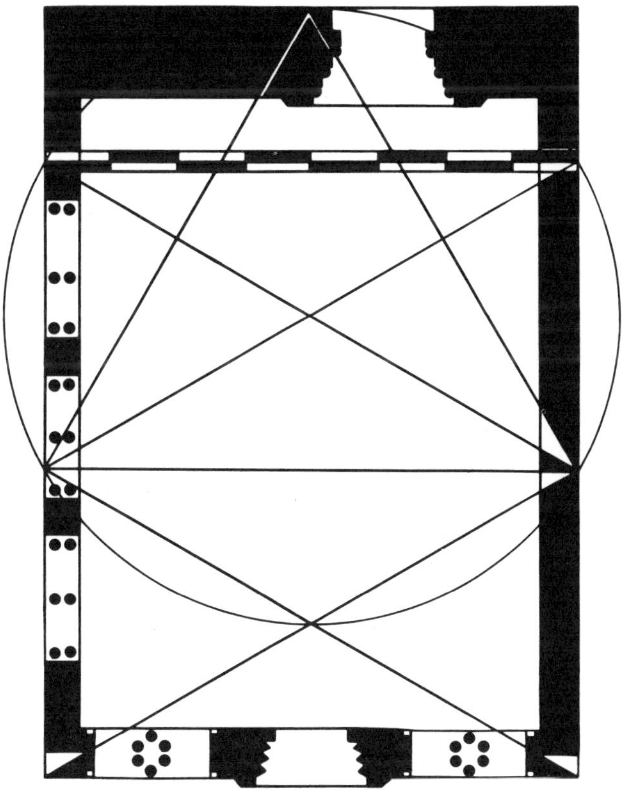

**Zugang zum Paradies**

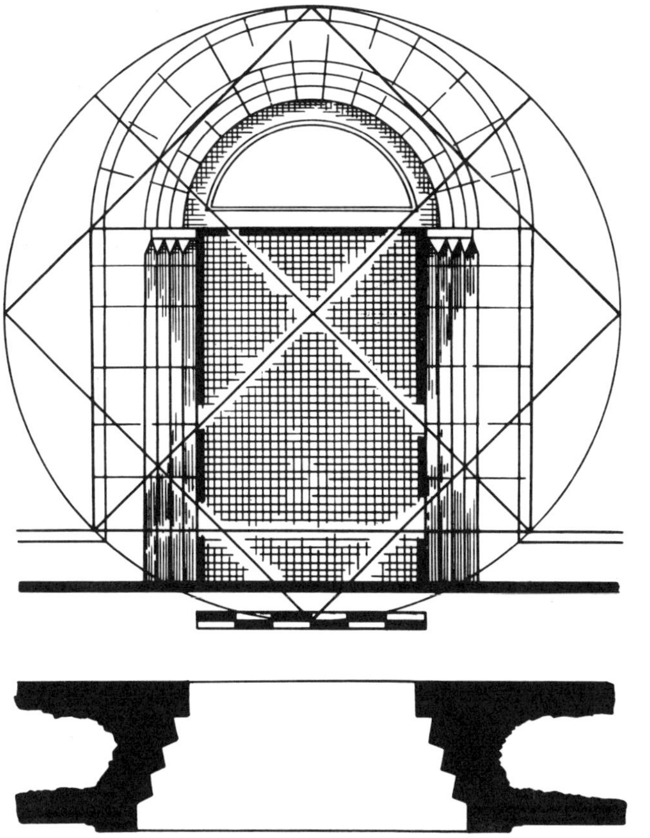

**Fenster auf der Westseite**

Die Doppelarkaden erhalten durch die gedrängte Aufstellung von vier kleinen Säulchen als Zwischenunterstützung eine besondere Note. Die Höhe des Gewölbescheitels ist mittels Triangulatur festgelegt. Ausgehend von der Achse der Gruppe schneidet eine unter 30° gegen die Waagrechte geneigte Gerade das Gewände. Das Lot durch diesen Schnittpunkt trifft im Bogenscheitel auf die Achse eines Bogens.

Breite der Doppelarkade:
10 Fuß zu je 30,0 cm (3,00–3,04 m).

Die in Zickzackform profilierten Türgewände trifft man an anderen Bauten der Zisterzienser in unserem Raum nicht. Diese Schmuckform läßt die Vermutung aufkommen, daß hier kein einheimischer Meister, sondern ein Fremder gearbeitet hat. Die Quadratur im Aufriß verstärkt den Verdacht. Die Bestätigung bringt der kurze römische Fuß. Auch die Abmessungen des Portals bestimmt die Quadratur. Die lichte Breite beträgt 6 Fuß.

Eine Einheit des Maßstabs entspricht einem Fuß.

Breite des Durchgangs:
6 Fuß zu je 28,7 cm (1,72 m).

### Fenster auf der Südseite

Während die fensterlose Nordwand der Halle direkt an die Klausur angebaut war, wurde die Südwand mit drei Doppelarkaden, die jeweils auf sechs Säulen ruhen, geschmückt. Die Breite der beiden ersten beträgt 9 1/2 Fuß, die dritte mißt 10 Fuß. Die Bogen der dritten Öffnung sind nicht symmetrisch, vermutlich liegt ein Fehler beim Bau oder eine Planänderung vor. Die Abbildung zeigt eine der beiden ersten Öffnungen. Die Höhe der Kämpfer bestimmte der Meister, von der Säulenachse ausgehend, mit Hilfe der Quadratur.

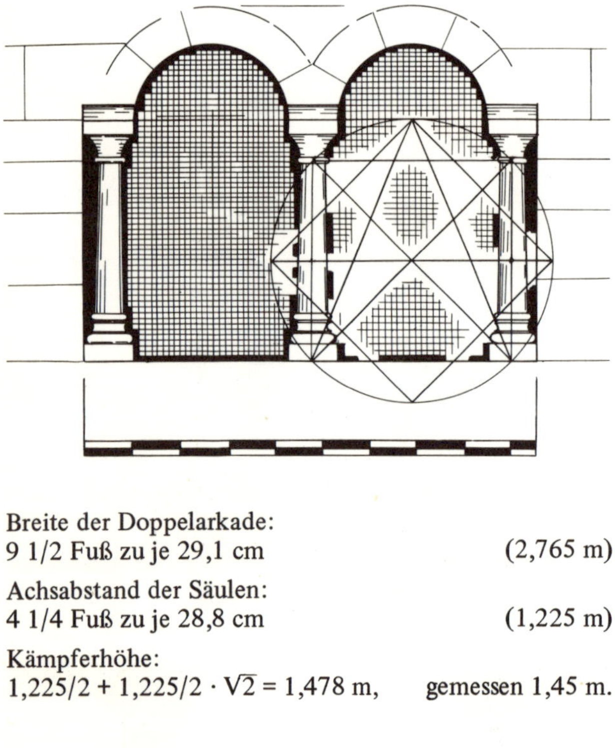

Breite der Doppelarkade:
9 1/2 Fuß zu je 29,1 cm (2,765 m)

Achsabstand der Säulen:
4 1/4 Fuß zu je 28,8 cm (1,225 m)

Kämpferhöhe:
$1{,}225/2 + 1{,}225/2 \cdot \sqrt{2} = 1{,}478$ m, gemessen 1,45 m.

### Portal zur Kirche

Dieses Portal liegt nicht in der Achse der Vorhalle, ein Zeichen, daß es bereits stand, als man diese begann. Die Ostwand der Vorhalle, durch die dieses Portal führt, ist außerdem viel dicker als die übrigen Wände. Sie bildete nämlich auch die Westwand der Klosterkirche. Wenn die Annahme, daß die Halle aus den Händen eines fremden Meisters stammt, zutrifft, muß an diesem Portal ein anderes Bemessungsverfahren und ein anderer Fuß zu finden sein.

Zunächst fallen die in unserem Raum üblichen Gewändeprofile auf, dann hat der Meister die Höhe des Durchgangs mit Hilfe eines gleichseitigen Dreiecks festgelegt und schließlich den üblichen, etwa 33 cm langen Fuß benützt.

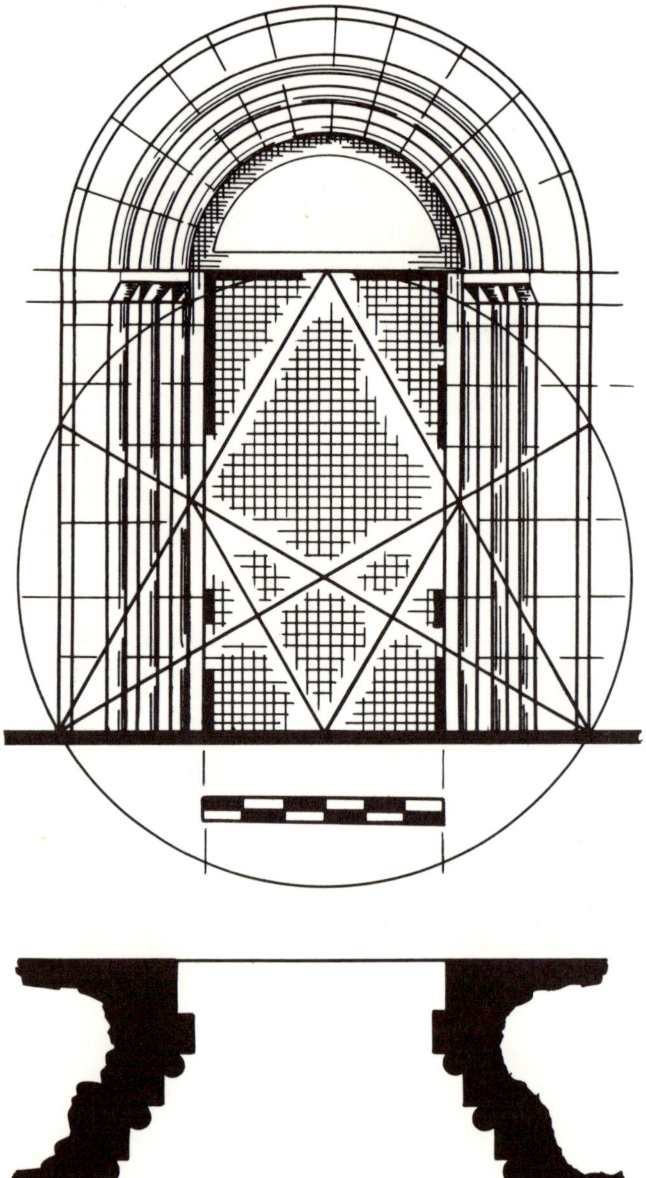

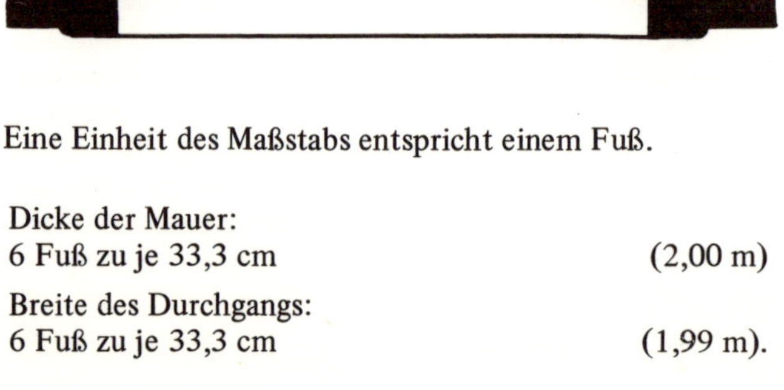

Eine Einheit des Maßstabs entspricht einem Fuß.

Dicke der Mauer:
6 Fuß zu je 33,3 cm (2,00 m)

Breite des Durchgangs:
6 Fuß zu je 33,3 cm (1,99 m).

# Wimpfen am Berg

## Geschichte

Die Kaiserpfalz und die Stadt Wimpfen am Berg sind wesentlich jünger als die Ansiedlung im Tal. Größere Bedeutung erhielt die Pfalz erst unter den Hohenstaufen. Barbarossa (1152–1190), sein Sohn Heinrich VI. (1190–1197), Friedrich II. (1212–1250) und dessen abtrünniger Sohn König Heinrich (1220–1235) weilten hier. König Heinrich residierte längere Zeit in der Wimpfener Pfalz. Sein Aufenthalt ist zwischen 1224 und 1235 mehrmals urkundlich nachgewiesen. Auch die Nachfolger der Hohenstaufen besuchten öfters den Berg. Erst um 1350 verlor die Pfalz an Bedeutung.

Die Gebäude der Kaiserpfalz wurden vermutlich in einem Zuge um 1200 in den Regierungsjahren Heinrichs VI. und Friedrichs II. erbaut. Es war der Zeitabschnitt, in dem die Verbindung zwischen Deutschland und Süditalien besonders rege gepflegt worden ist; und wenn man vor der Fenstergruppe des einstigen Pallas steht, zieht man unwillkürlich Vergleiche mit ähnlichen sizilianischen Arbeiten.

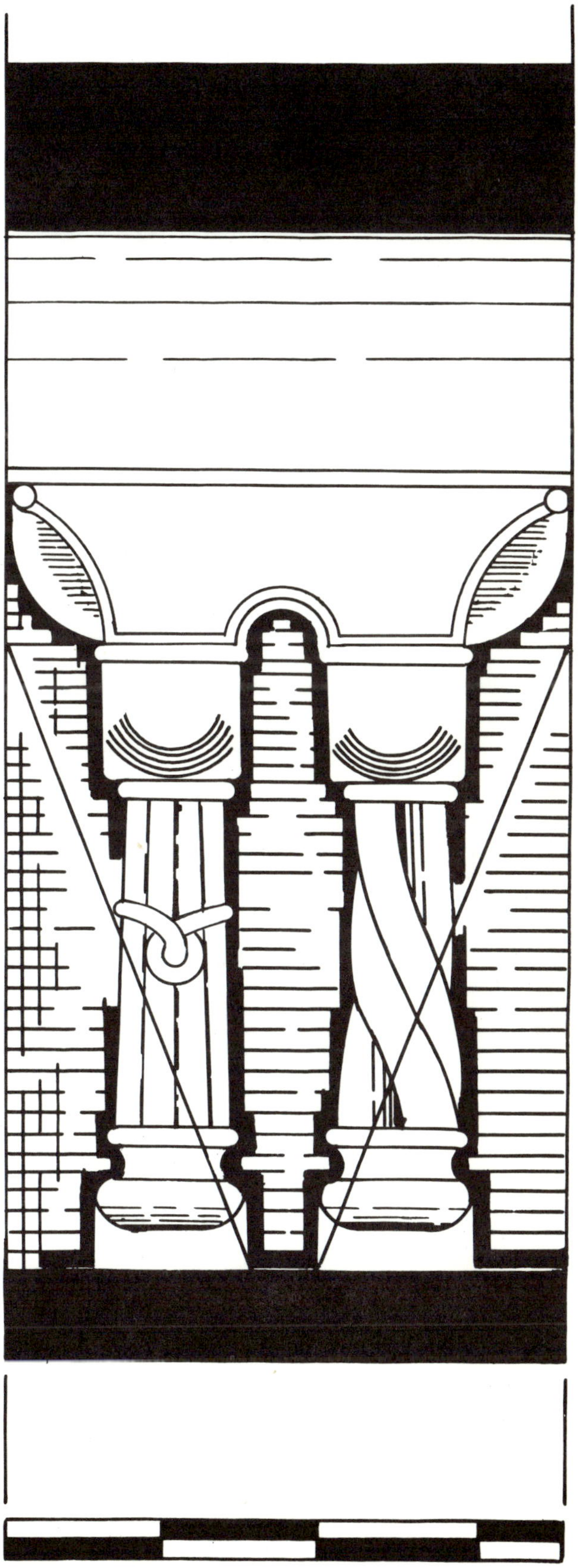

## Die Arkaden

Die Nordseite der Kaiserpfalz ziert direkt über dem Steilabfall zum Neckar eine dreiteilige Bogenreihe, die einst Teil des Pallas war. Im Pallas pflegten die Herrscher während ihrer Aufenthalte zu wohnen. Insgesamt öffnen sich 14 Bogen, die in zwei Gruppen zu fünf und einer Gruppe zu vier Öffnungen angeordnet sind. Unvergeßlich bleibt der Blick durch diese Fensterreihen auf das Neckartal. Die mit viel Liebe entworfenen Doppelsäulen ruhen auf Sockelplatten mit Eckspornen, in die sie wie in ein Polster einsinken. Es folgen zwei Fußringe, dann der immer wieder andersartig gestaltete Schaft der Säulen und ein Kapitäl mit Halsring. Auf je 2 Säulen liegt ein gemeinsamer Kämpfer. Wie die Zeichnung zeigt, beträgt der Achsabstand zweier benachbarter Säulen 4 Fuß; die Brüstung ist 3 1/2 Fuß breit. Alle Maße wurden streng aus der Quadratur entwickelt. Der Achsabstand der Säulen ist gleich der Kämpferhöhe. In den Umkreis des auf diese Weise gegebenen Quadrats läßt sich ein Dreieck einzeichnen, welches Teil des Achtecks ist. Ein Zug von Loten auf die jeweils gegenüberliegende Dreieckseite ergibt die Unterkante der Kapitäle. Unter 45° geneigte Geraden liefern die Höhe der Kämpfersteine. Auch die Anordnung der Säulen im Querschnitt folgt der Quadratur. Die eingezeichneten Geraden verlaufen parallel zu den Dreieckseiten.

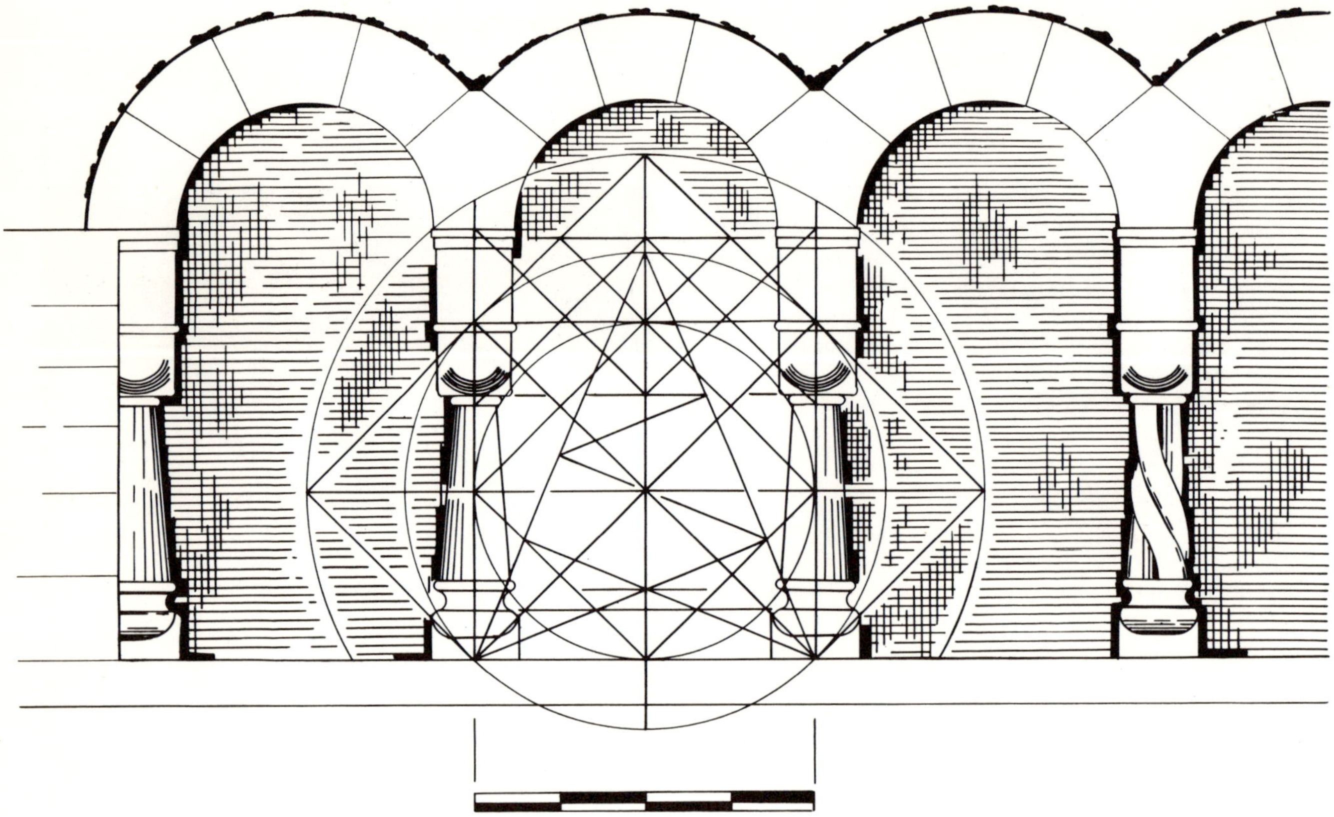

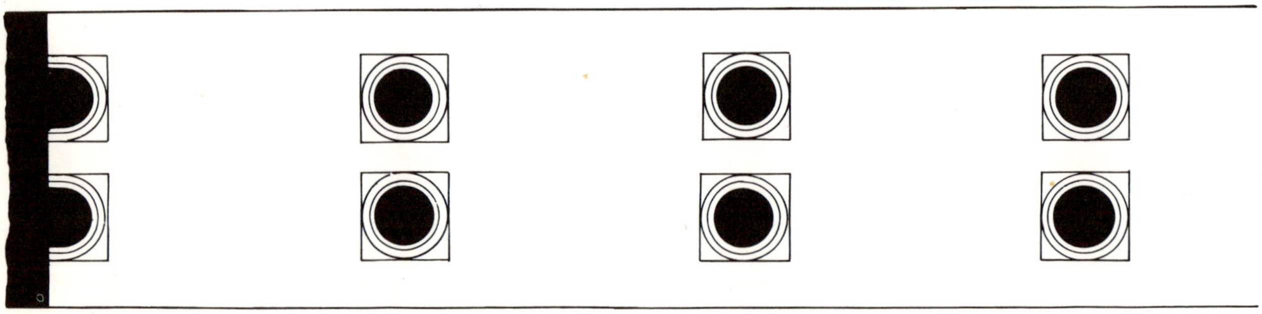

Eine Einheit des Maßstabs entspricht einem Fuß.

Achsabstand der Säulen:
4 Fuß zu je 28,0 cm (1,12 m).

**Fenster am Steinhaus**

Am ältesten Teil des Steinhauses sieht man einige Doppelfenster, die durchweg gleich gearbeitet sind. Sie wurden alle aus nur fünf großen Steinen zusammengesetzt: aus der Fensterbank, drei senkrecht stehenden Pfosten und dem Sturz. Die lichte Fensterhöhe und die Gesamtbreite des Steingewändes sind gleich, sie verhalten sich also wie die Seiten eines Quadrats. Die untere Lagerfuge der Fensterbank wird von der Scheitelhöhe der Fenster und der Breite beider Öffnungen ausgehend durch eine Dreiecksfigur bestimmt, die Teil des Zwölfecks ist. Die Höhe und die Lagerfuge des Sturzes liefern zwei unter 30° gegen die Waagrechte geneigte Tangenten an die Fensteröffnungen. Das Fenstergewände ist fünf Fuß, jede Fensteröffnung ein Fuß breit.

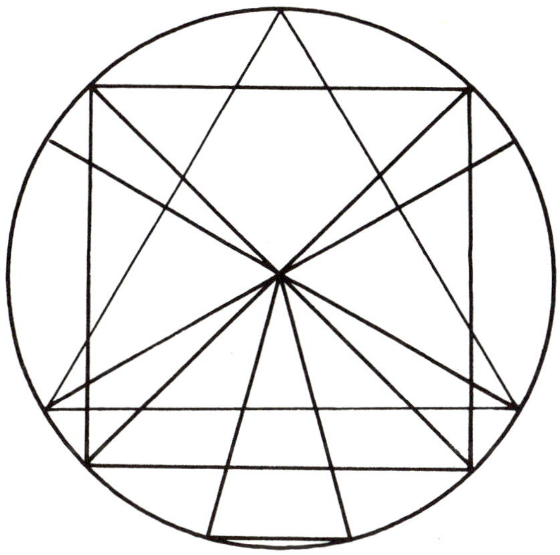

**Tor zur Kapelle der Kaiserpfalz**

Da die Bogenreihen in der Pfalz mit Hilfe der Quadratur bemessen sind, erwartet man diese auch am Eingang zur Kapelle, findet jedoch erstaunlicherweise, daß das gleichseitige Dreieck oder das Sechseck die Abmessungen bestimmt.

Eine Einheit des Maßstabs entpsricht einem Fuß.

Breite der Öffnung:
5 Fuß zu je 31,8 cm (1,59 m)

Dicke der Mauer:
3 Fuß zu je 32,3 cm (0,97 m)

Höhe der Öffnung:
$1{,}59 \cdot \sqrt{3} = 2{,}76$ m, gemessen 2,77 m.

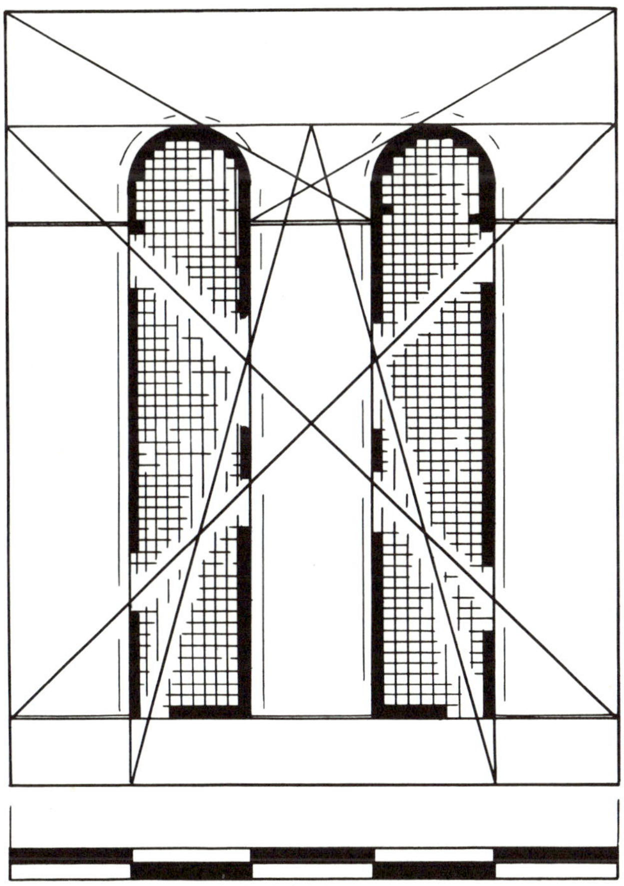

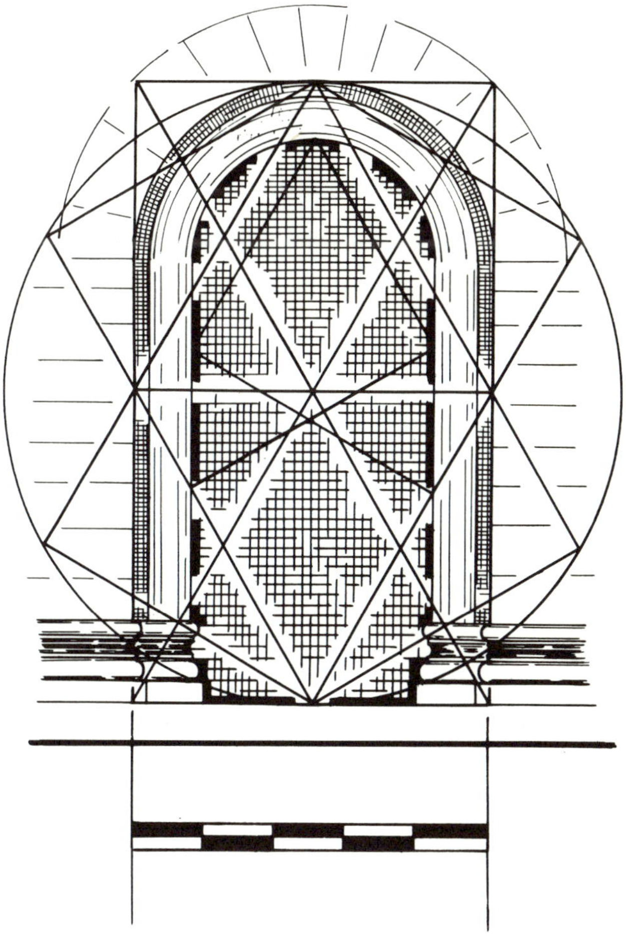

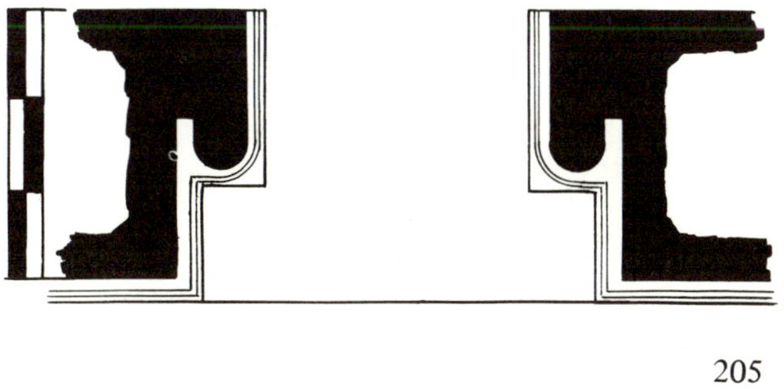

Eine Einheit des Maßstabs entspricht einem Fuß.

Breite der Fenster einschließlich der Gewände:
5 Fuß zu je 28,0 cm (1,40 m).

# Feuchtwangen

**Geschichte**

Feuchtwangen ist ein kleines Städtchen an den Straßen von Rothenburg nach Dinkelsbühl und von Stuttgart nach Nürnberg. Die Lage auf der Kreuzung zweier wichtiger Verkehrsadern trug sicher zum Reichtum des Städtchens im Mittelalter bei.
Feuchtwangen hat sich wie Nördlingen, Rothenburg, Dinkelsbühl und Nürnberg das mittelalterliche Bild bewahrt, meist wird es aber neben den größeren Nachbarstädten vergessen.
Am Marktplatz stehen zwei Kirchen: die romanische Stiftskirche mit Kreuzgang und die gotische Johanniskirche, wahrscheinlich Nachfolgerin einer mittelalterlichen Taufkapelle.
Besonders bemerkenswert sind die zwei spätromanischen, reich mit Steinmetzarbeit geschmückten Türme der Stiftskirche und der achteckige Turm der Johanniskirche, dessen unterer Teil ebenfalls spätromanisch ist. Die Kirchen zu Feuchtwangen gehören zu den wenigen erhaltenen Beispielen einer Kirchenfamilie in unserem Raum.

In der Geschichte des Deutschen Ritterordens finden die Herren von Feuchtwangen ruhmvolle Erwähnung. Konrad von Feuchtwangen (1290–1296) und Siegfried von Feuchtwangen (1301–1311) standen dem Orden als Hochmeister vor.

## Kreuzgang

Bereits in der zweiten Hälfte des 8. Jahrhunderts entstand in Feuchtwangen ein Benediktinerkloster, das 817 unter den Königsklöstern erwähnt wird. Gegen Ende des 10. Jahrhunderts kam es in den Besitz der Bischöfe von Augsburg, 1197 erscheint es als Kollegiatstift. Die Reformation führte 1563 zur Säkularisation. Der sehr schöne Kreuzgang ist wahrscheinlich aus Anlaß der Umwandlung zum Stift entstanden. Zwei Flügel sind noch gut erhalten, der östliche ist erneuert, der südliche Flügel fehlt. Die verhältnismäßig kleinen Bogen schließen sich zu Vierergruppen zusammen, die Säulen tragen Würfelkapitäle, die Kämpfer der Zwischenpfeiler Schachbrettfriese.

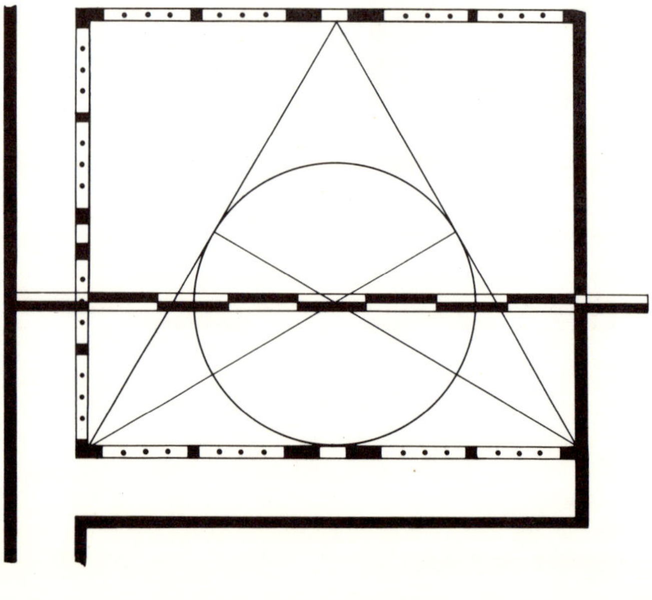

**Grundriß**

In das vom Kreuzgang umschlossene Rechteck ist ein gleichseitiges Dreieck eingezeichnet. Die Grundlinie des Dreiecks mißt $7 \cdot 9 = 63$ Fuß und entspricht dem lichten Abstand zwischen Südflügel und Nordflügel. Die Gänge selbst, einschließlich der Wände, waren 9 Fuß breit, so daß eine Gesamtbreite von $9 \cdot 9 = 81$ Fuß der Bemessung des Klosters zugrundelag.

Eine Einheit des Maßstabs entspricht 9 Fuß.

Lichte Breite im Osten:
63 Fuß zu je 33,1 cm (20,82 m)

Lichte Breite im Westen:
63 Fuß zu je 33,6 cm (21,09 m)

Breite des Gangs einschließlich der Mauer im Mittel:
9 Fuß zu je 35,4 cm (3,19 m)

Lichte Breite in Ost-West-Richtung:
$21{,}09 \cdot \sqrt{3}/2 = 18{,}27$ m, gemessen 18,22 und 18,54 m

Dicke der Mauern:
1 2/3 Fuß zu je 34,2 cm (0,57 m).

**Die Bogenreihen**

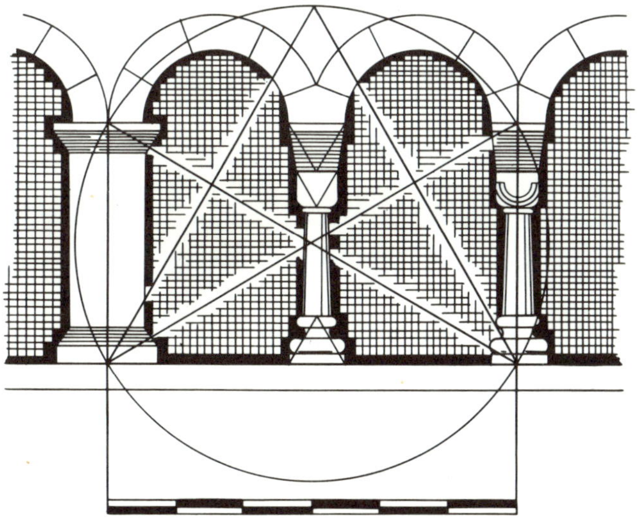

Dargestellt ist nur eine Hälfte der vierteiligen Gruppen. Der Achsabstand zweier Pfeiler mißt 12 Fuß, der von Pfeilerachse zur Mittelachse 6 Fuß.

Die Höhe der Gewölbekämpferfugen bestimmte der Meister wieder mit einer Dreiecksfigur. In die Basen der Säulen, in die Kämpfer und Kapitäle lassen sich gleichseitige Dreiecke einzeichnen.

Eine Einheit des Maßstabs entspricht einem Fuß.

Achsabstand der Pfeiler:
12 Fuß zu je 34 cm (4,07 m)

Kämpferhöhe:
$\sqrt{3}/6 \cdot 4{,}07 = 1{,}17$ m, gemessen 1,20 m.

**Der Durchgang in der Nordwand**

Der einzige noch vorhandene alte Eingang in den Kreuzgarten befindet sich in der Achse der Nordwand. In die lichte Öffnung ist eine aus gleichseitigen Dreiecken und ihren Schwerlinien bestehende Figur eingepaßt.

Eine Einheit des Maßstabs entspricht 1/2 Fuß.

Breite:
2 1/2 Fuß zu je 33,6 cm (0,84 m)

Höhe:
$4/3 \cdot \sqrt{3} \cdot 0{,}84 = 1{,}94$ m, gemessen 2,00 m.

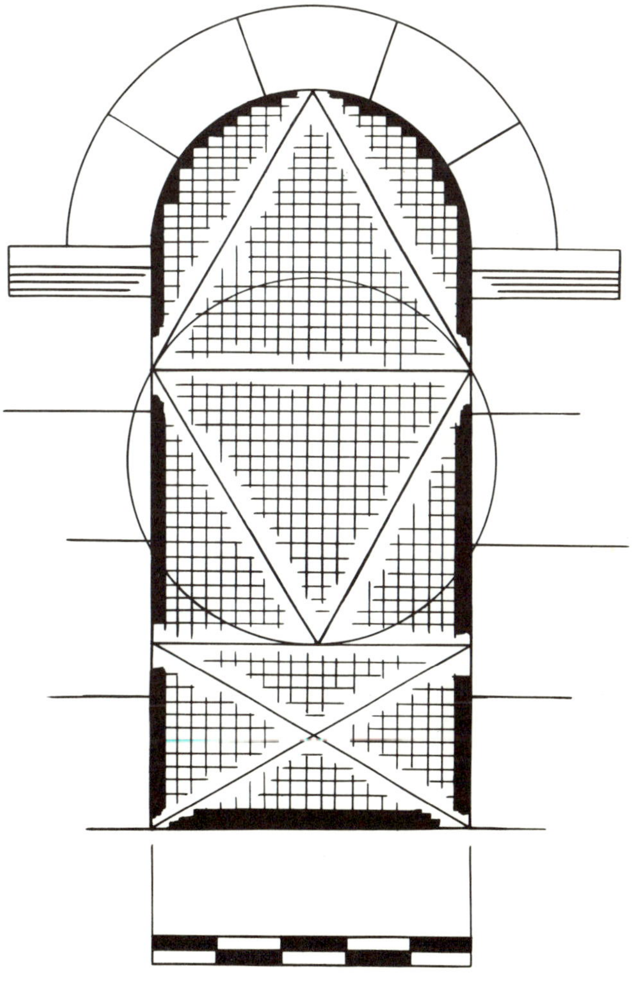

# Das Wäscherschlößchen

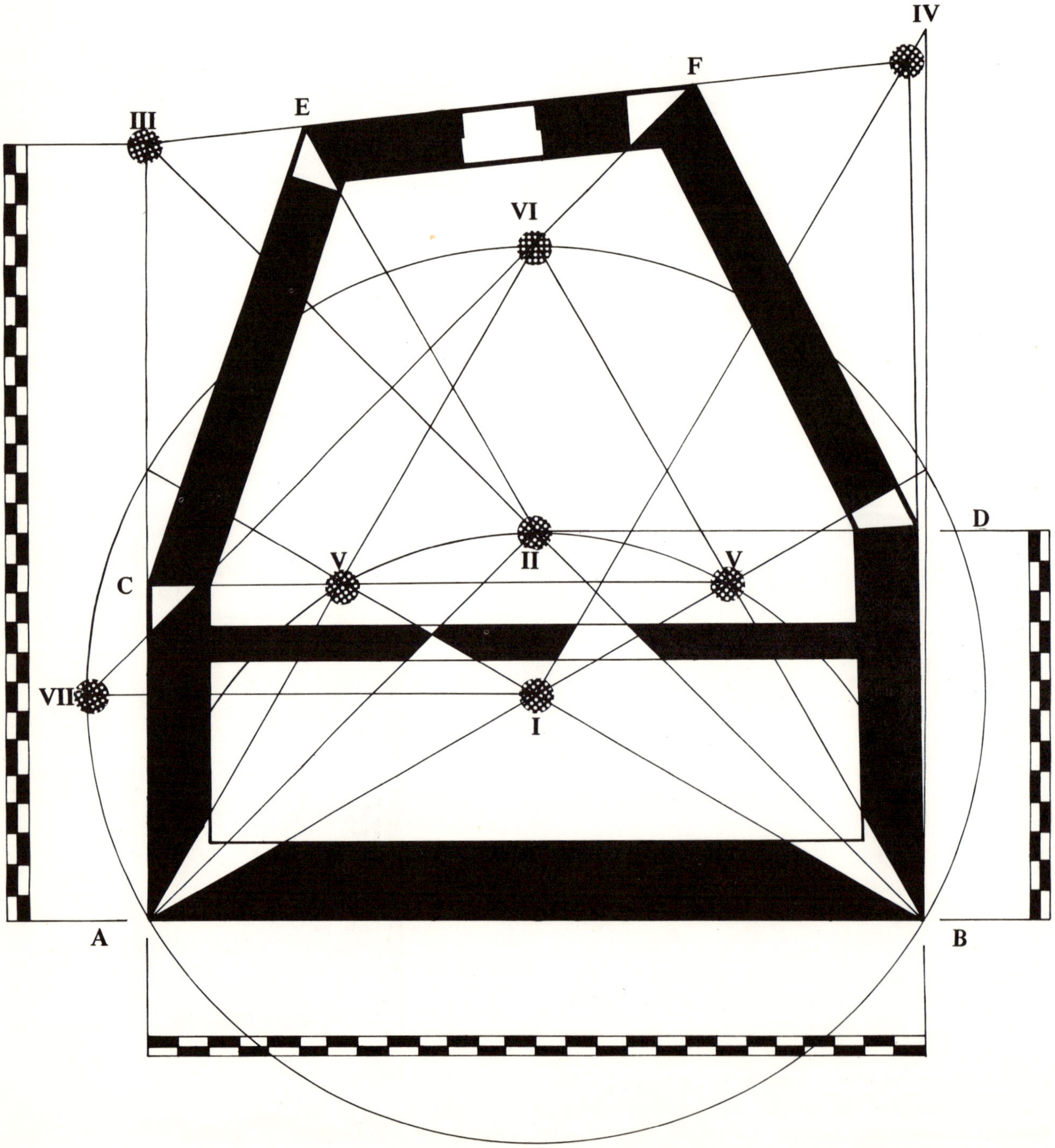

Ein gewagter, in die Zukunft weisender Grundriß, der in seiner Asymmetrie auf die Unsicherheit unseres Daseins hinweist und doch dem innerhalb dieses Raumes Stehenden das Gefühl der Geborgenheit verleiht! So etwa würde heute über eine moderne Halle, die den Grundriß des Wäscherschlößchens haben könnte, geschrieben, und vielleicht fand der Priester, der vor rund 800 Jahren die Burg weihte, ganz ähnliche Worte.

Die Zerrissenheit unseres Volkes im Investiturstreit stand der heutigen nicht nach, und während der Kreuzzüge kamen Väter und Söhne nicht nur als Sieger aus dem Heiligen Land, viele starben im Kampf und an der Pest, andere blieben als Sklaven im sarazenischen Lager.

Ist es verwunderlich, daß unter annähernd gleichen Voraussetzungen ähnliche Grundrisse entstehen? Wie die zahlreichen romanischen Steinmetzzeichen und die Bukkelquader ausweisen, entstand die Ringmauer in der Stauferzeit. Die Fundamente und ein Teil des Erdgeschosses vom Wohnbau gehören zu den ältesten Teilen. Einen Zugang besaß das Erdgeschoß ursprünglich sicher nicht. Das einzige Gebäude der Burg war wie die Bergfriede anderer Befestigungsanlagen wohl nur im Obergeschoß betretbar.

**Der Grundriß**

Es ist sehr reizvoll, gerade diesen zunächst völlig willkürlich erscheinenden Grundriß auf die Verwendung von Dreiecken und Quadraten bei der Absteckung zu untersuchen. Punkte auf der Ringmauer sind mit großen Buchstaben, Hilfspunkte mit römischen Zahlen gekennzeichnet. Die Grundlinie, vor der sich der Wohnbau hinzieht, mißt 78 Fuß. In den Endpunkten A und B dieser Strecke errichtete der Meister Lote. Das Lot in B weicht geringfügig von der Sollrichtung ab. Der Fehler beträgt etwa 1°. Über der Grundlinie AB wurde zunächst ein halbes Quadrat A II B und ein gleichseitiges Dreieck A VI B abgesteckt. Die Schwerlinien dieses Dreiecks schneiden sich im Schwerpunkt. Sie halbieren die beiden Dreieckseiten A VI und B VI in den Punkten V.

Die Waagrechte durch I schneidet den Umkreis des Dreiecks in VII, die Waagrechte durch die beiden Punkte V das Lot A III in C, einer Ecke der Ringmauer, die Waagrechte durch II das Lot B IV in D, der gegenüberliegenden Ecke der Ringmauer. AB ist doppelt so lang wie BD. Die Verlängerung der Quadratseite B II trifft das Lot A III in dem Punkt III. Da die Quadratseiten unter einem Winkel von 45° gegen die Grundlinie AB geneigt sind, werden die Strecken AB und A III gleich lang. Eine parallele Gerade zur Dreieckseite A VI durch den Schwerpunkt I des Dreiecks schneidet auf dem Lot in B die Strecke B IV ab. Die Verbindung III IV ist somit gegeben. Sie schneidet die unter 45° geneigte Gerade VII VI in F und die Parallele zur Dreieckseite B VI durch den Punkt II in E. E und F waren die beiden noch fehlenden Ecken der Ringmauer.

Bei näherer Betrachtung finden sich noch einige Feinheiten: Den Punkt C erhält man über die Punkte V, die zum Dreieck, also zur Triangulatur gehören. Die gegenüberliegende Ecke D entsteht dagegen vom Punkt II aus; er gehört der Quadratur an. Der Punkt III ist auf der Geraden B II ebenfalls Teil der Quadratur, wogegen der entsprechende Punkt IV von Punkt I aus bestimmt ist und zur Triangulatur gehört. Die Ecke E der Ringmauer entsteht vom Quadrateck II ausgehend als Schnittpunkt einer der Triangulatur zugehörenden Geraden mit der Verbindung III IV, die Ecke F dagegen mit Hilfe einer zur Quadratur gehörenden Geraden, die den Umkreis des Dreiecks in den Punkten VII und VI schneidet. Falls man für Quadratur und Triangulatur die Kurzzeichen Q und T benützt, erhalten die Punkte folgende Herkunftsnachweise:

Grundlinie A (–), B (–)

Punkte innerhalb der Ringmauer:
I (T), II (Q), V (T), VI (T)

Punkte außerhalb der Ringmauer:
VII (T), III (Q), IV (T)

Punkte auf der Ringmauer:
C (T), D(Q), E (Q,T), F (T, Q)

Die einander gegenüberliegenden Punkte III und IV, C und D, E und F sind immer auf ähnliche Art, aber mit anderen Bemessungsverfahren festgelegt. Es ist kaum zu glauben, wie der zunächst unförmig scheinende Grundriß plötzlich gleichsam zu leben beginnt und die Lage jeder Ecke auf verhältnismäßig einfache geometrische Arbeitsweisen zurückgeführt werden kann, die ein Meister vor 800 Jahren ersann, die dann vergessen waren und heute wieder entdeckt werden können.

Eine Einheit des Maßstabs entspricht 3 Fuß.

Grundlinie AB:
3 x 26 = 78 Fuß zu je 33 cm (25,68 m)

Wanddicke auf der Strecke AB:
8 Fuß zu je 33 cm (2,64 m)

Wanddicke der übrigen Ringmauer:
6 Fuß zu je 33 cm (1,98 m).

Die Unterschiede zwischen gemessenen und gerechneten Werten sind sehr klein.

# Ellwangen

## Geschichte

Bischof Hariolf von Langres gründete bereits um 750 das Benediktinerkloster Ellwangen. Es erlangte schon sehr bald Reichsunmittelbarkeit. Mindestens zwei Kirchenbauten gingen der heute bestehenden Gewölbebasilika voran. Die erste Kirche aus der Gründungszeit mußte nach 1100 einem Neubau weichen, der 1124 geweiht wurde und 1182 samt Kloster und Stadt niederbrannte. Dieser Bau war sicher stark von Hirsau beeinflußt. Auf den bestehenden Fundamenten errichtete man die dritte, noch vorhandene Kirche. Sie wurde 1233 geweiht und ist die bedeutendste Gewölbebasilika Württembergs.

Während unter dem Einfluß Hirsaus im südwestdeutschen Raum zahlreiche flachgedeckte Basiliken entstanden, brachte die kaiserliche Architektur der Stauferzeit in den Stammlanden nichts Großes hervor. Gemessen mit den staufischen Bauten im Rheinland sind die Kirchen zu Gmünd, Faurndau und Brenz sehr bescheiden, nur Ellwangen hält einem Vergleich stand.

Im 13. Jahrhundert entstand im Westen eine noch romanische Vorhalle, deren spitzbogige Gewölbe aber die Gotik bereits andeuten. Im Obergeschoß befindet sich eine ins Schiff geöffnete Michaelskapelle. Die Umwandlung des Benediktinerklosters in ein Ritterstift im Jahre 1460 führte zu einigen Umbauten. Der kleine Westanbau wurde zu einer großen, geschlossenen Vorhalle erweitert und das Westportal verkleinert. Das Raumbild der romanischen Basilika veränderte man in den Jahren 1737–1741 durchgreifend. Fürstpropst Georg v. Schönborn ließ den Innenraum barock ausschmücken. 1803 kam Ellwangen zu Württemberg. Der Stiftskonvent löste sich auf.

Die mehrmals veränderte Krypta entstammt der Zeit um 1233. Sehr wahrscheinlich besaß die von Hirsau beeinflußte Kirche aus dem Jahr 1124 keine derartige Anlage, weil eine Krypta den clunyazensischen Gewohnheiten widersprochen hätte. Sie wurde zwischen die bestehenden Fundamente eingebaut.

## Der Grundriß

Auch dem Entwurf dieser großen Kirche liegt eine sehr einfache Triangulatur zugrunde. Das Vierungsquadrat von 6 · 7 = 42 Fuß Seitenlänge ist wieder Ausgangsgröße für die Bemessung. Zwei gleich große Quadrate fügte der Meister im Norden und Süden an, im Osten bildet ein drittes Quadrat den Chor. Die Quadrate berühren sich nicht, sondern übergreifen jeweils um die Dicke der Schiffwände. Die Breite des Querhauses und größte Breite des Bauwerks ergibt sich auf diese Weise zu 42 + 42 + 42 – 5 – 5 = 116 Fuß.

Zwei gleichseitige Dreiecke von 116 Fuß Seitenlänge lassen sich in den Grundriß eintragen. Die etwas später errichtete Westvorhalle ist nicht abgebildet, weil sie als spätere Zutat bei der Bemessung keine Rolle spielen kann. Eine Ecke der beiden Dreiecke liegt auf der Westwand, die andere im Scheitel der Hauptapsis.

Alle drei Schiffe messen zusammen 2 · 42 = 84 Fuß. Die Aufteilung im Verhältnis 1 : 2 : 1 = 21 : 42 : 21 paßt wieder in die Triangulatur. Die Seitenchöre im Osten sind wesentlich breiter als die Seitenschiffe; Schnittpunkte der eingetragenen Dreieckskonstruktion bestimmen auch ihre Abmessungen sowie die Lage des Querschiffs. Die Ostwand des Querschiffs halbiert die Höhe des östlichen Bemessungsdreiecks.

Wenn auch dieser dritte Ellwanger Kirchenbau in seiner ganzen Erscheinung, der Wölbung und der Freude am Schmuck nicht mehr allzuviel mit den Hirsauern gemein hat, erinnert doch die Art, wie die Querschiffapsiden in die Ecken zwischen Seitenchöre und Querhaus hineingequetscht wurden, unwillkürlich an das Münster St. Peter und Paul.

Eine Einheit des Maßstabs entspricht 21 Fuß.

Breite des Mittelschiffs einschließlich der Wände:
42 Fuß zu je 33,0 cm (13,85 m)

Dicke der Mittelschiffwände:
5 Fuß zu je 33,0 cm (1,65 m)

Dicke der Seitenschiffwände:
4 Fuß zu je 33,0 cm (1,32 m)

Breite der Seitenschiffe einschließlich der Wände:
21 Fuß zu je 33,0 cm (6,91 m).

## Die Ostansicht

Die Ostansicht bestimmen das Rund der lisenengeschmückten Apsis und das hoch aufragende, mit Rundbogenfriesen verzierte Turmpaar, dessen Obergeschosse nach Dreieck und Sechseck gestaltet sind. Auch die übrigen Höhen ergeben sich aus der Triangulatur. Sämtliche Traufhöhen an den kleinen Apsiden, der Hauptapsis, den Nebenchören, die Traufe der Hochschiffdächer und der First liegen auf Schnittpunkten der eingezeichneten Triangulatur. Die Maßstäbe übergreifen sich jeweils um eine Mauerdicke von 5 Fuß.

Eine Einheit des Maßstabs entspricht 21 Fuß.

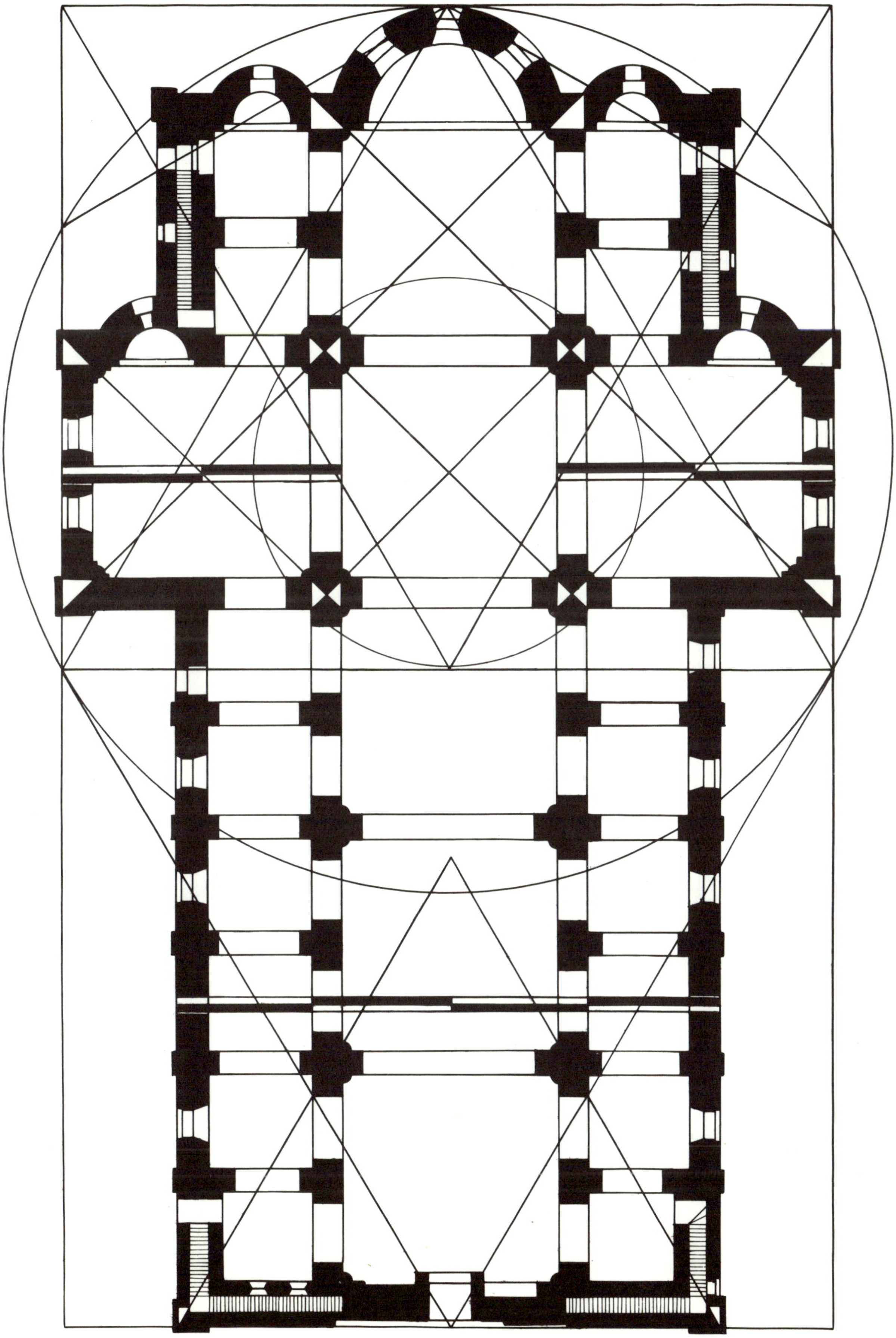

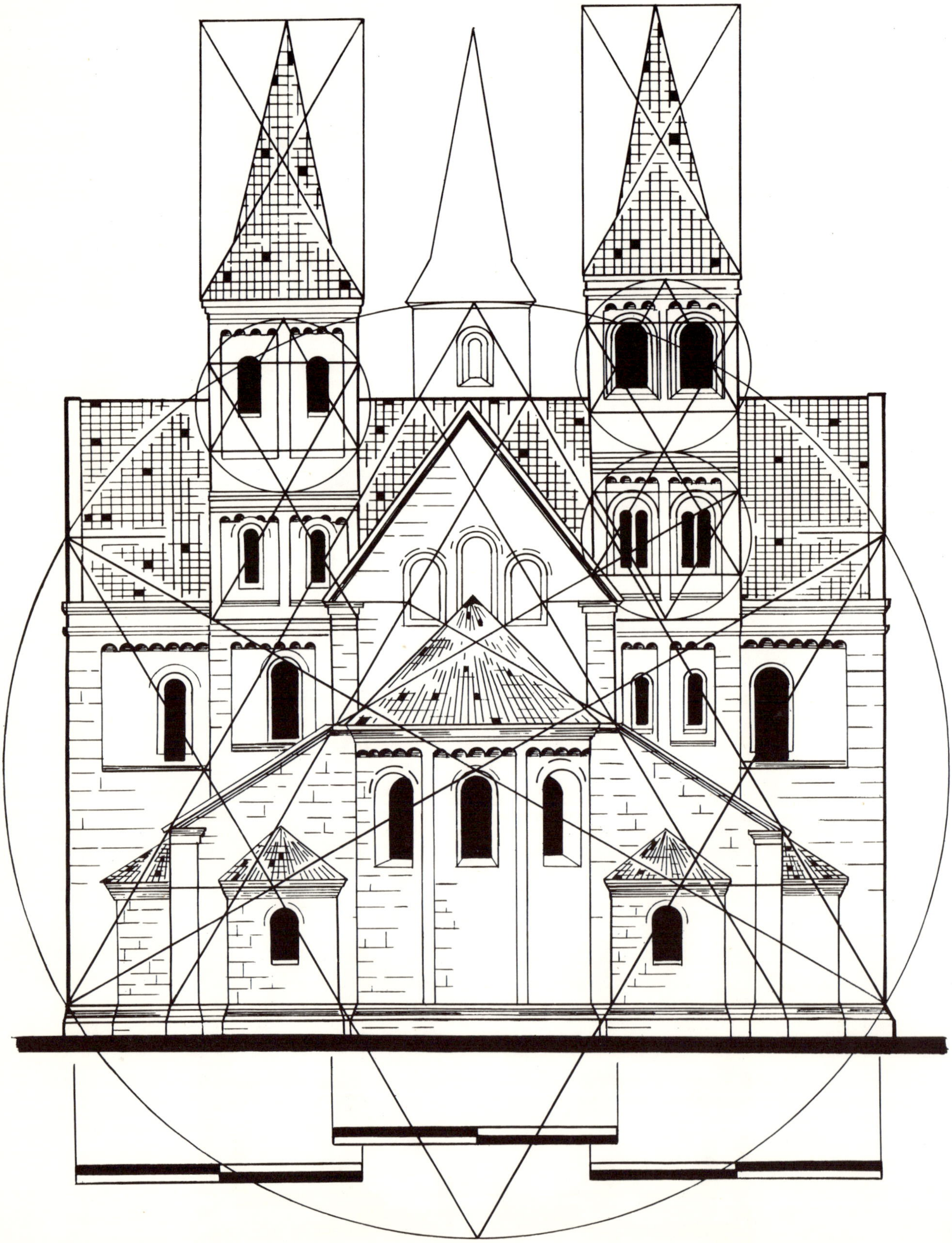

# Faurndau

## Geschichte

Ein Kloster zu Faurndau wurde im Jahre 875 zum ersten Mal urkundlich erwähnt. Ludwig der Deutsche übertrug das Klösterlein Furentowa seinem Hofdiakon Liutprand als persönliches Lehen. 895 ging das Kloster in den Besitz St. Gallens über. Bei Grabungen im Jahr 1956 legte man außerhalb der Kirche das Fundament einer Apsis frei, das vermutlich von der in St. Gallener Urkunden erwähnten spätkarolingischen Cella stammt. Im Jahr 1227 wurde das Kloster in ein weltliches Chorherrenstift umgewandelt. Wahrscheinlich bildete dies den Anlaß für den Neubau der Kirche. Sie ist mit figürlichem Schmuck bedeckt. Sämtliche Giebel und Dachgesimse begleiten Rundbogenfriese, die auf Köpfen oder pflanzlichen Gebilden aufgestellt sind. Meist füllen ähnliche Figuren die Felder. An der Ostseite steht über dem Chordach auf einem Doppelgesicht und von einem Vogel gekrönt eine männliche Figur, die einen behauenen Werkstein in der Hand hält. Es könnte sich um den Baumeister handeln.

Die beiden obersten Geschosse des Turms und der Fachwerkaufbau sind viel jünger als die eigentliche Kirche. Zunächst war wohl eine zweitürmige Westfront geplant.

Die Kirche hatte ursprünglich drei Apsiden. Die südöstliche fiel einer gotischen Sakristei zum Opfer. Alle anderen störenden Veränderungen entfernte man bei der letzten Restaurierung.

## Der Grundriß

Der Meister von Faurndau – vermutlich waren es mehrere – muß zu seiner Zeit ein ausgesprochen fortschrittlicher Mann gewesen sein. Das beweist einerseits die Fülle des Zierrats an den Außenseiten, andererseits die gemeinsame Verwendung von Quadrat und gleichseitigem Dreieck in einem Bauwerk. Dieses Nebeneinander beider Bemessungsarten fanden wir zwar bereits in Hirsau, Maulbronn, Herrenalb, Boll und Neckartailfingen, die Art, wie Dreieck und Quadrat hier angewendet wurden, ist jedoch neu. Der Baumeister scheint auch das Zehnersystem dem Zwölfersystem vorgezogen zu haben, denn das Mittelschiff ist einschließlich der Mauern 25 Fuß breit, die Seitenschiffe messen 10 Fuß. Die Maße der Außenwände schwanken, sie sind im Mittel 3 Fuß dick. Die Gesamtbreite von $25 + 2 \cdot 10 + 2 \cdot 3 = 51$ Fuß ist wieder durch drei teilbar, was sicher ganz bewußt angestrebt wurde, da eine Unterteilung der Breite im Verhältnis 1 : 2 : 1 doch viel naheliegender gewesen wäre.

Verschiedene Unregelmäßigkeiten am Bauwerk deuten auf Planänderungen während der Ausführung hin. In der Südwestecke sehen wir die Reste eines Turmfundaments, dessen Weiterbau, nachdem es über den Boden herausgewachsen war, unterblieb. Im östlichen Teil des Mittelschiffs hören die Bogenreihen auf. Die Schiffe sind dort durch Wände getrennt, die die Kämpfer eines geplanten Tonnengewölbes tragen. Auch der östliche Teil der Kirche sollte demnach anders aussehen. Das Tonnengewölbe sollte vermutlich direkt in eine halbkreisförmige Apsis füh-

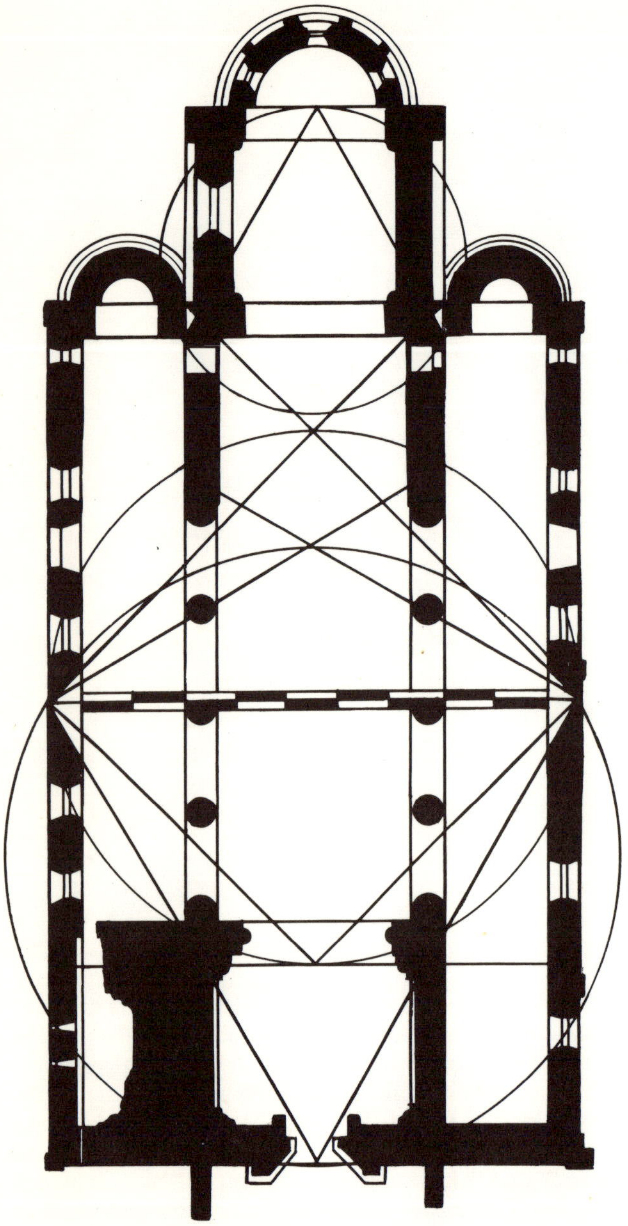

An diese Ostwand wurde noch ein Chorrechteck angefügt, in das sich ein gleichseitiges Dreieck von 25 Fuß Seitenlänge hineinlegen läßt. Die Grundlinie liegt im Gegensatz zu allen bisherigen Erfahrungen auf der Innenseite der Ostwand. Hier muß demnach eine Planänderung vorliegen.

Eine Einheit des Maßstabs entspricht 5 Fuß.

| | |
|---|---|
| Breite des Mittelschiffs:<br>25 Fuß zu je 32,9 cm | (8,23 m) |
| Dicke der Mittelschiffwände:<br>2,5 Fuß zu je 34,0 cm | (0,85 m) |
| Lichte Breite der Seitenschiffe:<br>10 Fuß zu je 32,9 cm | (3,29 m) |
| Gesamtbreite:<br>51 Fuß zu je 32,9 cm | (16,80 m). |

**Die Ostansicht**

Das Quadrat spielt zwar im Grundriß eine gewisse Rolle, hat jedoch auf die Gestaltung der Ostansicht keinen Einfluß. Von der 51 Fuß breiten Grundlinie ausgehend, bestimmt ein gleichseitiges Dreieck die Gesamthöhe. Die selbe Figur liefert die Traufhöhe des Choranbaus. Die Traufen der Nebenapsiden und Seitenschiffe liegen im Schnittpunkt zweier von der Sockelmitte ausgehenden Lote auf die Dreieckseiten. Die Traufen des Mittelschiffdaches sind auf ähnliche Art von denen des Choranbaus ausgehend ermittelt.

Eine Einheit des Maßstabs entspricht 5 Fuß.

ren, die etwa in der Front der Nebenapsiden vorgesehen war. Im Zuge der Bauarbeiten wurde der Plan umgeworfen und ein Chorrechteck zwischen Langhaus und Apsis eingeschoben. Während sich Bemessungsfiguren, wie die vielen Beispiele zeigen, nie überschneiden, tritt an dieser Stelle eine Überschneidung auf, die die bereits bei der Betrachtung des Bauwerks getroffenen Feststellungen bestätigt.

Zunächst steckte man das 25 Fuß breite Mittelschiff, die 10 Fuß breiten Seitenschiffe und die 3 Fuß dicken Aussenmauern parallel ab und schnürte über einer 3 · 17 = 51 Fuß langen Grundlinie ein gleichseitiges Dreieck und ein um 90° verschwenktes Quadrat auf. Die westliche Ecke des Dreiecks bezeichnete den Westgiebel, die des Quadrats das Westende der drei Schiffe. Die nach Osten verlängerten Quadratseiten schneiden die Außenflächen der Mittelschiffwände. Die Ostwand verläuft durch diese Schnittpunkte.

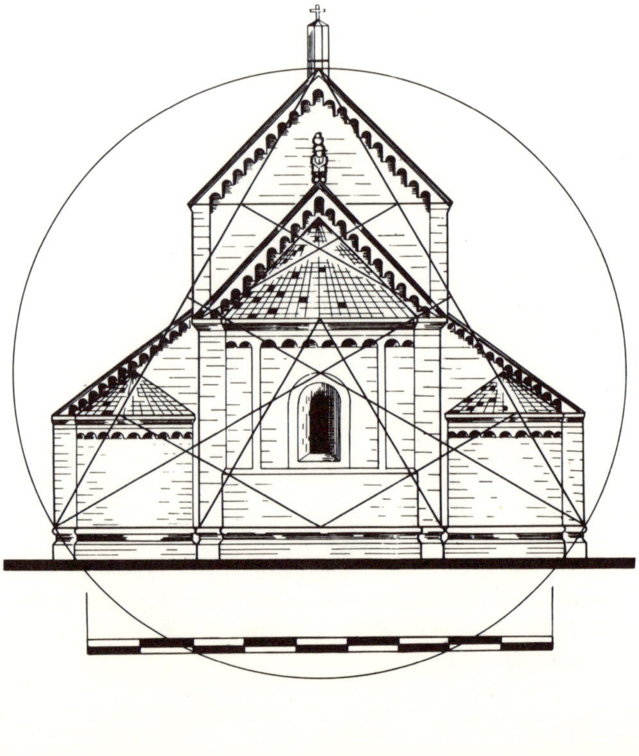

# Die Walterichkapelle zu Murrhardt

Die Walterichkapelle ist eine der schönsten Arbeiten des spätromanischen Stils. Der hl. Walterich war einer der fränkischen Glaubensboten, die zwischen 750 und 850 das Christentum bei den Alamannen verbreiteten. Das Volk verehrte ihn, wie auch Regiswindis im nahen Lauffen, bald als Heiligen. Schon um 973 wird in Murrhardt ein Benediktinerkloster erwähnt, auf dessen Resten die heutige, gotische Kirche steht.

Die um 1220 bis 1230 errichtete Walterichkapelle diente einst als Gedenkkapelle für Kaiser Ludwig den Frommen und erhielt ihren heutigen Namen erst später. Sie ist im Ornament noch ganz der Romanik verhaftet. Die sehr sorgfältige und gekonnte Steinbearbeitung, die weit über gleichzeitige Arbeiten in Brenz, Faurndau, Gmünd oder Denkendorf hinausragt, fällt besonders auf. In der Ausbildung der Gewölbe klingen bereits gotische Grundsätze an.

Das der Turmarchitektur entlehnte Rautendach über vier Giebeln erinnert an rheinische Vorbilder, der über einer Säulenreihe angeordnete Giebelfries an die ganz ähnliche Lösung an der Königshalle in Lorsch.

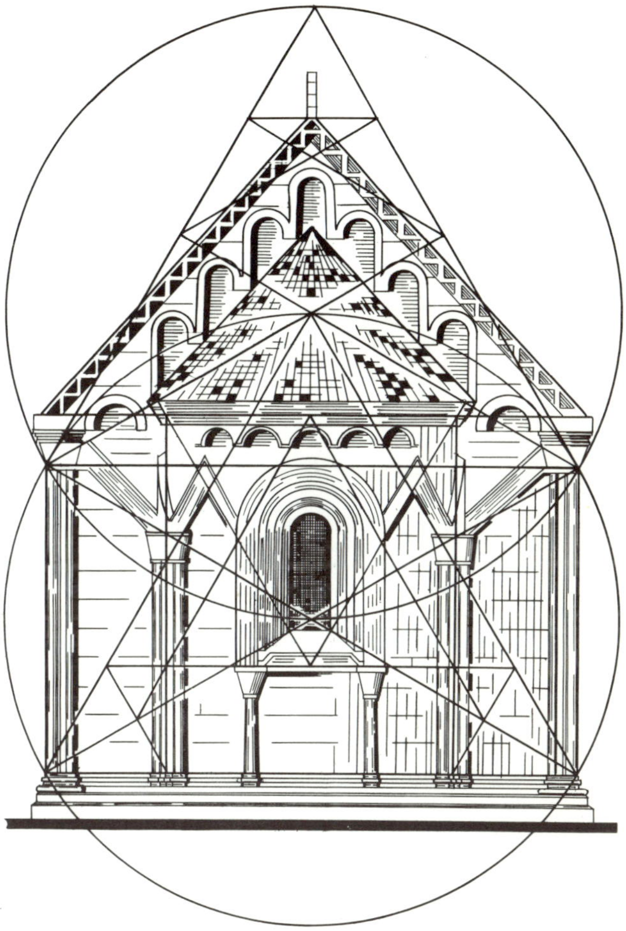

### Der Grundriß

Bei der Gestaltung des Grundrisses fand die Quadratur und die Triangulatur nebeneinander Anwendung. Grundlage ist die 20 Fuß breite Schmalseite, über der 1 1/2 Quadrate abgesteckt wurden. Die östliche Quadratseite bestimmt die Lage der Apsis, deren Mittelpunkt rückwärts als Schwerpunkt des gleichseitigen Dreiecks von 20 Fuß Seitenlänge gegeben ist.

Das schöne Westportal der Kapelle zeigt die Zeichnung nicht, da man den Eingang nicht zusammen mit dem Bauwerk, sondern kurze Zeit später errichtete. Die ausmittige Lage und die Verwendung eines helleren Werksteins weisen darauf hin.

Eine Einheit des Maßstabs entspricht 5 Fuß.

Breite des Bauwerks:
20 Fuß zu je 32,6 cm (6,51 m)

Länge des Bauwerks:
$1{,}5 \cdot 6{,}51 = 9{,}77$ m, gemessen 9,78 m

Dicke der Wände:
3 Fuß zu je 32,6 cm (0,98 m).

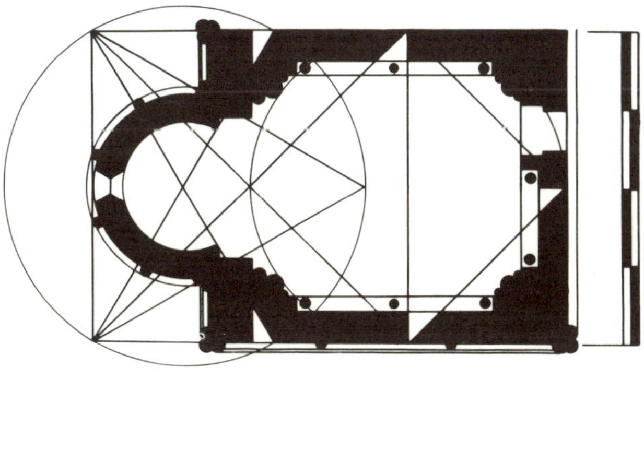

### Die Ostansicht

Nachdem die Quadratur den Grundriß der Kapelle im wesentlichen bestimmt, sollte man annehmen, daß das Quadrat auch im Aufriß erscheint. Er wird jedoch ganz vom gleichseitigen Dreieck beherrscht. An diesem kleinen Gebäude zeigt sich, daß es für die Meister der ausgehenden Romanik keinen Gegensatz zwischen Dreieck und Quadrat gab, beide Bemessungsverfahren liefen nebeneinander her und wurden an einem Bauwerk gemeinsam benützt.

Die Zeichnung der Walterichkapelle ist geringfügig vereinfacht. Die ausladenden Wasserspeier und das steil aufsteigende Rautendach wurde zugunsten größerer Klarheit weggelassen. Die Höhe des Erdgeschosses zwischen Sockel und Kapitälzone bestimmen die Schwerlinien des über der Grundlinie errichteten gleichseitigen Dreiecks, die Höhe des Giebels das gleiche Dreieck und der eingezeichnete Zug von Loten auf die jeweils gegenüberliegende Dreieckseite. Auch die Fensterbank, die obere Begrenzung der Kapitälzone und die Traufhöhe am Chor hat der Meister mit gleichseitigen Dreiecken auf ganz ähnliche Weise eingebunden.

# Schwäb. Gmünd

### Westansicht der Johanniskirche

Die Johanniskirche zeichnet sich durch ihre reiche und eindrucksvolle Bauplastik vor anderen Kirchen unseres Landes aus. Um 1210–1230, sehr wahrscheinlich unter Verwendung von Fundamentteilen einer Vorgängerin ent-

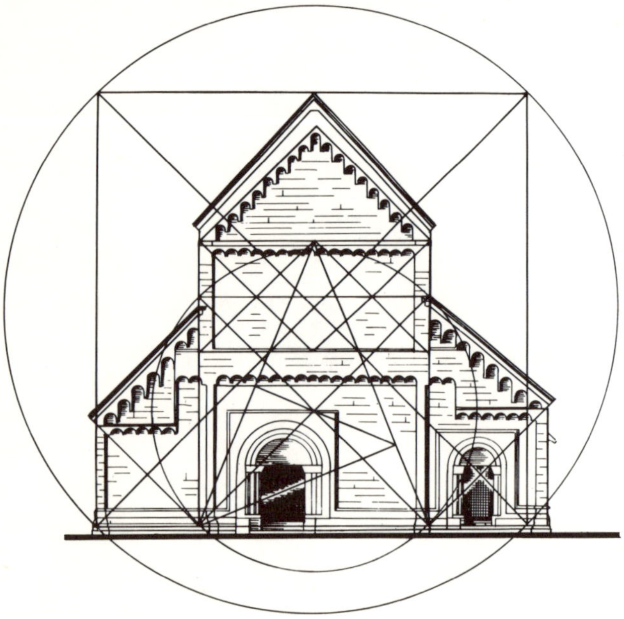

standen, zeigt ihr Grundriß und die Westansicht starke Unregelmäßigkeiten, die eine Untersuchung zwar nicht ausschließen, die Beweiskraft jedoch sehr verringern. Den Ostteil erneuerte man im 19. Jahrhundert nach dem Vorbild von Faurndau. Der ehemals gotische Chor und die barocken Zutaten wichen einer zweifelhaften Neuromanik. Trotz der Unregelmäßigkeiten soll hier die Westansicht gezeigt werden, weil sie einer der wenigen durch die Quadratur bestimmten Aufrisse in der Romanik ist.

### Marienrelief

Am südlichen Seitenschiff der Johanniskirche befinden sich zwei steinerne Skulpturen, die eine nähere Betrachtung verdienen. An der Südwestecke thront in majestätischer Haltung die Madonna, den göttlichen Sohn auf dem Schoß. Das Kind hat die Rechte segnend erhoben. Die Darstellung der Haare und der spitzen Schuhe Mariens deuten auf die Entstehung des Bildes in der Übergangszeit zwischen Spätromanik und Frühgotik hin. Das Hochrelief meißelte der Steinmetz aus einer Platte. Sie ist 28,5 cm breit und 131 cm hoch. Wie die Zeichnung zeigt, lassen sich in dieses Rechteck zunächst einmal vier gleichseitige Dreiecke einzeichnen. Diese bestimmen die Höhe des mütterlichen Kopfes, die Schultern und Knie des Kindes sowie dessen Rocksaum. Den Rest der Platte halbiert der Rocksaum der Madonna. In diesen Rest ließe sich aber auch ein Sechseck einzeichnen.

Die um 1230 sehr fortschrittliche, langgezogene Form und der kurze Fuß deuten auf einen Künstler aus dem Westen.

Breite:
1 Fuß zu 28,5 cm (28,5 cm)

Höhe:
$8/3 \sqrt{3} \cdot 0{,}285 = 1{,}32$ m, gemessen 1,31 m.

### Kreuzigungsgruppe

Etwas weiter östlich ist eine Kreuzigungsgruppe in die Wand eingelassen. Zu den Seiten des Kreuzes stehen Maria und Johannes. Unter dem Kreuz erscheint ein Mann in einer Kutte, seine Linke steckt im Kuttenschlitz, die Rechte hält einen Teller mit Münzen. Das breite Kreuzpodest scheidet die Figur von der Kreuzigungsgruppe. Wahrscheinlich handelt es sich um die Darstellung eines Büßers (Wiebel). In das Bildwerk läßt sich eine Quadratur einzeichnen. Die linken Arme von Maria und Johannes liegen parallel zu den Diagonalen. Zwei Diagonalen schneiden sich auf der Höhe des Tellers. Das Relief ist 68 cm breit und 187 cm hoch.

Breite:
2 Fuß zu je 34 cm (0,68 m)

Höhe:
$2 \cdot 0{,}68 + \sqrt{2}/2 \cdot 0{,}68 = 1{,}84$ m, gemessen 1,87 m.

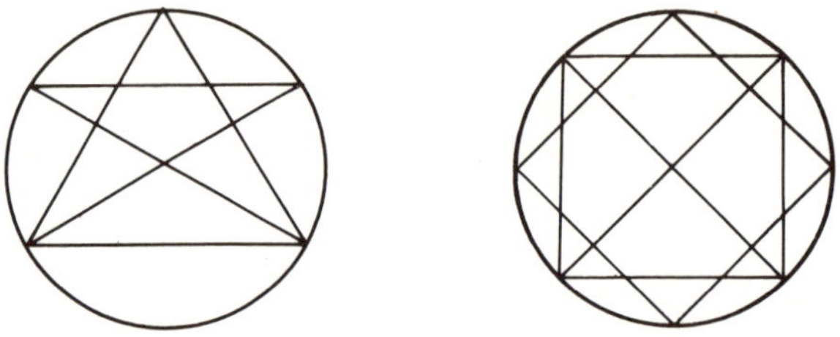

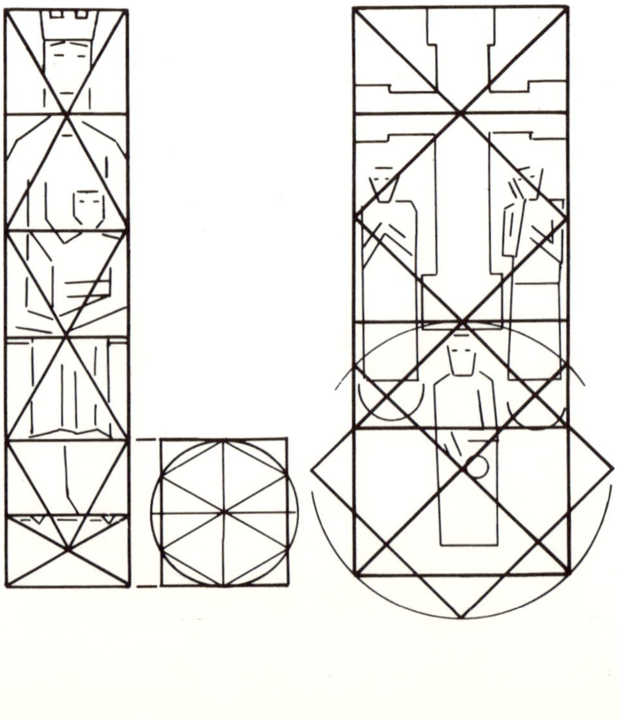

# Brenz

### Geschichte

König Ludwig der Deutsche übergab im Jahre 875 einen Königshof und eine Kapelle an der Brenz dem bei Göppingen gelegenen Kloster Faurndau; 895 wurde die Schenkung noch einmal bestätigt. Die Kirche zu Brenz war der letzte Bau in Württemberg, der die Merkmale des schmuckfreudigen spätromanischen Stils zeigt. Tierische und pflanzliche Ornamente schmücken in großer Zahl alle wesentlichen Teile. Die Kirche entstand im ersten Viertel des 13. Jahrhunderts. Das stilistisch nicht in diese Zeit passende Westwerk wurde schon um 1180 aufgeführt; die Erneuerung des Turms nach dem Vorbild von Großcomburg im 19. Jahrhundert veränderte das Bild des Bauwerks stark. Der etwas behäbige, kubisch massige Bau des spätromanischen Gotteshauses hat zwar mit der eleganteren Schwester zu Faurndau manches gemeinsam, die Ornamente in Faurndau sind jedoch wesentlich feiner gearbeitet, was nicht zuletzt auf die Verwendung eines leichter bearbeitbaren Sandsteins zurückzuführen sein dürfte.

Das gleichseitige Dreieck ist im Grundriß nirgends verwendet, allein Quadrate dienten zur Festlegung der Längen. Die Westwand gehört eindeutig, auch im Bereich des südlichen Anbaus, zum Westwerk. Die Quadratur der Kirche beginnt erst östlich dieser Wand. Die eingezeichnete Quadratur bestätigt die Feststellung, das Westwerk sei älter als die drei Schiffe.

Eine Einheit des Maßstabs entspricht 6 Fuß.

Breite des Westturms:
18 Fuß zu je 32,7 cm (5,88 m)

Breite der Seitenschiffe einschließlich der Außenwände:
12 Fuß zu je 35,2 cm (4,22 m)

Breite aller drei Schiffe einschließlich der Wände:
48 Fuß zu je 34,0 cm (16,26 m)

Quadratseite in Längsrichtung: (16,28 m)

Dicke der Mauern:
3 Fuß zu je 34,0 cm (1,02 m)

Grundlinie des Südanbaus:
18 Fuß zu je 33,4 cm (6,02 m).

### Der Grundriß

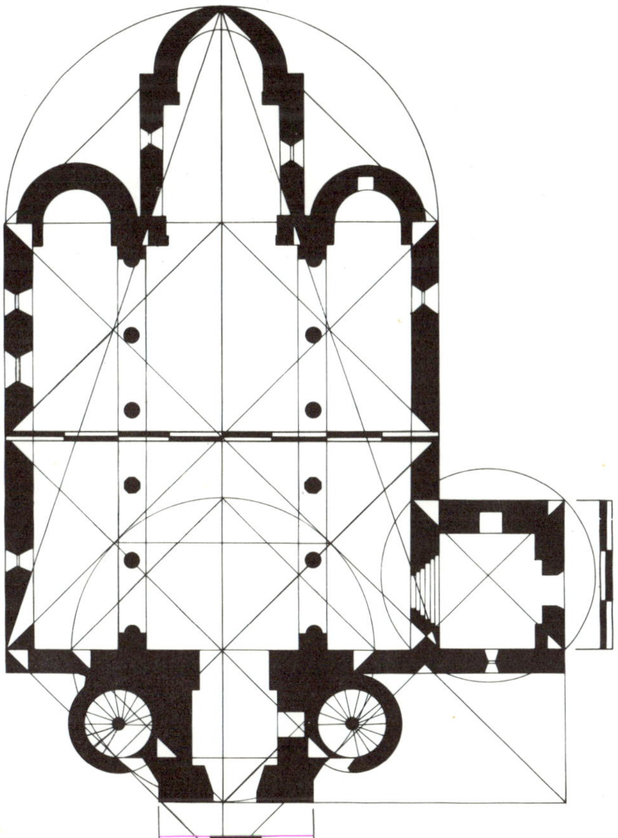

Der Grundriß gliedert sich klar in drei Teile: das etwas aus der Mitte verschobene Westwerk mit dem 18 Fuß breiten Turm, die eigentliche 6 · 8 = 48 Fuß breite, dreischiffige Basilika und den südlichen Anbau, dessen Bemessungsbreite ebenfalls 18 Fuß mißt.

### Die Ostansicht

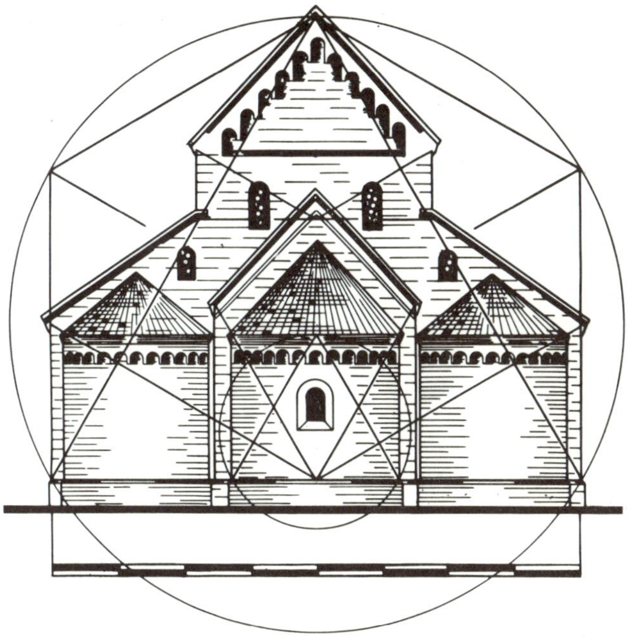

Die Quadratur des Grundrisses wiederholt sich im Aufriß nicht. Über der 48 Fuß langen Grundlinie erhebt sich ein gleichseitiges Dreieck, dessen Spitze mit dem Giebel des Mittelschiffdaches zusammenfällt. Unter 30° geneigte Geraden bestimmen die Dachtraufen an den Seitenschiffen und am Hauptdach; die Neigung der Seitenschiffdächer ist durch den Schnittpunkt der Dreiecksseiten mit den Wänden des 24 Fuß breiten Mittelschiffs gegeben. Auch die Maße des etwas eingezogenen Choranbaus und die der Apsiden wurden mit Hilfe gleichseitiger Dreiecke festgelegt. Wie in fast allen Fällen steigt die Bemessungsfigur über dem Sockel auf.

Eine Einheit des Maßstabs entspricht 6 Fuß.

**Die Westansicht**

Auch im Westwerk findet man wieder das gleichseitige Dreieck. Der alte Teil ist in drei durch Friese unterteilte Geschosse gegliedert, deren Höhen sich wie 2 : 1 : 1 verhalten. In das untere und die beiden darüberliegenden Geschosse lassen sich zwei Schwerlinien und ein gleichseitiges Dreieck einzeichnen. Das dritte Geschoß ist um 1/6 der Dreieckshöhe verkürzt. Dieses Sechstel wurde dem zweiten Geschoß zugeschlagen. Auf diese Weise entstanden zwei gleich hohe Stockwerke. Eine ganz ähnliche Bemessungsart fand sich schon am sechsten Stockwerk des Eulenturms in Hirsau. Der Kämpfer des Fensters im zweiten Geschoß liegt im Schnittpunkt der beiden Schwerlinien. Der im 19. Jahrhundert ergänzte Turmabschluß blieb in der Zeichnung unberücksichtigt. Die Aufbauten der Treppentürme sind dagegen gezeichnet, weil sie das Zurechtfinden erleichtern.

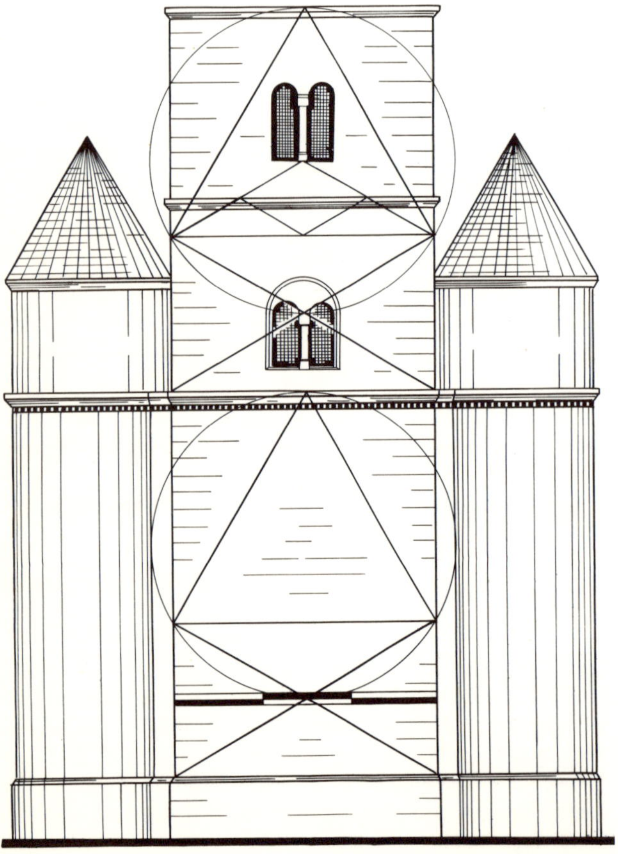

Eine Einheit des Maßstabs entspricht 6 Fuß.

Breite des Westturms:
18 Fuß zu je 32,7 cm (5,88 m).

**Das Fenster im zweiten Stockwerk**

Ausgehend von der gegebenen Kämpferhöhe beherrscht auch hier das gleichseitige Dreieck sämtliche Maße. Bemessungsgrundlage ist die lichte Breite des in einer mit schrägen Leibungen versehenen Nische sitzenden Fensters. Die Dreieckseiten messen 4 Fuß.

Eine Einheit des Maßstabs entspricht 1 Fuß.

Fensterbreite:
4 Fuß zu je 33,5 cm (1,34 m).

Schrifttum:
Bodo Cichy: Die Kirche von Brenz, Heidenheim 1966.

# Der Rätselstein zu Forchtenberg

Forchtenberg, ein kleiner ummauerter Ort in Hohenlohe, wurde in den vergangenen Jahren durch Ausgrabungen in einem alamannischen Dorf das auf dem anderen Ufer der Jagst, aber in unmittelbarer Nähe des heutigen Orts lag, bekannt. Der Schloßberg mit den Ruinen einer großen Burg überragt die dicht zusammengedrängten Häuser.

An der sonst nicht auffallenden Kirche wurde über der Nordtüre ein steinernes Bild eingemauert, das sicher aus einem Vorgängerbau stammt und viel älter als die heutige Kirche ist. Ein Frauengesicht blickt auf den Kirchgänger herab. Zu beiden Seiten des Kopfes hängen lange, geflochtene Zöpfe. Eine Mütze oder ein Band bedeckt die Stirn. Anstelle der Augen blicken einen wiederum zwei Gesichter an. Das westliche ist bereits stark verwittert, während im östlichen Augen, Nase und Mund noch deutlich erkennbar sind.

Zuerst kommt der römische Gott Janus, der Gott mit zwei Gesichtern, der gleichzeitig vor- und zurückblickt, ins Gedächtnis. Nach ihm trägt der Monat Januar seinen Namen. Hier sind drei Gesichter in einem abgebildet. Sollte vielleicht die Dreieinigkeit dargestellt sein? Aber was hat ein mit Zöpfen geschmückter Frauenkopf für Beziehungen zu dem christlichen Dreieinigkeitsbegriff? Die Darstellung wurzelte sicher im uralten, uns kaum mehr zugänglichen germanischen Gedankengut.

Die Edda spricht mehrmals von vielköpfigen Wesen:

„Unterm Arme wuchsen dem alten Riesen
Sohn und Tochter zusammen,
Fuß zeugte mit Fuß des erfahrenen Jöten
Sechshäuptigen Sohn"
(Lied von Wafthrudnir, 33).
„Der Sohn fand die Ahne, die er ungern sah;
Sie hatte der Häupter neunmal hundert,"
(Lied von Hymir, 8).
„Mit dreiköpfigen Thursen teile das Leben,"
(Skimirs Fahrt, 31).

Auch von den Ostseeslawen ist bekannt, daß sie vielköpfige Götter verehrten.

Aufmerksamkeit verdient die Art und Weise, wie der Stein bemessen wurde: Es fällt sofort auf, daß das Bild nicht halbkreisförmig ist.

Die Umrahmung des Bildfeldes ist zwar oben bogenförmig, geht dann aber in zwei Geraden über, die auf die Grundlinie stoßen. Verlängert man diese Geraden nach oben, dann schneiden sie sich auf der Mittelachse. Zeichnet man zudem über der Grundlinie ein Quadrat und ergänzt es zur untenstehenden Figur, so erhält man den

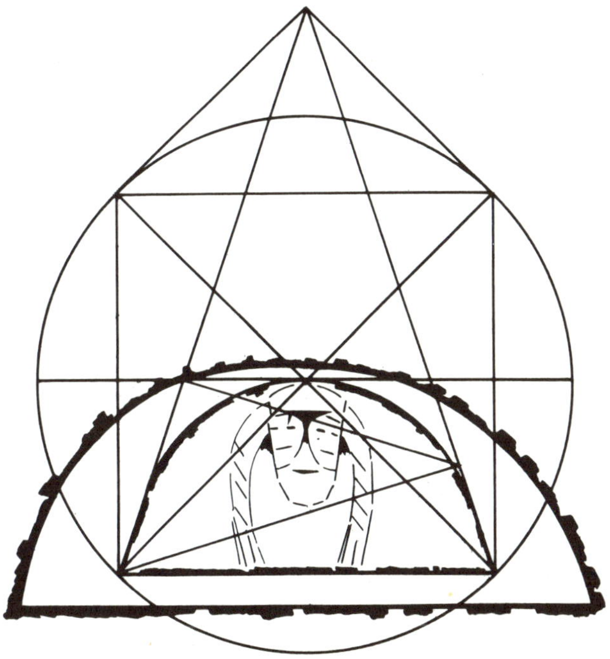

Schnittpunkt der beiden Geraden abermals. Der Bemessung muß deshalb eine nicht richtig verstandene Quadratur zugrunde gelegen haben. Der entwerfende Steinmetz hielt sich so streng an diese Figur, daß er ihr zuliebe auf die Bogenform am Tympanon verzichtete und das Bildfeld durch Gerade, Bogen und Gerade begrenzte.

## Weinsberg

**Geschichte**

Die spätromanische Kirche zu Weinsberg erhebt sich über den Dächern der Stadt, an der höchsten Stelle der alten Umfriedung und am Fuße des Burgbergs, beiden, der Stadt und der Burg zugehörig. Man erkennt auf den ersten Blick, daß die Kirche in drei Abschnitten entstanden ist. Der älteste Teil, die Westwand und die drei Schiffe, wurde um 1200 aufgeführt, der Ostteil mit den drei gerade geschlossenen Chören einige Jahrzehnte später. Das Chorturmgewölbe zeichnet sich durch besonders sorgfältige Arbeit aus. Im 15. Jahrhundert errichtete man den frühgotischen Chor, dessen Gewölbe Herzog Ulrich von Württemberg nach der Eroberung der Stadt Weinsberg im Jahr 1505 erneuern ließ.

Bei der Eroberung Weinsbergs im Bauernkrieg 1525 geriet die Kirche in Brand. Im Innern fällt der Stützenwechsel auf. Er wurde im Westteil allerdings bei den Wiederaufbauarbeiten und späteren Erneuerungen gestört.

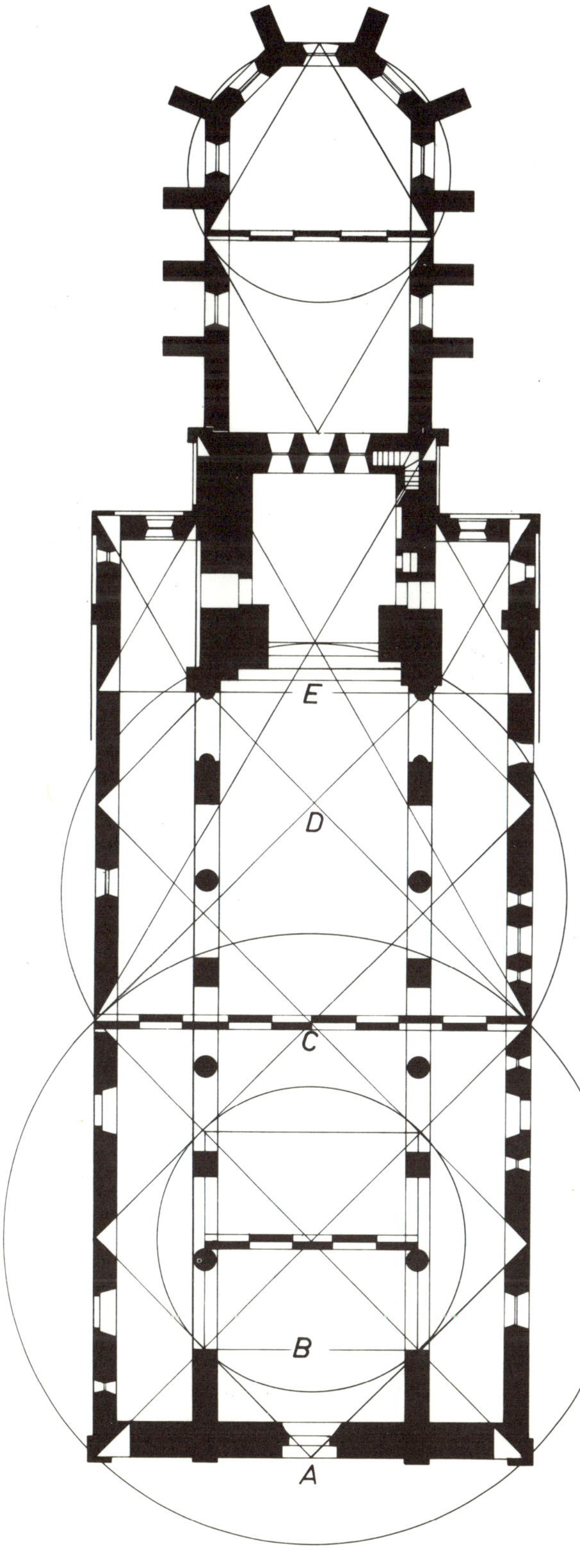


**Der Grundriß**

Alle drei Bauteile sind im Grundriß sehr leicht auseinanderzuhalten. Die drei Schiffe mit einfachem Stützenwechsel gehören zum ersten Bauabschnitt. Der zweite Bauteil beginnt mit den langgezogenen Pfeilern. Die Bemessung setzt bereits auf der Geraden durch den Punkt C an. Der gotische Chor folgt östlich vom Turm.

Der erste Bauteil war mit Hilfe der Quadratur bemessen. Die Gesamtbreite mißt 50 Fuß. Der Achsabstand der Hochschiffwände ist halb so groß.

Der Meister des Turms benützte, von den vorhandenen Geraden durch die Punkte C und E ausgehend, die Triangulatur. Er bestimmte bei gleichbleibenden Breiten die Ostmauern der Nebenchöre und des Turmchors mit gleichseitigen Dreiecken. Maßgebend war für ihn nicht mehr der Achsabstand der Hochschiffwände, sondern er bezog alles auf die Wandaußenseiten, deren Schnittpunkte mit entsprechenden Dreieckseiten den Ort der Ostmauern festlegen. In die Nebenchöre sind zwei gleichseitige Dreiecke eingepaßt. Die Turmostwand ermittelte der Meister mit Hilfe des über der Waagrechten durch den Punkt C errichteten Dreiecks von 50 Fuß Seitenlänge.

Als ein Jahrhundert später der gotische Chor angebaut werden sollte, fand wieder das gleichseitige Dreieck über einer Gesamtbreite von 25 Fuß Verwendung.

Eine Einheit des Maßstabs entspricht 5 Fuß.

Breite aller drei Schiffe:
50 Fuß zu je 32,7 cm (16,32 m)

Achsabstand der Mittelschiffwände:
25 Fuß zu je 32,9 cm (8,23 m)

Länge der Strecke AB:
16,32/4 = 4,08 m, gemessen 4,08 m

Länge der Strecke AE:
16,32 · 1,75 = 28,56 m, gemessen 28,35 m

Dicke der Wände:
2 1/2 Fuß zu je 33,2 cm (0,83 m)

Dicke der Westwand:
4 1/2 Fuß zu je 32,9 cm (1,40 m)

Breite des gotischen Chors:
25 Fuß zu je 33,5 cm (8,37 m)

Dicke der Wände:
2,5 Fuß zu je 32,8 cm (0,82 m)

Dicke der Strebepfeiler:
2 Fuß zu je 31,5 cm (0,63 m).

## Die Ostansicht

Die ehemalige Ostseite der spätromanischen Kirche ist heute, nach dem Anbau des gotischen Chors, fast völlig verdeckt. Im Innern des Chors sind noch die drei gekoppelten Fenster und eine später eingebrochene gotische Tür sichtbar. Außen sieht man an den Gesimsen des Turms, daß der Meister des zweiten Bauabschnitts zwar die Gesamtbreite des Bauwerks beibehielt, auf die vorhandenen Höhen jedoch keinerlei Rücksicht nahm.

Vom unteren, rechteckigen Turmgeschoß, das vor den Nebenchören liegt, leiten Schrägen zum achteckigen Teil über, der heute aus zwei verhältnismäßig niederen und einem höheren Geschoß besteht. Die Fenstergliederung und die Teilung durch Lisenen bewirken, daß die beiden unteren Achteckgeschosse trotzdem nicht gedrückt erscheinen.

Aus Berichten über die Eroberung Weinsbergs im Bauernkrieg geht hervor, daß der Turm noch ein weiteres Achteckgeschoß mit Umgang besessen haben muß. Es wurde wahrscheinlich beim Wiederaufbau der während der Erstürmung in Brand geratenen Kirche nicht erneuert, sondern abgebrochen. In den achteckigen Teil des Turms läßt sich eine einfache Quadratur einzeichnen, die in den beiden unteren Geschossen sehr genau zutrifft, im Obergeschoß jedoch geringfügig in den Dachraum übergreift, vermutlich weil mit dem Umgang auch das alte Gesims abgeworfen worden ist.

Entgegen der allgemeinen Übung bemaß man in Weinsberg nicht von Oberkante Sockel, sondern vom Gelände aus. Im unteren, rechteckigen Turmgeschoß sind zwei um 90° verdrehte Quadrate eingetragen. Der Umkreis des kleineren ist gleich dem Inkreis des größeren. Der Kreisdurchmesser entspricht der Geschoßhöhe einschließlich des Sockels. Der Kreismittelpunkt liegt im Schnittpunkt der Gebäudeachse mit der Fensterbank. Das eingezeichnete schlanke Dreieck paßt sowohl zur Quadratur des achteckigen Teils als auch zu den beiden Quadraten im unteren Geschoß. Der an den Nebenchören waagrecht durchgehende Rundbogenfries liegt auf dem Durchmesser eines Kreises, der durch die beiden unteren Ecken des zur Quadratur des Erdgeschosses gehörenden großen Dreiecks verläuft. Die Rundfenster band man auf ähnliche Art ein.

Einen sehr schönen, steinernen Beweis für diese Darstellung hat der Baumeister selbst seiner Schöpfung über Jahrhunderte hinweg mitgegeben. Die Ecklisenen des Turms steigen nicht durchweg senkrecht hoch, sie sind im unteren Teil entsprechend der Neigung der Dreieckseiten herausgezogen. Der unbefangene Beschauer hält die Verstärkung des Turmunterbaus für eine Spielerei. Sie ist jedoch sehr streng an das aufgezeigte Maßwerk gebunden. Die Neigung der Dreieckseiten gegenüber den Senkrechten beträgt 17° 15'.

Eine Einheit des Maßstabs entspricht 5 Fuß.

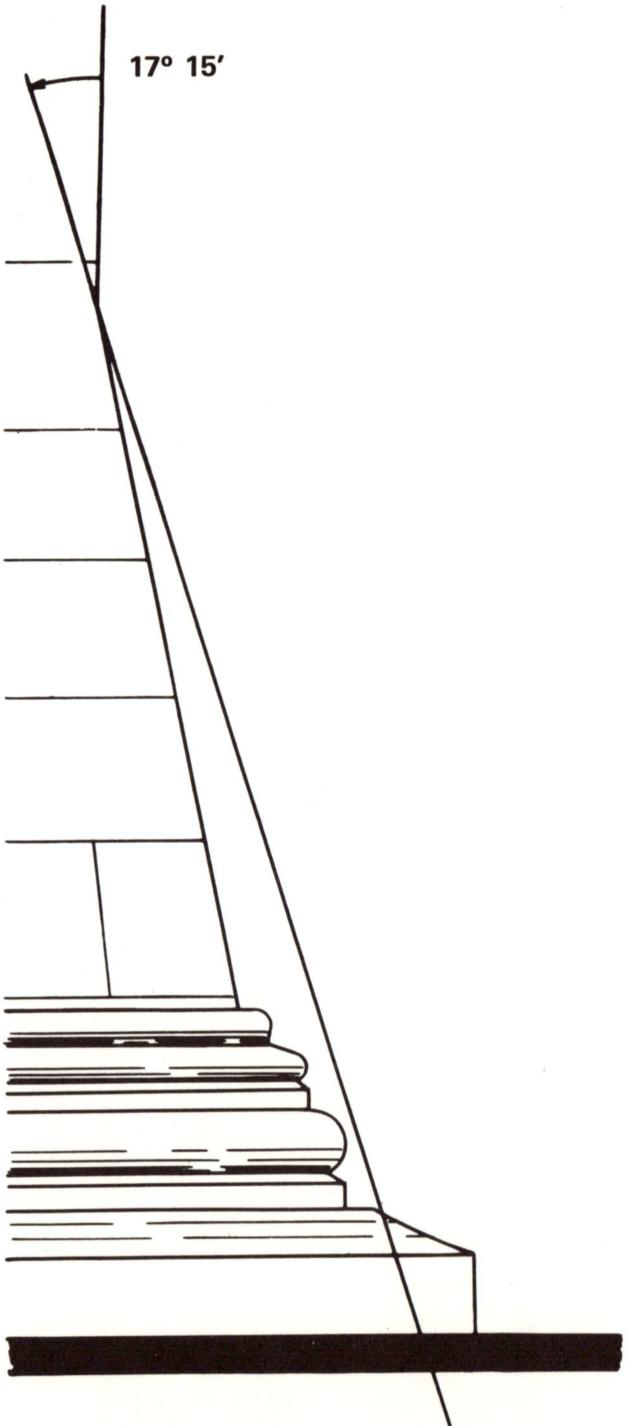

# Oberstenfeld

## Geschichte

Nahe Weinsberg liegt im Bottwartal, inmitten des Orts Oberstenfeld, die ehemalige Nonnenstiftskirche St. Johannes. Während die Krypta einst zu einem wohl Mitte des 11. Jahrhunderts errichteten kleinen Gotteshaus gehörte, entstand die Kirche im frühen 13. Jahrhundert. Sie besaß ursprünglich im Osten und Westen je drei Apsiden. Die östliche Hauptapsis wich um 1240 der Kryptenerweiterung. An ihrer Stelle entstand ein rechteckiger Chorturm. Gleichzeitig wölbte man die östlichen Joche der Kirche ein. Auch die Westapsiden sind inzwischen verschwunden. Das Innere vermittelt trotz der zugespitzten Bogenreihen den Eindruck des Romanischen. Von besonderer Bedeutung sind die romanischen Steinmetzarbeiten an einigen Kapitälen.

## Die Krypta

Die Bogen im ältesten, dreischiffigen Teil erinnern in manchem, besonders in der Führung von Gewölbe und Gurtbogen, an Speyer, was bei der etwa gleichzeitigen Entstehung nicht verwundert. Zwei der Säulen tragen auf halber Höhe kräftige Wulste. Dieses Säulenpaar ist dargestellt.

In den Querschnitt läßt sich ein gleichseitiges Dreieck bzw. ein Sechseck eintragen. Die obere Ecke liegt im Gewölbescheitel, die Wulste liegen auf der Mittellinie, die Kämpfer in 2/3 der Höhe. Die Höhen der Basen und wahrscheinlich auch die der Kapitäle ermittelte man mit ähnlichen Hilfskonstruktionen.

## Der Ostturm

Die Einzelheiten des Chorturms erinnern in vielem an den Turm zu Weinsberg. Beide Chortürme rückte man mit Absicht etwas aus der Achse. Während diese Verschiebung in Weinsberg außen nicht sichtbar wird und nur innen in Erscheinung tritt, ist die Asymmetrie in Oberstenfeld auch äußerlich erkennbar.

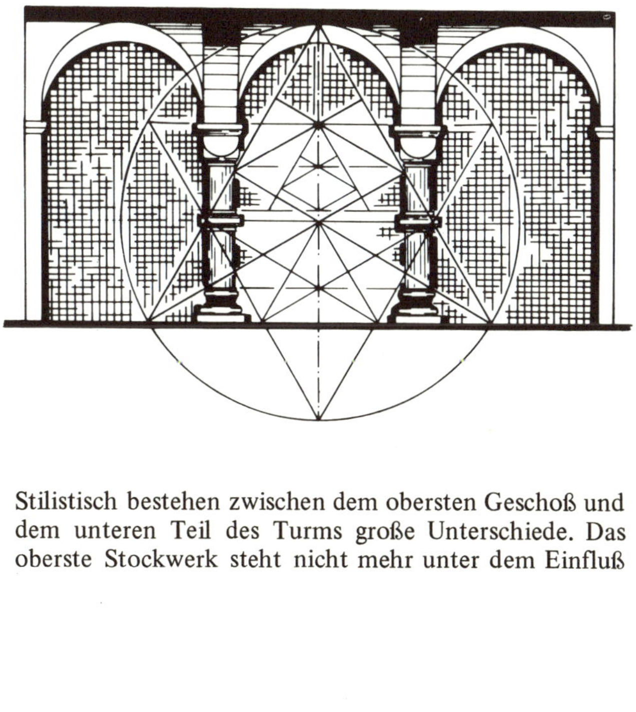

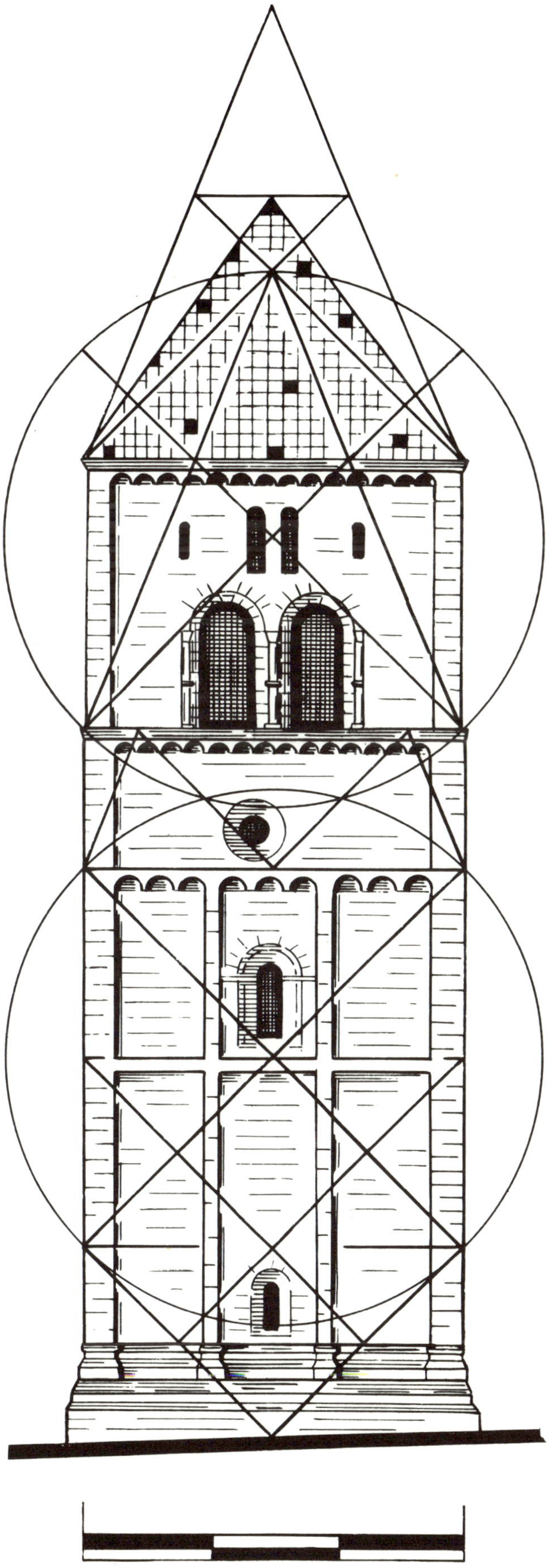

Stilistisch bestehen zwischen dem obersten Geschoß und dem unteren Teil des Turms große Unterschiede. Das oberste Stockwerk steht nicht mehr unter dem Einfluß von Weinsberg, sondern unter dem von Maulbronn. Den Turm schließt heute ein weiteres Geschoß aus Holzfachwerk und ein geschweiftes Zeltdach ab. Das ursprüngliche Dach ist auf der Zeichnung frei ergänzt.

Bereits in Weinsberg war die Quadratur alleinige Bemessungsregel; auch an dem spätromanischen Turm zu Oberstenfeld tritt sie wieder auf. Der untere Teil bis zum ersten Rundbogenfries folgt der sehr einfachen, in der Zeichnung dargestellten Konstruktion. Die Grundlinie bildet der Sockel. Im Obergeschoß bestimmen die Schnittpunkte zweier unter 45° geneigter Diagonalen mit den Schenkeln des Drachschen Dreiecks die Höhe. Die Höhe des Zwischengeschosses kann durch die eingetragenen Parallelen zu den im Obergeschoß benützten Geraden festgelegt worden sein. Es ist aber auch möglich und sehr wahrscheinlich, daß dieses Zwischengeschoß nur den Höhenausgleich zwischen dem gesetzmäßig bemessenen unteren Turmteil und der Traufe des vorhandenen Schiffs herzustellen hat.

Eine Einheit des Maßstabs entspricht 8 Fuß.

Breite des Turms:
3 · 8 = 24 Fuß zu je 32,7 cm (7,84 m)

Breite der Ecklisenen:
2 Fuß zu je 33,0 cm (0,66 m)

Breite des Mittelschiffs einschließlich beider Wände:
24 Fuß zu je 32,5 cm (7,80 m)

Breite aller Schiffe einschließlich der Außenwände:
48 Fuß zu je 33,2 cm (15,92 m)

Dicke der Wände:
2 1/2 Fuß zu je 34,8 cm (0.87 m).

**Die Peterskirche zu Oberstenfeld**

Über dem Ort, auf einem Hügel, inmitten des Friedhofs steht die kleine Peterskirche, ein köstliches Vermächtnis romanischer Baukunst, das fast wie ein Naturgebilde aus einer unberührten Umgebung herausgewachsen zu sein scheint. Drei Bauabschnitte sind erkennbar. Anstelle des Chorturms stand einst ein kleiner Zentralbau mit zumindest drei Apsiden. Die nördliche Apside ist bis heute erhalten, die östliche und südliche konnten durch Grabungen nachgewiesen werden; die Ansätze der südlichen Apside sind auch am aufgehenden Mauerwerk noch erkennbar. Dieser Zentralbau wurde später ummantelt und der Turm aufgeführt. Aus einem anderen Bauabschnitt stammt das Langhaus. Man hat es vielleicht nach Abbruch einer Apside oder eines kurzen, rechteckigen Baukörpers an den vorhandenen Zentralbau im Westen angesetzt. Ähnliche kleine Zentralbauten finden sich aus der Zeit um 1000 an der jugoslawischen Adriaküste, ein anderer aus derselben Zeit in Avolsheim bei Straßburg.

Der Grundriß zeigt den Zentralbau mit dem im Westen angehängten Schiff. Die Umrisse des Turms und der Sakristei sind angedeutet.

Eine Einheit des Maßstabs entspricht 3 Fuß und einem Fuß.

Breite des Schiffs:
18 Fuß zu je 32,3 cm (5,81 m)

Länge des Schiffs:
$5{,}81\sqrt{3} = 10{,}06$ m, gemessen 10,04 m

Breite des Triumphbogens:
9 Fuß zu je 33,3 cm (3,00 m)

Mauerdicke:
2 Fuß zu je 32 cm (0,64 m)

Seite des zentralen Quadrats:
10 Fuß zu je 33,4 cm (3,34 m)

Breite der Bogen zu den Apsiden:
8 Fuß zu je 33,5 cm (2,68 m)

Mauerdicke:
1 2/3 Fuß zu je 32,4 cm (0,54 m).

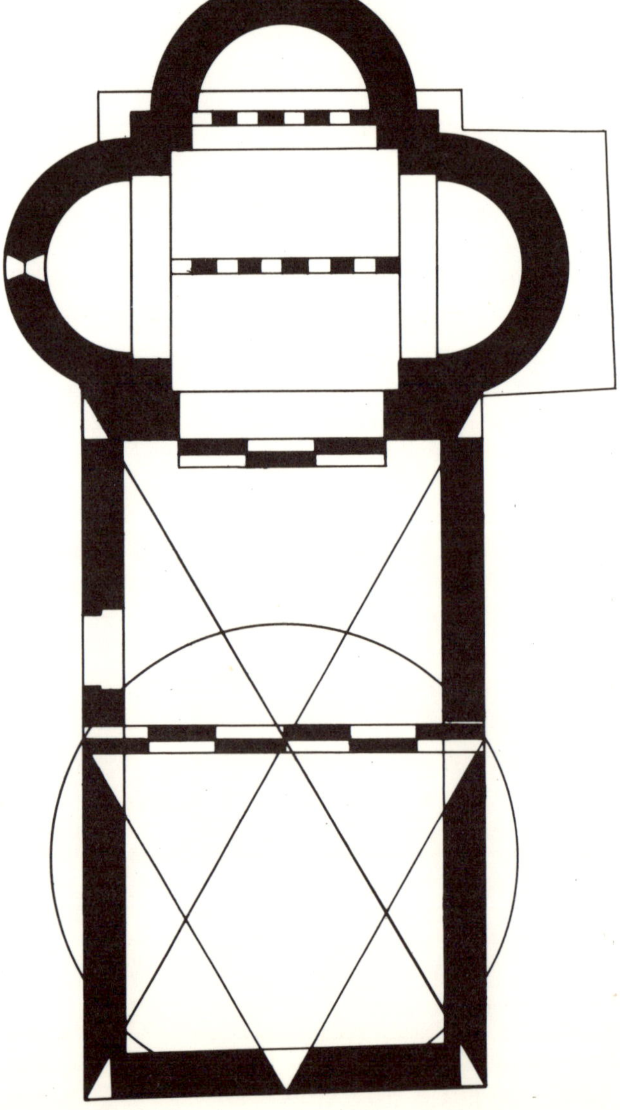

# Denkendorf

## Geschichte

Ums Jahr 1050 stiftete ein Rittergeschlecht als Grundherrschaft von Denkendorf auf dem heutigen Klosterhügel eine Dorfkirche, die bis auf Fundamentreste unter dem Boden des heutigen Baus und einigen Geschossen des Turms verschwunden ist. Ausschlaggebend für die Platzwahl war wohl, daß am Fuß des Hügels ein Quell entspringt, der seit uralter Zeit in hohem Ansehen stand und vielleicht einst als heiliger Quell verehrt worden ist.

Nach der Überlieferung verdankt das Chorherrenstift seine Entstehung einem Ritter Berthold, dem Enkel der Stifter von 1050. Dieser pilgerte ins Heilige Land, wo er in Jerusalem den Orden vom Hl. Grab kennenlernte. Kurz vor 1130 stiftete Berthold die Kirche zu Denkendorf den Brüdern vom Hl. Grab und räumte ihnen das Recht ein, neben dieser Kirche eine Niederlassung zu gründen.

Im Jahr 1099 hatte das Kreuzfahrerheer Jerusalem erobert und den christlichen Gottesdienst wiederhergestellt. Gottfried von Boullion, der Führer des Kreuzzuges und erste König von Jerusalem, beauftragte Chorherren mit dem Schutz und dem Dienst am Heiligen Grab. Diese schlossen sich bald zum „Orden vom Heiligen Grab" zusammen und lebten nach der Augustinerregel. Der Orden stand unter Leitung des Patriarchen von Jerusalem. Die Chorherren trugen ein schwarzes Gewand, darüber einen weißleinenen Rock mit einem kleinen Halskragen, von einer doppelten, feuerfarbenen Schnur mit fünf Knoten zusammengehalten, und nach Art der Ritterorden einen großen, schleppenden Mantel. Als besonderes Kennzeichen führten die Chorherren das Doppelkreuz des Patriarchen von Jerusalem auf der linken Seite.

Sie waren kein Ritterorden wie die Templer, Johanniter, der Deutsche Ritterorden oder später auch die Lazariter, sondern ein Zusammenschluß von Geistlichen. Wenn man im Mittelalter von Rittern vom Heiligen Grab sprach, handelte es sich um Adelige, die Jerusalem besucht und dort am Hl. Grab den Ritterschlag empfangen hatten. Dieser Brauch war weit verbreitet. Bis ins ausgehende Mittelalter zogen Scharen von Rittern zum Ritterschlag ans Heilige Grab. Einer der bekanntesten ist Graf Eberhard im Bart, der im Jahr 1486 in Jerusalem zum Ritter geschlagen wurde.

Der Orden vom Heiligen Grab gewann in Deutschland nur sehr geringen Einfluß. In Südfrankreich besaß er größere Ländereien. 1187 fiel Jerusalem wieder in die Hand der Ungläubigen. Die Hauptkirche des Ordens und den Sitz des Ordensgenerals verlegte man deshalb nach Perugia in Mittelitalien. Im Jahr 1489 hob der Papst den Orden wegen zunehmender Verweltlichung auf; in Deutschland lebte er jedoch, 1497 wieder hergestellt, weiter.

Die Kirche zu Denkendorf wurde 1190 dem Stift inkorporiert. Das war wohl der äußere Anlaß für den Neubau des Gotteshauses. Zunächst brach man den alten Bau mit Ausnahme des Turms ab. Dieser Turm und die bestehenden Gebäude des Stifts bestimmten die Grenzen des Neubaus nach Süden und Westen. Die Kirche konnte nur nach Norden und Osten erweitert werden. Aus diesem Grund sitzt der Turm nicht in der Längsachse des Schiffs. Um Platz zu gewinnen, baute man den Chor über den Steilabfall des Klosterhügels im Osten vor. Unter dem Chor entstand Raum für die ungewohnt hohe Krypta.

Gegen 1200 dürften die leicht zugespitzten Bogenreihen des Schiffs in betont schlichten Formen aufgeführt sein. Nach 1225 wurde die Krypta fertiggestellt, die Vorhalle entstand kurz darauf, und zwischen 1225 und 1240 errichtete man den Altarchor.

Was war wohl der Anlaß für den Neubau, wenige Jahre nach dem Verlust Jerusalems? Im Vordergrund stand sicher der Wunsch, eine Kirche zu bauen, in der die gottesdienstlichen Gebräuche des Mutterklosters vom Heiligen Grab gepflegt werden konnten, die darum eine Krypta mit der Nachbildung des Heiligen Grabes enthalten mußte. Die Stiftskirche ist dadurch zu einem Denkmal jener

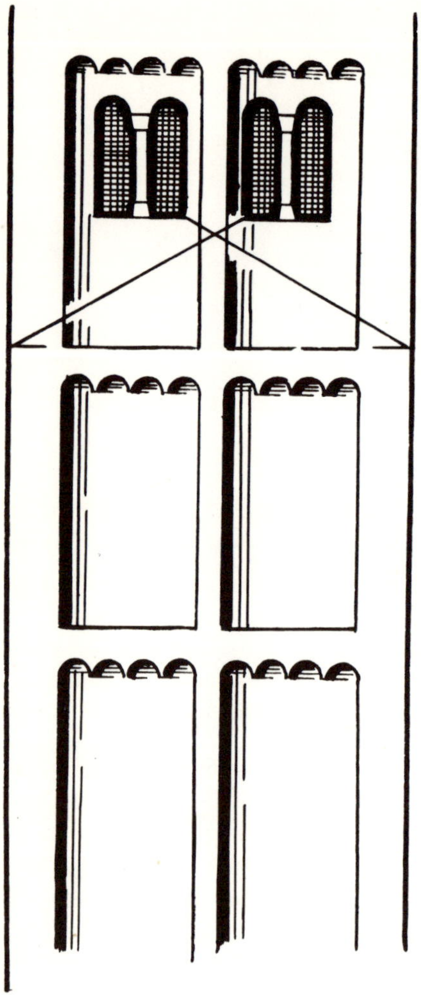

Kreuzzugsbewegung geworden, die die Christenheit Jahrhunderte in Atem hielt und neben allen Mißerfolgen und Schwächen dem Abendland viele wertvolle Anregungen vermittelte.

Die Krypta kann südfranzösische Vorbilder nicht verleugnen. Den langgestreckten, nur von Osten durch ein großes Fenster belichteten Saalraum bedeckt eine mit Rippen verstärkte Spitztonne, eine Art der Einwölbung, die in Deutschland unbekannt ist, in Südfrankreich und Burgund aber häufig auftritt.

Im Fußboden der Krypta öffnet sich das leere Grab. Daß es eine Nacnbildung des leeren Grabes Christi darstellt, steht außer Zweifel. Aber wie wurde es im Gottesdienst verwendet? Die Überlieferung scheint völlig abgerissen zu sein, so daß man weder die Gottesdienste kennt, die hier abgehalten wurden und die jedenfalls ihren morgenländischen Charakter nicht verleugneten, noch die besondere Aufgabe, die das Grab dabei hatte. Man mag vermuten, daß es bei der Aufnahme der Klosterbrüder und dann in erster Linie an Ostertagen eine besondere Rolle spielte, etwa so, daß dabei der Novize sich ins Grab legen, „mit Christus begraben" lassen mußte, um dann „mit Christus zu einem neuen Leben aufzuerstehen". Es läßt sich auch denken, daß an dieser Stelle wie am Heiligen Grab in Jerusalem mancher feierliche Ritterschlag erfolgte. (Teilweise nach Heinrich Werner, Kloster Denkendorf.)

Im Jahr 1377 überfielen die Eßlinger während des Städtekriegs das Stift und richteten große Verwüstungen an. Das steile Dach des Mittelschiffs und der gotische Kreuzgang, in den das südliche Seitenschiff der Basilika einbezogen wurde, stammen aus der Zeit der Wiederherstellung. Die Denkendorfer Chorherren neigten schon sehr früh zur Lehre Luthers, die meisten traten nach 1534 als Pfarrer in den Dienst der evangelischen Kirche. Der obere Teil des Turms wurde nach einem Brand im Jahre 1633 wahrscheinlich von Heinrich Schickhardt wieder hergestellt.

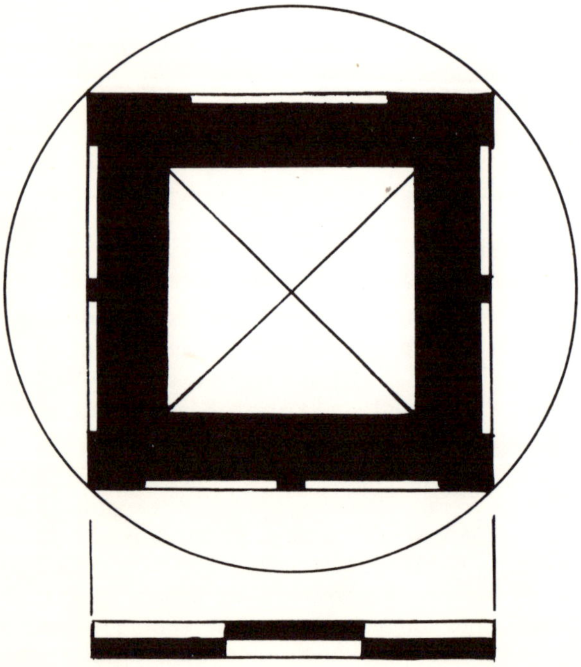

## Der Turm

Man hat ihn als ältesten Teil der Anlage mehrmals verändert und so eingebaut, daß er von allen vier Seiten nur noch teilweise zu sehen ist, auch die Form des einstigen oberen Abschlusses läßt sich nicht mehr feststellen. Die dadurch bedingten Unsicherheiten erlauben keine hieb- und stichfeste Triangulatur. Lediglich die Dreieckskonstruktion in den Doppelfenstern ist sehr einfach nachweisbar. Der Grundriß des Turmes bildet annähernd ein Quadrat von 18 Fuß Seitenlänge.

Eine Einheit des Maßstabs entspricht 6 Fuß.

Länge einer Quadratseite:
18 Fuß zu je 31,5 cm (5,60–5,80 m)

Innenmaß:
12 Fuß zu je 31,5 cm (3,74–3,77 m).

**Die Doppelfenster im ehemals obersten Turmgeschoß**

Die Säulen, Kapitäle und Basen samt den Gewänden sind grob und ungenau gearbeitet. Man gewinnt den Eindruck, daß hier bäuerliche, ungeübte Handwerker bauten. Die Geometrie ist deshalb auch sehr einfach. Von einer 3 1/2 Fuß langen Grundlinie ausgehend, bestimmte man zunächst die Achsen beider Fensterhälften. Zwei Geraden, unter 60° gegen die Waagrechte geneigt, schneiden diese Achsen im Scheitel der beiden Öffnungen.

Eine Einheit des Maßstabs entspricht 1 Fuß.

Fensterbreite:
3 1/2 Fuß zu je 31,7 cm (1,11 m).

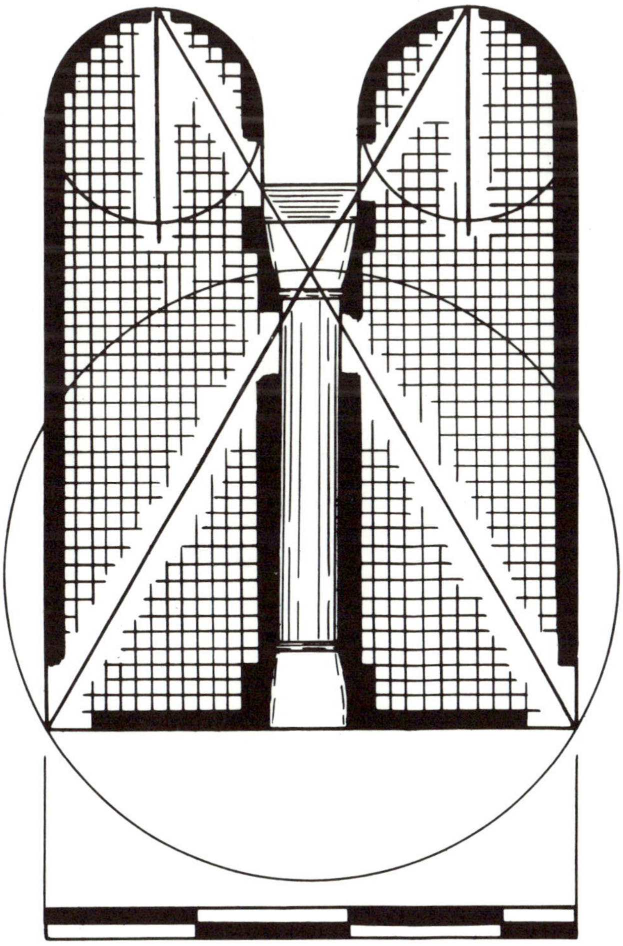

# Die Krypta

**Der Grundriß der Krypta**

Die beiden vorspringenden Gurtbogen und die zweimal abgestufte Ostwand gliedern den Grundriß des langgestreckten Raums. Außerdem durchschneiden zwei Türen im Norden und Süden die durchgehenden Wandflächen. Wie das Westende ausgesehen hat, können wir nur noch vermuten. Der vorhandene Abschluß entstand nach der Säkularisation. Vielleicht führte eine breite Mitteltreppe zur Krypta, zumindest bot eine große Öffnung nach Westen der Gemeinde Gelegenheit, dem Gottesdienst in der Krypta beizuwohnen.

Die lichte Breite des Raums mißt 16 Fuß. Die Gurtbogen sind 3 Fuß breit und springen um einen Fuß aus der Wandfläche vor. Als lichter Abstand verbleiben 14 Fuß, dies ist auch die Entfernung der Gurtbogen in Längsrichtung. Die Ecken der Gurtbogen lassen sich deshalb durch unter 45° geneigte Geraden verbinden. Die Höhen zweier gleichseitiger Dreiecke von 16 Fuß Seitenlänge bestimmen von der Ostwand ausgehend die Lage der seitlichen Zugänge. Ein weiteres Dreieck bezeichnete wohl das Westende, was sich jedoch heute nicht mehr überprüfen läßt.

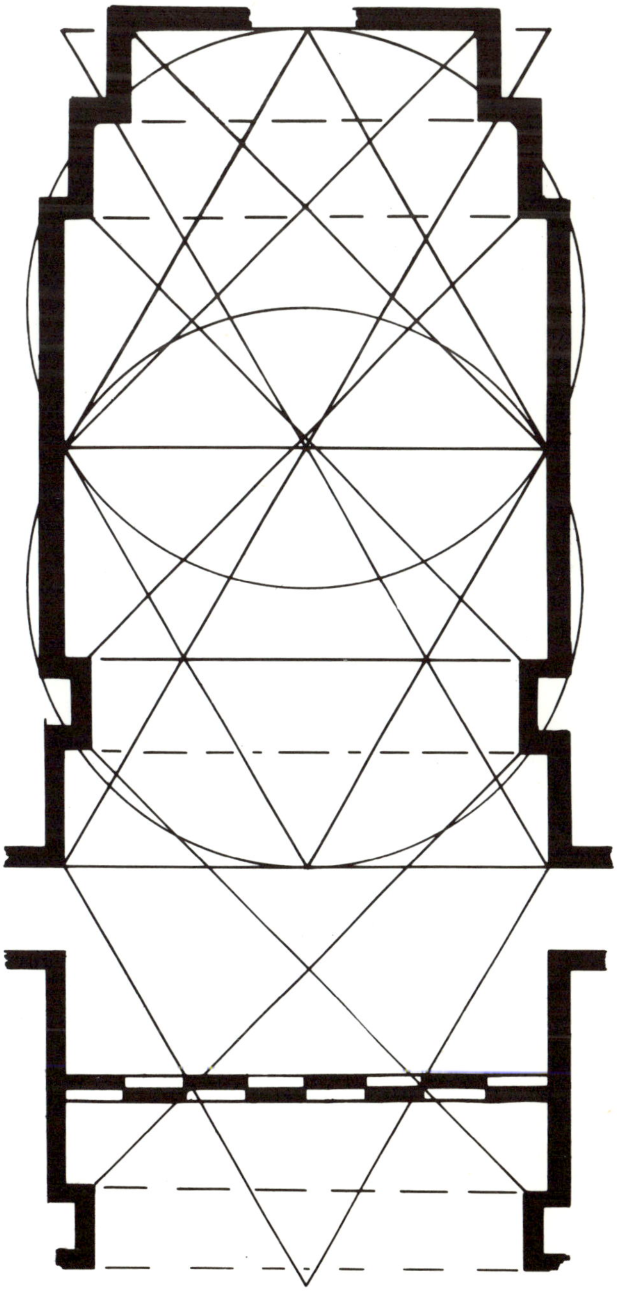

Lichte Breite der Krypta:
16 Fuß zu je 36 cm (5,75 m)

Lichte Breite zwischen den Gurtbogen:
14 Fuß zu je 36 cm (5,05 m)

Breite der Gurtbogen:
3 Fuß zu je 36 cm (1,09 m)

Breite der Ostwand:
11,5 Fuß zu je 36 cm (4,12 m)

Breite der seitlichen Türen:
3 Fuß zu je 36 cm (1,04–1,08 m)

Entfernung zwischen Ostwand und östlichem Türgewände:
$5{,}75 \cdot \sqrt{3} = 9{,}95$ m, gemessen 9,79–9,84 m.

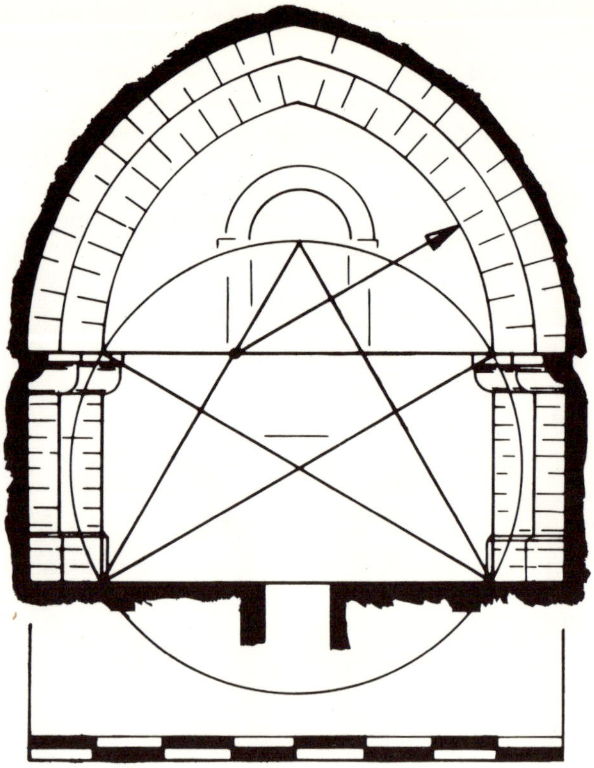

**Der Querschnitt durch die Krypta**

Der Schnitt ist aus einer Dreiecksfigur entwickelt. Die Seiten des gleichseitigen Dreiecks sind 11,5 Fuß = 4,12 m lang. Die Mittelpunkte der Kreisbogen, die die Form des Gewölbes bestimmen, erhielt man als Schnittpunkte der Dreieckseiten mit der Waagrechten durch die Kämpfer.

Auch die Kämpfer des großen Ostfensters wurden auf ähnliche Weise ermittelt.

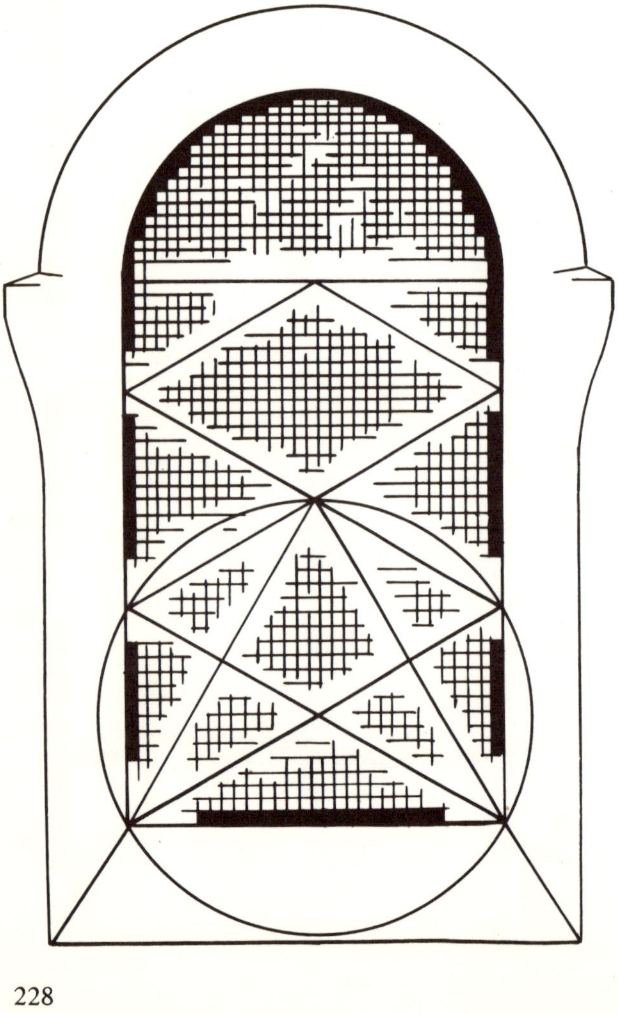

## Die Arkaden im Mittelschiff

Die nicht mehr rundbogigen, sondern schon leicht zugespitzten Arkaden zeigen wie die in Bebenhausen das zögernde Vordringen der Gotik gegen 1200.

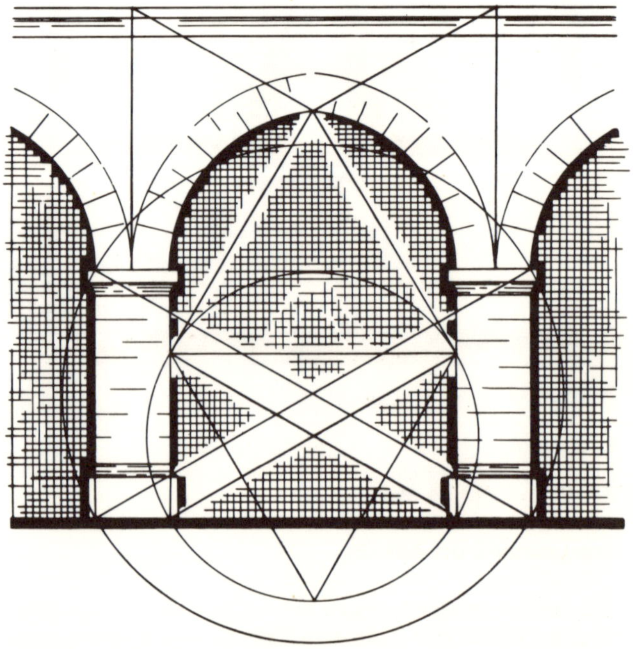

Schrifttum:

Heinrich Werner: Kloster Denkendorf – Ein Gang durch seine Geschichte.

# Nellingen

Die Kirche zu Nellingen, nahe Denkendorf, besitzt einen sehr schönen spätromanischen Turm, der in der prachtvollen Ausführung des Rundbogenfrieses, besonders im Erdgeschoß, den letzten Abschnitt der Spätromanik, den „spätromanischen Barock" vertritt.

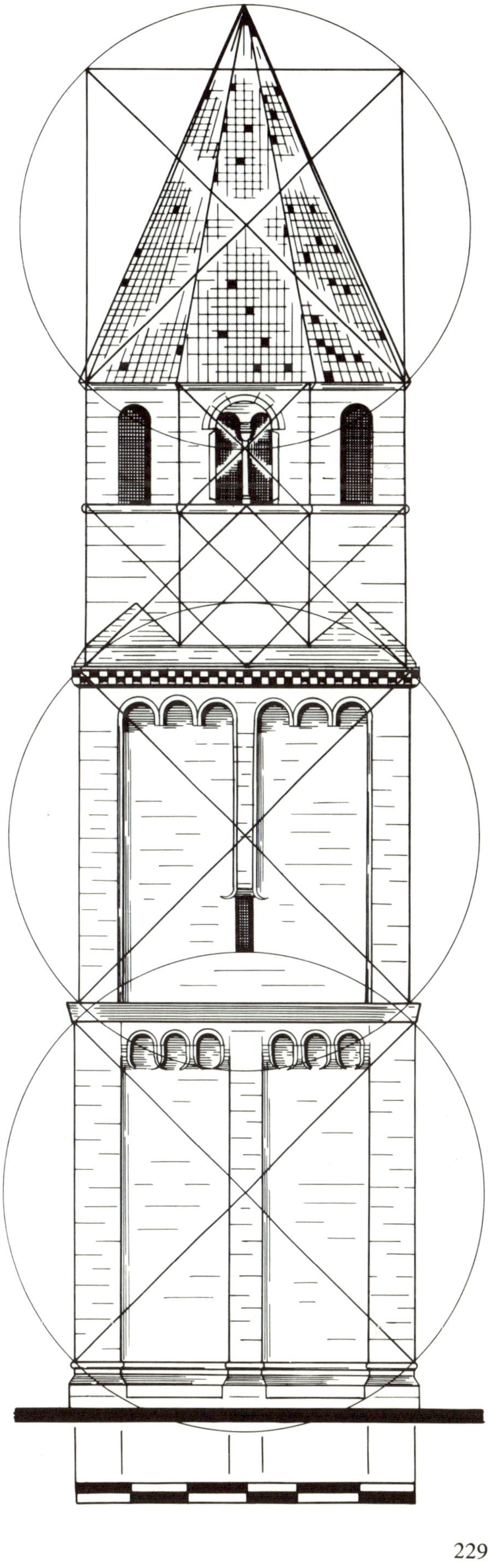

**Die Nordansicht**

Über einer 18 Fuß breiten Grundlinie erhebt sich der nicht ganz quadratische Turm, dessen Erdgeschoß im Aufriß ein Quadrat bildet. Der Fries scheint ungemessen zwischen beiden Stockwerken zu liegen. Das folgende Geschoß ist wiederum quadratisch, der Zahnschnittfries wurde mit einbezogen.

Nun folgt der Übergang zum Achteck. Daß sich das sicher mehrmals erneuerte Dach ebenfalls der Quadratur unterordnet und sich annähernd mit dem Drachschen Dreieck deckt, ist wohl nur mit der ganz allgemein üblichen Verwendung dieses Dreiecks in der Gotik zu erklären.

Eine Einheit des Maßstabs entspricht 2 Fuß.

Nordseite:
19 Fuß zu je 31,6 cm (6,01 m)

Ecklisenen:
2 1/2 Fuß zu je 32,4 cm (0,81 m)

Ostseite:
18 Fuß zu je 32,4 cm (5,84 m)

Wanddicke:
4 Fuß zu je 32,0 cm (1,28 m).

# Ausblick in die Gotik

Ich möchte diese Arbeit über Maßverhältnisse in romanischen Bauten nicht ohne einen kurzen Ausblick in die Gotik schließen. Der Beginn des Übergangs kündete sich bereits in der Spätromanik durch das immer stärkere Eindringen der Quadratur an. An der Dominikanerkirche zu Eßlingen und der Regiswindiskirche in Lauffen hat sie sich bereits voll durchgesetzt. Den Abschluß bildet ein Werk der Uracher Schule, die Kirche St. Peter und Paul zu Weilheim, das zeigt, wie noch kurz vor dem Einbruch der Renaissance ein bekannter Meister den Grundriß ganz folgerichtig aus Quadraten gestaltete.

Die frühe Gotik Süddeutschlands wurde von den Bettelorden und Zisterzienstern geprägt.

In vielen Städten waren die Bettelordensbauten die ersten Zeugen der gotischen Formensprache, mit denen sich die meist konservativ an der spätstaufischen Romanik festhaltenden Bürger konfrontiert sahen. Die künstlerisch wichtigeren und oft auch zeitlich früheren zisterziensischen Repräsentationen der Gotik lagen meist in abgelegenen Waldgebieten und blieben zunächst nicht-mönchischen Besuchern verschlossen. Die Bettelorden hingegen stellten ihre einfachen „Archen" in die Städte und öffneten diese so weit für die Bürger, daß der hohe Klerus oft mißtrauisch auf die neue Konkurrenz blickte, zumal diese Mönche jedem Prunk abhold waren und bald auch noch in deutscher Sprache zu predigen begannen. Psychologisch ist es nun leicht verständlich, daß sich die häufig in den Bettelordenskirchen weilenden Bürger von der Bettelordensarchitektur besonders angesprochen fühlten. Nach dem staufischen Debakel war weltaufgeschlossene und kraftvolle Monumentalität ohnehin problematisch geworden. An ihre Stelle trat jetzt ein Zeitalter der Schlichtheit, das durch mystische Verinnerlichung wie durch puritanische Strenge gekennzeichnet war.
(Aus Hans Köpf, Schwäbische Kunstgeschichte.)

# Reutlingen, Tübinger Tor

Das Tübinger Tor in Reutlingen, früher Metmanns Tor genannt, verkörpert mit seinem buckelquadergesäumten Mauerwerk und dem wimperggeschmückten Blendgiebel Wehrhaftigkeit, Stolz und Reichtum der reichsfreien Stadt. Zugleich ist es eines der frühesten Zeugnisse der Gotik in unserem Land.

Das Tor entstand zwischen 1220 und 1240, nur der Fachwerkaufsatz und das Dach wurden im 16. Jahrhundert gefertigt. Der auf der Außenseite durch Strebepfeiler gesicherte Turm ist annähernd quadratisch und mißt im Grundriß 4 · 8 = 32 Fuß. Friese, Blendgiebel und das Tor bemaß man mit Hilfe einer sehr reifen Quadratur. Der Meister zog das Drachsche Dreieck ganz konsequent zur Bemessung heran. Die mit kleinen Kreisen besonders bezeichneten Punkte in der Durchfahrt bilden die Mittelpunkte der die Öffnung begrenzenden Kreisbogen.

Breite des Torturms:
32 Fuß zu je 33,9 cm (10,83 m).

# Esslingen

## Dominikanerkirche

Als die anderen Orden noch am Übergangsstil festhielten, verbreiteten die Bettelorden, Dominikaner und Franziskaner, bereits die Gotik in Süddeutschland. Man bezeichnet den Stil ihrer Bauten heute etwas irreführend als Frühgotik; in Wirklichkeit benützten diese Orden jedoch keine Vorstufe der Hochgotik, sondern eine vereinfachte, aber voll ausgebildete Form des gotischen Baustils. Diese Vereinfachung war Ausdruck der von den Bettelorden besonders betonten Armut und Besitzlosigkeit, zu der die überschwänglichen Formen der um 1250 in Frankreich voll ausgebildeten Hochgotik nicht gepaßt hätten.

Die Bauherren der ersten gotischen Kirche Schwabens, der Basilika St. Peter und Paul in Eßlingen, waren die in der Reichsstadt seit 1233 ansäßigen Dominikaner. Die für den Stil der Bettelorden bezeichnende Kirche entstand vermutlich zwischen 1250 und 1268. Zur alten, schwäbischen Überlieferung, die in Brenz, Faurndau und Schwäb. Gmünd bis heute gut erhalten geblieben ist, hatte sie keine Bindung. Die Kirche erschien seinerzeit als Fremdkörper, von Fremden erbaut und war wohl kaum weniger umstritten als ein modernes Bauwerk unserer Zeit.

Die neue Art zu bauen kommt auch in der Bemessung zum Ausdruck. Der Eßlinger Meister betrachtete die Triangulatur als überholte Bemessungsart, für ihn war allein das Quadrat und das Drachsche Dreieck maßgebend.

### Der Grundriß

Bemessungsgrundlage war die Breite von 6 · 12 = 72 Fuß. Wie später an der Regiswindiskirche ist der Fuß sehr kurz. Die Quadratur des Bauwerks läßt sich nicht einfacher denken. Die ursprüngliche Breiteneinteilung 1 : 2 : 1 von 18 : 36 : 18 Fuß wurde geringfügig abgeändert. Man verschob die Hochschiffmauern zugunsten des Mittelschiffs jeweils um 1/2 Fuß gegen die Seitenschiffe.

Eine Einheit des Maßstabs entspricht 6 Fuß.

Größte Breite:
72 Fuß zu je 29,0 cm (20,92 m)

Dicke der Wände:
3 Fuß zu je 28,4 cm (0,85 m)

Dicke der Westwand:
4 Fuß zu je 30 cm (1,20 m)

Breite der Seitenschiffe einschließlich der Außenmauern:
17 1/2 Fuß zu je 29,2 cm (5,10 m).

### Die Ostansicht

Von der Breite aller drei Schiffe und dem Sockel ausgehend kann man zwei um 45° verschwenkte Quadrate in den Riß eintragen; das zugehörige Drachsche Dreieck schneidet die Mittelschiffwände über den Strebepfeilern. Ein kleines Drachsches Dreieck, dessen obere Ecke im Mittelpunkt des Umkreises beider Quadrate liegt, erlaubt die Bestimmung der verschiedenen Absätze an den Strebepfeilern. Das Dach und den Dachreiter band der Meister ebenfalls über ein Quadrat, dessen Seitenlänge gleich der Breite des Mittelschiffs ist, und ein Drachsches Dreieck ein. Das große Ostfenster und einige Fenster in den Seitenschiffen sind mit Rücksicht auf die Klarheit der Darstellung nicht eingezeichnet.

Eine Einheit des Maßstabs entspricht 6 Fuß.

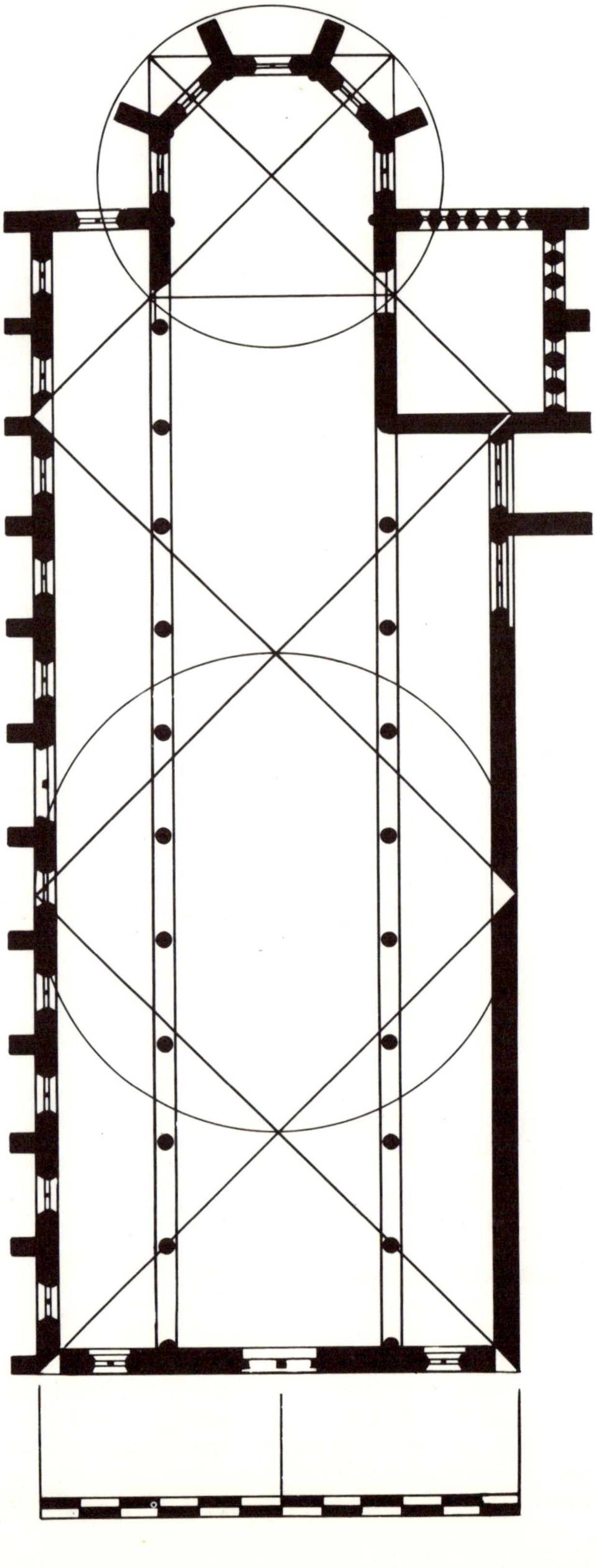

# Lauffen am Neckar

## Regiswindiskirche

Weithin sichtbar steht bei Lauffen, an einer ehemaligen Stromschnelle des Neckars, die Regiswindiskirche auf einem dicht am Ufer aufragenden Kalksteinfelsen. Vom anderen Ufer grüßt die ehemalige Burg der fränkischen Pfalzgrafen. Der Fels, auf dem sich die Kirche erhebt, trug schon in der Merowingerzeit eine kleine, wahrscheinlich zunächst hölzerne Martinskirche, später ein romanisches Gotteshaus. Im Jahre 1227 legte man den Grundstein zu einer neuen Kirche. Die Arbeiten dürften aber erst gegen Ende des Jahrhunderts zügig vorangegangen sein. Um 1293 war der Ostteil der Kirche vollendet. Die Ausbauarbeiten an den Schiffen zogen sich bis 1350 hin. Der Chor und der Turm bis zum Ansatz des barocken Helms blieben aus dieser Zeit erhalten. Im Jahre 1564 brannte die Kirche nach einem Blitzschlag ab. Die Wände des Mittelschiffs hatten unter der Hitze derart gelitten, daß man sie abbrechen mußte. Der Meister entschloß sich, anstelle der alten Basilika eine Hallenkirche zu errichten. Die beim Abbruch gewonnenen Steine fanden beim Erhöhen der Seitenschiffe Verwendung, die Mittelschiffwände entstanden neu. Ein geplantes Gewölbe wurde nie eingezogen. Die noch erhaltene Bemalung aus dem Jahr 1573 vermittelt ein sehr seltenes und eindrucksvolles Bild der schwäbischen Renaissance.

Besonders bemerkenswert an der Regiswindiskirche sind die zahlreichen, in unserem Raum einmaligen Steinmetzzeichen: Helme und Wappenschilde in verschiedener Zusammenstellung, die auf eine fremde Hütte aus dem Westen hindeuten. Auch der benützte Fuß weicht vom damals üblichen ab. Er mißt 28 cm, wogegen der Fuß an den nach dem Brand errichteten Teilen (28,8 cm) dem von Herzog Christoph 1557 festgelegten württembergischen Fuß entspricht.

**Die Ostansicht**

Hier findet sich eine lückenlose Anwendung des Drachschen Dreiecks, dessen Herkunft aus dem Quadrat die Hilfsfigur zeigt. Vom Gelände, nicht vom Sockel ausgehend, erheben sich zwei Dreiecke, die durch die beiden um 45° gegeneinander verdrehten Quadrate in Beziehung zueinander stehen. Bemessungsgrundlage war die in der Hilfsfigur als dick ausgezogener Balken dargestellte Breite des Chors auf der Höhe des Dachansatzes. Diese Verbindung beider Dreiecke erlaubt die abgebildete Bemessung und Bestimmung der Höhen am Bauwerk. Der Chor ist einschließlich beider Mauern 25 + 2 · 3 = 31 Fuß breit, die drei Schiffe messen zusammen 70 Fuß.

Eine Einheit des Maßstabs entspricht 10 Fuß.

Lichte Breite des Chors:
25 Fuß zu je 28,2 cm (7,05 m)

Lichte Breite der Schiffe:
64 Fuß zu je 28,1 cm (18,00 m)

Dicke der Schiff- und Chorwände:
3 Fuß zu je 28,0 cm (0,84 m).

**Der Grundriß**

Der Grundriß wurde ohne Anwendung geometrischer Hilfsfiguren nach Zahlenverhältnissen abgesteckt. Die Kirche ist 9 · 17 = 153 Fuß lang, davon der Chor 9 · 5 = 45 und die Schiffe 9 · 12 = 108 Fuß – eine Arbeitsweise, die unserer Art abzustecken entspricht.

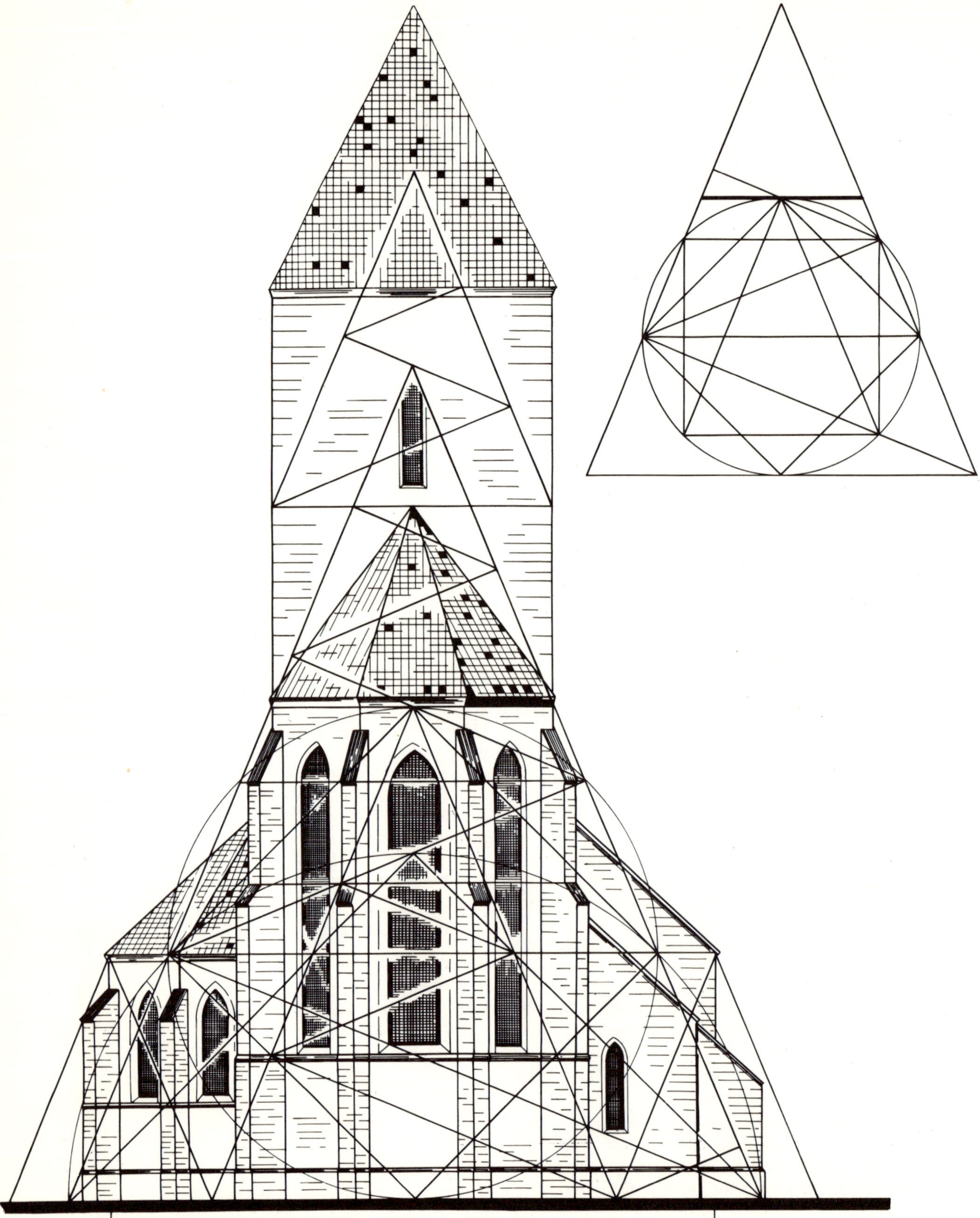

# Weilheim

Berthold I. von Zähringen († 1078), der einst auf der nahen Limburg lebte, und ein Graf von Aichelberg gründeten im Jahre 1073 unter dem Einfluß der Hirsauer Reform in Weilheim eine Benediktinerpropstei. 1089 weihte man die Klosterkirche, deren Fundamente unter dem Boden der spätgotischen Kirche ergraben werden konnten, dem hl. Petrus. Berthold II. verlegte den Konvent jedoch bereits 1093 nach St. Peter im Breisgau in unmittelbare Nähe seines Stammschlosses Zähringen. Weilheim blieb Priorat.

Heute steht in Weilheim ein stattliches, spätgotisches Gotteshaus nach dem Entwurf des Uracher Baumeisters Peter von Koblenz. Im Jahre 1489 begonnen, entstand zunächst der Chor und dann eine flach gedeckte Hallenkirche. Etwas später wurde die Einwölbung der drei Schiffe in Angriff genommen. Sie gelangte erst nach dem Tode des Baumeisters im Jahre 1522 zum Abschluß. Die Hallenkirche zu Weilheim ist das durchgereifteste und letzte Werk des Meisters Peter von Koblenz. Der Grabstein des nicht vor 1501 verstorbenen Leiters der Uracher Schule steht in der Stiftskirche zu Urach.

**Der Grundriß**

Die Art der Bemessung weicht von den bisher gezeigten Beispielen aus romanischer und gotischer Zeit in Einzelheiten ab, grundlegende Unterschiede lassen sich jedoch nicht feststellen. Alle drei Schiffe sind einschließlich der Außenwände 7 · 12 = 84 Fuß breit. Die Länge hat man nicht aufgrund des Außenmaßes, sondern von der lichten Breite ausgehend festgelegt. Da sämtliche Mauern in den Schiffen – auch die Strebepfeiler – vier Fuß dick sind, ergibt sich die Bemessungsbreite zu 84 – 2 · 4 = 76 Fuß. Die eingezeichneten Quadratseiten schneiden sich in den Achsen der Mittelschiffwände und auf den Innenseiten aller den lichten Raum begrenzenden Umfassungswände. Die Breite des Chors mißt im Lichten 36 Fuß. Die Länge bestimmte man mit Hilfe der Quadratur, auch hier sind nicht Außenmaße, sondern Innenmaße verwendet.

Eine Einheit des Maßstabs entspricht vier Fuß.

Dicke der Mauern in den Schiffen:
4 Fuß zu je 21,0 cm (0,84 m)

Lichte Breite der Schiffe:
76 Fuß zu je 21,0 cm (15,94 m)

Lichte Länge der Schiffe:
1,75 · 15,94 = 27,90 m, gemessen 27,93 m

Lichte Breite des Chors:
36 Fuß zu je 21,1 cm (7,61 m)

Lichte Länge des Chors:
1,5 · 7,61 = 11,41 m, gemessen 11,35 m

Strebepfeiler am Chor:
3 2/3 Fuß zu je 21,0 cm (0,77 m)

Seitenlänge des quadratischen Turms:
36 Fuß zu je 21,1 cm (7,60 m).

Der überaus kurze Fuß von 21 cm Länge, der schon gar kein Fuß mehr sein kann, fällt auf. Diese Einheit findet sich an den Bauten der Uracher Schule, wogegen die Stuttgarter Schule unter Aberlin Jörg einen 25,5 – 25,8 cm langen Fuß benützte. Beide unterscheiden sich von dem später allgemein üblichen 28,5 – 29 cm langen württembergischen Fuß. Vielleicht ist das Grundmaß des Peter von Koblenz 1/3 Elle. An der Freudenstädter Kirche sieht man heute noch die alte württembergische Elle; sie mißt in Freudenstadt 62 cm.

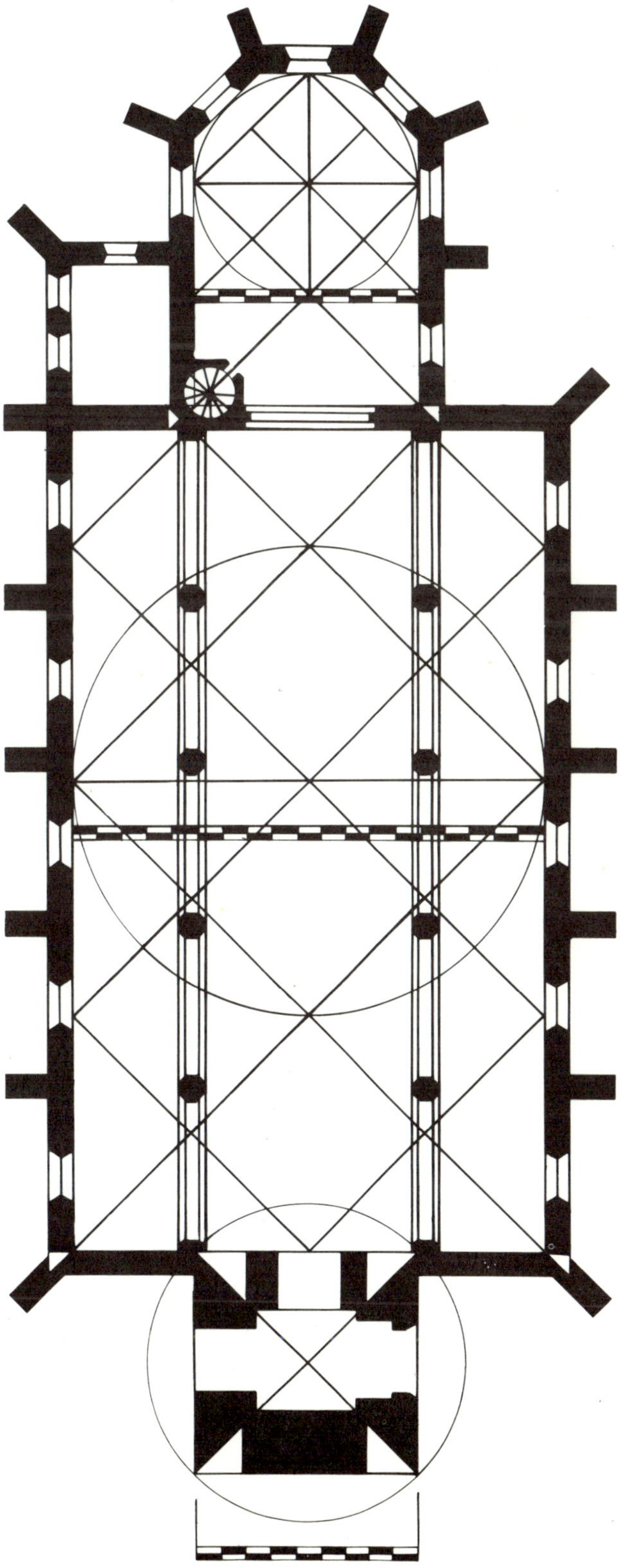

# Regeln für das Aufsuchen von Proportionsgesetzen an romanischen Bauten

Diese Regeln bilden das Ergebnis der vorliegenden Untersuchungen und stimmen bis auf wenige Einzelheiten mit den auch heute noch geübten Arbeitsweisen beim Entwurf und beim Einschneiden des Schnurgerüstes überein. Oft sind die Feststellungen äußerst einfach, wie beispielsweise die Erfahrung, daß die äußeren Fluchten der Wände abgesteckt worden sind. Die Schnur hätte in jeder anderen Lage beim Mauern von Ecken ständig behindert. Die zahlreichen verschiedenen Ergebnisse bei Maßuntersuchungen an demselben Bauwerk sind meist auf die Unkenntnis derartiger Gebräuche zurückzuführen. Geometrische Konstruktionen erhalten ihren Wert erst zusammen mit der Ermittlung der verwendeten Maßeinheit oder des Moduls. Unter Mißachtung dieser Regel lassen sich für ein Bauwerk oft mehrere geometrische Lösungen finden. Nur die Lösung kann richtig sein, deren grundlegende Strecken eindeutig in einer dem mittelalterlichen Menschen geläufigen Anzahl Maßeinheiten, seien es Füße oder der Modul Vitruvs, gemessen sind.

Kein Meister hatte die Absicht, das Abstecken des Bauwerks möglichst schwierig zu gestalten. Benützt wurden einfache geometrische Figuren: das gleichseitige Dreieck, das Quadrat, das Sechseck und das Achteck.

Diese Figuren überschneiden sich nur selten; sie wurden aneinandergereiht.

Bemessen wurde, mit nur ganz wenigen Ausnahmen, nach den äußeren Mauerfluchten des aufgehenden Mauerwerks. Der Sockel ist meist ohne Bedeutung.

Grundlage für die Bemessung der Längen am Bauwerk war in der Regel die größte Breite, also die Länge des Querschiffs einschließlich beider Mauern, bei querschifflosen Anlagen die Breite aller drei Schiffe. Diese Breiten dienen als Seiten von gleichseitigen Dreiecken oder Quadraten.

Der benützte Fuß ist nur dann hinreichend genau ermittelt, wenn er sich aus mindestens 2 Maßen (Breiten, Mauerdicken) errechnen läßt. Da die Längen beinahe ohne Ausnahme geometrisch bestimmt worden sind, ist es zwecklos, Füße aus Längenmaßen errechnen zu wollen.

Die errechnete Anzahl von Maßeinheiten für eine Dreieck- oder Quadratseite muß einem für die Bauzeit vernünftigen, runden Wert entsprechen. Die Zahlen 11, 13 und deren Vielfache sind unmöglich; selten ist 7.

In karolingischer Zeit sind Zehnerzahlen und die Zahl 25 neben den Zahlen der Zwölferreihe noch gebräuchlich; sie werden später durch 3, 6, 9, 12, 18, 27 sowie 2, 4, 8 und die höheren Zahlen dieser Reihen verdrängt.

Die Zahl 5 gilt seit dem Ende der karolingischen Zeit als „böse Zahl" oder Zahl der bösen Geister. Das Fünfeck scheidet deshalb als Bemessungshilfe in der Romanik aus; es findet sich nur in besonderen Fällen zur Abwehr der „Bösen" an Toren.

Die Bemessung des Aufrisses erfolgte vorwiegend vom Sockel aufwärts, wenn kein besonderer oder ein sehr hoher Sockel vorhanden war, vom Fundament aus. Auch im Aufriß sind die äußeren Mauerfluchten maßgebend.

Im Grundriß bedeutende geometrische Orte sind im allgemeinen auch für die Aufrißgestaltung von Wichtigkeit.

Erfolgreiche Untersuchungen werden nur möglich, wenn Pläne in großem Maßstab und eigene Aufmaße vorliegen.

Unkenntnis der handwerklichen Arbeitsverfahren führt häufig zu fehlerhaften Annahmen. Der Maßforscher muß deshalb mit diesen Arbeitsweisen vertraut sein.

Dreieck und Quadrat können beim Entwurf und dessen Übertragung in die Natur lediglich Hilfsmittel des künstlerisch schaffenden Menschen sein. Sie sollten dem Baukünstler dienen, seine Arbeit vereinfachen, nicht behindern. Mehrere Beispiele zeigen, wie verschiedene Meister, trotz ähnlicher oder gleicher geometrischer Arbeitsweise, künstlerisch sehr verschiedene Leistungen hervorbrachten.

Diese Regeln gelten für romanische Bauwerke des süddeutschen Raums. Es ist sicher, daß zu anderen Zeiten und in anderen Ländern auch andere Hilfsmittel beim Entwurf und beim Abstecken üblich waren.

Jede der benutzten Figuren besaß wohl eine symbolische Bedeutung, man sollte jedoch den Symbolgehalt der ständig gebrauchten, einfachen geometrischen Figuren nicht überbewerten.

# Schrifttum

## Alte Literatur


(1) Hans Hösch aus Gmünd: Geometria Deutsch, 1472; abgedruckt in: Heideloff: Die Bauhütten des Mittelalters in Deutschland, S. 95, Nürnberg 1844.

(2) Mathias Roriczer, Dombaumeister zu Regensburg: Büchlein von der Fialen Gerechtigkeit, 1486; abgedruckt in: August Reichenperger: Vermischte Schriften über christliche Kunst, Leipzig 1856.

(3) Lorenz Lacher, der Pfalz Baumeister und Pyxenmeister: Unterweisungen und Lehrungen sein Handwerk desto beß und khünstlicher zu volpringen, 1516; abgedruckt in: August Reichensperger: Vermischte Schriften über christliche Kunst, Leipzig.

(4) Cesare Cesariano: Kommentar zu Vitruv, Venedig 1521.

(5) Gualther H. Rivius: Vitruvius Teutsch, zweite Auflage, Nürnberg 1548.

(6) Joh. Jak. Schübler: Kurzgefaßte Delineation der proportionalen Säulenordnungen, Nürnberg 1741.


## Neuere Literatur


(7) C. L. Stieglitz: Von Altdeutscher Baukunst, Leipzig 1820, Seite 240–246.

(8) Friedrich Röber: Beiträge zur Erforschung der geometrischen Grundformen in den alten Tempeln Ägyptens u.s.w., Dresden 1854.

(9) Friedrich Röber: Die ägyptischen Pyramiden in ihren ursprünglichen Bildungen, nebst einer Darstellung der proportionalen Verhältnisse im Parthenon zu Athen, Dresden 1855.

(10) Adolf Zeising: Neue Lehre von den Proportionen des menschlichen Körpers, Leipzig 1854.

(11) Emmerich Henßelmann: Théorie des Proportions, appliquées dans l'architecture, Paris 1860, mit Atlas.

(12) Adolf Zeising: Das Pentagramm, Kulturhistorische Studie, Deutsche Vierteljahresschrift 1868, Heft 1, Seite 171–226.

(13) Adolf Zeising: Ästhetische Studien im Gebiet der geometrischen Formen, Deutsche Vierteljahresschrift 1868, Heft 4, Seite 219–296.

(14) Viollet-Le-Duc: Dictionaire rais de l'architecture..., Paris 1875, Band VII, Seite 532–549.

(15) Eduard Paulus: Maßverhältnisse in der Baukunst, mit besonderer Berücksichtigung der mittelalterlichen Baudenkmale Württembergs, Württ. Vierteljahreshefte 1, 1878, Seite 184–192.

(16) Günther: Die quadratischen Irrationalitäten der Alten u.s.w., Abhandlungen zur Geschichte der Mathematik, Heft 4, Leipzig 1882.

(17) Adolf Zeising: Der Goldene Schnitt, Halle 1884.

(18) Franz Xaver Pfeiffer: Der Goldene Schnitt und dessen Erscheinung in Mathematik, Natur und Kunst, Augsburg, 1885.

(19) P. Odilo Wolff: Der Tempel von Jerusalem und seine Maße, Graz 1887.

(20) G. Dehio: Untersuchungen über das gleichseitige Dreieck als Norm gotischer Bauproportionen, Stuttgart 1894.

(21) G. Dehio: Ein Proportionsgesetz der Antiken Baukunst und sein Nachleben im Mittelalter und in der Renaissance, Straßburg 1895.

(22) Alhard v. Drach: Das Hüttengeheimnis vom gerechten Steinmetzen-Grund in seiner Entwicklung und Bedeutung für die kirchliche Baukunst des deutschen Mittelalters, dargelegt durch Triangulatur-Studien an Denkmälern aus Hessen und den Nachbargebieten, Marburg 1897.

(23) G. Dehio und G.v.Bezold: Die kirchliche Baukunst des Abendlandes, Stuttgart 1901, Band 2, Seite 564 ff.

(24) Robert Reinhardt: Die Gesetzmäßigkeit der griechischen Baukunst, dargestellt an Monumenten verschiedener Bauperioden, hier am Theseustempel zu Athen, Stuttgart 1903.

(25) A. Thiersch: Proportionen in der Architektur, ein Versuch zur Wiederherstellung der Lehre von der Analogie. (In Thiersch, Handbuch der Architektur, Stuttgart 1904).

(26) Ludwig Keller: Die heiligen Zahlen und die Symbolik der Katakomben, Berlin 1906.

(27) Hermann Neikes: Der goldene Schnitt und die Geheimnisse der Cheopspyramide, Köln 1908.

(28) J. Knauth: Das Straßburger Münster und die Cheopspyramide, Rätsel der Baukunst, Straßburg, 1908.

(29) P. Odilo Wolff: Tempelmaße – Das Gesetz der Proportionen in den antiken und altchristlichen Sakralbauten. Ein Beitrag zur Kunstwissenschaft und Ästhetik, Wien 1912.

(30) Julius Haase: Der Dom zu Köln in seinen Hauptmaßverhältnissen auf Grund der Siebenzahl und der Proportionen des Goldenen Schnitts, Zeitschrift für Geschichte und Architektur, Heidelberg, Jahrgang 1912, Seite 148–154 und Jahrgang 1914, Seite 128–148.

(31) Julius Haase: Das Werkmaß in der Tektonik der antiken Völker und seine Nachwirkung bis in die Mittelalterliche Baukunst, Zeitschrift für Geschichte und Architektur 1912, Seite 252–261 und 1913, Seite 129–141.

(32) H. Eiken: Die Rathausvorhalle zu Köln am Rhein, Zeitschrift für Geschichte der Architektur 1913, Seite 74–70.

(33) Adolf Feulner: Balthasar Neumanns Rotunde in Holzkirchen, „Konstruierte Risse in der Barockarchitektur", Zeitschrift für Geschichte der Architektur 1913, Seite 155–168.

(34) Karl Witzel: Untersuchungen über gotische Proportionsgesetze. Diss., Berlin 1914.

(35) Julius Haase: Die Salvatorkirche in München, ein typisches Hüttenwerk des ausgehenden Mittelalters, Südd. Bauzeitung 1917, Seite 28, 36, 43, 47.

(36) Julius Haase: Der Dom zu Magdeburg. Eine deduktive Genese seiner Hauptmaßverhältnisse, Diss., Wiesbaden 1917.

(37) Julius Haase: Die Bauhütte des späten Mittelalters, ihre Organisation, Triangulatur – Methode und Zahlensymbolik, München 1919.

(38) Ernst Mössel: Die Proportion in Antike und Mittelalter, München 1926.

(39) Bartholomäus Hanftmann: Die Werkpläne des Würzburger Doms. Archiv des Hist. Vereins v. Unterfranken und Aschaffenburg, 68, 1929, Seite 343-374.

(40) Leo Frobenius: Monumenta terrarum. Der Geist über den Erdteilen. 2. Aufl. der „Festlandkultur". (Darin Kap. 6–9: Über Wesen und Bedeutung der Urzahlen), Frankfurt a.M.1929.

(41) Bartholomäus Hanftmann: Die Benediktiner als Architekten bis in die Zeit der Gotik . . . – Studien und Mitteilungen zur Geschichte des Benediktinerordens und seiner Zweige, Bd. 48.

(42) Ernst Mössel: Urformen des Raums als Grundlagen der Formgestaltung, München 1931.

(43) Theodor Fischer: Zwei Vorträge über Proportionen, München und Berlin 1934, München 1956.

(44) Hugo Kückelhaus: Urzahl und Gebärde, Grundzüge eines kommenden Maßbewußtseins, Berlin 1934.

(45) Karl Busch: Raum- und Zeitgesetze deutscher Kunst, Berlin 1935.

(46) Bartholomäus Hanftmann: Die Entstehungszeit der Rundkirche auf dem Marienberg ob Würzburg, Archiv des Hist. Vereins von Unterfranken und Aschaffenburg, 70, 1935/36, Seite 335–369.

(47) Fritz Victor Arens: Das Werkmaß in der Baukunst des Mittelalters, 8. bis 11. Jahrhundert, Diss., Würzburg 1938.

(48) Hans Roggenkamp: Die ehemalige Michaelskirche zu Hildesheim in Maß und Zahl, Diss., Hannover 1946.

(49) Hans Morgenrath: Planungs- und Proportionsgesetze für Grundrisse mittelalterlicher Zisterzienserkirchen in Deutschland, Diss., Aachen 1948.

(50) Franz Juraschek: Der langobardische Fuß und die vorkarolingische Martinskirche in Linz, Archeologia, Austriaca, Heft 4, 1949, Seite 132–139.

(51) Bernhard Herrmann Röttger: Die Rundkapelle zu Altenfurt und ihr Verhältnis zu Würzburg und Altötting, Mitteilungen des Vereins für Geschichte der Stadt Nürnberg, 44, 1953.

(52) Hans Plessner: Sterngeborenes Olympia. Die Entstehung des Sakralen Maßes, Düsseldorf 1956.

(53) Karl Freckmann: Maßverhältnisse der Rotunde von St. Michael in Fulda, Fuldaer Geschichtsblätter 33, 1957, Seite 65–72.

(54) Hermann Graf: Bibliographie zum Problem der Proportionen, Teil I; Von 1800 bis zur Gegenwart, Speyer 1958.

(55) Herwig Spieß: Maß und Regel. Eine mittelalterliche Maßordnung an romanischen Bauten im Kloster Eberbach, Diss., Aachen 1959.

(56) Karl Freckmann: Proportionen in der Architektur, München 1965.

(57) Edgar Wedepohl: Eumetria – Das Glück der Proportionen, Essen 1967.

## Allgemeines Schrifttum

(58) Eduard Paulus und E. Gradmann: Die Kunst- und Altertumsdenkmäler im Königreich Württemberg, Stuttgart 1889–1928.

(59) Hans Köpf: Schwäbische Kunstgeschichte, Konstanz und Stuttgart 1962.